Hess/Weis · Liquidation und Sanierung
nach der Insolvenzordnung

Liquidation und Sanierung nach der Insolvenzordnung

Ein Handbuch für die Praxis in systematischer Darstellung

Dr. Harald Hess
Rechtsanwalt, Fachanwalt für Arbeitsrecht
und vereidigter Buchprüfer

Michaela Weis
Rechtsanwältin

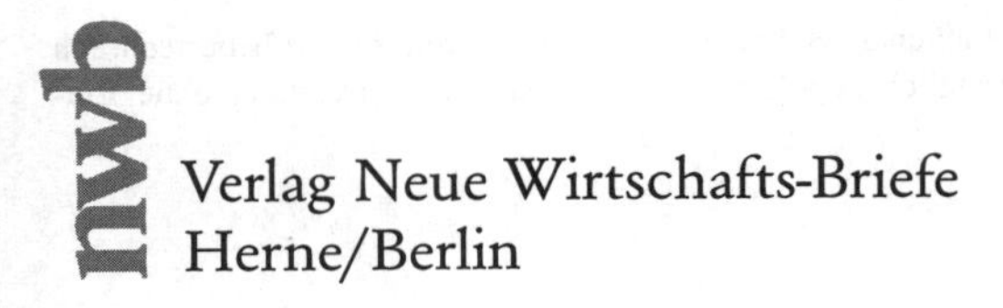

Die Deutsche Bibliothek – CIP-Einheitsaufnahme

Hess, Harald:

Liquidation und Sanierung nach der Insolvenzordnung : ein Handbuch für die Praxis in systematischer Darstellung / Harald Hess ; Michaela Weis. – Herne ; Berlin : Verl. Neue Wirtschafts-Briefe, 1999

ISBN 3-482-51091-1

ISBN 3-482-**51091**-1

Satz: Neufeld Media, Neuburg

Druck: Bercker, Kevelaer

Vorwort

Die aus dem Jahre 1877 stammende Konkursordnung und die 1935 folgende Vergleichsordnung haben zunehmend ihren Sinn verloren. So wird seit über 20 Jahren die Notwendigkeit einer Reform des Insolvenzrechts diskutiert, die der Gesetzgeber dann endlich mit der Insolvenzordnung vom 5. 10. 1994 vorgelegt hat.

Die immer größer gewordene Realitätsferne der Konkursordnung, die sich in der Tatsache dokumentiert, daß beständig allenfalls 25 % der beantragten Verfahren auch eröffnet werden können, die restlichen 75 % jedoch der Abweisung mangels Masse anheim fallen, ist neben der zunehmenden Belastung des Insolvenzverfahrens mit systemwidrigen Masseverbindlichkeiten vor allem auf die notorische Unterkapitalisierung der Schuldner zurückzuführen. Hauptanliegen der neuen Insolvenzordnung ist es deshalb, den Eröffnungszeitpunkt des Verfahrens vorzuverlegen und damit zu massehaltigeren Verfahren zu kommen. Ein weiteres wesentliches Verfahrensziel sind der Abbau von Vorrechten sowie die Beteiligung der Sicherungsgläubiger an den Verfahrenskosten, um eine größere Teilungsmasse für die Insolvenzgläubiger zu erreichen. Schließlich kommen als neue Verfahrensarten und -ergebnisse die Einführung eines besonderen Schuldenbereinigungsverfahrens, das im wesentlichen der Entschuldung privater Verbraucher dienen soll, und die erstmalige Verankerung eines echten Restschuldbefreiungsverfahrens hinzu. Nachdem die Insolvenzordnung nunmehr zum 1. 1. 1999 in Kraft getreten ist, bleibt abzuwarten, wie sich das neue Gesetz in der Praxis bewährt.

Das vorliegende Werk ermöglicht allen insolvenzrechtlich interessierten Personen einen umfassenden Einblick in das neue Recht. Eine ausführliche Darstellung des Verfahrensablaufes und der Besonderheiten im Insolvenzplanverfahren verschafft dem Praktiker einen raschen Einstieg in die Materie. Eine vertiefte Darstellung einzelner Problemkreise, insbesondere zu arbeitsrechtlichen und steuerrechtlichen Fragen rundet das Werk ab.

Das Buch steht in der Tradition des Haegele/Hess zum früheren Konkursrecht, dessen 1. Auflage 1973 erschienen war und zuletzt als 5. Auflage 1990 vorlag. Da es sich aufgrund der geänderten rechtlichen Ausgangsposition um eine völlige Neubearbeitung handelt, wozu natürlich auch eine Änderung des Titels gehört, erscheint die vorliegende Darstellung als eigenständige Erstauflage.

Mainz, im Februar 1999

Harald Hess
Michaela Weis

Inhaltsübersicht

Abkürzungsverzeichnis

a. A.	anderer Ansicht, anderer Auffassung
a. a. O.	am angegebenen Ort
a. E.	am Ende
a. M.	anderer Meinung
Abs.	Absatz
AG	1. Ausführungsgesetz 2. Aktiengesellschaft 3. Amtsgericht 4. Zeitschrift „Die Aktiengesellschaft“
AiB	Allgemeine Versicherungsbedingungen für die Insolvenzsicherung der betrieblichen Altersversorgung
AktG	Aktiengesetz
Alt.	Alternative
Anh.	Anhang
Anm.	Anmerkung
AnwBl.	Anwaltsblatt
AO	Abgabenordnung
AP	Zeitschrift „Arbeitsrechtliche Praxis“
ArbG	Arbeitsgericht
ArbGG	Arbeitsgerichtsgesetz
AR-Blattei	Arbeitsrecht-Blattei
ArbuR	Arbeit und Recht
arg.	Argument (lat.)
Art.	Artikel
AuA	Zeitschrift „Arbeit und Arbeitsrecht“
Aufl.	Auflage
AuR	Zeitschrift „Arbeit und Recht“
BAG	Bundesarbeitsgericht
BAGE	Entscheidungen des Bundesarbeitsgerichts
BAnz.	Bundesanzeiger
BB	Zeitschrift „Der Betriebsberater“
Bd.	Band

Bde	Bände
BdF	Bundesministerium der Finanzen
Begr	Begründung
BegrRegE	Begründung/Regierungsentwurf
Beil.	Beilage
BerlinFG	Berlinförderungsgesetz
BerzGG	Bundeserziehungsgeldgesetz
Beschl.	Beschluß
BetrR	Zeitschrift „Der Betriebsrat“
BetrVG	Betriebsverfassungsgesetz
BewG	Bewertungsgesetz
BFH	Bundesfinanzhof
BFHE	Entscheidungen des Bundesfinanzhofs
BGB	Bürgerliches Gesetzbuch
BGBl.	Bundesgesetzblatt
BGH	Bundesgerichtshof
BGHZ	Entscheidungen des Bundesgerichtshofs in Zivilsachen
BlStSozArbR	Blätter für Steuerrecht, Sozialversicherung und Arbeitsrecht
BSG	Bundessozialgericht
BStBl.	Bundessteuerblatt
BVerfG	Bundesverfassungsgericht
BVerfGE	Entscheidungen des Bundesverfassungsgerichts
bzw.	beziehungsweise
d. h.	das heißt
DB	Zeitschrift „Der Betrieb“
Diss.	Dissertation
DM	Deutsche Mark
DStR	1. Deutsche Steuer-Rundschau (bis 1961)
	2. Deutsches Steuerrecht (ab 1962)
DStZ	Deutsche Steuer-Zeitung
DZWiR	Deutsche Zeitschrift für Wirtschaftsrecht
EDV	Elektronische Datenverarbeitung
EFG	Entscheidungen der Finanzgerichte

EGHGB	Einführungsgesetz zum Handelsgesetzbuch
EGInsO	Einführungsgesetz zur Insolvenzordnung
EInsO	Entwurf einer Insolvenzordnung
Entsch.	Entscheidung
ErbStG	Erbschaftsteuergesetz
ErgLfg	Ergänzungslieferung
EStDV	Einkommensteuer-Durchführungsordnung
EStG	Einkommensteuergesetz
etc.	et cetera
EWiR	Zeitschrift „Entscheidungen zum Wirtschaftsrecht" (ab 1985)
EzA	Entscheidungen zum Arbeitsrecht
FA	Finanzamt
ff.	fortfolgende
FG	Finanzgericht
FGO	Finanzgerichtsordnung
FR	Finanz-Rundschau
FS	Festschrift
GBO	Grundbuchordnung
GbR	Gesellschaft bürgerlichen Rechts
gem.	gemäß
GenG	Genossenschaftsgesetz
GesO	Gesamtvollstreckungsordnung
GewStDV	Gewerbesteuer-Durchführungsverordnung
GewStG	Gewerbesteuergesetz
GG	Grundgesetz
GK SGB III	Gemeinschaftskommentar Sozialgesetzbuch III
GK-Bearb.	Gemeinschaftskommentar-Bearbeiter
GmbH	Gesellschaft mit beschränkter Haftung
GmbHG	Gesetz betr. die Gesellschaften mit beschränkter Haftung
GmbHR	Zeitschrift „GmbH-Rundschau" (ab 1984)
GmbH-Rdsch.	Zeitschrift „GmbH-Rundschau" (bis 1983)
GoB	Grundsätze ordnungsgemäßer Buchführung
GrEStG	Grunderwerbsteuergesetz

GrStG	Grundsteuergesetz
GS	Großer Senat
GuV	Gewinn- und Verlustrechnung
GVG	Gerichtsverfassungsgesetz
h. M.	herrschende Meinung
Halbb.	Halbband
Hdb.	Handbuch
HFR	Höchstrichterliche Finanzrechtsprechung
HGB	Handelsgesetzbuch
Hrsg.	Herausgeber
Hs	Halbsatz
HwB AR	Handwörterbuch des Arbeitsrechts
HWR	Handwörterbuch des Rechnungswesens
i. d. F.	in der Fassung
i. d. R.	in der Regel
i. S. d.	im Sinne des
i. V. m.	in Verbindung mit
InsO	Insolvenzordnung
InsolvenzRHdb	Insolvenzrechtshandbuch
InsVV	Insolvenzrechtliche Vergütungsverordnung
InVO	Insolvenz und Vollstreckung
InvZulG	Investitionszulagengesetz
JZ	Juristenzeitung
KauG	Gesetz über das Konkursausfallgeld
KG	1. Kommanditgesellschaft 2. Kammergericht
KO	Konkursordnung
Komm.	Kommentar
KonTraG	Gesetz zur Kontrolle und Transparenz im Unternehmensbereich
KR	Gemeinschaftskommentar zum Kündigungsschutzgesetz und sonstigen kündigungsschutzrechtlichen Vorschriften

KraftStG	Kraftfahrzeugsteuergesetz
KSchG	Kündigungsschutzgesetz
KStG	Körperschaftssteuergesetz
KTS	Zeitschrift „Konkurs-, Treuhand und Schiedsgerichtswesen“
KV	Kostenverzeichnis
LAA	Landesarbeitsamt
LAG	1. Landesarbeitsgericht 2. Gesetz über den Lastenausgleich (Lastenausgleichsgesetz)
LAGE	Entscheidungen der Landesarbeitsgerichte
LG	Landgericht
LStDV	Lohnsteuer-Durchführungsverordnung
LStR	Lohnsteuerrichtlinien
m. w. N.	mit weiteren Nachweisen
max.	maximal
MDR	Monatszeitschrift für Deutsches Recht
Mio	Million
MiZi	Allgemeine Vergütung über Mitteilungen in Zivilsachen
MuSchG	Gesetz zum Schutz der erwerbstätigen Mutter (Mutterschutzgesetz)
Neubearb.	Neubearbeitung
NJ	Neue Justiz
NJW	Neue Juristische Wochenschrift
Nr.	Nummer
NVwZ	Neue Zeitschrift für Verwaltungsrecht
NWB	Neue Wirtschafts-Briefe, Zeitschrift für Steuer- und Wirtschaftsrecht
NZA	Neue Zeitschrift für Arbeits- und Sozialrecht
NZA-RR	Rechtsprechungsreport Arbeitsrecht
o.	oben
OFD	Oberfinanzdirektion
OHG	Offene Handelsgesellschaft
OLG	Oberlandesgericht

RAO	Reichsabgabenordnung
RdA	Recht der Arbeit
Rdn.	Randnummer
RegE	Regierungsentwurf
RFH	Reichsfinanzhof
RFHE	Sammlung der Entscheidungen und Gutachten des Reichsfinanzhofs
RG	Reichsgericht
RGZ	Entscheidungen des Reichsgerichts in Zivilsachen
Rn.	Randnummer
Rpfleger	Zeitschrift „Der Deutsche Rechtspfleger"
RpflG	Rechtspflegergesetz
RStBl.	Reichssteuerblatt
RWS	Verlag Kommunikationsforum Recht – Wirtschaft – Steuern
RWS-Skript	RWS-Skript
Rz.	Randziffer
S.	Seite
s.	siehe
s. a.	siehe auch
s. o.	siehe oben
s. u.	siehe unten
SAE	Sammlung arbeitsrechtlicher Entscheidungen
SchwbG	Gesetz zur Sicherung der Eingliederung Schwerbehinderter in Arbeit, Beruf und Gesellschaft (Schwerbehindertengesetz)
SGB III	Sozialgesetzbuch Teil 3 – Arbeitsförderungsrecht
SGB VI	Sozialgesetzbuch Teil 6 – Rentenversicherung
Sp.	Spalte
StGB	Strafgesetzbuch
str.	streitig
StuW	Steuer und Wirtschaft
StWK	Steuer- und Wirtschafts-Kurzpost
TVG	Tarifvertragsgesetz
u. a.	unter anderem

u. U.	unter Umständen
UR	Umsatzsteuer-Rundschau
UStG	Umsatzsteuergesetz
UWG	Gesetz gegen den unlauteren Wettbewerb
vgl.	vergleiche
VglO	Vergleichsordnung
Vorbem.	Vorbemerkung
WiB	Zeitschrift „Wirtschaftsrechtliche Beratung"
WM	Wertpapier-Mitteilungen
WPg	Zeitschrift „Die Wirtschaftsprüfung"
WP-Handbuch	Wirtschaftsprüfer-Handbuch
WuB	Wirtschafts- und Bankrecht
z. B.	zum Beispiel
ZAP	Zeitschrift für die Anwaltspraxis
ZfA	Zeitschrift für Arbeitsrecht
ZfB	Zeitschrift für Betriebswirtschaft
Ziff.	Ziffer
ZinsO	Zeitschrift für das gesamte Insolvenzrecht
ZIP	Zeitschrift für Wirtschaftsrecht und Insolvenzpraxis
zit.	zitiert
ZPO	Zivilprozeßordnung
ZVG	Gesetz über die Zwangsversteigerung und die Zwangsverwaltung (Zwangsversteigerungsgesetz)

Literaturverzeichnis

I. Allgemeine Literatur

Balz, Manfred/Landfermann, Hans-Georg, Die neuen Insolvenzgesetze, 1995; **Baumbach, Adolf/Hueck, Alfred,** GmbH-Gesetz, 16. Aufl. 1996; **Baumbach/Lauterbach/Albers/Hartmann,** Zivilprozeßordnung, 56. Aufl. 1998; **Berges, August Maria,** Erster Bericht der Kommission für Insolvenzrecht, BB 1986, 753; **Bley, Erich/Mohrbutter, Jürgen,** VglO, 4. Aufl. 1981; **Böhle-Stamschräder,** Vergleichsordnung bis 9. Aufl. (danach Kilger, Joachim: 11. Aufl. 1986; nunmehr Kilger, Joachim/Schmidt, Karsten, Die neuen Insolvenzgesetze); **Bork, Reinhard,** Einführung in das neue Insolvenzrecht, 2. Aufl. 1998; **Braun, Eberhard/Uhlenbruck, Wilhelm,** Unternehmensinsolvenz, 1997; **Burger, Anton,** Das deutsche „einheitliche Insolvenzverfahren" unter besonderer Berücksichtigung des Insolvenzplans, Festgabe für Otmar Koren, 363; **Burger, Anton/Schellberg, Bernhard,** Die Auslösetatbestände im neuen Insolvenzrecht, BB 1995, 261; **dies.,** Der Insolvenzplan im neuen Insolvenzrecht, DB 1994, 1833; **Buschmann, Rudolf**, Gemeine Marktwirtschaft, AuR 1996, 285; **Crezelius, Georg,** Erlösverteilung bei Veräußerung von Sicherungsgut im Konkurs, NJW 1981, 383; **Erster Bericht der Kommission für Insolvenzrecht,** 1985; **Gottwald, Peter** (Hrsg.), Insolvenzrechtshandbuch 1990 mit Nachtrag GesO 1993; **Hachenburg, Max/Ulmer, Peter,** GmbHG-Großkommentar, 8. Aufl. 1992; **Haug, Karl H.**, Fälle der Konkursverwalterhaftung, ZIP 1984, 773; **Heilmann, Hans,** Zur Abwicklung massearmer Konkurse, KTS 1982, 181; **Henckel, Wolfram/Jaeger, Ernst,** Konkursordnung, 9. Aufl. 1997; **Hess, Harald,** InsO-Kommentar 1999; **ders.**, KO, 6. Aufl. 1998; **ders.**, in GK-SGB III, Loseblatt ab 1997; **Hess, Harald/Binz, Fritz/Wienberg, Rüdiger,** GesO, 3. Aufl. 1998; **Hess, Harald/Obermüller, Manfred,** Die Rechtsstellung der Verfahrensbeteiligten nach der InsO, 1995; **dies.**, Insolvenzplan, Restschuldbefreiung, Verbraucherinsolvenz, 2. Aufl. 1999; **Hess, Harald/Weis, Michaela,** Das neue Anfechtungsrecht, 1996; **dies.**, Die Rechtsstellung der vorläufigen Insolvenzverwalterin/des vorläufigen Insolvenzverwalters nach der Insolvenzordnung, InVo 1997, 141; **dies.,** Die sachgerechte Abgrenzung der Gläubigergruppen nach der InsO, InVo 1998, 64; **Hintzen, Udo,** Sicherungsmaßnahmen im Insolvenzeröffnungsverfahren, ZInsO 1998, 75; **Kalter, Anton,** Die Tratte (der Wechsel) im Konkurs, KTS 1956, 145; **Kilger, Joachim,** Der Konkurs des Konkurses, KTS 1975, 142 ff.; **ders.**, Probleme der Sequestration im Konkurseröffnungsverfahren in: Einhundert Jahre Konkursordnung 1877-1977 (1977), 189; **Kilger, Joachim/Schmidt, Karsten,** Insolvenzgesetze KO/VglO/GesO, 17. Aufl. 1997; **Kuhn, Georg/Uhlenbruck, Wilhelm** Konkursordnung (KO), 11. Aufl. 1994, **Luther, Marcus/Hommelhoff, Peter,** GmbH-Gesetz, 14. Aufl. 1995; **Maus, Karl-Heinz,** Der Insolvenzplan, Kölner Schrift zur Insolvenzordnung, 1997, S. 707; **Menger, Hans-Peter,** Die Überschuldung des Unternehmens, GmbH-Rdsch. 1982, 221; **Meyer-Landrut, Joachim/Miller F.-Georg/Niehnes, Rudolf J./Scholz, Willi,** Gesetz betreffend die Gesellschaften mit beschränkter Haftung (GmbHG), 1987; **Münchner Kom-**

mentar zum BGB, 2. Aufl. 1988; **Obermüller, Manfred,** Abkaufsverpflichtung und Verpflichtungen zu künftiger Sicherheitsleistung bei Insolvenz des Verpflichteten, DB 1976, 901 f.; **Obermüller, Manfred/Hess, Harald,** Insolvenzordnung, 3. Aufl. 1999; **Pape, Gerhard,** Sequester contra Finanzverwaltung und vice versa, NJW 1994, 89; **ders.**, Zur Feststellung der Masseinsuffizienz i. S. d. §60 KO, Rpfleger 1994, 326; **ders.**, Wirksamkeitsprobleme im Insolvenzveröffnungsverfahren, ZInsO 1998, 81; **ders.**, Das Beschwerderecht des Gemeinschuldners bei selbst herbeigeführter Konkurseröffnung und die Eröffnung masseloser Konkursverfahren, ZIP 1989, 1029; **Pagenstecher, Max/Grimm, Max,** Der Konkurs, 5. Aufl. 1998; **Plate, Georg,** Eignung von Zahlungsunfähigkeit und Überschuldung als Indikatoren für die Insolvenzreife einer Unternehmung, DB 1980, 217 ff.; **ders.**, Marketing in der Konkursabwicklung, KTS 1980, 101; **Pohlmann, Ulrich,** Befugnisse und Funktionen des vorläufigen Insolvenzverwalters, 1998; **Schlegelberger, Franz,** Handelsgesetzbuch, 5. Aufl. 1976 ff.; **Schmidt, Karsten,** Amtshaftung und „interne Verantwortlichkeit" des Konkursverwalters – Eine Analyse des §82 KO, KTS 1976, 191; **ders.,** Die stille Liquidation: Stiefkind des Insolvenzrechts, ZIP 1982, 9; **Schulze**, Das deutsche Konkursrecht in seinen juristischen Grundlagen, 1880, 144 f.; **Smid, Stefan,** Kontrolle der sachgerechten Abgrenzung von Gläubigergruppen im Insolvenzplanverfahren, InVo 1997, 168; **ders.**, Funktion des Sequesters und Aufgaben des Insolvenzgerichts in der Eröffnungsphase nach der verabschiedeten Insolvenzordnung (InsO), WM 1995, 785; **Smid, Stefan/Rattunde, Rolf,** Der Insolvenzplan 1996, 270; **Stüdemann,** Der Konkursverwalter als Unternehmer, in: Einhundert Jahre Konkursordnung 1877–1977 (1977), 401; **Thomas, Jürgen,** Mindestquote als Voraussetzung für die Restschuldbefreiung, Kölner Schrift für Insolvenzordnung, 1997, 1205; **Uhlenbruck, Wilhelm,** Die Rechtsstellung des Sequesters de lege lata und de lege ferenda, KTS 1990, 15, 19 ff.; **ders.**, Die Rechtsstellung des vorläufigen Insolvenzverwalters, Kölner Schrift zur Insolvenzordnung 1997, 239 ff.; **ders.**, Probleme des Eröffnungsverfahrens nach dem Insolvenzrechtsreformgesetz 1994, KTS 1994, 169 ff.; **Ulmer, Peter,** Konkursantragspflicht bei Überschuldung der GmbH und Haftungsrisiken bei Konkursverschleppung, KTS 1981, 469; **Weber, Friedrich,** Die Funktionsteilung zwischen Konkursverwalter und Gesellschaftsorganen im Konkurs der Kapitalgesellschaft , KTS 1970, 73; **Wegan, Josef,** Zur Rechtsnatur des Ausgleiches in: FS für Hermann Hämmerle, 1972, 423; **Weinkauf, Holger,** Abzugsfähigkeit der in der Konkursverwaltervergütung enthaltenen Umsatzsteuer bei der Gemeinschuldnerin, ZIP 1985, 662; **Zeller, Friedrich/Stöber, Kurt,** Zwangsversteigerungsgesetz, 15. Aufl. 1996; **Zweiter Bericht der Kommission** für Insolvenzrecht, 1988.

II. Literatur zum Arbeitsrecht

1. Allgemeine arbeitsrechtliche Literatur

1.1 Monographien und Kommentare

Bader, Peter/Bram, Rainer/Dörner, Hans Jürgen/Wenzel, Leonhard, KSchG, Kommentar (Loseblatt); **Becker, Friedrich/Etzel, Gerhard,** Gemeinschaftskommentar zum Kündigungsschutzgesetz und zu sonstigen kündigungsschutzrechtlichen Vorschriften, 4. Aufl. 1994 mit Nachtrag 1996; **Berkowsky, Wilfried,** Die personen- und verhaltensbedingte Kündigung, 3. Aufl. 1997; **Bichlmeier, Wilhelm/Oberhofer, Hermann,** Konkurs-Handbuch II – Arbeits- und Sozialrecht – Ein praktischer Ratgeber, 2. Aufl. 1993; **Buschmann, Rudolf/Dieball, Heike/Stevens-Bartol, Eckhardt,** Das Recht der Teilzeitarbeit, 1997; **Caspers, Georg,** Personalabbau und Betriebsänderung im Insolvenzverfahren, 1998; **Däubler, Wolfgang,** Das Arbeitsrecht, Bd. 1, 14. Aufl. 1995; Bd. 2, 10. Aufl. 1995; **ders.,** Tarifvertragsrecht, 3. Aufl. 1993; **Däubler, Wolfgang/Kittner, Michael/Klebe, Thomas,** BetrVG – Betriebsverfassungsgesetz, 6. Aufl. 1998; **Dreher, Martina,** Das Arbeitsverhältnis im Zeitraum zwischen Vertragsschluß und vereinbarter Arbeitsaufnahme, 1998; **Fabricius, Fritz/Kraft, Alfons/Wiese, Günther/Kreutz, Peter/Oetker, Hartmut,** Gemeinschaftskommentar zum BetrVG, 6. Aufl. 1997/98; **Fitting, Karl/Kaiser, Heinrich/Heither, Friedrich/Engels, Gerd,** BetrVG, 19. Aufl. 1998; **Gagel, Alexander** (Hrsg.), Die Bundesanstalt für Arbeit in der Insolvenzpraxis – Mit Beiträgen von Gagel, Klaas, Hase und Mester, 1991; **Galperin, Hans/Löwisch, Manfred,** Betriebsverfassungsgesetz, 6. Aufl. 1982; **Gaul, Dieter,** Das Arbeitsrecht im Betrieb, 8. Aufl. 1986; **Germann, Winrich,** Grenzen und Möglichkeiten des Sozialschutzes der Arbeitnehmer im Konkurs, Diss. Göttingen 1976; **Germelmann, Claas-Hinrich/Matthes, Hans Christoph/Prütting, Hanns,** Arbeitsgerichtsgesetz, 3. Aufl. 1998; **Gissel, Ralf,** Arbeitnehmerschutz für den GmbH-Geschäftsführer, 1987; **Gnade, Albert/Kehrmann, Karl/Schneider, Wolfgang/Blanke, Hermann/Klebe, Thomas,** Betriebsverfassungsgesetz, 7. Aufl. 1997; **Granzow, Erhard,** Die Behandlung von Dienst- und Arbeitsverträgen im Konkurs des Dienstberechtigten bzw. Arbeitgebers, Diss. Göttingen 1979; **Groß, Volker,** Das Anstellungsverhältnis des GmbH-Geschäftsführers im Zivil-, Arbeits-, Sozialversicherungs- und Steuerrecht, 1987; **Grunsky, Wolfgang/Moll, Wilhelm,** Arbeitsrecht und Insolvenz, 1997; **Hagemeier, Christian/Kempen, Otto-Ernst/Zachert, Ulrich/Zilius, Jan,** Tarifvertragsgesetz, 3. Aufl. 1997; **Hanau, Peter/Adomeit, Klaus,** Arbeitsrecht, 11. Aufl. 1994; **Hess, Harald/Schlochauer, Ursula/Glaubitz, Werner,** Betriebsverfassungsgesetz, Kommentar, 5. Aufl. 1997; **Hromadka, Wolfgang,** Arbeitsrecht für Vorgesetzte, 1987; **Hueck, Alfred/Nipperdey, Hans C.,** Lehrbuch des Arbeitsrechts, 1. Bd., 7. Aufl. 1963; 2. Bd. 1. Halbb., 7. Aufl. 1967; 2. Bd. 2. Halbb., 7. Aufl. 1970; **Hueck, Alfred/Nipperdey, Hans C./Stahlhacke, Eugen,** Tarifvertragsgesetz, 4. Aufl. 1964; **Irschlinger, Friedrich,** Arbeitsrechtliche Probleme im Konkurs, 1988; **Janßen, Christian,** Der persönliche und zeitliche Geltungsbereich des Betriebsrentengesetzes, 1988; **Löwisch, Manfred,** Taschenkommentar zum Betriebsverfassungsgesetz, 4. Aufl. 1996; **ders.,** Das arbeitsrechtliche Beschäftigungsverhältnis, NZA 1998, 1008; **Oehlerking, Jürgen,** Die Auswirkungen der Zahlungsunfähigkeit des Arbeitgebers auf die Bezüge der Arbeitnehmer, 1981; **Ramm, Thilo,** Arbeitsrecht und Kleinunternehmen (Teil I u. II), AuR 1991, 257, 289; **Rieger, Reinhard,** Unternehmensinsolvenz, Unternehmensinteressen und gesetzlicher Unternehmensschutz, 1988; **Schipp, Johannes/Schipp, Barbara,** Arbeitsrecht und Privatisierung, 1. Aufl. 1996; **Schmidt, Eckhard,** Kündigung und Kündigungsschutz in der Insolvenz, Beiträge zum Insolvenzrecht, Bd. 10, 1991; **Schnaubelt, Michael,** Die Unternehmenssanierung, Arbeits- und sozialrechtliche Aspekte 1987; **Söllner, Alfred,** Grundriss des Arbeitsrechts, 11. Aufl. 1994; **Spinti, Henning,** Die Ansprüche aus Sozialplan (§112 BetrVG 1972) und Nachteilsausgleich (§113 BetrVG 72) bei Insolvenz des Arbeitgebers, 1989; **Uhlenbruck, Wilhelm,** Das Arbeitsverhältnis im Konkurs und in der Gesamtvollstreckung, Brennpunkte des Arbeitsrechts, 1991; **Wehrmeyer, Ulrich,** Die arbeitsrechtliche Einordnung der Organe juristischer Personen, 1988; **Wichmann, Karl-Heinz,** Der Arbeitnehmer, Lehrling und Pensionär im Konkurs und Vergleichsverfahren des Arbeitgebers, 1965; **Willemsen, Heinz-Josef,** Arbeitnehmerschutz bei Betriebsänderungen im Konkurs, 1980; **Zaun-Axler, Rudolf,** Die Lage der Arbeitnehmer bei Konkurs, Vergleich und Betriebsstillegung, 1974; **Zöllner, Wolfgang/Loritz Karl G.,** Arbeitsrecht, 5. Aufl. 1998;

1.2 Aufsätze

Bauer, Jobst-Hubertus/Diller, Martin/Lorenzen, Stefanie, Das neue Gesetz zur Scheinselbständigkeit, NZA 1999, 169; **Belling, Detlev/Hartmann, Christian,** Die Tarifbindung in der Insolvenz, NZA 1998, 57; **Bezani, Thomas,** Der arbeitsrechtliche Status von Rundfunk- und Fernsehmitarbeitern, NZA 1997, 856; **Dörner, Klemens,** Arbeitsrechtliche Aspekte der Reform des Insolvenzrechts, NZA 1989, 546 ff.; **Ehmann, Horst/Lambrich, Thomas,** Vorrang der Betriebs- vor der Tarifautonomie kraft des Subsidiaritätsprinzips, NZA 1996, 346; **Eich, Rolf-Achim,** Einstweilige Verfügung auf Unterlassung der Betriebsänderung, DB 1983, 657; **Fleck, Hans-Joachim,** Das Dienstverhältnis der Vorstandsmitglieder und Geschäftsführer in der Rechtsprechung des BGH, WM 1981, Beil. 3; **Griebeling, Gert,** Arbeits- und insolvenzrechtliche Fragen zur Unterstützungskasse, DB 1991, 2336 ff.; **Groß, Volker,** Das Phantom des Arbeitnehmer-Geschäftsführers im Konkursausfallgesetz und in der Konkursordnung, DB 1984, 1447; **Grunsky, Wolfgang,** Die Rechtsstellung des Arbeitnehmers im Konkurs des Arbeitgebers, ZAP 1990, 103 ff.; **ders.,** Arbeits- und sozialrechtliche Probleme der Unternehmenssanierung – Besprechung des Gutachtens von Hanau zum 54. Deutschen Juristentag, ZIP 1982, 772; **ders.,** Probleme des Beschlußverfahrens nach §126 InsO, in: Verfahrensrecht am Ausgang des 20. Jahrhunderts, FS für Gerhard Lüke, 1997, 191; **Heilmann, Hans,** Die Rechtslage des Arbeitnehmers bei Insolvenz seines Arbeitgebers, NJW 1975, 1758; **ders.,** Arbeitsverhältnisse von Organen juristischer Personen im Konkurs, ZIP 1980, 344; **Heinze, Meinhard,** Die Ausübung von Arbeitgeberfunktionen durch Konkursverwalter und Testamentsvollstrecker, AuR 1976, 33; **ders.,** Die betriebsverfassungsrechtlichen Aufgaben des Konkursverwalters, NJW 1980, 145; **Hommelhoff, Peter/Timm,**

Wolfram, Insolvenzschutz für die Geschäftsleiter-Betriebsrente, KTS 1981, 1; **Hromadka, Wolfgang,** Arbeitnehmerbegriff und Arbeitsrecht, NZA 1997, 569; **ders.,** Zur Begriffsbestimmung des Arbeitnehmers, DB 1998, 195; **Kalter, Anton,** Sind die Geschäftsführerbezüge im Konkurs der GmbH bevorrechtigt?, KTS 1974, 143; **Löwisch, Manfred,** Das arbeitsrechtliche Beschäftigungsförderungsgesetz, NZA 1996, 1009; **Marschollek, Günter,** Kündigungsfristen für Arbeiter in der Praxis, DB 1991, 1069; **Meyer, Gerd,** Die Dauersozialpläne als neuartige Regelungsform des Sozialplans, NZA 1996, 239; **Moll, Wilhelm,** Schadensersatzansprüche für unkündbare Arbeitnehmer nach §22 II KO bei Betriebsstillegung im Konkurs, KTS 1990, 563; **Naendrup, Peter-Hubert,** Einseitige Kürzung von Sozialplänen – zur Bestandskraft kollektivvertraglicher Vereinbarungen, AuR 1984, 193; **Onusseit, Dietmar,** Nachträgliche Feststellung der Sozialversicherungsfreiheit des Gesellschafter-Geschäftsführers und ihre Bedeutung im Konkurs der Gesellschaft, KTS 1992, 1; **Raab, Thomas,** Der Unterlassungsanspruch des Betriebsrats, ZfA 1997, 183; **Reinecke, Gerhard,** Neudefinition des Arbeitnehmerbegriffs durch Gesetz und Rechtsprechung, ZIP 1998, 581; **Reiser, Kerstin,** „Scheinselbständigkeit“ – Arbeitnehmer oder Selbständiger, BB 1998, 1258; **Rittweger, Stephan,** Konkursausfallgeld und Arbeitsrecht, NZA 1996, 858; **Rolfs, Christian,** Die Neuregelung von Abfindungen auf das Arbeitslosengeld, NZA 1997, 793; **Rummel, Georg,** Konkurs- und Arbeitsverhältnis, AR-Blattei, Konkurs 1; **Sauer, Franz-Josef,** Die Beendigung von Arbeitsverhältnissen mit Blick auf die Sperrzeit nach dem Arbeitsförderungsgesetz, NZA 1997, 798; **Säcker, Heinz-Jürgen,** Herabsetzung nicht tariflicher Arbeitsbedingungen durch kollektive Änderungskündigung, DB 1967, 1086; **Schafhausen, Martin,** Anrechnung der Abfindung auf das Arbeitslosengeld, ZIP 1997, 1005; **Schaub, Günter,** RdA 1981, 373 ff.; **ders.,** Die Rechtsprechung des Bundesarbeitsgerichts zur betrieblichen Altersversorgung, BB 1988, 2193 ff.; **Schliemann, Harald,** Flucht aus dem Arbeitsverhältnis – falsche oder echte Selbständigkeit? RdA 1997, 322; **Schneider, Heinz,** Die arbeits- und sozialversicherungsrechtliche Absicherung des Arbeitnehmers im Konkursfalle, BlStSozArbR 1976, 196; **Timm, Wolfram,** Der Gesellschafter-Geschäftsführer im Pfändungs- und Insolvenzrecht, ZIP 1981, 10; **ders.,** Die Kündigung des Gesellschafter-Geschäftsführers im Konkurs der GmbH, ZIP 1987, 69; **Vollmer, Lothar,** Bestandssicherung gefährdeter Unternehmen durch Kürzung von Löhnen und Leistungen, DB 1982, 1670; **Wacke, Andreas,** Lidlohn geht vor allen Schulden, ZIP 1991, 1472 ff.; **Wagner, Volker,** Das Arbeitsrecht in der Insolvenzordnung, NZA 1988, 723; **Waltermann, Raimund,** Gestaltung von Arbeitsbedingungen durch Vereinbarung mit dem Betriebsrat, NZA 1996, 357; **Wiedemann, Herbert/Moll, Wilhelm,** Der persönliche Geltungsbereich des Gesetzes zur Verbesserung der betrieblichen Altersversorgung, RdA 1977, 13; **Willemsen, Heinz-Josef,** Arbeitsrecht im Umwandlungsgesetz – Zehn Fragen aus der Praxis, NZA 1996, 791; **Zeuner, Mark,** Schutz des Arbeitnehmers im Konkurs des Arbeitgebers, JZ 1976, 1; **Zwanziger, Bertram,** Divergenzbeschwerde gegen die Nichtzulassung der Revision oder Rechtsbeschwerde durch das Landesarbeitsgericht, FA 1998, 108.

2. Betriebsbedingte Kündigung, Sozialauswahl und Kündigungsschutz in der Insolvenz

Achenbach, Hans-Günther, Datenschutzrechtliche Probleme anläßlich der Bekanntgabe und Berücksichtigung sozialer Daten im Kündigungsschutzprozeß, NZA 1984, 278; **Adomeit, Klaus/Thau, Jens T.,** Das Gesetz zur Vereinheitlichung der Kündigungsfristen von Arbeitern und Angestellten, NJW 1994, 11; **von Altrock, Volker,** Die „abgestufte Darlegungs- und Beweislast", Rechtsinstitut eigener Art im Kündigungsschutzprozeß?, DB 1987, 433; **Ascheid, Reiner,** Betriebsbedingte Kündigung – Unternehmensentscheidung und außerbetriebliche Gründe, DB 1987, 1144; **Bader, Peter,** Neuregelungen im Bereich des Kündigungsschutzgesetzes durch das Arbeitsrechtliche Beschäftigungsförderungsgesetz, NZA 1996, 1125; **Bauer, Jobst-Hubertus/Röder, Gerhard,** Kündigungsfibel, 3. Aufl. 1996; **dies.,** Aktuelle Probleme betriebsbedingter Kündigung, 1986; **Bengelsdorf, Peter,** Beschluß des Großen Senats des BAG zum Weiterbeschäftigungsanspruch – Unzulässiger richterlicher Rechtsetzungsakt, DB 1985, 169 (Teil I), DB 1985, 222 (Teil II); **Bepler, Klaus,** Der Betriebsbegriff des Kündigungsschutzgesetzes und die Kleinbetriebsklausel, AuR 1997, 54 ff.; **Berger-Delhey, Ulf,** Betriebsbedingte Änderungskündigung, Gestaltungsmittel der Sanierung oder Zwang zur Pleite?, DB 1991, 1571 ff.; **Berkowsky, Wilfried,** Die „Betriebsbezogenheit" der Sozialauswahl - Gesetzesbefehl oder Notbremse, NZA 1996, 290; **ders.,** Die betriebsbedingte Kündigung, 4. Aufl. 1997; **ders.,** Aktuelle Probleme im Recht der betriebsbedingten Kündigung, NJW 1983, 1292; **Berscheid, Ernst-Dieter,** Kündigungsbefugnis in der Sequestration, ZIP 1997, 1569; **ders.,** Zur Frage der Verfassungsmäßigkeit des § 113 Abs. 1 InsO, InVO 1998, 32; **ders.,** Die Kündigung von Arbeitsverhältnissen nach § 113 InsO (Teil I), ZInsO 1998, 115; **Bichler, Hubert/Bader, Peter,** Allgemeiner und besonderer Kündigungsschutz in der neueren Rechtsprechung des BAG, DB 1983, 337; **Biller, Walter,** Die Kombination von Kündigungsschutzklage mit allgemeiner Feststellungsklage, DB 1997, 1407; **Blanke, Thomas,** Zivilprozessuale Probleme des Weiterbeschäftigungsanspruchs, AuR 1987, 257; **Bleistein, Franz Josef,** Kündigung und Kündigungsschutz im Arbeitsverhältnis, 2. Aufl. 1978; **Boewer, Dietrich,** Probleme der Sozialauswahl im Kündigungsschutzprozeß unter betriebsverfassungsrechtlichen Aspekten, NZA 1988, 1 ff.; **Brill, Werner/Schwerdtner, Peter,** Aktuelle Rechtsfragen zum Weiterbeschäftigungsanspruch gekündigter Arbeitnehmer, 1986; **Buchholz, Dirk,** Betriebsbedingte Kündigung, 7. Aufl. 1986; **Buchner, Herbert,** Die Rechtslage zur betriebsbedingten Kündigung, DB 1984, 504; **Caspers, Georg,** Personalabbau und Betriebsänderung im Insolvenzverfahren, 1998; **ders.,** Das Arbeitsrecht im Referentenentwurf des Gesetzes zur Reform des Insolvenzrechts, NZA 1991, 94; **Dudenbostel, Karl,** Vergleichbarkeit und Leistungsbeurteilung bei der sozialen Auswahl nach § 1 Abs. 3 KSchG, DB 1984, 826; **ders.,** Beibringungsgrundsatz und Darlegungslast bei der sozialen Auswahl nach § 1 Abs. 3 KSchG, AuR 1984, 298; **ders.,** Verhandlungsmaxime und Amtsprüfung bei der Sozialauswahl nach § 1 Abs. 3 KSchG, DB 1986, 1175; **Dütz, Wilhelm,** Die Weiterbeschäftigungsentscheidung des Großen Senats des BAG und ihre Folgen für die Praxis, NZA 1986, 209; **Ehmann, Horst,** Zur

Sozialauswahl bei betriebsbedingter Kündigung, BLStSozArbR 1984, 209; **Färber, Peter,** Die horizontale und vertikale Vergleichbarkeit von Arbeitnehmern im Rahmen der Sozialauswahl, NZA 1985, 175; **Falkenberg, Rolf-Dieter,** Die Darlegungs- und Beweislast in Kündigungsschutzprozessen und betriebsbedingten Kündigungen, DB 1984, 1984; **Feldkamp, Stephan,** Die ordentliche Kündigung unter Berücksichtigung des neuen Kündigungsfristengesetzes, NWB F. 26, 2457; **Fiebig, Andreas,** Konzernbezogener Kündigungsschutz nach der Rechtsprechung des Bundesarbeitsgerichts, DB 1993, 582; **Fischermeier, Ernst,** Die betriebsbedingte Kündigung nach den Änderungen durch das Arbeitsrechtliche Beschäftigungsförderungsgesetz, NZA 1997, 1089; **Gagel, Alexander,** Sozialrechtliche Konsequenzen von Vergleichen in Kündigungsschutzprozessen, 2. Auf. 1987; **Giesen, Richard,** Die Sozialauswahl bei betriebsbedingter Kündigung nach neuem Recht, ZfA 1997, 145; **ders.,** Das neue Kündigungsschutzrecht in der Insolvenz, ZIP 1998, 46; **Hagemeier, Christian,** Personalabbau in wirtschaftlichen Krisenzeiten, BB 1984, 1100; **Heinze, Meinhard,** Ein insolvenzspezifisches Arbeitsrecht? In: Festschrift für Hans Friedhelm Gaul zum 70. Geburtstag, 1997, 185; **Hess, Harald/Weis, Michaela,** Unzulässigkeit betriebsbedingter Kündigung wegen Betriebsänderungen im Konkurs, InVo 1997, 210; **Hillebrecht, Wilfried,** Dringende betriebliche Erfordernisse (§1 Abs. 2 KSchG) zur Kündigung von Arbeitsverhältnissen durch den Konkursverwalter, ZIP 1985, 257; **Hueck, Alfred/von Hoyningen-Huene, Gerrick/Linck, Rüdiger,** Kündigungsschutzgesetz, 12. Aufl. 1997; **von Hoyningen-Huene, Gerrick,** Die Sozialauswahl nach §1 Abs. 3 KSchG bei sogenannten Doppelverdienern, NZA 1986, 449; **ders.,** Das neue Kündigungsfristengesetz, WB 1994, 51; **ders.,** Kündigungsvorschriften im Arbeitsrecht, 2. Aufl. 1994; **ders.,** Rechtsfolgen des richterrechtlichen Weiterbeschäftigungsanspruchs, BB 1988, 264; **von Hoyningen-Huene, Gerrick/Linck, Rüdiger,** Neuregelung des Kündigungsschutzes und befristete Arbeitsverhältnisse, DB 1997, 41; **Hromadka, Wolfgang ,** Möglichkeiten und Grenzen der Änderungskündigung, NZA 1996, 1; **ders.,** Rechtsfragen zum Kündigungsfristengesetz, BB 1993, 2372; **Hümmerich, Klaus/Spirolke, Mathias,** Die betriebsbedingte Kündigung im Wandel – neue Wege zum rechtssicheren Personalabbau, NZA 1998, 797; **Jobs, Friedhelm,** Soziale Auswahl bei betriebsbedingter Kündigung, DB 1986, 539; **Kittner, Michael,** Das neue Recht der Sozialauswahl bei betriebsbedingten Kündigungen und die Ausdehnung der Kleinbetriebsklausel, AuR 1997, 182; **Kocher, Eva,** Statt Kündigungsschutz: ein kollektives Kündigungsverfahren, BB 1998, 213; **Köster, Hans-Wilhelm,** Sozial- und steuerrechtliche Auswirkungen der Beendigung des Arbeitsverhältnisses, 8. Aufl. 1996; **Kraushaar, Bernhard,** Ist die Herausnahme der Kleinbetriebe aus dem Kündigungsschutz verfassungswidrig?, AuR 1988, 137; **Kunisch, Peter,** Personalreduzierung, 3. Aufl. 1998; **Lakies, Thomas,** Zu den seit 1. 10. 1996 geltenden arbeitsrechtlichen Vorschriften der Insolvenzordnung, RdA 1997, 145; **ders.,** Änderung des Kündigungsschutzgesetzes und allgemeiner Kündigungsschutz nach §242 BGB – Verfassungsrechtliche Fragen, DB 1997, 1078; **ders.,** Rechtsprobleme der Neuregelung des Kündigungsschutzgesetzes, NJ 1997, 121; **Langanke, Annemarie,** Die soziale Auswahl bei betriebsbedingter Kündigung und der Zweck des Arbeitsverhältnisses, RdA 1993, 219; **Löwisch, Manfred,** Änderung des Kündigungsschutzgesetzes, NJW 1978, 1237; **ders.,** Das Arbeitsrechtliche Beschäftigungsförderungsgesetz, NZA 1996, 1009; **ders.,** Kündigungsschutzgesetz, 7. Aufl. 1997; **Meisel, Peter G.,** Die soziale Auswahl bei betriebsbedingten Kündigungen, DB 1991, 92; **ders.,** Neue Entwicklung in der Rechtsprechung des Bundesarbeitsgerichts zur sozialen Rechtfertigung einer Kündigung, ZfA 1985, 213; **Müller, Wirgo,** Betriebsbedingte Kündigung im Kündigungsschutzprozeß, DB 1975, 2130; **Neyses, Wilhelm,** Auswahlkriterien, Auswahlschema und Auswahlrichtlinien bei betriebsbedingter Kündigung, DB 1983, 2414; **Pauly, Holger,** Neue Streitfragen zur sozialen Auswahl bei betriebsbedingter Kündigung, MDR 1997, 513; **ders.,** Hauptprobleme der Änderungskündigung, DB 1997, 2378; **Preis, Bernd,** Sozialdaten und Beurteilungsspielraum, DB 1986, 746; **ders.,** Rahmen und Grenzen der Sozialauswahl, DB 1984, 2244; **ders.,** Betriebsbedingte Kündigung zwischen dringenden betrieblichen Erfordernissen und unternehmerischer Entscheidungsfreiheit, NZA 1997, 625; **Preis, Ulrich,** Autonome Unternehmensentscheidung und dringendes betriebliches Erfordernis, NZA 1995, 241; **ders.,** Das Arbeitsrechtliche Beschäftigungsförderungsgesetz 1996, NJW 1996, 3369; **ders.,** Aktuelle Tendenzen im Kündigungsschutzrecht, NZA 1997, 1073; **Ramm, Thilo,** Weiterbeschäftigung und Kündigungsfeststellungsklage, AuR 1986, 326; **Ramrath, Ulrich,** Darlegungslast für die regelmäßige wöchentliche Arbeitszeit von Teilzeitbeschäftigten bei der Anwendung des Kündigungsschutzgesetzes, NZA 1997, 1319; **Rasch, Thomas,** Zur Darlegungs- und Beweislast für die Richtigkeit der sozialen Auswahl bei der betriebsbedingten Kündigung unter kündigungs- und datenschutzrechtlichen Gesichtspunkten, DB 1982, 2296; **Richter, Thorsten S./Mitsch, Michael,** Neuer Schwellenwert im Kündigungsschutzgesetz, DB 1997, 526; **Rost, Friedhelm,** Die Sozialauswahl bei betriebsbedingter Kündigung, ZIP 1982, 1396; **Schaub, Günter,** Die betriebsbedingte Kündigung in der Rechtsprechung des Bundesarbeitsgerichts, NZA 1987, 217; **ders.,** Das Insolvenzverfahren und betriebsbedingte Kündigungen, AuR 1997, 218; **ders.,** Insolvenzverfahren und betriebsbedingte Kündigungen, AuA 1997, 218; **Schiefer, Bernd,** Problematische Entwicklung der höchstrichterlichen Rechtsprechung zur betriebsbedingten Kündigung, NZA 1995, 662; **Schiefer, Bernd/Worzalla, Michael,** Grundzüge der Beendigung des Arbeitsverhältnisses, 8. Aufl. 1995; **dies.,** Beendigung des Arbeitsverhältnisses, 8. Aufl. 1995; **dies.,** Das Arbeitsrechtliche Beschäftigungsförderungsgesetz und seine Auswirkungen auf die betriebliche Praxis, 1996; **Schrader, Peter,** Übergangsregelungen zum Konkursrecht, NZA 1997, 70; **Schwab, Norbert,** Die Rechtsprechung des BAG; **Schwedes, Rolf,** Das Arbeitsrechtliche Beschäftigungsförderungsgesetz, BB 1996, Beilage 17, 2; **Schwerdtner, Peter,** Offene Probleme des Kündigungsschutzes bei betriebsbedingten Kündigungen, ZIP 1984, 10; **ders.,** Vom Beschäftigungsanspruch zum Weiterbeschäftigungsanspruch, Anm. zu BAG, Beschl. vom 27. 2. 1985 – GS 1/84, ZIP 1985, 1214; ZIP 1985, 1361; **ders.,** Kündigungsschutzrechtliche Probleme der Änderungskündigung, in: Festschrift 25 Jahre BAG, 1979, 555; **Schiefer, Bernd,** Die Rechtsprechung zu den Neuregelungen durch das Arbeitsrechtliche Beschäftigungsgesetz, DB 1998, 925; **Schulz, Rolf,** Der Einfluß von § 113 InsO auf tarifliche Kündigungsfristen, AE 1998, 6; **Stahlhacke, Eugen,** Grundfragen der betriebsbedingten Kündigung, DB 1994, 1361; **Stahlhacke,**

Eugen/Preis, Ulrich, Kündigung und Kündigungsschutz im Arbeitsverhältnis, 5. Aufl. 1991; **dies.,** Das neue Kündigungsschutzrecht nach dem Arbeitsrechtlichen Beschäftigungsförderungsgesetz, WiB 1996, 1025; **Sowka, Hans-Harald** (Hrsg.), Kündigungsschutzgesetz1996; **Vogt, Aloys,** Soziale Auswahlkriterien und betriebliche Bedürfnisse bei betriebsbedingter Kündigung, DB 1984, 1467; **Wagner, Volker,** Vorrang der Änderungskündigung vor der Beendigungskündigung, NZA 1986, 632; **ders.,** Konkursrechtliche Auswirkungen des Arbeitsrechtlichen Beschäftigungsförderungsgesetzes, KTS 1996, 523; **Wank, Rolf,** Rechtsfortbildung im Kündigungsschutzrecht, RdA 1987, 129; **Warrikoff, Alexander,** Die Stellung der Arbeitnehmer nach der neuen Insolvenzordnung, BB 1994, 2338; **Weigand, Horst,** Kleinbetriebe und Kündigungsschutz, DB 1997, 2484; **Weis, Michaela,** Insolvenzarbeitsrecht, HwB AR (88. ErgLfg. August 1997); **Weitnauer, Hermann,** Anm. zu BAG vom 22. 11. 1973 – 2 AZR 543/72, SAE 1975, 135 f.; **Weller, Bernhard,** Kündigungsschutz in Betrieb und Unternehmen, AuR 1986, 225; **Weller, Ingrid,** Betriebliche und tarifvertragliche Regelungen, die sich auf die soziale Auswahl nach § 1 Abs. 3 KSchG auswirken, RdA 1986, 222; **Weng, Rudolf,** Die soziale Auswahl bei der betriebsbedingten Kündigung, DB 1978, 884; **Wlotzke, Otfried,** Aufhebung des Kündigungsschutzes durch Anhebung der Schwellenzahl und Veränderung bei der Sozialauswahl, BB 1997, 414; **Wolter, Jürgen,** Der Schutz des Arbeitnehmers vor betriebsbedingter Kündigung, 1980; **Zöllner, Wolfgang,** Auswahlkriterien für Personalmaßnahmen, in: Festschrift für G. Müller, 1981; **Zwanziger, Bertram,** Insolvenzordnung und materielle Voraussetzungen betriebsbedingter Kündigungen, BB 1997, 626; **ders.,** Das Arbeitsrecht in der Insolvenzordnung, 1997; **ders.,** Neue Tatsachen nach Zugang einer Kündigung, BB 1997, 42.

3. Literatur zur Massenentlassung in der Insolvenz

Bauer, Jobst-Hubertus/Röder, Gerhard, Aufhebungsverträge bei Massenentlassungen und bei Betriebsänderungen, NZA 1985, 201; **Berscheid, Ernst-Dieter,** Massenentlassung und Einhaltung von Kündigungsterminen, ZIP 1987, 1512; **Marschall, Dieter,** Neuregelung der Anzeigepflicht bei Massenentlassungen, DB 1978, 981; **ders.,** Kollektiver Kündigungsschutz verbessert, BArbBl 1978, 264; **Müller, Holger,** Möglichkeiten und Grenzen der Gehaltsabsenkung in insolvenzbedrohten Unternehmen zur Vermeidung von Massenentlassungen, NZA 1985, 30; **Pulte, Peter,** Änderung des Kündigungsschutzgesetzes bei Massenentlassungen, BB 1978, 1268; **Schaub, Günter/Schindele, Friedrich,** Kurzarbeit, Massenentlassung, Sozialplan, 1993; **Vogt, Aloys,** Aktuelle Probleme bei Massenkündigungen und -entlassungen, BB 1985, 1141; **Weber, Ingrid,** Rechtsprobleme bei Massenkündigungsschutz, RdA 1986, 341.

4. Literatur zu den betriebsverfassungsrechtlichen Mitwirkungsrechten in der Insolvenz

Baeck, Ulrich/Diller, Martin, Zur Teilbarkeit von Betriebsänderungen, NZA 1997, 689; **Balz, Manfred,** Der Sozialplan im Konkurs- und Vergleichsverfahren, DB

1965, 691; **Beling, Detlev/Hartmann, Christian,** Die Rechtswirkungen einer gegen §77 III BetrVG verstoßenden Betriebsvereinbarung, NZA 1998, 673; **Berkowsky, Wilfried,** Die Beteiligung des Betriebsrats bei Kündigungen, 1996; **Berscheid, Ernst-Dieter,** Interessenausgleich mit Namensliste – Auswirkungen auf den Bestandsschutz, MDR 1998, 942; **Biebl, Josef,** Das Restmandat des Betriebsrats nach Betriebsstillegung, Schriften zum Sozial- und Arbeitsrecht, Bd. 107, 1991; **Böhm, Wolfgang,** Anhörung des Betriebsrates vor Massenentlassung infolge Betriebsstillegung und Versuch eines Interessenausgleichs, BB 1976, 1270; **Brill, Werner,** Der Betriebsrat im Konkurs- und Vergleichsverfahren, AuR 1967, 335; **ders.,** Die Anhörung des Betriebsrats vor Kündigungen, AuA 1993, 330; **Fischer, Ulrich,** Der Spruch der Einigungsstelle – Folgen einer Teilunwirksamkeit, NZA 1997, 1017; **Gaul, Dieter,** Mitwirkungsrechte der Arbeitnehmer im Insolvenzverfahren, KTS 1955, 180; **Heinze, Meinhard,** Nichtsozialplanpflichtige Betriebsänderung, NZA 1987, 41; **ders.,** Die betriebsverfassungsrechtlichen Aufgaben des Konkursverwalters, NJW 1980, 145; **Heither, Friedrich H.,** Betriebsänderungen (§111 BetrVG) in der Rechtsprechung des Bundesarbeitsgerichts, ZIP 1985, 513; **Hess, Harald,** Die Beteiligungsrechte des Betriebsrats bei konkursbedingten Entscheidungen des Konkursverwalters, ZIP 1985, 334; **ders.,** Das Gesetz über den Sozialplan im Konkurs- und Vergleichsverfahren, NZA 1985, 205; **von Hoyningen-Huene, Gerrick,** Freiwilligkeitsvorbehalt und Nachwirkungsklausel in Betriebsvereinbarungen über Sozialleistungen, BB 1997, 1998; **Jaeger, Georg,** Die Betriebsaufspaltung durch Ausgliederung einzelner Betriebsteile als sozialplanpflichtige Betriebsänderung, BB 1988, 1036; **Keller, Harald,** Kann auf den Nachteilsausgleich nach §113 BetrVG verzichtet werden? NZA 1997, 519; **Leinemann, Wolfgang,** Rechte und Pflichten für den Unternehmer bei Betriebsänderungen, ZIP 1989, 552; **Loritz, Karl-Georg,** Die Beendigung freiwilliger Betriebsvereinbarungen mit vereinbarter Nachwirkung, DB 1997, 2074; **Meier, Hans-Georg,** Die Sozialplanabfindung: Verloren bei Eigenkündigung? – Entschädigung für Besitzstandsverlust oder Übergangsbeihilfe, NZA 1995, 769; **Meyer, Gerd,** Abänderung von Sozialplanregelungen, NZA 1995, 974; **Otto, Hansjörg,** Der Sozialplan als Gegenstand neuer gesetzgeberischer Initiativen, ZfA 1985, 71; **Pulte, Peter,** Beteiligungsrechte des Betriebsrates außerhalb der Betriebsverfassung, NZA 1996, 913; **Röder, Gerhard/Baeck, Ulrich,** Interessenausgleich und Sozialplan, 2. Aufl. 1998; **Röder, Gerhard/Göpfert, Burkard,** Unterrichtung des Wirtschaftsausschusses bei Unternehmenskauf mit Umwandlung, BB 1997, 2105; **Rumpff, Klaus/Boewer, Dietrich,** Mitbestimmung in wirtschaftlichen Angelegenheiten, 3. Aufl. 1990; **Schrader, Peter,** Der arbeitsrechtliche Gleichbehandlungsgrundsatz im Sozialplan, DB 1997, 1714; **Spieker, Ulrich,** Interessenausgleich bei Eigenkündigung im Insolvenzverfahren, DB 1987, 1839; **Uhlenbruck, Wilhelm,** Die Mitwirkung des Betriebsrates im Konkurs- und Vergleichsverfahren nach dem BetrVG 1972, KTS 1973, 81; **Weber, Ulrich/Ehrich Christian,** Die aktuelle Rechtsprechung des Bundesarbeitsgerichts zur Gleichbehandlung bei Sozialplanabfindungen, BB 1997, 1530; **Weigand, Horst,** Kleinbetriebe und Kündigungsschutz, DB 1997, 2484; **Weller, Bernhard A.,** Zum Problem von Sozialplänen im Konkurs, BB 1977, 599; **ders.,** Der Sozialplan, AR-Blattei, Sozialplan I; **Willemsen,**

Heinz-Josef, Zur Befreiung neugegründeter Unternehmen von der Sozialplanpflicht (§112 Abs. 2 BetrVG), DB 1990, 1405 ff.; **ders.,** Konkurs und Betriebsrat, AR-Blattei, Konkurs II.

5. Literatur zum Mutterschutz und Erziehungsurlaub in der Insolvenz

Bleistein, Franz-Josef, Erziehungsurlaub, seine Voraussetzungen und sein Inhalt, Betrieb und Personal 1983, 25; **Brill, Werner,** Die Kündigung von Schwangeren und Wöchnerinnen nach §9 Abs. 3 MuSchG, BlStSozArbR 1981, 260; **Bulla, Gustav/ Buchner, Herbert,** Mutterschutzgesetz, 6. Aufl. 1989; **Eich, Rolf-Achim,** Der Kündigungsschutz nach §9 Abs. 1 Satz 1 MuSchG nach der neueren Rechtsprechung des BVerfG, DB 1981, 1233; **Hoppe, Günther,** Der Kündigungsschutz des Mutterschutzgesetzes, BlStSozArbR 1975, 310; **Meisel, Peter/Sowka, Hans H.,** Mutterschutz, 4. Aufl. 1995; **Wenzel, Leonard,** Die Schwangerschaftsmitteilung nach §9 MuSchG, BB 1981, 674; **ders.,** Der besondere Kündigungsschutz der werdenden Mutter, MDR 1978, 719.

6. Literatur zum Schwerbehindertenschutz in der Insolvenz

Braasch, Dietrich, Anhörung des Betriebs- oder Personalrats zur Kündigung Schwerbehinderter, BlStSozArbR 1981, 1; **Etzel, Gerhard,** Der Schwerbehindertenschutz bei ordentlichen Kündigungen des Arbeitgebers, BlStSozArbR 1977, 161; **von Friesen, Juliane/Reinecke, Gerhard,** Probleme der Umdeutung von außerordentlichen Kündigungen in ordentliche Kündigungen bei schwerbehinderten Arbeitnehmern, BB 1979, 1561; **Rewolle, Hans-Dietrich,** Kein Kündigungsschutz für Schwerbehinderte bei fehlender Feststellung der Schwerbehinderteneigenschaft, DB 1977, 1700; **Rewolle, Hans-Dietrich/Dörner Hans J.,** Schwerbehindertengesetz, Loseblatt (Stand 1991); **Schukai, Manfred,** Kündigung eines Schwerbehinderten bei Unkenntnis des Arbeitgebers von der Schwerbehinderteneigenschaft, DB 1976, 436; **Siegler, Georg,** Die außerordentliche Kündigung des Arbeitsverhältnisses mit Schwerbehinderten, BlStSozArbR 1981, 369; **ders.,** Fragen der Kündigung von Arbeitsverhältnissen mit Schwerbehinderten, BlStSozArbR 1985, 129; **Stelzer, Dierk,** Der vorläufige Rechtsschutz im Widerspruchsverfahren gegen die Zustimmung der ordentlichen Kündigung nach §15 Schwerbehindertengesetz, ZfS 1982, 136; **Wilrodt, Hermann/Neumann, Dirk,** Schwerbehindertenschutz, 8. Aufl. 1992.

7. Literatur zum Schutz der Wehrdienstleistenden in der Insolvenz

Gaisbauer, Georg, Die Rechtsprechung zum Arbeitsplatzschutzgesetz 1968 bis 1972, RdA 1975, 116; **Hoppe, Günter,** Der wehrpflichtige Arbeitnehmer, BlStSozArbR 1976, 115; **Lorenz, Martin,** Verbesserter Arbeitsplatzschutz wehrpflichtiger Arbeitnehmer, DB 1978, 890; **Riegel, Reinhard,** Arbeitsplatzschutzgesetz und Europäisches Gemeinschaftsrecht, BB 1978, 1422; **Sahmer, Heinz,** Das Gesetz über den Schutz des Arbeitsplatzes bei Einberufung zum Wehrdienst (Arbeitsplatzschutzgesetz), Loseblatt 1991; **Schimana, Rudolf,** Arbeitsplatzschutzgesetz und ausländische Arbeitnehmer, BB 1978, 1017.

8. Literatur zum Schutz der Betriebsratsmitglieder in der Insolvenz

Bader, Peter, Zur Zustimmungsbedürftigkeit der Kündigung von Betriebsratsmitgliedern bei Betriebsstilllegung, BB 1978, 616; **Belling, Detlev W.,** Die Beteiligung des Betriebsrats bei der Kündigung von Amtsträgern wegen der Stillegung des Betriebs oder einer Betriebsabteilung, NZA 1985, 481; **Bernstein, Rainer,** Die Kündigung von Betriebsratsmitgliedern bei Stillegung einer Betriebsabteilung nach § 15 V KSchG, NZA 1993, 728; **Brill, Werner,** Der Betriebsrat im Konkurs- und Vergleichsverfahren, AuR 1967, 335; **Buus, Karl-Heinz,** Die Ersetzung der Zustimmung zur außerordentlichen Kündigung von Betriebs- bzw. Personalratsmitgliedern, BB 1979, 1508; **Fuchs, Dieter,** Kündigungsschutz von Wahlbewerbern, Wahlvorstandsmitgliedern und Vertrauensleuten der Schwerbehinderten in betriebsratslosen Betrieben, DB 1976, 677; **Grüneberg, Christian,** Die Rechtsposition der Organe der GmbH und des Betriebsrates im Konkurs, 1988; **Hanel, Erich,** Die Kündigung von Betriebsratsmitgliedern und gleichgestellten Arbeitnehmervertretern, Personal 1982, 258; **Heilmann, Hans,** Die Rechtslage des Arbeitnehmers im Konkurs des Arbeitgebers, NJW 1975, 1758; **Mareck, Reiner,** Die Kündigung von Betriebsratsmitgliedern, BB 1986, 1082; **Matthes, Reiner,** Probleme des Kündigungsschutzes von Betriebsratsmitgliedern, DB 1980, 1165; **Nipperdey, Peter,** Zum nachwirkenden Kündigungsschutz von Ersatzmitgliedern des Betriebsrats, DB 1981, 271; **Rewolle, Hans-Dietrich,** Die Rechtsstellung des Arbeitnehmers im Vergleichs- und Konkursverfahren, DB 1967, 1134; **Uhlenbruck, Wilhelm,** Die Mitwirkung des Betriebsrats im Konkurs- und Vergleichsverfahren nach dem BetrVG, KTS 1973, 81; **ders.,** Kündigungsschutz des Arbeitnehmers, MDR 1978, 455 und 541; **Schulte-Kaubrügger, Christoph,** Kündigung eines Betriebsratsmitgliedes bei Betriebsveräußerung im Gesamtvollstreckungsverfahren, ZInsO 1998, 81.

9. Literatur zum Schutz der Auszubildenden in der Insolvenz

Barwasser, Franz H., Die Kündigung des Ausbildungsverhältnisses, DB 1976, 434; **Hoppe, Günther,** Die Kündigung des Berufsausbildungsverhältnisses, BlStSozArbR 1972, 253; **Hurlebaus, Horst Dieter,** Schlichtungsverfahren, Kündigungsschutzgesetz und Reform des Berufsausbildungsgesetzes, BB 1975, 1533.

10. Literatur zum Zeugnisanspruch in der Insolvenz

Schmidt, Karsten, Zum Zeugnisanspruch des Arbeitnehmers im Konkurs einer Handelsgesellschaft, DB 1991, 1930.

III. Literatur zur Rechnungslegung

Adler, Hans, Die Abwicklungsbilanzen der Kapitalgesellschaften, 2. Aufl. 1956; **Adler, Hans/Düring, Walther/Schmaltz, Kurt,** Rechnungslegung und Prüfung der Unternehmen, Bd. 1, 5. Aufl. 1987; **Albach, Horst,** Grundgedanken einer synthetischen Bilanztheorie, ZfB 1865, 21 ff.; **Auler, Wolf-D.,** Besonderheiten bei der Bewertung im Jahresabschluß einer notleidenden Aktiengesellschaft, DB 1976, 2027; **Baetge, Jörg,** Grundsätze ordnungsgemäßer Buchführung, DB 1986, Beil. 26; **Bauch, G.,** Zur Gliederung und Bewertung der Abwicklungsbilanzen, DB 1973, 977 ff.; **Beck'sches** Steuerberater Handbuch 1998/99; **Beckmann, Liesel,** Die betriebswirtschaftliche Finanzierung, 2. Aufl. 1956; **Beisse, Heinrich,** Zum Verhältnis von Bilanzrecht und Betriebswirtschaftslehre, StuW 1984, 1; **Boruttau, Ernst/Egly, Hans/Siegloch, Heinrich,** Grunderwerbsteuergesetz, 14. Aufl. 1997; **Brühling, U. Chr.,** Rechnungslegung bei Liquidation, WPg 1977, 599; **Budde, Wolfgang,** Beck'scher Bilanzkommentar, §§240, 241 HGB, 3. Aufl. 1995; **Burkel, Peter,** Arten, Aufgaben und Aussagen externer Bilanzen, BB 1985, 838; **Classen, Andrea**, Konkurs und Einkommensteuer, BB 1985, 50; **Endres, Klaus,** Zur Umsatzsteuer im Konkurs, UR 1988, 333; **Engels, Wolfram,** Betriebswirtschaftliche Bewertungslehre im Lichte der Entscheidungstheorie, 1962; **Fichtelmann, Helmar,** Buchführungspflicht des Konkursverwalters, KTS 1973, 145; **ders.,** Veranlagung von Ehegatten im Konkurs, BB 1984, 1293; **ders.,** Anmerkung zu BFHE vom 8. 6. 1972 – IV R 129/66 – FR 1972, 538; **ders.,** Zur Frage der Lohnsteuerpflicht der vom Konkursverwalter an den Gemeinschuldner gezahlten Vergütung, FR 1977, 439; **Förster, Wolfgang,** Rücklagen, Rückstellungen, Abgrenzungsposten und Wertberichtigungen im allgemeinen Handelsrecht und im Ertragssteuergesetz unter dem Einfluß des Aktiengesetzes 1965, Diss. Mainz 1968; **Förster, Wolfgang/Grönwoldt, Jens,** Das Bilanzrichtlinien-Gesetz und die Liquidationsbilanz, BB 1987, 577 ff.; **Fricke, Eberhard,** Die einkommensteuerrechtliche Behandlung von Verlusten und Schulden im Konkurs und nach dem Konkurs, DStR 1966, 22; **Frankenberger, Wilhelm,** Rechnungslegung und Prüfung bei Liquidation von Genossenschaften, WPg 1979, 305 ff.; **Frotscher, Gerit,** Steuern im Konkurs, 4. Aufl. 1997, 183; **Geist, Günter,** Insolvenzen und Steuern, 3. Aufl. 1980, 41; **Goldbeck, K. J.,** Dynamische Elemente in Insolvenzbilanzen, KTS 1962, 154; **Hahn, Klaus,** Die Bewertung von Rückstellungen mit Hilfe moderner Prognoseverfahren unter Berücksichtigung der Vorschriften des Bilanzrichtlinien-Gesetzes, BB 1986, 1325; **Hauck, Wilhelm Chr.,** Bilanztheorien, 1933; **Heidner, Hans-Hermann,** Umsatzsteuerliche Folgen der Verwertung von Sicherungsgut durch den Sicherungsnehmer und den Konkursverwalter, DStR 1988, 488; **Hess, Harald/Boochs, Wolfgang/Weis, Michaela,** Steuerrecht in der Insolvenz; **Hofmann, Paul,** Zur Liquidation einer GmbH (Teil II), GmbHR 1976, 258 ff.; **Hübschmann, Walter/Hepp, Ernst/Spitaler, Armin,** Abgabenordnung, 10. Aufl. 1995, Stand März 1995; **Hundt-Eßwein, Hans U.,** Die Behandlung von Steueransprüchen im Konkurs, BB 1987, 1718; **Käfer, Karl,** Die Bilanz als Zukunftsrechnung, 1976; **ders.,** Kapitalflußrechnungen, 2. Aufl. 1984; **Karst, Michael,** Zur Bekanntgabe von Verwaltungsakten an die GmbH im Konkurs, NVwZ 1994, 979; **Kilger, Joachim/Nitze, Paul,** Die Buchführungs- und Bilanzierungspflicht des Konkursverwalters, ZIP 1985, 957; **Klaasmeyer, Bernd/Kübler, Bruno**, Buchführungs-, Bilanzierungs- und Steuererklärungspflichten des Konkursverwalters sowie Sanktionen im Falle ihrer Vertretung, BB 1978, 369; **König, Gisbert,** Gesonderte oder harmonisierte Rechnungslegung des Konkursverwalters im Unternehmenskonkurs, ZIP 1988, 1003; **Klein, Franz/Orlopp, Gerd,** Abgabenordnung, 6. Aufl. 1998; **Knobbe-Keuck, Brigitte,** Konkurs und Umsatzsteuer, BB 1977, 757; **Körner, Werner,** Der dynamische Charakter der Steuerbilanz, BB 1966, 953 ff.; **Kolbe, Kurt,** Theorie und Praxis des Gesamtwertes und Geschäftswertes der Unternehmung, 3. Aufl. 1967; **Kosiol, Erich,** Pagatorische Bilanz, in: Bott, Lexikon des Kaufmännischen Rechnungswesens, Bd. 3, 2. Aufl. 1956, Sp. 2085 ff.; **Kühnau, Martin,** Sonderbilanzen, HWR 70, Sp. 1571-1596; **Kunz, Peter/Mundt, Christina,** Rechnungslegungspflichten in der Insolvenz, Teil I, DStR 1997, 620; Teil II, DStR 1997, 684; **Mattern,** Die Rechtsstellung des Finanzamts (Hauptzollamts) als Steuerbeitreibungsbehörde, DStZ 1959, 353; **Metz, Herbert,** Die Liquidationsbilanz in betriebswirtschaftlicher, handelsrechtlicher und steuerrechtlicher Sicht, Diss. München 1968; **Moxter, Adolf,** Bilanzierung nach der Rechtsprechung des Bundesfinanzhofs, 1982; **ders.**, Anschaffungswertprinzip für Abwicklungsbilanzen? – Eine Stellungnahme zu §270 AktG, WPg 1982, 473 ff.; **ders.**, Grundsätze ordnungsmäßiger Unternehmensbewertung, 2. Aufl. 1983; **ders.**, Die Grundsätze ordnungsgemäßer Bilanzierung und der Stand der Bilanztheorie, Zfb 1966, 28 ff.; **Münstermann, Hans,** Wert und Bewertung der Unternehmung, 3. Aufl. 1970; **Onusseit, Dietmar,** Steuererklärungspflichten in der Insolvenz, ZIP 1995, 1798; **Onusseit, Dietmar/Kunz, Peter,** Steuern in der Insolvenz, 2. Aufl. 1997; **Pelka, Jürgen/Niemann, Walter,** Praxis der Rechnungslegung im Insolvenzverfahren, 4. Aufl. 1997; **Plückebaum, Conrad/Malitzky, Heinz,** Umsatzsteuergesetz, 10. Aufl. 1997; **Probst, Ulrich,** Vorrecht, Vorsteuerberichtigung und Voranmeldungszeitraum im Konkurs, UR 1988, 39; **Ranft, E.,** Liquidation einer Kapitalgesellschaft, FR 1966, 411 ff.; **Rau, Gunter/Dürrwächter, Erich,** Kommentar zum Umsatzsteuergesetz, 8. Aufl. 1997; **Rogowsky,** Abwicklungsbilanz, in: Bott, Lexikon des Kaufmännischen Rechnungswesens, Bd. 1, 2. Aufl. 1955, Sp. 75 ff.; **Rosenau, Heinz**, Steuerliche Probleme im Konkurs und Vergleichsverfahren eines Steuerpflichtigen, KTS 1972, 130; **Schigut**, Liquidationsbilanzen, in: Meither (Hrsg.), Die Bilanzen der Unternehmungen, Festgabe für Ziegler, Bd. 2., 655 ff.; **Schlücking, Franz-Josef,** Zur Bekanntgabe von Steuerbescheiden, BB 1982, 917; **Schwankenberg, Friedrich,** „Rückforderung“ von Vorsteuerbeträgen, UR 1993, 295; **Schwarz, Bernhard,** Kommentar zur Abgabenordnung (AO), Kommentar zur Finanzgerichtsordnung (FG), Loseblattausgabe; **Stützel, Wolfgang,** Bemerkungen zur Bilanztheorie, 1967; **Tipke, Klaus/Kruse, Heinrich W.,** Abgabenordnung/Finanzgerichtsordnung, Losebl., 16. Aufl. 1996 ff.; **Vellguth, Hans Karl,** Grundsätze ordnungsgemäßer Bilanzierung für schwebende Geschäfte, Diss. Köln 1937; **Weisang, Andreas,** Zur Rechnungslegung nach der neuen Insolvenzordnung, BB 1998, 1149; **Weiss, Eberhard,** Insolvenz und Steuern, 1989; **ders.,** Zur Durchsetzung von Einkommensteueransprüchen im Konkurs (I und II), FR 1990, 539; 1992, 255; **Wolf, Thomas,** Nochmals: Passivierung eigenkapitalersetzender Gesellschafterdarlehen ohne Rangrücktritt, DB 1997, 1833.

A. Grundlagen der Insolvenzordnung

I. Die Geschichte der Insolvenzrechtsreform

1 Der Verabschiedung der neuen Insolvenzordnung (InsO) durch den Bundestag am 5. 10. 1994 sind fast 20 Jahre Reformbemühungen vorangegangen. Im Laufe der ausgiebigen Reformdiskussion sind weit mehr als 500 Aufsätze und Abhandlungen zu diesem Themenkreis erschienen (vgl. nur die umfangreiche Literaturübersicht bei Obermüller/Hess, InsO), so daß man wohl zu Recht von einem der größten Gesetzgebungsprojekte der jüngeren Zeit sprechen kann.

2 Auslöser der Insolvenzrechtsreform war die steigende Zahl von Insolvenzen, bei denen es mangels Masse nicht zu einer Verfahrenseröffnung kam und die immer geringere Bedeutung des Vergleiches nach der Vergleichsordnung. Bereits 1975 wurde in diesem Zusammenhang das Schlagwort vom Konkurs des Konkurses geprägt (Kilger, KTS 1975, 142 ff.).

3 1992 wurden über 70% der Konkursantragsverfahren mangels Masse abgewiesen (Döring, ZIP 1993, 1124).

4 Im gleichen Jahr wurde in nur noch 0,2% aller Insolvenzfälle ein Vergleichsverfahren eröffnet (Döring, ZIP 1993, 1124), obwohl die Zahl der Insolvenzen im gleichen Zeitraum stark anstieg.

5 Bei den eröffneten Konkursverfahren stellt sich die Situation nicht besser dar: Die durchschnittliche Quote, die auf ungesicherte Forderungen entfällt, beträgt derzeit etwa 3 bis 5%. Insgesamt beliefen sich die Forderungsausfälle der Gläubiger nach Angabe des statistischen Bundesamtes 1993 auf 35 Milliarden DM. 1996 betrug der Schaden schon 50 Milliarden DM.

Tabelle 1: Insolvenzentwicklung ab 1950

Jahr	Konkursverfahren[1)]	eröffnete Konkursverfahren[1)]	Konkursabweisung mangels Masse[1)]	eröffnete Vergleichsverfahren	Anschlußkonkurse	Insolvenzen insgesamt
1950	4497	3286	1211	1721	483	5735
1955	4066	2497	1569	885	243	4708
1960	2689	1742	947	343	74	2958

Jahr	Konkursverfahren[1)]	eröffnete Konkursverfahren[1)]	Konkursabweisung mangels Masse[1)]	eröffnete Vergleichsverfahren	Anschlußkonkurse	Insolvenzen insgesamt
1965	2928	1659	1269	267	38	3157
1970	3943	2081	1862	324	66	4201
1975	8942	3056	5886	355	102	9195
1980	9059	2420	6639	94	13	9140
1985	18804	4292	14512	105	33	18876
1988	15887	3649	12238	57	8	15936
1990	13243	3214	10029	42	14	13271
1991	13304	3564	9740	39	20	13323
1992	15279	4360	10919	37	14	15302
1993	20243	5842	14401	73	18	20298
1994	24886	6832	18054	67	25	24928
1995	28759	8024	20735	56	30	28785
1996	31456	8610	22846	53	38	31471
1997	33363	8834	24529	35	–	33398

[Quelle:Statistisches Bundesamt Wiesbaden – an dieser Stelle möchten wir Herrn Dipl.-Volkswirt Jürgen Angele vom Statistischen Bundesamt Wiesbaden ganz herzlich für die Überlassung der obigen Daten danken]

1 bzw. Gesamtsvollstreckungsverfahren ab 1991 einschließlich der neuen Bundesländer, Konkurs- und Gesamtvollstreckungsverfahren

Tabelle 2: Quote in % der Gläubigerforderung bei Konkursverfahren mit Masse

Jahr	nicht bevorrechtigte Gläubiger	Bevorrechtigte Gläubiger
1970	4,5	43,5
1976	4,4	30,5
1978	3,5	37,9
1980	5,8	32,1
1985	7,5	34,2
1988	6,3	27,8

Jahr	nicht bevorrechtigte Gläubiger	Bevorrechtigte Gläubiger
1990	3,1	37,1
1992	3,1/27,4*)	33,7/70,4*)
1993	3,9/15,8*)	38,6/63,9*)
1994	3,0/8,0*)	42,2/36,2*)
1995	5,0/3,5*)	39,2/25,9*)

*) neue Bundesländer und Berlin/Ost

1978 wurde eine Sachverständigenkommission zur Reform des Insolvenzrechts gebildet, die 7 Jahre später den ersten Bericht vorlegte (1. Bericht der Kommission für Insolvenzrecht, Verlag Kommunikationsforum Köln, 1985; vgl. auch Berges, BB 1986, 753). 6

Mit der Vorlage des zweiten Berichts am 10. 2. 1985 hat die Kommission ihre Arbeit abgeschlossen (2. Bericht der Kommission für Insolvenzrecht, Verlag Kommunikationsforum Köln, 1986). 7

Am 30. 8. 1988 wurde seitens des Bundesministeriums für Justiz der Diskussionsentwurf eines Gesetzes zur Reform des Insolvenzrechts vorgelegt. 8

1989 folgte ein Referentenentwurf und 1992 schließlich ein Regierungsentwurf, dem die nunmehr geltende InsO weitgehend folgt. 9

Die aus 335 Paragraphen bestehende Insolvenzordnung ersetzt neben der Konkursordnung von 1877 und der Vergleichsordnung von 1935 auch die im Gebiet der ehemaligen DDR geltende Gesamtvollstreckungsordnung von 1990 (GesO), die in den fünf Beitrittsländern Brandenburg, Sachsen, Sachsen-Anhalt, Mecklenburg-Vorpommern und Thüringen anstelle der KO und VglO in Kraft gesetzt wurde. 10

In dem Einführungsgesetz zur Insolvenzordnung werden darüber hinaus erhebliche Folgeänderungen vorgenommen, die sich z. B. in einer kompletten Neuregelung des Anfechtungsgesetzes von 1879 manifestieren (Art. 1 EG InsO). Die Insolvenzordnung und die EG InsO sind gem. Art. 110 EG InsO am 1. 1. 1999 in Kraft getreten. 11

Dabei ist zu beachten, daß der Gesetzgeber die arbeitsrechtlichen Regelungen der InsO in den §§ 113, 120 bis 122, 125 bis 128 durch das arbeitsrechtliche Beschäftigungsförderungsgesetz (BGBl. I 1996, 1476) bereits vorzeitig auf dem Gebiet der alten Bundesländer im Rahmen des § 22 KO zur Anwendung gebracht hat. 12

II. Wesen des Insolvenzrechts

13 Das Insolvenzverfahren (Konkurs kommt von lateinisch: concurrere = Zusammenlaufen der Gläubiger) gehört seinem Wesen nach zur Zwangsvollstreckung (vgl. Hess/Obermüller, Die Rechtsstellung der Verfahrensbeteiligten nach der InsO, Rz. 2 ff). Im Gegensatz zur Einzelzwangsvollstrekkung, die nur dem sie betreibenden Gläubiger Befriedigung verschafft oder wenigstens verschaffen soll, ist Zweck des Insolvenzverfahrens die gleichmäßige Befriedigung aller persönlichen Gläubiger aus dem zu liquidierenden Vermögen des Schuldners. Für die Einleitung des Insolvenzverfahrens brauchen die Gläubiger keinen vollstreckbaren Titel vorzulegen. Die Forderung muß mit präsenten Beweismitteln, wozu auch die eidesstattliche Versicherung zählt, glaubhaft gemacht werden.

14 Insolvenz ist mithin – die unter Leitung und Aufsicht des Gerichts erfolgende – Gesamtzwangsvollstreckung aller Insolvenzgläubiger in das Vermögen des finanziell zusammengebrochenen, zum mindesten in schwere wirtschaftliche Schwierigkeiten geratenen Schuldners. Ihr Ziel ist, eine gleich- und anteilsmäßige Befriedigung dieser Gläubiger aus dem zur vollen Deckung ihrer Forderungen nicht ausreichenden Vermögen des Schuldners herbeizuführen.

15 Der Ausfall, der dadurch entsteht, daß die Verbindlichkeiten des Schuldners höher sind als sein verwertbares Vermögen, soll von allen beteiligten Gläubigern gleichmäßig getragen werden; die Vielzahl der Gläubiger bildet untereinander – mit verschiedenen Ausnahmen – insoweit eine organisch zusammengefaßte Verlustgemeinschaft.

16 Die Möglichkeit, daß nur einzelne oder mehrere Einzelgläubiger wegen des bei der Einzelzwangsvollstreckung geltenden Prioritätsprinzips (§ 804 Abs. 3 ZPO) vorzugsweise Befriedigung erlangen, indem sie die Zwangsvollstreckung in das verwertbare bewegliche und unbewegliche Vermögen des Schuldners betreiben, kann mithin dadurch beseitigt werden, daß Antrag auf Eröffnung eines Insolvenzverfahrens gestellt wird. Diesen Antrag kann jeder einzelne künftige Insolvenzgläubiger und der Schuldner stellen, wobei letzterer die Möglichkeit hat, bereits bei Antragstellung einen Insolvenzplan (siehe hierzu unten Rdn. 635 ff.) vorzulegen.

17 Mit Eröffnung des Insolvenzverfahrens durch das Gericht tritt eine Beschlagnahme nahezu des ganzen der Zwangsvollstreckung unterliegenden Vermögens des Schuldners einschließlich des Neuerwerbs ein (§§ 35, 36

InsO). Dieser verliert das Verfügungsrecht darüber und damit auch die Möglichkeit, einzelne Gläubiger zu begünstigen. Das Vermögen wird alsdann zur – oft allerdings nur recht geringen – Teilbefriedigung aller am Insolvenzverfahren beteiligten Gläubiger verwertet. Einzelvollstreckungen durch Konkursgläubiger sind während des Verfahrens ausgeschlossen (§ 89 InsO).

18 In der Insolvenz geht es um die Bereinigung wirtschaftlicher Verhältnisse. Das Verfahren muß so eingerichtet sein, daß mit ihm ein möglichst angemessener Erfolg erzielt werden kann. Durch die Verwertung des Vermögens sollen die Forderungen der Gläubiger nach den gegebenen Verhältnissen bestmöglich realisiert werden.

19 Einfluß und Bestimmungsrecht der Gläubigerschaft (Gläubigerversammlung und Gläubigerausschuß) sind beachtlich. Dem Insolvenzgericht obliegt im wesentlichen die Überwachung der Gläubiger und des Insolvenzverwalters.

20 Die vor allem durch wirtschaftliche Zweckmäßigkeitsfragen bestimmte und von solchen Erwägungen abhängige Verwertung der Insolvenzmasse gehört nicht zum gerichtlichen Aufgabengebiet. Sie liegt in der Hand und im Geschick des Insolvenzverwalters. Dieser ist die Zentralperson des Verfahrens. Er muß außer in Rechtsfragen auch in wirtschaftlichen Fragen weitreichende Kenntnisse und praktische Erfahrungen besitzen. Durch insolvenzrechtliche Anfechtungsmöglichkeiten kann im Einzelfall die Insolvenzmasse vermehrt werden.

21 Eine bevorzugte Gläubigerstellung haben im Rahmen des Insolvenzverfahrens:

- Beteiligte an den bei der Eröffnung des Insolvenzverfahrens noch schwebenden Verträgen,
- Aussonderungsberechtigte,
- Absonderungsberechtigte sowie
- Massegläubiger.

Anders als bisher im Geltungsbereich der KO kennt die InsO keine bevorrechtigten Insolvenzgläubiger.

III. Ziele der neuen Insolvenzordnung

22 Mit der Neuregelung des gesamten Insolvenzrechts hat sich der Gesetzgeber für die sogenannte „große Lösung“ entschieden. Ob dies notwendig war

oder ob es nicht ausgereicht hätte, die Mängel der bisherigen Konkursordnung durch eine Neufassung einzelner Bereiche zu beseitigen, mag dahingestellt bleiben – sicher ist jedenfalls, daß in den kommenden Jahren auf alle diejenigen, die sich mit Insolvenzen befassen, erhebliche Mehrarbeit durch die Umstellung auf das neue Recht zukommen wird.

23 In ihrer Gliederung weicht die InsO von dem in der KO verfolgten Aufbau erheblich ab. Während in der KO das materielle Recht (§§ 1–71) als generelle Bestimmungen vorangezogen wurde und das formelle Recht in den §§ 72 ff. geregelt war, folgt die Paragraphenkette der InsO weitgehend dem verfahrensmäßigen Ablauf.

24 Sinn und Zweck der neuen InsO ist, wie bei den bisherigen Verfahren der KO, VglO und GesO, die Sammlung, Verteilung und optimale Verwertung des schuldnerischen Vermögens in einem gerichtlich kontrollierten Liquidationsverfahren. Im Vordergrund steht hierbei – anders als bei der Einzelzwangsvollstreckung – der Gedanke einer möglichst gerechten anteilmäßigen Befriedigung aller Gläubiger. Das Ziel der VglO, ein Insolvenzverfahren zu vermeiden, wurde aufgegeben, indem der Insolvenzplan in das Insolvenzverfahren integriert wurde.

25 Alle Ziele des Insolvenzrechts sollen in einem einheitlichen Insolvenzverfahren, in dem Liquidation, Sanierung und Restschuldbefreiung geregelt sind, erreicht werden.

1. Erleichterung der Verfahrenseröffnung

26 Durch masseanreichernde Maßnahmen vor und nach Verfahrenseröffnung soll die Zahl der massearmen Verfahren reduziert werden. Im einzelnen handelt es sich bei diesen Maßnahmen um

- die Ausweitung der Eröffnungstatbestände durch die Einführung des neuen Insolvenzgrundes der drohenden Zahlungsunfähigkeit (§ 18 InsO)
- die Neudefinition der Insolvenzeröffnungsgründe der Zahlungsunfähigkeit (§ 17 InsO) und der Überschuldung (§ 19 InsO; s. u. Rz. 43 ff.)
- die Haftung für den Verfahrenskostenvorschuß bei Insolvenzverschleppung (§ 26 Abs. 3 InsO)
- die Einbeziehung des Neuerwerbs in die Insolvenzmasse (§ 35 InsO)
- die Verschärfung des Insolvenzanfechtungsrechtes (§§ 129 ff. InsO).

- Verfahrenskostenbeiträge der absonderungsberechtigten Gläubiger (§§ 170 f. InsO).

2. Einheitlichkeit des Insolvenzverfahrens

Durch die InsO und EGInsO wird die momentan noch bestehende Rechtsunsicherheit, die durch die Geltung von zwei unterschiedlichen Insolvenzrechtsordnungen in Ost- und Westdeutschland entstanden war, beseitigt, das Insolvenzrecht in Deutschland vereinheitlicht und die Nebengesetze (KauG, Anfechtungsgesetz) systematisch und von der Diktion her der InsO angepaßt. 27

Gleichzeitig wird die bestehende Dualität von Vergleichs- und Konkursverfahren, durch ein einheitliches Insolvenzverfahren, in dem Liquidation und Sanierung als gleichberechtigte Alternativen nebeneinander stehen, beseitigt. Dies hat gegenüber dem heute nahezu bedeutungslosen Vergleichsverfahren den großen Vorteil, daß auch im Fall der Durchführung eines Insolvenzplanes die Geltendmachung von Anfechtungsrechten ebenso wie die Gewährung von Insolvenzgeld möglich ist. 28

3. Die Deregulierung des Verfahrens

Ziel der Neuregelung ist es u. a., die Deregulierung der Insolvenzabwicklung im Sinne der Gewährung größtmöglicher Flexibilität für eine einvernehmliche Bewältigung des Insolvenzfalles zu erreichen. 29

Den Beteiligten soll in jeder Hinsicht ermöglicht werden, von der gesetzlichen Zwangsverwertung der Insolvenzmasse abzuweichen. 30

In privatautonomen Verhandlungen und Austauschvorgängen soll das wirtschaftliche Optimum durch eine Lösung erzielt werden, die mindestens einen Beteiligten besser und keinen schlechterstellt (Begr. RegE in Balz/Landfermann, Die neuen Insolvenzgesetze, 1995, S. 12). Den Gläubigern obliegt die Entscheidung über den Verfahrensfortgang im Berichtstermin (§ 156 InsO). 31

Die absonderungsberechtigten Gläubiger werden stärker als bisher in das Verfahren einbezogen (s. u. Rz. 298 ff.). Durch den Übergang des Verwertungsrechtes in bezug auf die mit Absonderungsrechten belasteten Gegenstände auf den Verwalter wird diesem vor allem ermöglicht, die zur Fortführung des Unternehmens erforderlichen Betriebsmittel weiter zu nutzen. 32

- Gegenüber dem Vergleichsverfahren hat das Insolvenzplanverfahren nach der InsO den erheblichen Vorteil, daß keine starren Mindestquoten mehr vorgeschrieben sind, die häufig zum Scheitern eines Vergleiches führten.
- In bestimmten Fällen kann das Gericht unter den Voraussetzungen der §§270ff. InsO die Eigenverwaltung durch den Schuldner unter der Aufsicht eines Sachwalters anordnen.
- Durch das Restschuldbefreiungsverfahren wird eine Beschränkung des Gläubigernachforderungsrechtes nach Abschluß des Insolvenzverfahrens zu Gunsten des Schuldners erreicht (§§286ff. InsO), um redlichen Schuldnern die Chance für einen wirtschaftlichen Neubeginn zu eröffnen.

4. Abschaffung der Insolvenzvorrechte

33 Durch die Abschaffung der allgemeinen Konkursvorrechte des §61 KO soll die Verteilungsgerechtigkeit im Insolvenzverfahren erhöht werden. Durch die Herausnahme der unechten Masseschulden, z. B. der rückständigen Arbeitsentgeltansprüche der Arbeitnehmer aus den letzten 6 Monaten vor der Verfahrenseröffnung, aus den Masseverbindlichkeiten wird der Gleichbehandlungsgrundsatz zwischen den einzelnen Gläubigern besser verwirklicht.

34 Diese Maßnahmen haben eine höhere Quote für die einfachen Insolvenzgläubiger zur Folge.

5. Einführung des Restschuldbefreiungsverfahrens

35 Nach der allgemeinen Begründung des Regierungsentwurfes soll die Einführung des Restschuldbefreiungsverfahrens dem redlichen Schuldner (natürlichen Personen) die Möglichkeit eines wirtschaftlichen Neuanfanges eröffnen, ohne ihn wie bisher noch mindestens 30 Jahre nach Feststellung der Forderung zur Insolvenztabelle Nachforderungen der Gläubiger auszusetzen (wobei die Verjährung durch Zwangsvollstreckungsversuche unterbrochen wird!).

36 Eine Restschuldbefreiung war nach den bisher geltenden Rechten nur in den seltenen Fällen eines Vergleiches oder Zwangsvergleiches möglich bzw. im

Geltungsbereich der Gesamtvollstreckungsordnung im Rahmen des §18 Abs. 2 S. 3 GesO.

37 Die Restschuldbefreiung nach der InsO soll vermeiden, daß der Schuldner durch eine oft lebenslange Nachhaftung in die Schattenwirtschaft oder die Schwarzarbeit gedrängt wird, da der geringe wirtschaftliche Wert des Nachforderungsrechtes oft in keinem angemessenen Verhältnis zu den gesellschaftlichen und gesamtwirtschaftlichen Kosten der häufig lebenslangen Schuldenhaftung steht (Begr. RegE in Balz/Landfermann, a. a. O., S. 17).

38 Die Restschuldbefreiung nach Maßgabe der §§286 ff. InsO ist so konzipiert, daß nur der redliche Schuldner die Möglichkeit hat, in ihren Genuß zu kommen. Zuvor hat er allerdings eine 7jährige Wohlverhaltensphase zu durchlaufen, während der er den pfändbaren Teil seines Neuerwerbs (insbesondere Arbeitseinkommen) an einen Sachwalter abzutreten hat. Will er dies vermeiden, so kann der Schuldner versuchen, mit den Gläubigern eine einvernehmliche Regelung im Rahmen eines Insolvenzplanes (bzw. sofern es sich bei dem Schuldner um einen Verbraucher handelt, im Rahmen eines Schuldenbereinigungsplans) zu treffen, wonach eine kürzere Wohlverhaltensphase vereinbart wird.

39 Ziel des Restschuldbefreiungsverfahrens ist es, nicht nur dem Schuldner, sondern auch den Gläubigern Vorteile zu bieten. Der Gesetzgeber hat daher versucht, einen Mittelweg zwischen dem geltenden Recht der freien Nachforderung und dem zu schuldnerfreundlichen angelsächsischen Modell einzuschlagen (Begr. RegE in Balz/Landfermann, a. a. O., S. 45).

6. Verbraucherinsolvenzverfahren

40 Durch die Schaffung des dreistufig aufgebauten Verbraucherinsolvenzverfahrens (§§304–314 InsO) soll überschuldeten Privatleuten die Möglichkeit eröffnet werden, im Rahmen eines außergerichtlichen bzw. gerichtlichen Schuldenbereinigungsplans eine einvernehmliche Lösung der Insolvenz zu erreichen.

41 Scheitert die Schuldenbereinigung auf der Grundlage des Schuldenbereinigungsplans, so kann über das Vermögen des Schuldners das vereinfachte Insolvenzverfahren eröffnet werden, bei dem anstelle eines Insolvenzverwalters ein Treuhänder bestellt wird (§313 InsO). Im Rahmen dieses Verfahrens, das auch teilweise schriftlich durchgeführt werden kann (§312 InsO), werden die Anfechtungsrechte von den Gläubigern geltend gemacht (§§313

Abs. 2 InsO). Absonderungsberechtigte dürfen das Sicherungsgut nach §313 Abs. 3 InsO selbst verwerten. Anstelle der Vermögensverwertung kann dem Schuldner die Zahlung eines Ablösungsbetrages aufgegeben werden (§314 InsO).

42 Im Anschluß an das Verbraucherinsolvenzverfahren kann der Schuldner in das Restschuldbefreiungsverfahren übergehen (§314 Abs. 3 InsO).

B. Die Insolvenzauslösungstatbestände des neuen Insolvenzrechts

I. Zahlungsunfähigkeit

43 Als allgemeinen Eröffnungsgrund für alle Arten von Schuldnern (natürlichen Personen, juristischen Personen) normiert die InsO wie bereits die Konkursordnung den Antragsgrund der Zahlungsunfähigkeit (§ 17 InsO).

44 Zahlungsunfähigkeit ist nach § 17 Abs. 2 InsO gegeben, wenn der Schuldner nicht mehr in der Lage ist, die fälligen Zahlungspflichten zu erfüllen.

45 Der Wortlaut des § 17 InsO weicht damit in wesentlichen Teilen von der in Rechtsprechung und Literatur im Geltungsbereich der Konkursordnung erarbeiteten Definition der Zahlungsunfähigkeit ab, wonach die Zahlungsunfähigkeit verstanden wurde als *„das auf einem Mangel an Zahlungsmitteln beruhende voraussichtlich dauernde Unvermögen des Schuldners, die fälligen, sofortige Befriedigung erheischenden und nachhaltig eingeforderten Geldschulden wenigstens zu einem wesentlichen Teil zu erfüllen"* (RG vom 17. 12. 1901 – Rep. VIII 386/01 – RGZ 50, 39; RG vom 6. 6. 1902 – Rep. VI 111/02 – RGZ 51, 412; RG vom 28. 9. 1920 – VI 93/20 – RGZ 100, 62; Plate, Eignung von Zahlungsunfähigkeit und Überschuldung als Indikatoren für die Insolvenzreife einer Unternehmung, DB 1980, 217 ff.).

46 Nach der engeren Definition der Insolvenzordnung ist demgegenüber allein ausschlaggebend, ob der Schuldner die **fälligen** Verbindlichkeiten begleichen kann, nicht aber, ob das Zahlungsunvermögen dauerhaft ist und die Forderungen ernsthaft eingefordert wurden bzw. ob die Liquiditätslücken einen wesentlichen Teil der Verbindlichkeiten ausmachen.

47 Ziel der Eingrenzung des Insolvenzeröffnungsgrundes der Zahlungsunfähigkeit ist die Vorverlagerung der Insolvenzreife und damit eine frühzeitigere Verfahrenseröffnung.

48 Die Zahlungsunfähigkeit wird gemäß § 17 Abs. 2 InsO regelmäßig vermutet, wenn der Schuldner seine Zahlungen eingestellt hat.

49 Unter **Zahlungseinstellung** ist die auf einem Mangel an Zahlungsmitteln beruhende, nach außen erkennbar gewordene Nichterfüllung der fälligen Verbindlichkeiten zu verstehen (Hess, KO, § 102, Rz. 12; Kuhn/Uhlenbruck, KO, § 102, Rz. 2 f.). Zahlungseinstellung liegt z. B. vor, wenn der Schuldner zwar noch geringe Zahlungen erbringt, aber nicht in der Lage ist, einen

Großgläubiger zu befriedigen (BGH vom 10. 1. 1985 – IX ZR 4/84 – WM 1985, 396; BGH vom 15. 11. 1990 – IX ZR 92/90 – WM 1991, 150).

50 Auf die Zahlungseinstellung können eine Reihe von Anhaltspunkten hinweisen, z. B.:

- die Einstellung des Geschäftsbetriebes durch den Schuldner
- die Erklärung des Schuldners, daß er seine Zahlungen einstelle
- die Nichtzahlung von Energielieferungen (Gas, Strom, Kohle etc.)
- die Nichtzahlung der Löhne und Gehälter
- das Vorliegen mehrerer Haftbefehle zur Erzwingung der Eidesstattlichen
- Versicherung
- die Nichtzahlung von Sozialversicherungsbeiträgen
- die Nichtzahlung von Steuern
- die Häufung von Wechselprotesten
- häufige Zwangsvollstreckungen.

51 Hierbei ist zu beachten, daß das Vorliegen einzelner dieser Indizien in der Regel noch nicht zur Annahme der Zahlungseinstellung ausreicht.

52 Von der Zahlungseinstellung ist die **Zahlungsstockung** zu unterscheiden, die nach den zur Konkursordnung entwickelten Grundsätzen dann gegeben ist, wenn der Schuldner lediglich einzelne Verbindlichkeiten vorübergehend nicht erfüllt, sich aber ungeachtet seiner Vermögenslage kurzfristig ausreichende Mittel auf Kredit beschaffen kann (RG vom 17. 12. 1901 – Rep. VII 386/01 – RGZ 50, 39; BGH vom 5. 11. 1956 – III ZR 139/55 – WM 1957, 67; vgl. auch RegE zu §17 InsO, abgedruckt bei Balz/Landfermann, Die neuen Insolvenzgesetze, 1995).

II. Drohende Zahlungsunfähigkeit

53 Durch den neu eingefügten Eröffnungsgrund der drohenden Zahlungsunfähigkeit soll eine weitere Vorverlagerung der Eröffnung des Insolvenzverfahrens ermöglicht werden.

54 **Antragsberechtigt** ist im Fall der drohenden Zahlungsunfähigkeit nur der **Schuldner selbst** (§18 Abs. 1 InsO), bzw. bei juristischen Personen oder Gesellschaften ohne Rechtspersönlichkeit die einzelvertretungsberechtigten Personen oder die Gesamtheit der Mitglieder des Vertretungsorgans, der persönlich haftenden Gesellschafter oder der Abwickler.

Durch diese Regelung soll verhindert werden, daß die Gläubiger einen säumigen Schuldner bereits im Vorfeld der Insolvenz durch die Stellung eines Insolvenzantrages unter Druck setzen (vgl. Begr. RegE zu § 18 InsO, abgedruckt bei Balz/Landfermann, Die neuen Insolvenzgesetze, 1995). 55

Hinzu kommt, daß die Voraussetzungen der drohenden Zahlungsunfähigkeit von einem Externen regelmäßig nicht zuverlässig beurteilt werden können und der dem Schuldner durch eine unbegründete Antragsstellung entstehende Schaden nach Möglichkeit vermieden werden soll. 56

Dem Schuldner droht gemäß § 18 Abs. 2 InsO die Zahlungsunfähigkeit, wenn er voraussichtlich nicht in der Lage sein wird, die bestehenden Zahlungspflichten im Zeitpunkt der Fälligkeit zu erfüllen. 57

Die Feststellung dieser Voraussetzungen erfolgt im Wege eines Finanzplanes (Burger/Schellberg, Die Auslösetatbestände im neuen Insolvenzrecht, BB 1995, 261 ff.), in dem neben den schuldnerischen Einkünften alle bestehenden Schulden unabhängig von ihrer Fälligkeit berücksichtigt werden müssen. 58

Neben den voraussichtlich zu erwartenden Einnahmen sind auch die zukünftigen, noch nicht begründeten aber sicher zu erwartenden Zahlungspflichten mit einzustellen und in einem Liquiditätsplan gegenüberzustellen (vgl. Begr. RegE zu § 18 InsO, abgedruckt in Balz/Landfermann, Die neuen Insolvenzgesetze, 1995). 59

Nicht einbezogen werden können bilanzielle Rückstellungen, da es sich hierbei noch um ungewisse Verbindlichkeiten handelt (Hess/Obermüller, Die Rechtsstellung der Verfahrensbeteiligten nach der Insolvenzordnung, 1996, Rz. 59; Uhlenbruck, Probleme des Eröffnungsverfahrens nach dem Insolvenzrechtsreformgesetz 1994, KTS 1994, 169 ff.). 60

Dem Umstand, daß die zukunftsorientierte Prognose der drohenden Zahlungsunfähigkeit in sich einem gewissen Unsicherheitsfaktor unterliegt, trägt der Gesetzgeber dadurch Rechnung, daß er in der Legaldefinition in § 18 Abs. 2 InsO von dem voraussichtlichen Zahlungsunvermögen ausgeht. 61

Der Begriff „voraussichtlich" ist dergestalt zu verstehen, daß der Eintritt der Zahlungsunfähigkeit wahrscheinlicher sein muß als deren Vermeidung (Begr. RegE zu § 18 InsO, abgedruckt in Balz/Landfermann, a. a. O.), also mit einer mehr als 50 %igen Wahrscheinlichkeit zu erwarten ist. 62

III. Überschuldung

63 Der Eröffnungsgrund der Überschuldung ist nach § 19 Abs. 2 InsO gegeben, wenn das Vermögen des Schuldners die bestehenden Verbindlichkeiten nicht mehr deckt.

64 Die Feststellung der Überschuldung erfolgt durch eine Gegenüberstellung von Verbindlichkeiten und Vermögen des Schuldners, wobei bei den **Bewertungsansätzen** in dem Überschuldungsstatus gemäß § 19 Abs. 2 S. 2 InsO die Fortführung des Unternehmens zugrunde zu legen ist, wenn diese nach den Umständen überwiegend wahrscheinlich ist.

65 Im Rahmen der Überschuldungsprüfung nach der Insolvenzordnung sind die „wahren" Werte der Aktiv- und Passivmasse gegenüber zu stellen. Auf der Passivseite sind hierbei u. a. auch nachrangige Verbindlichkeiten (§ 39 InsO – z. B. eigenkapitalersetzende Darlehen, für die ein Rangrücktritt vereinbart wurde) zu passivieren (vgl. Begr. RegE zu § 19 InsO, Balz/Landfermann, Die neuen Insolvenzgesetze, S. 92 f.; Hess, InsO, § 19 Rz. 38 ff.).

66 Aus der Vorschrift des § 19 Abs. 2 S. 2 InsO ergibt sich, daß der Gesetzgeber der bisher zur Konkursordnung vertretenen **zweistufigen Überschuldungsprüfung** folgt, wonach vor Erstellung der Fortführungsprognose zunächst ein Status auf der Basis von Liquidationswerten erstellt werden sollte, der im Fall einer positiven Fortführungsprognose durch eine auf der Basis von Going concern-Werten basierende Vermögenserfassung ersetzt werden konnte (Kuhn/Uhlenbruck, KO, § 102, Rz. 6 d).

67 Gleichzeitig stellt der Gesetzgeber durch die Fassung des § 19 InsO auch klar, daß die **modifizierte zweistufige Überschuldungsprüfung**, die im Fall der positiven Fortführungsprognose auf einen Vermögensstatus zu Liquidationswerten verzichtete und von einer Gleichwertigkeit von Bilanz und Fortführungsprognose ausgeht, im Bereich der InsO **nicht anwendbar** ist.

68 Nach § 19 InsO muß vielmehr zunächst eine **Fortbestehensprognose** angestellt werden, d. h. es muß geprüft werden, ob die Finanzkraft der Gesellschaft mittelfristig zur Fortführung des Unternehmens ausreicht (BGH vom 31. 7. 1993 – II ZR 269/91 – BGHZ 106, 201). Je nach Ausgang der Fortführungsprognose werden anschließend die Liquidations- oder Fortführungswerte in dem Überschuldungsstatus angesetzt.

69 Sofern eine Bewertung unter Fortführungsgesichtspunkten erfolgt, können auch solche Vermögenswerte aufgenommen und bewertet werden, die

grundsätzlich nicht selbständig bilanzierungsfähig sind, z. B. immaterielle Werte wie z. B. Markenrechte, Know-How, Firma, etc.

70 Der Insolvenzgrund der Überschuldung liegt dann vor, wenn das Reinvermögen im Überschuldungsstatus negativ ausfällt, unabhängig davon, ob zuvor eine positive oder negative Fortführungsprognose zugrunde gelegt wurde, so daß auch bei positivem Reinvermögen und negativer Fortbestehensprognose kein Insolvenzgrund vorliegt.

C. Das Insolvenzeröffnungsverfahren

I. Antragserfordernisse

1. Schuldnerantrag

71 Als allgemeine Zulässigkeitsvoraussetzungen des Insolvenzantrages müssen erfüllt sein (vgl. Tabelle)

- die Insolvenzfähigkeit
- die Antragsberechtigung
- das Vorliegen eines Insolvenzantrages,:

Insolvenzfähigkeit	Eigenantrags-berechtigung	Insolvenzgründe	Antragspflicht
Natürliche Personen §11 Abs. 1 InsO	Schuldner	Zahlungsunfähigkeit, drohende Zahlungsunfähigkeit beim Eigenantrag	nein
Nachlaß §11 Abs. 2 Nr. 2 InsO	Erbe, Nachlaßverwalter, Nachlaßpfleger, Testamentsvollstrecker, dem die Verwaltung des Nachlasses zusteht, jeder Nachlaßgläubiger, §317 Abs. 1 InsO; wird der Antrag nicht von allen Erben gestellt, ist Glaubhaftmachung des Eröffnungsgrundes erforderlich, §317 Abs. 2 InsO	Zahlungsunfähigkeit, Überschuldung, außer bei dem Antrag eines Nachlaßgläubigers auch drohende Zahlungsunfähigkeit	Erben und Nachlaßverwalter sind zum Insolvenzantrag verpflichtet (§§1980 Abs. 1, 1985 Abs. 2 BGB), wenn sie von der Zahlungsunfähigkeit oder Überschuldung Kenntnis erlangen
Personengesellschaften GbR, OHG, KG, Partenreederei, EWIV, Partnerschaftsgesellschaft §11 Abs. 2 InsO	jeder Gesellschafter und Abwickler der GbR, der OHG und jeder persönlich haftende Gesellschafter der KG, §15 Abs. 1 InsO	Zahlungsunfähigkeit, drohende Zahlungsunfähigkeit beim Eigenantrag; wird der Antrag in diesem Fall nicht von allen persönlich	Ist bei einer OHG oder KG kein persönlich haftender Gesellschafter eine natürliche Person, so haben die organschaftlichen Vertre-

Insolvenzfähigkeit	Eigenantrags-berechtigung	Insolvenzgründe	Antragspflicht
	Wird der Antrag nicht von allen persönlich haftenden Gesellschaftern oder Abwicklern gestellt, so ist er zulässig, wenn der Eröffnungsgrund glaubhaft gemacht wird, § 15 Abs. 2 InsO	haftenden Gesellschaftern oder allen Abwicklern gestellt, so ist Vertretungsbefugnis des Antragstellers erforderlich	ter bzw. Abwickler der zur Vertretung der OHG bzw. KG ermächtigten Gesellschafter nicht nur das Antragsrecht (§ 15 Abs. 3 InsO), sondern auch eine Antragspflicht bei eingetretener Zahlungsunfähigkeit oder Überschuldung §§ 130 a, 177 a HGB. Der Antrag ist ohne schuldhaftes Zögern, spätestens aber 3 Wochen nach Eintritt der Zahlungsunfähigkeit oder Überschuldung zu stellen, §§ 130 a Abs. 1 S. 3, 177 a HGB
Juristische Personen § 11 Abs. 1 InsO	Vorstand als Organ bzw. jedes Vorstandsmitglied, § 15 Abs. 1 InsO: AG, § 92 Abs. 2 AktG; Genossenschaft, § 99 Abs. 1 GenG; Verein, § 42 Abs. 2 BGB; Stiftung, §§ 86, 42 Abs. 2 BGB; Geschäftsführung als Organ sowie jeder Geschäftsführer einer GmbH, § 64 Abs. 1 GmbHG	Zahlungsunfähigkeit, Überschuldung, drohende Zahlungsunfähigkeit beim Eigenantrag eines Vertretungsberechtigten	spätestens drei Wochen nach Kenntnis der Zahlungsunfähigkeit oder Überschuldung müssen Vorstand bzw. Geschäftsführung oder Liquidatoren Insolvenzantrag stellen, §§ 92 Abs. 2, 268 Abs. 2, 278 Abs. 3, 283 Abs. 4 AktG; §§ 64, 71, 84 GmbHG; §§ 99, 148 GenG

Insolvenzfähigkeit	Eigenantrags-berechtigung	Insolvenzgründe	Antragspflicht
Gesamtgut einer fortgesetzten Gütergemeinschaft §331 InsO	der überlebende Ehegatte, nicht die anteilsberechtigten Abkömmlinge	Zahlungsunfähigkeit, Überschuldung, beim Eigenantrag auch drohende Zahlungsunfähigkeit, §§331, 320 InsO	überlebender Ehegatte bei Fortsetzung der Gütergemeinschaft, wenn Überschuldung eingetreten ist, §1489 Abs. 2 i. V. m. § 1980 BGB
Gemeinschaftlich verwaltetes Gesamtgut einer Gütergemeinschaft § 333 InsO	beide Ehegatten	Zahlungsunfähigkeit: Glaubhaftmachung erforderlich, wenn nicht beide den Eigenantrag stellen; drohende Zahlungsunfähigkeit nur bei Eigenantragstellung durch beide Ehegatten	–

2. Gläubigerantrag

72 Voraussetzung eines zulässigen Gläubigerantrages ist die Glaubhaftmachung der Forderung und des Insolvenzgrundes gemäß §14 InsO.

73 Daneben ist ein Rechtsschutzinteresse des Antragstellers erforderlich, das z. B. dann regelmäßig fehlt, wenn die dem Antrag zugrundeliegende Forderung verjährt oder gestundet ist. Das Rechtsschutzinteresse ist auch zu verneinen, wenn der Gläubiger mit dem Eröffnungsantrag insolvenzfremde Zwecke verfolgt, z. B. den Schuldner unter Druck setzen möchte, oder wenn er seine Forderung auf einfachere Art und Weise durchsetzen kann (z. B. bei ausreichend vorhandenen Sicherungsrechten).

74 Das Rechtsschutzinteresse des antragstellenden Gläubigers an der Einleitung eines Insolvenzverfahren kann aber nicht bereits deshalb verneint werden, weil dem Gläubiger nur eine relativ geringwertige Forderung zusteht.

3. Antragspflichten

75 Unter bestimmten Umständen sieht das Gesetz nicht nur eine Antragsberechtigung der am Schuldner beteiligten Personen oder Organe vor, sondern

darüber hinaus eine Antragspflicht, die vor allem bei der AG und der GmbH erhebliche praktische Bedeutung erlangt.

76 Die Vorstandsmitglieder bzw. Geschäftsführer sind gemäß §§ 92 Abs. 2, 268 Abs. 2, 278 Abs. 3, 283 Abs. 4 AG, §§ 64, 71, 84 GmbHG verpflichtet, unverzüglich, spätestens aber drei Wochen nach Eintritt der Zahlungsunfähigkeit oder Überschuldung Insolvenzantrag zu stellen.

77 Die Frist für die Antragspflicht beginnt in dem Zeitpunkt zu laufen, in dem die Vorstandsmitglieder bzw. Geschäftsführer positive Kenntnis von der Zahlungseinstellung oder Überschuldung erlangen (BGH vom 9. 7. 1979 – II ZR 118/77 – NJW 1979, 1823).

78 Diese Kenntnis können die Geschäftsführer bzw. Vorstandsmitglieder nicht nur aus einer abgeschlossenen Bilanz gewinnen; die Antragspflicht entsteht vielmehr schon dann, wenn sich die Überschuldung „bei Aufstellung" der Bilanz oder einer Zwischenbilanz ergibt (BGH vom 30. 9. 1980 – 1 StR 407/80 – NStZ 1981, 353; differenzierend BayObLG vom 30. 7. 1981 – RReg 3 St 83/81 – ZIP 1982, 44 für die Frage der Strafbarkeit). Maßgeblich ist nämlich nicht die schriftliche Bilanz, sondern die Vorstellung des Geschäftsführers von der wirklichen Vermögenslage.

79 Die notwendige Kenntnis muß sich der Geschäftsführer u. U. durch Aufstellung einer Zwischenbilanz bzw. eines Überschuldungsstatus verschaffen. Die Rechnungslegungsvorschriften verlangen zwar nicht die Aufstellung von Zwischenabschlüssen während des Geschäftsjahres, jedoch dürfte an die Stelle dieser fehlenden unmittelbaren gesetzlichen Verpflichtungen in bestimmten Situationen die Pflicht des ordentlichen Geschäftsmannes zur Sorgfalt und Gewissenhaftigkeit treten (Menger, GmbH-Rdsch. 1982, 221).

80 Unter diesem Aspekt werden Zwischenabschlüsse zu erstellen sein, wenn die Jahresbilanz für das vorangegangene Geschäftsjahr eine Überschuldung erkennen läßt oder Umstände eingetreten sind, die im allgemeinen zu den typischen Entstehungsursachen der Überschuldung gehören; anhaltende oder sich verschärfende Liquiditätsprobleme stehen hierbei im Vordergrund, denn die erwähnten Sorgfaltspflichten werden verletzt, wenn sich die Geschäftsführung im „Vorfeld der Insolvenz" keine Vermögensübersicht verschafft (Menger, a. a. O.). Demgemäß ist es für die Antragspflicht von Vorständen von Aktiengesellschaften und Genossenschaften sowie der Geschäftsführer einer GmbH (BGH vom 25. 7. 1984 – 3 StR 192/84 – ZIP 1984, 1244; BGH vom 3. 2. 1987 – VI ZR 268/85 – WM 1987, 556) schon

ausreichend, wenn die Überschuldung bei pflichtgemäßem Ermessen anzunehmen ist.

81 Hat der Vorstand bzw. Geschäftsführer die Insolvenz fahrlässig zu spät entdeckt und sich insoweit schadensersatzpflichtig gemacht, so hindert ihn dies nicht, die 3-Wochen-Frist nach pflichtgemäßem Ermessen für Sanierungsbemühungen in Anspruch zu nehmen (BGH vom 9. 7. 1979 – II ZR 118/77 – BGHZ 75, 96; zur Haftung wegen verspäteter Antragstellung vgl. ausführlich Ulmer, KTS 1981, 496).

82 Die Antragspflicht entfällt auch dann nicht, wenn der Geschäftsführer bzw. Vorstand weiß, daß die Insolvenzeröffnung mangels Masse abgelehnt (§26 InsO) werden muß (Karsten Schmidt, ZIP 1982, 9), sie trifft auch den „tatsächlichen“ (faktischen) Geschäftsführer (BGH vom 22. 9. 1982 – 3 StR 287/82 – ZIP 1983, 173). Entsprechendes gilt, wenn dem Vorstand bzw. Geschäftsführer bekannt ist, daß ein Dritter bereits Insolvenzantrag gestellt hat. Auch in diesem Fall besteht die Eigenantragspflicht nach §64 GmbHG, §92 AktG fort.

II. Die Entscheidung des Insolvenzgerichts

1. Zuständigkeit des Insolvenzgerichts

83 Insolvenzgerichte sind nach der InsO nur noch die Amtsgerichte am Sitz eines Landgerichtes (§2 InsO). Die mit Insolvenzen befaßten Rechtspfleger und Richter sollen durch diese Konzentration nach den Vorstellungen des Gesetzgebers besondere Sachkunde und Erfahrung auf dem Gebiet des Insolvenzrechtes erwerben (Balz/Landfermann, Die neuen Insolvenzgesetze, Begründung RegE zu §2 InsO). Dabei darf allerdings nicht übersehen werden, daß das Amtsgericht vor Ort oft besser über die Vorgänge im schuldnerischen Unternehmen informiert sein wird, als das fernere Insolvenzgericht.

84 Gemäß §2 Abs. 2 InsO können die Länder im Bedarfsfall allerdings abweichende Regelungen über die Zuständigkeit der Insolvenzgerichte treffen, insbesondere zusätzliche Gerichte zu Insolvenzgerichten bestimmen.

85 Von dieser Ermächtigungsgrundlage haben alle Bundesländer zwischenzeitlich Gebrauch gemacht, wobei zum Teil abweichende Zentralgerichte benannt wurden, während z. B. in Rheinland-Pfalz weiterhin alle Amtsgerichte gleichzeitig Insolvenzgerichte darstellen.

Tabelle 3: Übersicht über die Insolvenzgerichte in den Bundesländern (vgl. zu den Einzelheiten Hess, InsO §2 Rz. 15)

Bundesland	Insolvenzgerichte
Baden-Württemberg	Aalen, Baden-Baden, Crailsheim, Esslingen, Freiburg, Göppingen, Hechingen, Heidelberg, Heilbronn, Karlsruhe, Konstanz, Lörrach, Ludwigsburg, Mannheim, Mosbach, Offenburg, Pforzheim, Ravensburg, Rottweil, Stuttgart, Tübingen, Ulm, Villingen-Schwenningen, Waldshut-Tiengen
Bayern	Amberg, Ansbach, Aschaffenburg, Augsburg, Bamberg, Bayreuth, Coburg, Deggendorf, Fürth, Hof, Ingolstadt, Kempten/Allgäu, Landshut, Memmingen, Mühldorf a.d. Inn, München, Neu-Ulm, Nördlingen, Nürnberg, Passau, Regensburg, Rosenheim, Schweinfurt, Straubing, Traunstein, Weisen i.d.Opf., Weilheim, Wolfratshausen, Würzburg
Berlin	1. für Verbraucherinsolvenzverfahren und sonstige Kleinverfahren nach dem 9. Teil der InsO jedes AG für seinen Gerichtsbezirk 2. für die übrigen Insolvenzverfahren das AG Charlottenburg für den LG-Bezirk Berlin
Brandenburg	Cottbus, Frankfurt/Oder, Neuruppin, Potsdam
Bremen	Bremen, Bremerhafen
Hamburg	Hamburg
Hessen	Bad Hersfeld, Bad Homburg, Darmstadt, Eschwege, Frankfurt/M., Friedberg, Fulda, Gießen, Hanau, Kassel, Königstein, Korbach, Limburg, Marburg, Offenbach/M., Wetzlar, Wiesbaden
Mecklenburg-Vorpommern	Neubrandenburg, Rostock, Schwerin , Stralsund
Niedersachsen	Aurich, Bersenbrück, Braunschweig, Bückeburg, Celle, Cloppenburg, Cuxhaven, Delmenhorst, Gifhorn, Goslar, Göttingen, Hameln, Hannover, Hildesheim, Holzminden, Leer, Lingen/Ems, Lüneburg, Meppen, Nordenham, Nordhorn, Oldenburg, Osnabrück, Osterode am Harz, Stade, Syke, Tostedt, Uelzen, Vechta, Verden/Aller, Walsrode, Wilhelmshaven, Wolfsburg;

Bundesland	Insolvenzgerichte
Nordrhein-Westfalen	Aachen, Arnsberg, Bielefeld, Bochum, Bonn, Detmold, Dortmund, Düsseldorf, Duisburg, Essen, Hagen, Kleve, Köln, Krefeld, Mönchengladbach, Münster, Paderborn, Siegen, Wuppertal
Rheinland-Pfalz	Alzey, Bad Kreuznach, Bad Neuenahr-Ahrweiler, Betzdorf, Bingen, Bitburg, Cochem, Idar-Oberstein, Kaiserslautern, Koblenz, Landau/Pfalz, Ludwigshafen a. Rhein, Mainz, Mayen, Montabaur, Neustadt/Weinstraße, Neuwied, Pirmasens, Trier, Wittlich, Worms, Zweibrücken
Saarland	AG Saarbrücken, Außenstelle Sulzbach
Sachsen	Chemnitz, Dresden, Leipzig
Sachsen-Anhalt	Dessau, Halle-Saalkreis, Magdeburg und Stendal
Schleswig-Holstein	Eutin, Flensburg, Husum, Itzehoe, Kiel, Lübeck, Meldorf, Neumünster, Niebüll, Norderstedt, Pinneberg, Reinbek, Schwarzenbek
Thüringen	Erfurt, Gera, Meiningen und Mühlhausen

86 **Örtlich zuständig** ist ausschließlich das Insolvenzgericht, in dessen Bezirk der Schuldner seinen allgemeinen Gerichtsstand hat (§3 InsO, §§13–19 ZPO). Liegt der Mittelpunkt einer selbständigen wirtschaftlichen Tätigkeit des Schuldners an einem anderen Ort, so ist ausschließlich das Insolvenzgericht zuständig, in dessen Bezirk dieser Ort liegt. Maßgeblich ist der Ort der Hauptniederlassung. Nicht ausreichend ist eine Zweigniederlassung, selbst wenn sie einen eigenen Geschäftsbetrieb unterhält.

87 Da die sachliche und örtliche Zuständigkeit des Amtsgerichts ausschließlich ist, ist eine **Gerichtsstandsvereinbarung unzulässig**.

88 Falls mehrere Gerichte zuständig sind, schließt das Gericht, bei dem zuerst die Eröffnung des Insolvenzverfahrens beantragt worden ist, die übrigen aus.

89 Bei Ungewißheit über die Frage welches Amtsgericht für die Eröffnung eines Insolvenzverfahrens zuständig ist, kann in direkter oder analoger Heranziehung des §36 ZPO eine Gerichtsstandsbestimmung Platz greifen (OLG München vom 23. 10. 1986 – 22 Ar 109/86 – BB 1987, 156). Gemäß §36 ZPO kann im Fall eines Kompetenzkonfliktes zwischen mehreren Gerichten

das im Rechtszug nächsthöhere gemeinsame Gericht bestimmen, welches der in Betracht kommenden Gerichte als Insolvenzgericht zuständig ist. Von Bedeutung ist dies insbesondere in der Insolvenz einer BGB-Gesellschaft, wenn wegen Fehlens einer gewerblichen Niederlassung kein gemeinsamer Gerichtsstand der einzelnen Gesellschafter besteht (BGH vom 9. 2. 1951 – I AZR 29/51 – NJW 1951, 312).

90 Mit Ausnahme der Entscheidung über das Insolvenzverfahren und die Ernennung des Insolvenzverwalters (§ 18 Abs. 1 RpflG) ist die Durchführung des Insolvenzverfahrens dem **Rechtspfleger** übertragen (§ 3 Nr. 2e RpflG), es sei denn der Richter hat sich nach § 18 Abs. 2 RpflG das Verfahren ganz oder teilweise vorbehalten oder nach Abgabe an den Rechtspfleger befugterweise wieder an sich gezogen, weil er dies für erforderlich hält.

2. Verfahrensgrundsätze

91 § 4 InsO ordnet das Insolvenzverfahren der **streitigen Gerichtsbarkeit** zu, so daß, soweit keine Sonderregeln im Rahmen der Insolvenzordnung gelten, die ZPO und das GVG eingreifen, nicht aber die Vorschriften der freiwilligen Gerichtsbarkeit.

92 Abweichend von der ZPO bestimmt die Insolvenzordnung, daß

- für das Insolvenzverfahren der Amtsbetrieb gilt (§ 5 InsO),
- die Entscheidungen des Gerichts ohne mündliche Verhandlung ergehen können (§ 5 Abs. 2 InsO) und
- daß Tabellen und Verzeichnisse maschinell hergestellt und bearbeitet werden können (§ 5 Abs. 3 InsO).

93 Aufgrund des Insolvenzantrages hat wie bisher (vgl. §§ 75, 105 Abs. 2 KO) das Insolvenzgericht von Amts wegen die Umstände zu ermitteln, die für das Verfahren von Bedeutung sind (§ 5 Abs. 1 S. 1 InsO).

94 Der Umfang der **Amtsermittlung** wird sich nach den Umständen des Einzelfalles regeln. Bei einem Eigenantrag des Schuldners ist für die Frage, ob der Insolvenzgrund vorliegt, auch weiterhin von geringeren Anforderungen auszugehen als bei dem Gläubigerantrag. Bestreitet der Schuldner beim Gläubigerantrag das Vorliegen des Insolvenzgrundes, ist er im Rahmen der gerichtlichen Amtsermittlungen verpflichtet, dem Gericht alle Auskünfte zu erteilen. Entzieht sich der Schuldner der Amtsermittlung, kann er dem Insolvenzgericht vorgeführt und ggf. in Beugehaft genommen werden.

95 Die **Entscheidungen des Gerichts** können ohne mündliche Verhandlung ergehen (§5 Abs. 2 InsO). Sie ergehen, auch wenn eine mündliche Verhandlung stattfindet, in Beschlußform. Erfolgt die Entscheidung nach mündlicher Verhandlung, ist sie zu verkünden (§329 Abs. 1 ZPO, §4 InsO).

96 Bei einer Entscheidung ist das Gericht an die Anträge der Beteiligten gebunden. Vor der Entscheidung ist den Beteiligten rechtliches Gehör einzuräumen, d. h. es ist ihnen die Möglichkeit zu geben, sich zu dem der Entscheidung zugrundeliegenden Sachverhalt zu äußern (BVerfG vom 18. 9. 1952 – 1 BvR 612/52 – BVerfGE 1, 418), wobei es ausreicht, daß die Gelegenheit zur schriftlichen Äußerung gegeben wird (BVerfG vom 25. 5. 1956 – 1 BvR 53/54 – BVerfGE 5, 9). Eine Begründung einer Gerichtsentscheidung ist erforderlich, wenn das Prinzip der Rechtsstaatlichkeit es erfordert, z. B. wenn ein Antrag abgelehnt oder ein Rechtsmittel statthaft ist (OLG Köln vom 12. 1. 1968 – 9 W 114/67 – MDR 1968, 767).

97 Die Entscheidungen des Insolvenzgerichts unterliegen anders als im Geltungsbereich der Konkursordnung nur in den Fällen einem Rechtsmittel, in denen die Insolvenzordnung die **sofortige Beschwerde** vorsieht (§6 Abs. 1 InsO). Die Beschwerde hat keine aufschiebende Wirkung (§572 ZPO). Das Beschwerdegericht und der Insolvenzrichter können nach Einlegung der Beschwerde die Vollziehung aussetzen (§572 Abs. 2 und 3 ZPO).

98 Die sofortige Beschwerde ist nur in den folgenden, ausdrücklich bestimmten Fällen für die genannten Personen statthaft (§6 InsO):

Tabelle 4: Übersicht über die sofortige Beschwerde:

Paragraph	Beschwerdeberechtigte/-anlaß
§ 26 InsO	Antragsteller bei Ablehnung der Insolvenzeröffnung bzw. Schuldner bei Abweisung mangels Masse
§ 34 Abs. 2 InsO	Schuldner gegen die Eröffnung des Insolvenzverfahrens
§ 58 Abs. 2 und 3 InsO	Verwalter gegen einen Beschluß, in dem ein Zwangsgeld gegen ihn festgesetzt wurde bzw. gegen einen Herausgabebeschluß
§ 59 Abs. 2 S. 2 InsO	Verwalter gegen seine Entlassung
§ 59 Abs. 2 S.3 InsO	Verwalter, dem Gläubigerausschuß oder, wenn die Gläubigerversammlung den Antrag gestellt hat, letztere gegen die Ablehnung der Entlassung des Insolvenzverwalters

Paragraph	Beschwerdeberechtigte/-anlaß
§ 64 Abs. 3 InsO	Schuldner, Insolvenzverwalter und Insolvenzgläubiger gegen den Kostenfestsetzungsbeschluß, in dem die Höhe der Verwaltervergütung festgelegt wurde
§ 70 InsO	Gläubigerausschußmitglied gegen seine Entlassung
§ 73 Abs. 2 i. V. m. § 64 Abs. 3 InsO	Gläubigerausschußmitglieder gegen die Festsetzung ihrer Vergütung
§ 75 Abs. 3 InsO	Antragsteller bei Ablehnung seines Antrages auf Einberufung des Gläubigerausschusses
§ 78 Abs. 2 S. 2 und 3 InsO	Absonderungsberechtigte bzw. nicht nachrangige Gläubiger gegen die Aufhebung eines Beschlusses der Gläubigerversammlung bzw. dem Antragsteller bei Nichtaufhebung eines solchen Beschlusses
§ 98 Abs. 3 InsO	Schuldner gegen die Anordnung der Haft und gegen die Abweisung eines Antrages auf Aufhebung des Haftbefehls wegen Wegfalls der Voraussetzungen
§ 99 Abs. 3 InsO	Schuldner gegen die Anordnung einer Postsperre
§ 194 Abs. 2 InsO	Gläubiger gegen die Zurückweisung seiner Einwendungen gegen das Verteilungsverzeichnis
§ 194 Abs. 3 InsO	Verwalter und Insolvenzgläubiger gegen die Berichtigung des Verteilungsverzeichnisses
§ 197 Abs. 3 i. V. m. § 194 Abs. 2 und 3 InsO	Insolvenzgläubiger gegen die Zurückweisung seiner Einwendungen gegen das Schlußverzeichnis bzw. Gläubigern und dem Insolvenzverwalter gegen die Berichtigung des Schlußverzeichnisses
§ 204 Abs. 1 InsO	Antragsteller gegen die Ablehnung der Nachtragsverteilung
§ 204 Abs. 2 InsO	Schuldner gegen die Anordnung der Nachtragsverteilung
§ 211 InsO	wie § 204 bei Nachtragsverteilung nach Einstellung des Verfahrens bei Masseunzulänglichkeit
§ 216 Abs. 1 InsO	jeder Insolvenzgläubiger bei Einstellung des Insolvenzverfahrens nach §§ 207, 212 oder 213 und dem Schuldner bei Einstellung mangels Masse gem. § 207 InsO
§ 216 Abs. 2 InsO	Schuldner, wenn sein Antrag auf Einstellung des Verfahrens nach § 212 (Wegfall des Eröffnungsgrundes) oder § 213 InsO (Einstellung mit Zustimmung der Gläubiger) abgelehnt wird

Paragraph	Beschwerdeberechtigte/-anlaß
§ 231 Abs. 3 InsO	Planinitiator gegen die Zurückweisung des Insolvenzplans
§ 253 InsO	Gläubiger und Schuldner gegen die Bestätigung oder Versagung der Bestätigung des Insolvenzplans
§ 272 Abs. 2 InsO	antragstellender Gläubiger und Schuldner gegen die Aufhebung bzw. Nichtaufhebung der Eigenverwaltung
§ 289 Abs. 2 InsO	Schuldner und Gläubiger, der die Versagung der Restschuldbefreiung beantragt hat, gegen den Beschluß über die Restschuldbefreiung
§ 292 Abs. 3 S. 2 InsO	Treuhänder gegen einen Zwangsgeldbeschluß
§ 293 Abs. 3 S. 3 InsO	Insolvenzgläubiger, (Gläubigerausschuß) und Treuhänder gegen die Entscheidung über die Entlassung des Treuhänders
§ 293 Abs. 2 i. V. m. § 64 Abs. 3 InsO	Treuhänder, Schuldner und jeder Insolvenzgläubiger gegen die Festsetzung der Treuhändervergütung
§ 296 Abs. 3 und § 297 Abs. 2 InsO	Antragsteller und Schuldner gegen die Entscheidung über die Versagung der Restschuldbefreiung in den Fällen von Obliegenheitsverstößen bzw. Insolvenzstraftaten
§ 300 Abs. 3 InsO	Schuldner und jeder Insolvenzgläubiger, der die Versagung der Restschuldbefreiung beantragt hat, gegen die Entscheidung über die Restschuldbefreiung
§ 303 Abs. 3 InsO	Antragsteller und Schuldner gegen die Entscheidung über den Widerruf einer Restschuldbefreiung
§ 309 Abs. 2 InsO	Antragsteller und Gläubiger, dessen Zustimmung ersetzt wird, gegen die Entscheidung über die Ersetzung einer Zustimmung zum Schuldenbereinigungsplan
§ 313 Abs. 1 i. V. m. § 58 Abs. 2 und 3 InsO	Treuhänder gegen einen Zwangsgeld- oder Herausgabebeschluß
§ 313 Abs. 1 i. V. m. § 59 Abs. 2 S. 2 und 3 InsO	Treuhänder gegen seine Entlassung bzw., wenn der Antrag auf Entlassung von der Gläubigerversammlung gestellt wurde, jeder Insolvenzgläubiger gegen die Ablehnung der Entlassung
§ 313 Abs. 1 i. V. m. § 64 Abs. 3 InsO	Treuhänder, Schuldner und jeder Insolvenzgläubiger gegen die Festsetzung der Treuhändervergütung

99 Gegen die Entscheidungen des Landgerichts läßt das Oberlandesgericht auf Antrag die **sofortige weitere Beschwerde** zu, wenn diese darauf gestützt

wird, daß die Entscheidung auf einer Verletzung des Gesetzes beruht und die Nachprüfung der Entscheidung zur Sicherung einer einheitlichen Rechtsprechung geboten ist. Für den Zulassungsantrag gelten die Vorschriften über die Einlegung der sofortigen weiteren Beschwerde entsprechend (§7 Abs. 1 InsO).

100 Will das Oberlandesgericht bei der Entscheidung über die weitere Beschwerde in einer Frage aus dem Insolvenzrecht von der auf weitere Beschwerde ergangenen Entscheidung eines anderen Oberlandesgerichts abweichen, so hat es die weitere Beschwerde dem BGH zur Entscheidung vorzulegen. Ist über die Rechtsfrage bereits eine Entscheidung des BGH ergangen, so gilt das gleiche, wenn das Oberlandesgericht von dieser Entscheidung abweichen will. Ein entsprechender Vorlagebeschluß ist zu begründen und die Stellungnahme des Beschwerdeführers beizufügen (§7 Abs. 2 InsO).

3. Sicherungsmaßnahmen im Insolvenzeröffnungsverfahren

101 Im Eröffnungsverfahren kann das Insolvenzgericht gemäß §§21 ff. InsO eine ganze Reihe von Sicherungsmaßnahmen verhängen. Auf diese Maßnahmen wird wegen ihrer besonderen Relevanz in Teil D (unten) vertieft eingegangen.

4. Antragsabweisung mangels Masse

102 Die Abweisung des Eröffnungsantrages mangels Masse erfolgt gem. §26 Abs. 1 InsO, wenn das Vermögen des Schuldners voraussichtlich nicht ausreicht, um die Kosten des Verfahrens zu decken.

4.1 Beschränkung der Massekostendeckung durch die InsO

103 Trotz der vermeintlich mit §107 KO übereinstimmenden Regelung ist im Geltungsbereich des §26 InsO die Möglichkeit der Abweisung mangels Masse erheblich eingeschränkt, da der Begriff der Massekosten nach §54 InsO auf die Gerichtskosten und Vergütungsansprüche des Insolvenzverwalters, des vorläufigen Insolvenzverwalters und der Gläubigerausschußmitglieder beschränkt ist, während §58 Nr. 2 KO darüber hinaus die Ausgaben für die Verwaltung, Verwertung und Verteilung sowie §58 Nr. 3 KO die für den Gemeinschuldner und seine Familie bewilligte Unterstützung mitumfaßte.

4.2 Finanzierung der Verfahrenseröffnung durch Kostenvorschuß

104 Auch im Geltungsbereich der InsO haben die Gläubiger nach §26 Abs. 1 S. 2 InsO die Möglichkeit, die Verfahrensabweisung mangels Masse durch die Erbringung eines Verfahrenskostenvorschusses abzuwenden.

105 Dies ist in denjenigen Fällen sinnvoll, in denen erwartet werden kann, daß nach Verfahrenseröffnung durch den Insolvenzverwalter weiteres Schuldnervermögen zur Masse gezogen werden kann, z. B. durch die Führung von Anfechtungsprozessen oder wenn wegen der Verletzung von Insolvenzantragspflichten Gesamtschadensansprüche oder persönliche Haftungsansprüche gegen die Gesellschaftsorgane bestehen, die nur seitens des Insolvenzverwalters geltend gemacht werden können (§§92, 93 InsO).

106 Neu ist die Bestimmung des §26 Abs. 3 InsO, wonach der vorschußleistende Gläubiger die Erstattung dieses Betrages von den Personen verlangen kann, die entgegen ihrer gesellschaftsrechtlichen Insolvenzantragspflicht den Eröffnungsantrag nicht oder verspätet gestellt haben (siehe dazu oben Rz. 72 ff.).

4.3 Eintragung ins Schuldnerverzeichnis

107 Gem. §26 Abs. 2 InsO hat das Gericht im Fall der Abweisung des Insolvenzantrages mangels Masse den Schuldner in das Schuldnerverzeichnis einzutragen. Die Löschung aus diesem Verzeichnis erfolgt erst nach 5 Jahren, allerdings hat der Schuldner relativ leicht die Möglichkeit, sich durch Umzug oder durch Namensänderung (Heirat) den Folgen der Eintragung zu entziehen.

108 Jedermann kann in das Schuldnerverzeichnis Einsicht nehmen und über den Inhalt Auskunft verlangen, wobei er nicht ein rechtliches Interesse nachweisen muß. Durch diese Handhabung soll ein Anreiz für den Schuldner entstehen, seine Schulden zu tilgen, um dadurch die frühzeitige Löschung zu erreichen.

109 Handelt es sich bei dem Schuldner um eine juristische Person, so erfolgt die Löschung im Handelsregister.

5. Verfahrenseröffnung

110 Die Eröffnung des Insolvenzverfahrens erfolgt wie bisher durch den Eröffnungsbeschluß.

5.1 Inhalt des Eröffnungsbeschlusses

111 Wesentlicher Inhalt des Eröffnungsbeschlusses ist: (siehe hierzu auch Gottwald, InsolvenzRHdb § 17, 12)

- die **genaue Bezeichnung des Schuldners**, also seines bürgerlichen Namens, bei Kaufleuten auch des Firmennamens, bei Handelsgesellschaften, juristischen Personen etc. deren Namen bzw. die Firma und die jeweiligen gesetzlichen Vertreter,
- der **Beruf des Schuldners** mit genauer Bezeichnung des Geschäftszweigs,
- die **gewerbliche Niederlassung** bzw. der Wohnsitz,
- die **Ernennung des Insolvenzverwalters**, § 56 InsO, sowie dessen Name und Geschäftsanschrift,
- die **Anberaumung der ersten Gläubigerversammlung** (Berichtstermin); diese soll nicht über sechs Wochen und darf nicht über drei Monate hinaus angesetzt werden (§ 29 InsO), gerechnet vom Ablauf des zweiten Tages nach der öffentlichen Bekanntmachung im Amtsblatt,
- die **Bestimmung des Prüfungstermins**, in dem die Gläubigerversammlung die angemeldeten Forderungen prüft (§ 29 InsO),
- die **Aufforderung an die Gläubiger**, die geltendgemachten Sicherungsrechte anzuzeigen und ihre Forderungen anzumelden (§ 28 Abs. 2 InsO),
- die **Aufforderung an die Schuldner** des Schuldners, nicht mehr an diesen zu leisten (§ 28 Abs. 3 InsO),
- die **Bestimmung der Anmeldefrist** für Insolvenzforderungen, die zwischen 2 Wochen und 3 Monate beträgt (§ 28 InsO),
- der **Hinweis** auf die Möglichkeit der **Restschuldbefreiung**, wenn es sich bei dem Schuldner um einen natürliche Person handelt,
- Antragsteller und Insolvenzgrund müssen nach der InsO im Eröffnungsbeschluß **nicht** mehr angegeben werden.

5.1.1 Ernennung des Insolvenzverwalters

112 In dem Eröffnungsbeschluß hat das Gericht den Insolvenzverwalter zu ernennen (§§ 27, 56 InsO). § 56 Abs. 1 InsO normiert, daß es sich hierbei um eine geschäftskundige, unabhängige natürliche Person handeln muß. Damit hat der Gesetzgeber Abstand genommen von seinen ursprünglichen Plänen, wonach auch juristische Personen als Insolvenzverwalter in Frage kommen sollten (vgl. die Materialien zu § 56 InsO in Balz/Landfermann, a. a. O.).

113 Als Insolvenzverwalter kommen in erster Linie rechtlich und wirtschaftlich unabhängige Personen wie Rechtsanwälte, Kaufleute, Wirtschaftsprüfer, Steuerberater in Betracht, soweit sie eine hinreichende praktische Erfahrung hinsichtlich der vielfältigen Aufgaben eines Insolvenzverwalters vorweisen können.

114 Zu beachten ist, daß der zu bestellende Insolvenzverwalter sowohl von den Gläubigern als auch dem Schuldner unabhängig ist. An der erforderlichen Unabhängigkeit fehlt es in der Regel, wenn der Betreffende bereits vor Insolvenzeröffnung den Schuldner in Hinblick auf die drohende Insolvenz beraten hat.

5.1.2 Aufforderung an die Gläubiger und den Schuldner (§28 InsO)

115 Die Gläubiger sind gem. §28 Abs. 1 InsO zur Anmeldung ihrer Forderungen innerhalb der vom Gericht bestimmten Frist aufzufordern. Die Frist zur Anmeldung der Forderung muß mindestens 2 Wochen und darf höchstens 3 Monate betragen (§28 Abs. 1 S. 2 InsO).

116 Die öffentlich bekanntzumachende Frist beginnt mit dem Zeitpunkt, in welchem nach §9 Abs. 1 S. 3 InsO die Bekanntmachung (§30 InsO) als bewirkt gilt. Sinnvoll ist es deshalb, anstelle eines Zeitraumes für die Anmeldung der Forderungen einen Endtermin festzulegen.

117 Insolvenzforderungen können grds. erst nach Eröffnung des Insolvenzverfahrens wirksam zur Tabelle angemeldet werden. Wird eine Insolvenzforderung vor Insolvenzeröffnung angemeldet und die Anmeldung dem Anmeldenden nicht von der Geschäftsstelle des Amtsgerichts zurückgesandt, sondern im Fall der Verfahrenseröffnung an den Verwalter weitergereicht, so hat dieser die Anmeldung unter dem Datum der Insolvenzeröffnung zur Tabelle zu nehmen (vgl. zur KO Jaeger/Weber, KO §138 Rz. 3).

118 Die Anmeldefrist für Forderungen ist weder eine Notfrist noch eine Ausschlußfrist. Dies bedeutet, daß bei Versäumung der Anmeldefrist keine Wiedereinsetzung in den vorigen Stand stattfindet (§233 ZPO), daß aber auch verspätet angemeldete Forderungen nicht zurückgewiesen werden können.

119 Der Gesetzgeber hat sich mit dieser Regelung gegen die in der GesO verfolgte Konzeption als Ausschlußfrist entschieden, die einen Ausschluß derjenigen Gläubiger zur Folge hatte, welche ihre Forderungen schuldhaft zu spät anmeldeten (vgl. zur Frage der Verfassungsmäßigkeit Hess/Binz/Wienberg, GesO, §14 Rz. 5 ff. m. w. N.; BVerfG vom 26. 4. 1995 – 1 BvL 19/94 und 1 BvR 1454/94 – ZIP 1995, 923).

Bei Eröffnung des Insolvenzverfahrens fordert das Insolvenzgericht darüber hinaus die Gläubiger auf, dem Verwalter unverzüglich die von ihnen geltend gemachten Sicherungsrechte mitzuteilen und nicht mehr an den Schuldner, sondern an den Insolvenzverwalter zu leisten. Der offene Arrest i. S. d. Insolvenzordnung hat nur **Warnfunktion** und entbehrt jeglicher dinglichen Wirkung (Kilger/Karsten Schmidt, KO/VglO/GesO, §118 KO, 1). 120

Der offene Arrest beinhaltet ein Verbot und ein Gebot. Durch öffentliche Aufforderung wird allen Personen verboten, die eine zur Insolvenzmasse gehörige Sache in Besitz haben oder etwas zur Masse schulden, an den Schuldner zu leisten. Da dem offenen Arrest nur eine warnende Kundgabe zum Schutze des Schuldners und der Insolvenzmasse zukommt, steht dem Schuldner im Insolvenzverfahren über das Vermögen des Anspruchsgläubigers kein vorübergehendes Leistungsverweigerungsrecht i. S. d. §202 BGB zu (BGH vom 2. 7. 1963 – VI ZR 299/62 – NJW 1963, 2019). 121

Das Gericht fordert weiterhin alle Personen auf, die Sicherungsgut in Besitz haben, dies gegenüber dem Verwalter anzuzeigen. Das Gebot, die Sicherungsrechte an Massegegenständen anzugeben, beinhaltet das Erfordernis einer spezifizierten Darstellung des Umfangs des in Anspruch genommenen Rechtes (§28 Abs. 2 S. 2 InsO). 122

Es ist anzugeben: 123

- Gegenstand bzw. Recht, hinsichtlich dem ein Sicherungsrecht begehrt wird,
- Art und Entstehungsgrund des Sicherungsrechts,
- Bezeichnung der gesicherten Forderung.

Die Anzeige kann mündlich oder schriftlich erfolgen und ist innerhalb der gesetzten Frist zu erstatten. Im Fall der unterlassenen bzw. verspäteten Anzeige haftet der Betroffene gemäß §28 Abs. 2 S. 3 InsO für den entstandenen Schaden. 124

5.1.3 Terminbestimmungen (§29 InsO)

In dem Eröffnungsbeschluß hat das Insolvenzgericht Termine für die erste Gläubigerversammlung – den Berichtstermin (§156 InsO) und den Prüfungstermin – festzulegen. 125

Insbesondere in kleineren Verfahren können der Berichtstermin und der Prüfungstermin gem. §29 Abs. 2 InsO verbunden werden. 126

5.1.4 Hinweis auf Restschuldbefreiung

127 Handelt es sich bei dem Schuldner um eine natürliche Person, so ist er in dem zuzustellenden Eröffnungsbeschluß auf die Möglichkeit der Restschuldbefreiung hinzuweisen (§30 Abs. 3 InsO).

128 Durch den zwingend vorgeschriebenen Hinweis auf die Restschuldbefreiung im Fall der Insolvenz einer natürlichen Person soll vermieden werden, daß der Schuldner aus Unkenntnis von einem Antrag auf Restschuldbefreiung absieht (vgl. die Begr. zum RegE, abgedruckt in Balz/Landfermann, Die neuen Insolvenzgesetze).

129 Der unterlassene Hinweis auf die Restschuldbefreiung hat nicht die Unwirksamkeit des Eröffnungsbeschlusses zur Folge; der Schuldner, der den Antrag verspätet, also erst nach Ablauf des Berichtstermins stellt (§287 Abs. 1 InsO), weil er erst zu diesem Zeitpunkt von der Möglichkeit der Restschuldbefreiung erfahren hat, kann die Wiedereinsetzung in den vorigen Stand beantragen (§§4 InsO, 233 ff. ZPO).

5.2 Öffentliche Bekanntmachungen und Mitteilungen

130 Der Eröffnungsbeschluß ist nach §30 InsO von der Geschäftsstelle des Insolvenzgerichtes sofort öffentlich bekanntzumachen.

131 Die öffentliche Bekanntmachung erfolgt gem. §9 InsO in dem für amtliche Bekanntmachungen des Gerichts bestimmten Blatt und daneben nach §30 Abs. 1 S. 2 InsO auszugsweise im Bundesanzeiger.

132 Zusätzlich erfolgt eine besondere Zustellung des Eröffnungsbeschlusses an die dem Gericht bekannten Gläubiger und Schuldner des Schuldners.

133 Nach §31 InsO hat die Geschäftsstelle des Insolvenzgerichtes den Registerbehörden, d. h. dem Handels-, Genossenschafts- oder Vereinsregister die Eröffnung des Insolvenzverfahrens mitzuteilen und eine Ausfertigung des Eröffnungsbeschlusses zu übersenden.

134 Die Verfahrenseröffnung muß gem. §§32, 33 InsO in das Grundbuch bzw. die Schiffs- und Luftfahrzeugregister eingetragen werden.

135 Hintergrund dieser Eintragungspflichten ist es, einen gutgläubigen Erwerb von massezugehörigen Immobilien, Schiffen und Luftfahrzeugen zu verhindern.

6. Rechtsmittel im Eröffnungsverfahren

6.1 Beschwerde gegen den Eröffnungsbeschluß

136 Gemäß § 34 Abs. 1 InsO kann der Schuldner im Fall eines Insolvenzeröffnungsbeschlusses die sofortige Beschwerde einlegen. Gläubiger und Insolvenzverwalter können gegen den Eröffnungsbeschluß dagegen nicht vorgehen. Sofern mehrere Personen als Schuldner oder organschaftliche Vertreter des Schuldners anzusehen sind, ist jede beschwerdeberechtigt (Gottwald, InsolvenzRHdb § 17, 2).

137 Bei der Eröffnung des Insolvenzverfahrens über das Vermögen einer **juristischen Person** ist nur diese – gesetzlich vertreten durch ihre Organe – beschwerdeberechtigt, während den **Gesellschaftern** als materiellen Vermögensträgern das Rechtsmittel **nicht** eröffnet ist.

138 Die Beschwerdefrist (§ 577 Abs. 2 ZPO) beginnt gem. § 9 Abs. 1 S. 3, § 6 Abs. 2 InsO in Hinblick auf die öffentliche Bekanntmachung des Eröffnungsbeschlusses regelmäßig mit dem Verstreichen von 2 weiteren Tagen nach der Ausgabe des die öffentliche Bekanntmachung des Eröffnungsbeschlusses enthaltenden Blattes (Kuhn/Uhlenbruck, KO, § 109 Rz. 2 unter Hinweis auf § 111 KO).

139 Der Beschwerdeführer muß durch den Eröffnungsbeschluß formell oder materiell beschwert sein. Der Schuldner ist durch die Verfahrenseröffnung und den damit verbundenen Verlust der Verfügungsbefugnis unabhängig davon beschwert, von welcher Seite der Eröffnungsantrag gestellt wurde (zustimmend Kilger/K. Schmidt, KO/VglO/GesO, § 109 KO, 3).

140 Dem **Schuldner** ist daher immer die Möglichkeit der Beschwerde eröffnet, nicht nur wenn er das Vorliegen des Insolvenzgrundes irrig angenommen hatte oder der Insolvenzgrund inzwischen weggefallen war (a. A. OLG Karlsruhe vom 13. 2. 1992 – 14 W 52/91 – ZIP 1992, 417; vgl. auch Pape, ZIP 1989, 1029).

141 Mit der Wirksamkeit (§ 6 Abs. 3 InsO) der den Eröffnungsbeschuß aufhebenden Entscheidung fallen die privat- und öffentlich-rechtlichen Folgen der Verfahrenseröffnung rückwirkend weg (Kuhn/Uhlenbruck, KO, § 109 Rz. 7).

142 Dadurch wird das bisher laufende Insolvenzverfahren jedoch nicht zum juristischen nullum: Insbesondere entfällt nicht die Wirksamkeit der von dem Insolvenzverwalter in der Zeit zwischen Verfahrenseröffnung und Be-

schwerdeentscheidung vorgenommenen Rechtshandlungen, obwohl die Verfügungsmacht des Schuldners ebenfalls rückwirkend wieder auflebt.

143 Das Fortwirken der vom Insolvenzverwalter vorgenommenen Rechtshandlungen regelt § 34 Abs. 3 S. 3 InsO nunmehr für den Geltungsbereich der InsO ausdrücklich. Haben der Schuldner und der Insolvenzverwalter sich widersprechende Verfügungen vorgenommen, geht diejenige des Verwalters ohne Rücksicht auf die zeitliche Abfolge vor und nimmt der des Schuldners die Wirksamkeit (BGH vom 10. 6. 1959 – V ZR 204/57 – BGHZ 30, 173, 176 m. w. N.; vgl. auch die Nachw. bei Jaeger-Weber, KO, § 109 Rz. 4). Von beiden Genannten eingegangene **Verpflichtungen** dagegen konkurrieren miteinander.

6.2 Beschwerde gegen den Insolvenzabweisungsbeschluß

144 Weist das Insolvenzgericht den Eröffnungsantrag ab, so ist beschwerdebefugt

- der Antragsteller und
- der Schuldner im Fall der Antragsabweisung mangels Masse.

145 Demgegenüber sah die KO im Fall der Antragsabweisung mangels Masse nur ein eingeschränktes Beschwerderecht bei bestimmten Gesellschaften vor (vgl. die Gesetzesmaterialien zu § 34 InsO, abgedruckt bei Balz/Landfermann, Die neuen Insolvenzgesetze, 1995).

146 Obgleich das BVerfG den Ausschluß des Beschwerderechts von natürlichen Personen im Fall der Abweisung mangels Masse nicht als verfassungswidrig angesehen hat (BVerfG vom 26. 10. 1989 – 1 BvR 1130/89 – NJW 1990, 1902) ist die Neuregelung des § 34 InsO wegen der einschneidenden Folgen der Verfahrensabweisung mangels Masse zu begrüßen.

147 Die Beschwerdefrist (§ 577 Abs. 2 ZPO) beginnt abweichend vom Fall des Eröffnungsbeschlusses (vgl. o. Rz.124) mit der Zustellung des Beschlusses.

6.3 Weitere Beschwerde

148 Die weitere Beschwerde ist nach Maßgabe des § 7 InsO zulässig; erforderlich ist daher ein weiterer Beschwerdegrund i. S. d. letztgenannten Bestimmung, also eine Gesetzesverletzung.

6.4 Außerordentliche Beschwerde

149 In besonderen Ausnahmefällen, bei Vorliegen einer grob fehlerhaften Entscheidung kann daneben nach der Rechtsprechung des BGH der gesetzlich nicht geregelte Zulassungsgrund der „greifbaren Gesetzeswidrigkeit“ ein-

greifen (Zöller/Schneider, ZPO, §567 Rz. 41). Die außerordentliche Beschwerde in den gesetzlich nicht geregelten Fällen ist nach dem BGH auf die Fälle der „greifbaren Gesetzeswidrigkeit" beschränkt und kommt nicht bei jedem eindeutigen Verstoß gegen geltende Rechtsnormen zur Anwendung. Die Möglichkeit, eine an sich der Anfechtung entzogene Entscheidung dennoch zu beseitigen, ist auf diejenigen Ausnahmefälle beschränkt, in denen die Entscheidung mit der geltenden Rechtsordnung schlechthin unvereinbar ist (BGH vom 22. 3. 1989 – I B 14/89 – NJW-RR 1990, 893).

150 So wurde z. B. die Verletzung von Verfahrensvorschriften, beispielsweise des rechtlichen Gehörs, vom BGH bisher nicht als greifbare Gesetzeswidrigkeit angesehen (vgl. BGH vom 16. 4. 1986 – IVb ZB 14/86 – NJW-RR 1986, 1263). Nach anderer Ansicht soll jedoch auch in diesen Fällen die Beschwerde statthaft sein (vgl. die Nachweise bei Zöller/Schneider, ZPO §567 Rz. 41).

D. Sicherungsmaßnahmen im Insolvenzeröffnungsverfahren

I. Allgemeines

151 Voraussetzung jeder Sicherungsmaßnahme ist die Zulassung des Eröffnungsantrages durch das Insolvenzgericht, d. h. es müssen die allgemeinen Verfahrensvoraussetzungen (z. B. Zuständigkeit des Gerichtes, Insolvenzfähigkeit des Schuldners, Glaubhaftmachung bei Gläubigerantrag) nach der Überzeugung des Insolvenzgerichts gegeben sein (vgl. Begr. RegE zu § 21 InsO in Balz/Landfermann, a. a. O.).

152 Sinn und Zweck der Sicherungsmaßnahmen ist es, Vorkehrungen zu treffen, daß in der Eröffnungsphase eines Insolvenzverfahrens keine Vermögensverschlechterungen bei dem Schuldner eintreten. Es sollen einerseits Vermögensverschlechterungen durch den Schuldner selbst verhindert werden. Andererseits sollen Gläubiger davon abgehalten werden, im Wege des Faustrechts angebliches oder wirkliches Sicherungsgut aus dem Unternehmen des Schuldners herauszuholen.

153 Diese Vorkehrungen sind in vielen Fällen erforderlich, da eine geraume Zeitspanne zwischen der Insolvenzantragstellung und der Entscheidung des Insolvenzgerichts über die Verfahrenseröffnung oder die Antragsabweisung mangels Masse liegen kann.

154 Als Sicherungsmaßnahmen kommen in Betracht:

- die Anordnung eines allgemeinen Verfügungsverbotes
- die Anordnung eines allgemeinen Veräußerungsverbotes
- die Anordnung des Zustimmungserfordernisses
- Untersagung oder einstweilige Einstellung von Vollstreckungsmaßnahmen
- die Bestellung eines vorläufigen Insolvenzverwalters mit oder ohne Verwaltungs- und Verfügungsbefugnis
- die Verhängung einer Postsperre.

155 Neu eingefügt wurde im Rahmen des Gesetzes zur Änderung des Einführungsgesetzes zur Insolvenzordnung und anderer Gesetze (EGInsÄndG vom 19. 12. 1998, BGBl. I S. 3836) die Möglichkeit der Verlängerung einer vorläufigen Postsperre im Insolvenzeröffnungsverfahren (§ 21 Abs. 1 Nr. 4

InsO). Hierdurch soll dem vorläufigen Insolvenzverwalter die Ermittlung des Massebestandes und der Verbindlichkeiten ermöglicht werden.

II. Die Anordnung eines allgemeinen Verfügungsverbotes

Zur Sicherung der Insolvenzmasse kann das Gericht ein allgemeines Verfügungsverbot über das Vermögen des Schuldners verhängen, sofern dies zur Abwendung von Vermögensnachteilen von der späteren Masse erforderlich erscheint. Das allgemeine Verfügungsverbot im Sinne des § 21 InsO hat anders als noch das allgemeine Veräußerungsverbot des § 106 KO gemäß §§ 24, 81, 82 InsO ein absolutes Verfügungsverbot zur Folge (vgl. auch Gerhardt in Kölner Schrift zur Insolvenzordnung, 1997, S. 159 ff. m. w. N.; auch Bork, Einführung in das neue Insolvenzrecht, 1995, Rn. 105). 156

Wegen des mit dem allgemeinen Verfügungsverbotes verbundenen Verlustes der Verwaltungs- und Verfügungsbefugnis wird das Insolvenzgericht gleichzeitig einen vorläufigen Insolvenzverwalter bestellen, der in diesem Fall gemäß § 22 Abs. 1 InsO die Verfügungsbefugnis ausübt (so auch Gerhardt in Kölner Schrift zur Insolvenzordnung, 1997, S. 159, 162). 157

Das allgemeine Verfügungsverbot ist öffentlich bekanntzumachen und 158

- dem Schuldner,
- den Personen, die Verpflichtungen gegenüber dem Schuldner haben, und
- dem vorläufigen Insolvenzverwalter

besonders zuzustellen (§ 23 InsO).

Die Rechtswirkungen des allgemeinen Verfügungsverbotes treten mit dem im Beschluß angegebenen Zeitpunkt ein (Tag und Stunde entsprechend § 27 InsO); fehlt die Angabe der Stunde, so findet § 27 Abs. 3 InsO entsprechende Anwendung, wonach auf die Mittagsstunde abzustellen ist (BGH vom 8. 12. 1994 – IX ZR 177/94 – ZIP 1995, 40; dazu Uhlenbruck, EWiR 1995, 57; Pape, DtZ 1995, 220; BGH vom 19. 9. 1996 – IX ZR 277/95 – ZIP 1996, 1909; dazu Henckel EWiR 1996, 1077; Gerhardt in Kölner Schrift zur Insolvenzordnung, 1997, S. 159, 170; Pohlmann, Befugnisse und Funktionen des vorläufigen Insolvenzverwalters, 1998, Rz. 42 ff.; Hintzen, ZInsO 1998, 75; Pape, ZInsO 1998, 61; a. A. BAG vom 17. 6. 1997 – 9 AZR 753/95 – NZA 1998, 446). 159

III. Die Anordnung des Zustimmungserfordernisses

160 Das Gericht kann die Wirksamkeit von Verfügungen des Schuldners von der Zustimmung eines vorläufigen Insolvenzverwalters abhängig machen, ohne daß dem Schuldner die Verwaltungs- und Verfügungsbefugnis entzogen wird (§21 Abs. 2 Nr. 2, 2. Alt InsO). Durch diese Regelung soll dem Schuldner im Insolvenzeröffnungsverfahren weiterhin ein Auftreten im Außenverhältnis ermöglicht werden (vgl. auch Gerhardt in Kölner Schrift zur Insolvenzordnung, 1997, S. 159, 165).

161 Der Schuldner wird durch das Zustimmungserfordernis verpflichtet, die Zustimmung zu der beabsichtigten Rechtshandlung im voraus einzuholen, eine nachträgliche Genehmigung ist jedoch zulässig (vgl. zu der VglO Böhle/Stamschräder, VglO, §57, 1 d). Das Fehlen der Zustimmung hat nicht die Unwirksamkeit der Verfügung zur Folge. Das Gericht hat aber bei Mißachtung des Zustimmungsvorbehaltes durch den Schuldner gegebenenfalls ein allgemeines Veräußerungsverbot zu erlassen.

IV. Allgemeines Veräußerungsverbot i. S. d. §§135, 136 BGB, §21 Abs. 1 InsO

162 Das Insolvenzgericht kann neben dem in §21 Abs. 2 Nr. 2 InsO erwähnten absoluten Veräußerungsverbot im Rahmen der lex generalis des §21 Abs. 1 InsO auch ein allgemeines Veräußerungsverbot i. S. der §§135, 136 BGB verhängen, das dem allgemeinen Veräußerungsverbot der KO entspricht (vgl. §106 KO).

163 Dies kommt vor allem dann in Betracht, wenn die Verwaltungs- und Verfügungsbefugnis nicht auf den Schuldner übertragen werden soll, um die z. T. für die Masse nachteiligen Folgen der Bestellung eines vorläufigen Insolvenzverwalters mit Verwaltungsbefugnis, vor allem die Begründung zusätzlicher Masseverbindlichkeiten zu verhindern. Das Insolvenzgericht kann in diesem Fall einen vorläufigen Insolvenzverwalter ohne Verwaltungs- und Verfügungsbefugnis bestellen, dem die gleichen Befugnisse wie dem Sequester der KO zustehen und gleichzeitig ein Verfügungsverbot i. S. d. §§136, 135 BGB verhängen.

164 Die zur KO entwickelten Grundsätze finden in diesem Fall uneingeschränkt Anwendung: Verbotswidrige Verfügungen sind den geschützten Insolvenzgläubigern (Kuhn/Uhlenbruck, KO, §106 Rz. 4) gegenüber unwirksam (BGH vom 13. 1. 1956 – V ZB 49/55 – BGHZ 19, 355, 359; Gottwald, In-

solvenzRHdb, §14, 4). Rechtsgeschäftliche Verfügungen des Schuldners über solche Vermögensgegenstände, die nach Maßgabe des §35 InsO Bestandteil der künftigen Insolvenzmasse würden, sind daher von vornherein ausgeschlossen; es besteht jedoch die Möglichkeit des gutgläubigen Erwerbs seitens eines Dritten (§135 Abs. 2 BGB).

V. Untersagung oder einstweilige Einstellung von Vollstreckungsmaßnahmen

165 Das Insolvenzgericht kann gemäß §21 Abs. 2 Nr. 3 InsO Zwangsvollstreckungsmaßnahmen in bewegliche Vermögensgegenstände des Schuldners auch schon vor der Verfahrenseröffnung unterbinden, um Masseverringerungen zugunsten einzelner Gläubiger zu verhindern. §21 Abs. 2 Nr. 3 InsO ermöglicht sowohl die einstweilige Einstellung laufender Vollstreckungsmaßnahmen als auch das Verbot zukünftiger Vollstreckungsakte.

166 Die vorläufige Einstellung von Vollstreckungsmaßnahmen hat keinen Einfluß auf bereits erfolgte Vollstreckungsmaßnahmen, so daß insofern auch der Rang bereits erworbener Pfändungspfandrechte gewahrt bleibt (Gerhardt in Kölner Schrift zur Insolvenzordnung, 1997, S. 159, 166).

167 Die Einzelzwangsvollstreckung kann auch gegenüber Absonderungsberechtigten untersagt werden. Damit wird der spätere Insolvenzverwalter in die Lage versetzt, die Gegenstände optimal zu verwerten und damit zugunsten der Masse Feststellungs- und Verwertungskosten geltendzumachen, bzw. das schuldnerische Unternehmen als Einheit fortzuführen.

168 Die Regelung des §21 Abs. 2 Nr. 3 InsO bezieht sich nur auf bewegliche Gegenstände. Für Immobilien hat der Gesetzgeber eine Regelung in Art. 20 §§30d-f EGInsO geschaffen, mit der die entsprechenden Paragraphen des ZVG abgeändert werden (vgl. dazu die Kommentierung in Hess, InsO, Bd. 2, Art. 20 EGInsO).

VI. Die Bestellung eines vorläufigen Insolvenzverwalters

1. Allgemeines

169 Mit den Vorschriften über die vorläufige Insolvenzverwaltung in §§21 Abs. 2 Nr. 2, 22 InsO ist endlich eine gesetzliche Regelung der Verwaltung des schuldnerischen Vermögens vor der Eröffnung des Insolvenzverfahrens

geschaffen worden. In der Konkursordnung war die Sequestration während des Konkurseröffnungsverfahrens demgegenüber nur unzulänglich durch § 106 KO geregelt.

170 Insbesondere im Hinblick darauf, daß der Schuldner mit Zustimmung des Sequesters zur Fortführung des schuldnerischen Betriebes berechtigt ist und der Sequester in Eilfällen auch die Veräußerung einzelner Vermögensgegenstände des Schuldners vornehmen kann, war die Schaffung einer gesetzlichen Regelung in §§ 21 Abs. 2 Ziff. 1, 22 InsO dringend erforderlich (so auch Smid, WM 1995, 785). Abweichend von der bisherigen Terminologie wird der Sequester in der Insolvenzordnung nunmehr als vorläufiger Insolvenzverwalter bezeichnet.

171 § 22 InsO unterscheidet hinsichtlich der Rechtsstellung des vorläufigen Insolvenzverwalters danach, ob

- eine absolute Beschränkung der Verfügungsmacht des Schuldners angeordnet wird (§ 21 Abs. 2 Nr. 2 HS 2 InsO) mit der Folge, daß die Verwaltungs- und Verfügungsbefugnis auf den vorläufigen Verwalter übergeht, oder
- ob das Insolvenzgericht ein relatives Veräußerungsverbot dergestalt anordnet, daß die schuldnerischen Rechtshandlungen nur mit Zustimmung des vorläufigen Insolvenzverwalters wirksam sind (§ 21 Abs. 2 Nr. 2 HS 2 InsO).

172 Das Insolvenzgericht hat daher bei der Anordnung der vorläufigen Insolvenzverwaltung zu entscheiden, welche Befugnisse der vorläufige Insolvenzverwalter im Einzelfall innehat.

173 Sofern das Insolvenzgericht kein allgemeines Verfügungsverbot verhängt, kann es die Rechte des vorläufigen Insolvenzverwalters abweichend von der Regelung des § 22 Abs. 1 InsO bestimmen und dem vorläufigen Insolvenzverwalter faktisch die Stellung eines Sequesters nach der KO oder eines Gutachters übertragen (kritisch zu der neuen Regelung Uhlenbruck, Die Rechtsstellung des Sequesters de lege lata und de lege ferenda, KTS 1990, 15, 19 ff.). Die Rechte des vorläufigen Insolvenzverwalters dürfen in diesem Fall aber nicht über die des Insolvenzverwalters hinausgehen, wenn gleichzeitig ein allgemeines Verfügungsverbot an den Schuldner ergangen ist.

174 Die Entscheidung, ob ein allgemeines Verfügungsverbot gegenüber dem Schuldner verhängt wird, ist vom Insolvenzgericht nach pflichtgemäßem

Ermessen zu treffen und hat sich an den jeweiligen Gegebenheiten des Einzelfalles zu orientieren, nämlich an der Abwicklungsstrategie, für den Fall, daß der Geschäftsbetrieb fortgeführt werden soll oder der Geschäftsbetrieb eingestellt ist.

175 Dabei hat das Gericht die Auswirkungen zu berücksichtigen, die eine vorläufige Insolvenzverwaltung mit Verwaltungs- und Verfügungsbefugnis nach sich zieht, vor allem den Umstand, daß die durch den vorläufigen Verwalter mit Verwaltungs- und Verfügungsbefugnis begründeten Verbindlichkeiten im nachfolgenden Insolvenzverfahren Masseverbindlichkeiten darstellen (§55 Abs. 2 InsO). Das Insolvenzgericht hat darüber hinaus den Verhältnismäßigkeitsgrundsatz zu beachten, der insbesondere bei Kleinverfahren (§§304 ff. InsO) oder in den Fällen, in denen bereits der Schuldner den Geschäftsbetrieb eingestellt hat, der Bestellung eines vorläufigen Verwalters entgegensteht (Uhlenbruck in Kölner Schrift zur Insolvenzordnung, 1997, S. 239 ff.).

2. Der vorläufige Insolvenzverwalter mit Verwaltungs- und Verfügungsbefugnis (§21 Abs. 2 Nr. 2 HS 1 InsO)

2.1 Aufgaben

176 Dem vorläufigen Insolvenzverwalter mit Verwaltungs- und Verfügungsbefugnis obliegt in erster Linie die Sicherung und Erhaltung des schuldnerischen Vermögens (§22 Abs. 1 Nr. 1 InsO). Dazu gehört die Berechtigung – soweit erforderlich – massezugehörige Waren zu veräußern, wenn sie zu verderben drohen.

177 Der vorläufige Insolvenzverwalter hat das schuldnerische Unternehmen hierbei bis zur Entscheidung des Insolvenzgerichts über die Eröffnung fortzuführen (§22 Abs. 1 S. 2 Nr. 2 InsO). Hintergrund dieser Regelung ist der Umstand, daß die Entscheidungsbefugnis der Gläubiger über den Verfahrensfortgang (z. B. Erstellung eines Insolvenzplans) nicht durch eine vorschnelle Betriebsschließung umgangen werden soll.

178 Sofern bei einer Betriebsfortführung hohe Verluste anfallen und die Aussichten für eine Sanierung gering sind, kann es allerdings erforderlich sein, daß der vorläufige Insolvenzverwalter den Betrieb schon im Eröffnungsverfahren ganz oder teilweise stillegt. Hierzu hat er die Zustimmung des Insolvenzgerichts einzuholen (§22 Abs. 2 Nr. 2 a. E. InsO). Er ist jedoch nicht

verpflichtet, den Betrieb wieder aufzunehmen, wenn der Geschäftsbetrieb bereits vor seiner Bestellung eingestellt worden war.

179 Der vorläufige Insolvenzverwalter mit Verwaltungs- und Verfügungsbefugnis ist weiterhin verpflichtet zu prüfen, ob das schuldnerische Vermögen die Kosten des Verfahrens decken wird.

180 Das Insolvenzgericht kann den vorläufigen Verwalter zusätzlich beauftragen, als Sachverständiger zu prüfen, ob ein Eröffnungsgrund vorliegt und welche Aussichten für eine Betriebsfortführung bestehen. Sofern das Insolvenzgericht dem vorläufigen Insolvenzverwalter eine solche Sachverständigenaufgabe überträgt, ist es fraglich, ob er nach der Vergütungsverordnung neben der regulären Vergütung eine Vergütung nach dem Gesetz über die Entschädigung von Zeugen und Sachverständigen beanspruchen kann, die ihm auch im Fall der Insolvenzabweisung mangels Masse nach bisherigem Recht zustand.

181 Sinn und Zweck der Regelung in §22 Abs. 2 Nr. 3 InsO ist es, bereits frühzeitig Chancen einer Sanierung zu ergreifen, sie vorzubereiten und einzuleiten. In solchen Fällen wird es notwendig werden, Sanierungskredite aufzunehmen und Sicherheiten zu bestellen. Weiter kann es sachdienlich sein, die Verfahrenseröffnung – auch im Hinblick auf die Zahlung von Insolvenzgeld – zeitlich solange hinauszuschieben, bis die Situation des insolventen Unternehmens überschaubar ist.

2.2 Bestellung (§21 Abs. 2 Nr. 1 i. V. m. §56 InsO)

182 Hinsichtlich der Bestellung des vorläufigen Insolvenzverwalters wird auf die für den Insolvenzverwalter geltende Bestimmung des §56 InsO verwiesen, wonach der vorläufige Insolvenzverwalter **geschäftskundig** und für den jeweiligen Einzelfall geeignet sein muß. In Betracht kommen daher wie nach bisherigem Recht vor allem **Rechtsanwälte, Wirtschaftsprüfer, Steuerberater** und **vereidigte Buchprüfer** und **Diplom-Kaufleute**. Darüber hinaus muß der vorläufige Insolvenzverwalter von Gläubigern und dem Schuldner **unabhängig** sein. Ausgeschlossen ist daher die Bestellung eines vom Schuldner im Vorfeld der Insolvenz zur Beratung herangezogenen Rechtsanwalts.

183 Entgegen der ursprünglichen Textfassung der Norm in §65 RegE bestimmt §56 InsO ausdrücklich, daß es sich bei dem Insolvenzverwalter – vorläufigen Insolvenzverwalter – um eine **natürliche Person** handeln muß. Damit hat der Gesetzgeber der vielfach vorgetragenen Kritik hinsichtlich der Be-

stellung von juristischen Personen zum Insolvenzverwalter Rechnung getragen (vgl. Balz/Landfermann, Die neuen Insolvenzgesetze, 1995, Ausschußbericht zu §56 InsO).

2.3 Aufsicht des Insolvenzgerichts über den vorläufigen Insolvenzverwalter mit Verwaltungs- und Verfügungsbefugnis (§21 Abs. 2 Nr. 1 i. V. m. §58 InsO)

184 Das Insolvenzgericht übt die Aufsicht über den vorläufigen Insolvenzverwalter aus (§21 Abs. 2 Nr. 1 i. V. m. §58 InsO). Im Rahmen seiner Aufsichtspflicht überwacht das Insolvenzgericht insbesondere die von dem vorläufigen Insolvenzverwalter vorgenommene Betriebsfortführung und ahndet eventuelle Pflichtwidrigkeiten des vorläufigen Insolvenzverwalters. Sofern sich der vorläufige Insolvenzverwalter weigert, seine Pflichten zu erfüllen, kann das Insolvenzgericht mit Zwangsgeldandrohungen bzw. -festsetzungen gegen ihn vorgehen (§21 Abs. 2 Nr. 1 i. V. m. §58 Abs. 2 InsO).

185 Weigert sich der entlassene vorläufige Insolvenzverwalter, die das Verfahren betreffenden Unterlagen herauszugeben, so ist ebenfalls die Zwangsgeldandrohung und –festsetzung durch das Insolvenzgericht möglich (§21 Abs. 2 Nr. 1 i. V. m. §58 Abs. 3 InsO).

186 Der vorläufiger Insolvenzverwalter kann im Rahmen einer Aufsichtsmaßnahme des Insolvenzgerichts grds. nach §21 Abs. 2 Nr. 1 i. V. m. §59 InsO von Amts wegen oder auf eigenen Antrag hin entlassen werden. Da es sich jedoch um eine folgenschwere Maßnahme handelt, darf sie nur bei Vorliegen triftiger Gründe, so etwa bei schuldhafter Nichterfüllung, grober Pflichtwidrigkeit oder anhaltender Krankheit des vorläufigen Insolvenzverwalters, ausgesprochen werden (zu den Einzelheiten vgl. die Komm. zu §59 InsO).

2.4 Haftung des vorläufigen Insolvenzverwalters mit Verwaltungs- und Verfügungsbefugnis (§21 Abs. 2 Nr. 1 i. V. m. §60 InsO)

187 Der vorläufige Insolvenzverwalter haftet für die Verletzung insolvenzspezifischer Pflichten nach Maßgabe des §60 InsO. Die Haftung des vorläufigen Insolvenzverwalters entspricht derjenigen des Insolvenzverwalters nach §60 InsO; der vorläufige Insolvenzverwalter ist zwar kein Insolvenzverwalter „minderer Art" (vgl. jedoch LG München I vom 27. 1. 1969 – 13 T 624 u. 625/68 – KTS 1969, 185), übernimmt aber mit dem Amt eine kraft gerichtlicher Anordnung übertragene Tätigkeit in fremder Vermögenssphäre (Gottwald, InsolvenzRHdb, §14, 20). Dies rechtfertigt die haftungsrechtliche Gleichstellung mit dem Insolvenzverwalter.

188 Beispiele für eine Haftung des vorläufigen Insolvenzverwalters:

- Einbau eines mit einem Aussonderungsrecht belasteten Gegenstandes trotz Hinweis des Gläubigers (OLG Celle vom 20. 11. 1984 – 16 U 14/84 – KTS 1985, 721)
- Haftung wegen unterlassener Schutzvorkehrungen, wenn das Absonderungsrecht hierdurch entwertet wird (BGH vom 29. 9. 1988 – IX ZR 39/88 – WM 1988, 1610).

2.5 Haftung für Masseverbindlichkeiten (§21 Abs. 2 i. V. m. §61 InsO)

189 §61 InsO, der auf den vorläufigen Insolvenzverwalter mit Verwaltungs- und Verfügungsbefugnis entsprechend anwendbar ist (§21 Abs. 2 Nr. 1 InsO), begründet eine persönliche Haftung des vorläufigen Insolvenzverwalters mit Verwaltungs- und Verfügungsbefugnis für den Fall, daß er eine Masseverbindlichkeit begründet hat, die aus der Insolvenzmasse nicht voll erfüllt werden kann. Die Gleichstellung mit dem Insolvenzverwalter rechtfertigt sich aus dem Umstand, daß der vorläufige Insolvenzverwalter mit Verwaltungs- und Verfügungsbefugnis gemäß §55 Abs. 2 InsO Masseverbindlichkeiten begründen kann. Infolgedessen ist der vorläufige Insolvenzverwalter mit Verwaltungs- und Verfügungsbefugnis ständig zur Prüfung bzgl. der Massedeckung verpflichtet.

2.6 Die Vergütung des vorläufigen Insolvenzverwalters (§21 Abs. 2 i. V. m. §63 InsO)

190 Die Vergütung des vorläufigen Insolvenzverwalters richtet sich nach den Vorschriften für den Insolvenzverwalter (§21 Abs. 2 Nr. 1 i. V. m. §63 InsO). Die Festsetzung der Vergütung des vorläufigen Insolvenzverwalters erfolgt nach Maßgabe der gemäß §65 InsO erlassenen Insolvenzrechtlichen Vergütungsverordnung (InsVV).

191 Der Regelsatz der Vergütung des vorläufigen Insolvenzverwalters wird wie die Insolvenzverwaltervergütung nach dem **Wert der Insolvenzmasse zur Zeit der Beendigung des Verfahrens** berechnet, wobei dem Umfang und der **Schwierigkeit der Geschäftsführung** des Verwalters durch Abweichungen vom Regelsatz Rechnung getragen werden muß.

192 Die Bestimmungen zur Vergütung des vorläufigen Insolvenzverwalters in §11 InsVV schließen eine bisher vorhandene Regelungslücke. Im Anschluß an die bisherige Gerichtspraxis zur Sequestervergütung soll der **vorläufige**

Insolvenzverwalter einen angemessenen Bruchteil der Vergütung des Insolvenzverwalters erhalten.

Allerdings wird zur Vermeidung unangemessen hoher Vergütungen ausdrücklich festgelegt, daß bei kurzer Dauer der vorläufigen Verwaltung ein Zurückbleiben hinter dem Regelsatz gerechtfertigt ist. In § 11 Abs. 2 InsVV wird in Ergänzung des § 22 Abs. 1 Nr. 3 InsO bestimmt, daß der vorläufige Insolvenzverwalter gesondert als Sachverständiger vergütet wird, soweit das Gericht ihn beauftragt hat zu prüfen, ob ein Eröffnungsgrund vorliegt und welche Aussichten für eine Fortführung des Unternehmens des Schuldners bestehen. 193

Das Insolvenzgericht setzt die Vergütung und die Auslagen des vorläufigen Insolvenzverwalters durch einen (mit Ausnahme der Beträge) öffentlich bekanntzumachenden Beschluß fest. 194

Der Beschluß ist : 195

- dem vorläufigen Insolvenzverwalter und
- dem Schuldner sowie
- dem Gläubigerausschuß, falls der Beschluß erst nach Verfahrenseröffnung ergeht,

zuzustellen (§ 21 Abs. 2 Nr. 1 i. V. m. § 64 InsO).

2.7 Rechnungslegung des vorläufigen Insolvenzverwalters (§ 21 Abs. 2 Nr. 1 i. V. m. § 66 InsO)

Nach § 21 Abs. 2 Nr. 1 i. V. m. § 66 Abs. 1 InsO hat der vorläufige Insolvenzverwalter vor Beendigung seines Amtes dem Insolvenzgericht bzw. im Fall der Verfahrenseröffnung einer Gläubigerversammlung Rechnung zu legen. 196

Die vom Insolvenzverwalter vorgelegte Schlußrechnung ist zunächst vom Insolvenzgericht in Hinblick auf die rechnerischen Richtigkeit und den materiell-rechtlich richtigen Ansatz zu prüfen (vgl. Hess/Obermüller, Verfahrensbeteiligte nach der InsO, Rz. 521). 197

Aus dem Sinn und Zweck der Verweisung auf § 66 InsO ergibt sich, daß im Fall der Verfahrensabweisung mangels Masse die Rechnungslegungspflicht des vorläufigen Insolvenzverwalter nur gegenüber dem Insolvenzgericht besteht. 198

2.8 Begründung von Masseverbindlichkeiten (§ 55 Abs. 2 InsO)

Nach § 55 Abs. 2 InsO stellen Verbindlichkeiten, die der vorläufige Insolvenzverwalter mit Verwaltungs- und Verfügungsbefugnis begründet hat, 199 nach Eröffnung des Verfahrens Masseverbindlichkeiten dar. Dies gilt auch für Verbindlichkeiten aus Dauerschuldverhältnissen, z. B. Arbeitsverhältnissen, soweit er die Gegenleistung für das von ihm verwaltete Vermögen in Anspruch genommen hat.

200 Diese Regelung hat für die Betriebsfortführung nur teilweise Vorteile: Zwar werden Lieferanten im Hinblick auf den Rang ihrer Forderung im Fall der Verfahrenseröffnung eher als bisher bereit sein, an den vorläufigen Insolvenzverwalter zu liefern.

201 Die Veräußerung von dem Schuldner gehörigen Vermögensgegenständen durch den vorläufigen Insolvenzverwalter vor der Verfahrenseröffnung bringt für die Insolvenzmasse jedoch keine besonderen Vorteile mehr, da die aus dem Veräußerungsgeschäft anfallende Umsatzsteuer als Masseverbindlichkeit zu berichtigen ist (Hess/Boochs/Weis, Steuerrecht in der Insolvenz, Rz. 1072).

202 Anders als der vorläufige Verwalter ohne Verwaltungs- und Verfügungsbefugnis ist der vorläufige Insolvenzverwalter mit Verwaltungs- und Verfügungsbefugnis als Vermögensverwalter i. S. d. §34 Abs. 3 AO anzusehen und damit zur Erfüllung der steuerlichen Pflichten des Schuldners verpflichtet (Hess/Boochs/Weis, Steuerrecht in der Insolvenz, Rz. 1074).

203 Beschäftigt der vorläufige Insolvenzverwalter mit Verwaltungs- und Verfügungsbefugnis Arbeitnehmer fort, so nehmen auch diese Forderungen im eröffneten Verfahren den Rang von Masseverbindlichkeiten ein.

204 Dem kann sich der vorläufige Insolvenzverwalter nur durch eine Kündigung verbunden mit der Freistellung des betroffenen Arbeitnehmers entziehen.

205 Etwas anderes ergibt sich auch dann nicht, wenn der vorläufige Insolvenzverwalter das Insolvenzgeld vorfinanziert, da die Forderungen der Arbeitnehmer, ohne eine Herabstufung zu erfahren, auf die Bundesanstalt für Arbeit als Masseverbindlichkeiten übergehen (vgl. dazu unten Rz. 221 f.)

206 Die oben aufgezeigten Konsequenzen haben zur Folge, daß der vorläufige Insolvenzverwalter für die Erfüllung einer Vielzahl von Verbindlichkeiten einzustehen hat, welche die Masse im Ergebnis nicht anreichern, sondern schmälern.

207 Der vorläufige Insolvenzverwalter mit Verwaltungs- und Verfügungsbefugnis sollte daher vom Insolvenzgericht nur nach eingehender Vorprüfung ins Auge gefaßt werden. Im Rahmen dieser Vorprüfung hat das Gericht abzuschätzen, ob es im Einzelfall nicht erheblich günstiger ist, einen vorläufigen

Insolvenzverwalter ohne Verwaltungs- und Verfügungsbefugnis zu berufen, dessen Handlungen zur Masseanreicherung führen können.

2.9 Aufnahme von anhängigen Rechtsstreiten (§24 Abs. 2 InsO)

Eine wesentliche Änderung zum geltenden Recht enthält §24 Abs. 2 InsO, wonach der vorläufige Insolvenzverwalter mit Verwaltungs- und Verfügungsbefugnis zur Aufnahme anhängiger Rechtsstreitigkeiten in entsprechender Anwendung der §§85 Abs. 1 S. 1 und 86 InsO berechtigt ist. 208

Die anhängigen Rechtsstreite werden gemäß Art. 18 EGInsO, §240 ZPO bereits im Insolvenzeröffnungsverfahren unterbrochen, wenn ein vorläufiger Verwalter mit Verwaltungs- und Verfügungsbefugnis bestellt wird (vgl. zu den Einzelheiten die Kommentierung in Hess, InsO, zu §§85, 86 InsO). 209

2.10 Maßnahmen zur Vermögenssicherung gegenüber dem Schuldner (§22 Abs. 2 InsO)

Der vorläufige Insolvenzverwalter ist gemäß §22 Abs. 3 InsO berechtigt, die Geschäftsräume des Schuldners zu betreten und dort Nachforschungen anzustellen. Der Schuldner – und seine Mitarbeiter (vgl. §§20, 97, 101 InsO) – sind dem vorläufigen Verwalter gegenüber zur Auskunft verpflichtet. Der Schuldner hat ihm darüber hinaus Einsicht in seine Bücher und Geschäftspapiere zu gestatten (vgl. zum Umfang der Auskunftspflicht Hess, InsO Kommentar, §20 InsO). 210

Zur Erfüllung dieser Pflichten kann der Schuldner – bei juristischen Personen seine gesetzlichen Vertreter – mit den in §§97, 98 InsO genannten Zwangsmitteln angehalten werden. 211

Der im Insolvenzeröffnungsverfahren bestellte vorläufige Insolvenzverwalter kann ebenso wie der Insolvenzverwalter nach seinem Ermessen zum Vermögen des Schuldners gehörige Gegenstände analog §150 InsO siegeln lassen, wenn er dies zur Sicherung und Feststellung des der Insolvenzmasse unterfallenden Schuldnervermögens für geboten erachtet. 212

Die Siegelung bedarf keiner gesonderten Anordnung durch das Insolvenzgericht; ergeht gleichwohl auf Veranlassung des vorläufigen Insolvenzverwalters ein die Siegelung anordnender Beschluß des Insolvenzgerichts, so hat dieser lediglich deklaratorischen Charakter. 213

3. Der vorläufige Insolvenzverwalter ohne Verwaltungs- und Verfügungsbefugnis

3.1 Anordnung eines relativen Veräußerungsverbotes

214 Das Insolvenzgericht hat neben der Verhängung eines absoluten Verfügungsverbotes auch die Möglichkeit, ein relatives Veräußerungsverbot gegenüber dem Schuldner anzuordnen (§ 21 Abs. 2 Nr. 2 HS 2 InsO). Die Anordnung des relativen Veräußerungsverbotes bewirkt, daß Rechtshandlungen des Schuldners – wie bisher in der Sequestration – nur mit Zustimmung des vorläufigen Insolvenzverwalters Wirksamkeit erlangen.

3.2 Aufgaben des vorläufigen Insolvenzverwalters ohne Verwaltungs- und Verfügungsbefugnis

215 Die Stellung des vorläufigen Insolvenzverwalters ohne Verwaltungs- und Verfügungsbefugnis entspricht weitgehend der des bisherigen Sequesters.

216 Ihm obliegen daher wie dem bisherigen Sequester deshalb drei wesentliche Aufgaben:

- Massesicherung und Masseerhaltung
- Masseschaffung
- Verbindlichkeitenreduzierung.

217 Vom vorläufigen Insolvenzverwalter ohne Verwaltungs- und Verfügungsbefugnis begründete Verbindlichkeiten stellen im Rahmen einer nachfolgenden Verfahrenseröffnung keine Masseverbindlichkeiten dar, sondern sind als einfache Insolvenzforderungen zu berichtigen (arg. ex § 55 Abs. 2 InsO).

3.3 Massesicherung und Masseerhaltung durch den vorläufigen Insolvenzverwalter ohne Verwaltungs- und Verfügungsbefugnis

218 Der vorläufige Insolvenzverwalter hat die (spätere) Insolvenzmasse erforderlichenfalls im Wege der Zwangsvollstreckung in Besitz zu nehmen, und das Inventar aufzustellen (Hess, KO, § 106 Rz. 9 m. w. N.). Im Rahmen der vorläufigen Insolvenzverwaltung steht der Sicherungszweck im Vordergrund, Verwertungsmaßnahmen dürfen nur in Ausnahmefällen erfolgen. Erforderliche Erhaltungsmaßnahmen hat der vorläufige Insolvenzverwalter ebenfalls zu ergreifen.

3.4 Masseschaffung

219 Zur Schaffung der für die Verfahrenseröffnung erforderlichen Masse hat der vorläufige Insolvenzverwalter wie der Sequester nach bisherigem Recht insbesondere die Möglichkeit:

- der Vorfinanzierung von Insolvenzgeld (bisher Konkursausfallgeld)
- der Vermeidung von Umsatzsteuer als Masseverbindlichkeiten
- Verbindlichkeitenreduzierung durch Kündigung von Arbeitsverhältnissen.

3.4.1 Umsatzsteuer

220 Bei der Veräußerung von Massegegenständen während der vorläufigen Insolvenzverwaltung ohne Verwaltungs- und Verfügungsbefugnis stellen die daraus resultierenden Umsatzsteuerforderungen keine Masseverbindlichkeiten dar wie beim vorläufigen Insolvenzverwalter mit Verwaltungs- und Verfügungsbefugnis (§55 Abs. 2 InsO), sondern sind vielmehr einfache Insolvenzforderungen. Zum Zweck der Masseanreicherung kann der vorläufige Insolvenzverwalter ohne Verwaltungs- und Verfügungsbefugnis daher – wie bisher der Sequester – die Zustimmung zur umsatzsteuerpflichtigen Veräußerung von Massegegenständen durch den Schuldner erteilen mit der Folge, daß die Umsatzsteuer vor der Verfahrenseröffnung entstanden ist und als Insolvenzforderung zu bedienen ist.

3.4.2 Vorfinanzierung des Insolvenzgeldes

221 Der vorläufige Insolvenzverwalter ohne Verwaltungs- und Verfügungsbefugnis kann wie der Sequester das Insolvenzgeld durch eine Bank vorfinanzieren und die für die Masse günstige Ausproduktion von Halbfertigprodukten durch die Arbeitnehmer dadurch erreichen, daß diese Insolvenzgeld in Anspruch nehmen.

222 Die auf die BA übergegangene Forderung der Arbeitnehmer auf Arbeitsentgelt stellt in dem nachfolgenden Insolvenzverfahren eine einfache Insolvenzforderung dar. Demgegenüber begründet die Weiterbeschäftigung von Arbeitnehmern durch den vorläufigen Insolvenzverwalter mit Verwaltungs- und Verfügungsbefugnis Masseverbindlichkeiten.

3.5 Die Bestellung des vorläufigen Insolvenzverwalters ohne Verwaltungs- und Verfügungsmacht

223 Bei der Bestellung des vorläufigen Insolvenzverwalters ohne Verwaltungs- und Verfügungsbefugnis ergeben sich keine Unterschiede zu dem vorläufigen Insolvenzverwalter mit Verwaltungs- und Verfügungsbefugnis (siehe oben Rz. 182 f.)

3.6 Die Aufsicht des Insolvenzgerichts über den vorläufigen Insolvenzverwalter ohne Verwaltungs- und Verfügungsmacht

224 Anders als beim vorläufigen Insolvenzverwalter mit Verwaltungs- und Verfügungsbefugnis bezieht sich die Aufsichtspflicht des Insolvenzgerichts beim vorläufigen Insolvenzverwalter ohne Verwaltungs- und Verfügungsbefugnis in erster Linie auf die pflichtgemäße Ausübung des Zustimmungsrechtes.

3.7 Die Entlassung des vorläufigen Insolvenzverwalters

225 Die Entlassung des vorläufigen Insolvenzverwalters ohne Verwaltungs- und Verfügungsbefugnis vollzieht sich nach §21 Abs. 2 Nr. 1 InsO i. V. m. §59 InsO. Ob eine zur Entlassung berechtigende Pflichtverletzung vorliegt, beurteilt sich nach den im Einzelfall festgelegten Pflichten des vorläufigen Insolvenzverwalters ohne Verwaltungs- und Verfügungsbefugnis.

3.8 Haftung des vorläufigen Insolvenzverwalters

226 Ein typischer Haftungsfall ist gegeben, wenn der vorläufige Insolvenzverwalter ohne Verwaltungs- und Verfügungsbefugnis pflichtwidrig Rechtsgeschäften des Schuldners zustimmt, die eine Masseschädigung zur Folge haben.

3.9 Vergütung des vorläufigen Insolvenzverwalters

227 Die Vergütung des vorläufigen Insolvenzverwalters ohne Verwaltungs- und Verfügungsbefugnis wird vom Insolvenzgericht nach Maßgabe der Vergütungsverordnung gemäß §21 Abs. 2 Nr. 1 i. V. m. §§63 ff. InsO festgesetzt.

3.10 Rechnungslegung des vorläufigen Insolvenzverwalters

228 Der vorläufige Insolvenzverwalter ohne Verwaltungs- und Verfügungsbefugnis hat dem Insolvenzgericht gemäß §21 Abs. 2 Nr. 1 i. V. m. §66 InsO Rechnung zu legen über die gegebenenfalls von ihm geführten Anderkonten.

3.11 Aufnahme von Rechtstreitigkeiten durch den vorläufigen Insolvenzverwalter

229 Die Möglichkeit, Rechtsstreitigkeiten bereits im Eröffnungsverfahren aufzurufen, hat weder der vorläufige Verwalter ohne Verwaltungs- und Verfügungsbefugnis noch der Sequester (Ausnahmen existieren nur bei unaufschiebbaren Notmaßnahmen). §24 Abs. 2 InsO ist ausdrücklich nur auf den vorläufigen Insolvenzverwalter mit Verwaltungs- und Verfügungsbefugnis anwendbar.

4. Der vorläufige Insolvenzverwalter als Sachverständiger

Das Insolvenzgericht kann den vorläufigen Insolvenzverwalter mit Verfügungsbefugnis zugleich auch als Sachverständigen einsetzen und ihn beauftragen zu prüfen, ob ein Eröffnungsgrund vorliegt (§22 Abs. 1 Nr. 3 InsO; vgl. zu den Voraussetzungen der Eröffnungsgründen Uhlenbruck in Kölner Schrift zur Insolvenzordnung, 1997, S. 239, 251 ff.; s. a. die Kommentierung Hess, InsO zu §§17, 18, 19 InsO). 230

Darüber hinaus kann dem vorläufigen Insolvenzverwalter auch aufgegeben werden zu prüfen, ob die Kosten des Insolvenzverfahrens gedeckt sind. Kosten des Insolvenzverfahrens sind nach §54 InsO die Gerichtskosten für das gesamte Insolvenzverfahren sowie die Vergütung und die Auslagen des vorläufigen Insolvenzverwalters, des Insolvenzverwalters und der Mitglieder des Gläubigerausschusses. Sonstige Masseverbindlichkeiten sind nicht in Ansatz zu bringen. 231

Nicht zuletzt kann das Gericht den Insolvenzverwalter beauftragen zu prüfen, ob und welche Aussichten für eine Fortführung des Schuldnerunternehmens bestehen (§22 Abs. 1 Nr. 3 InsO). Ein solcher Auftrag kann nur einem vorläufigen Insolvenzverwalter erteilt werden, der über erhebliche betriebswirtschaftliche Kenntnisse verfügt und eine gründliche Durchleuchtung des schuldnerischen Unternehmens vornimmt (vgl. zur Sanierungsprüfung auch Uhlenbruck in Kölner Schrift zur Insolvenzordnung, 1997, S. 239, 253 f.). Im Rahmen dieses Auftrages wird es erforderlich sein, eine Unternehmensanalyse zu erstellen. Diese muß eine Analyse der Krisenursachen beinhalten sowie eine aktuelle Lagebeurteilung, aus der sich ergibt, ob das Unternehmen im Markt Aussicht auf Erfolg hat. 232

Es handelt sich insoweit um Vorarbeiten zur Prüfung der Frage, ob eine Sanierung möglich ist. Deshalb sind alle finanzwirtschaftlichen Maßnahmen und/oder leistungswirtschaftlichen Maßnahmen zu beschreiben. Der vorläufige Insolvenzverwalter wird insoweit Vermögensübersichten aufstellen müssen, Finanzpläne erstellen, Plan-Bilanzen und Plan-Liquiditätsrechnungen vorlegen müssen. Auch eine Plan-Gewinn- und Verlustrechnung wird unabdingbar sein. 233

Zur Verwirklichung dieser Aufgaben ist der vorläufige Insolvenzverwalter nach §22 Abs. 3 S. 1 InsO berechtigt, die Geschäftsräume des Schuldners zu betreten und dort Nachforschungen anzustellen. Die Legitimation für den 234

Zutritt ergibt sich aus dem gerichtlichen Beschluß über die Einsetzung als vorläufiger Insolvenzverwalter.

235 Der vorläufige Insolvenzverwalter kann nicht nur die Geschäftsbücher und die Geschäftspapiere an sich nehmen und sich über die finanz- und leistungswirtschaftliche Situation des Unternehmens informieren; er ist auch berechtigt, Auskünfte von Behörden und sonstigen Stellen einzuholen, um den Umfang der Insolvenzmasse festzustellen.

236 Darüber hinaus ist der Schuldner oder die organschaftlichen Vertreter des Schuldnerunternehmens verpflichtet, dem vorläufigen Insolvenzverwalter alle erforderlichen Auskünfte zu erteilen. Die Auskunftspflicht des Schuldners kann der vorläufige Insolvenzverwalter mit Zwangsmitteln durchsetzen (§§22 Abs. 3 S. 3, 98 InsO). Die Auskunftspflicht bezieht sich nicht nur auf inländisches, sondern auch auf das ausländische Schuldnervermögen.

VII. Bekanntmachung der Verfügungsbeschränkungen (§23 InsO)

237 Der Beschluß, durch den die vorläufige Insolvenzverwaltung oder ein allgemeines Verfügungsverbot angeordnet wird, ist öffentlich bekanntzumachen (§23 InsO). Die öffentliche Bekanntmachung erfolgt nach §9 InsO durch Veröffentlichung in dem für amtliche Bekanntmachungen des Gerichts bestimmten Blatt, wobei auch eine auszugsweise Veröffentlichung möglich ist. Die Bekanntmachung gilt als bewirkt, sobald nach dem Tag der Veröffentlichung zwei weitere Tage verstrichen sind.

238 Nach §23 Abs. 2 InsO muß zusätzlich zu der öffentlichen Bekanntmachung die **Zustellung** des Beschlusses an

- den Schuldner,
- an die Schuldner des Schuldners und
- an den vorläufigen Insolvenzverwalter

erfolgen.

239 Sofern in dem Beschluß ein allgemeines Verfügungsverbot angeordnet wird, sind die Schuldner des Schuldners aufzufordern, nur noch an den vorläufigen Insolvenzverwalter zu leisten. Hierdurch soll verhindert werden, daß sich die Schuldner des Schuldners im nachhinein auf Gutgläubigkeit bei der Leistung berufen.

240 Neben den Bekanntmachungspflichten des §23 Abs. 1 InsO sieht §23 Abs. 2 InsO spezielle Mitteilungspflichten gegenüber dem Registergericht

vor. Eine Mitteilung an das Registergericht ist vorgeschrieben, wenn der Schuldner

- im Handelsregister (§32 BGB)
- Genossenschaftsregister (§102 GenG) oder
- Vereinsregister (§75 BGB)

eingetragen ist.

Der Mitteilung an das Registergericht ist eine Ausfertigung des Beschlusses beizufügen. 241

Außerhalb der Insolvenzordnung bestehen weitere Bestimmungen über Mitteilungspflichten; vgl. zu den notwendigen Mitteilungen nach der Anordnung über Mitteilungen in Zivilsachen (MiZi) vom 1. 10. 1967 (BAnz. Nr. 218 vom 18. 11. 1967) die Aufzählung der in Frage kommenden Behörden als Mitteilungsempfänger bei Kuhn/Uhlenbruck, KO, §112 Rz. 3, sowie ergänzend Jaeger-Weber, KO, §112 Rz. 8. 242

Nach §23 Abs. 3 i. V. m. §§32, 33 InsO ist die Verfügungsbeschränkung daneben im Grundbuch, Schiffsregister, Schiffsbauregister bzw. Register über Pfandrechte an Luftfahrzeugen einzutragen. Diese Eintragung dient der Zerstörung des guten Glaubens und damit der Verhinderung des Rechtserwerbs Dritter zu Lasten der Insolvenzmasse. Rechtsfolge der Eintragung ist eine Grundbuchsperre. Der Zweck der Vorschrift erfordert es, möglichst unmittelbar nach dem Erlaß des Verfügungsverbotes für die Eintragung der Vermerke Sorge zu tragen, um die Massezugehörigkeit der betreffenden Rechte kenntlich zu machen (Hess/Obermüller, Verfahrensbeteiligte nach der InsO, Rz. 148). Eine Verzögerung kann, soweit sie zu einem Rechtsverlust führt, Haftungsansprüche auslösen. 243

Die Eintragung des Vermerks erfolgt nach §§32 Abs. 1 Nr. 1, 33 InsO bei allen Grundstücken, Schiffen, Schiffsbauwerken und Luftfahrzeugen, als deren Eigentümer der Schuldner eingetragen ist. Im Gegensatz zu §§32 Abs. 1 S. 2, 33 InsO bedarf es keiner gesonderten Überprüfung, ob die Unterlassung der Eintragung eine Gefährdung der Gläubigerrechte bewirken könnte; dies wird unwiderleglich gesetzlich vermutet. 244

Grds. soll durch die Eintragung des Vermerkes auch die Massezugehörigkeit von auf den Namen des Schuldners eingetragenen Rechten (§§32 Abs. 1 Nr. 2, 33 InsO) gesichert werden; die Bestimmung erfordert die Eintragung jedoch nur, wenn ihre Unterlassung konkret eine Gefährdung der Gläubigerrechte mit sich brächte. Dies ist etwa dann nicht der Fall (Kuhn/Uhlenbruck, 245

KO, §113 Rz. 3), wenn über das in Frage kommende Grundpfandrecht ein **Brief** erteilt ist, der sich im Besitz des vorläufigen Insolvenzverwalters befindet: In diesem Falle wäre der gutgläubige Erwerb des Rechts durch einen Dritten wegen mangelnder Möglichkeit zur Briefübergabe ausgeschlossen. Ansonsten besteht **grundsätzlich** die Gefahr der Gläubigerbeeinträchtigung, so daß das allgemeine Verfügungsverbot regelmäßig einzutragen ist (ebenso Kilger/Karsten Schmidt, KO/VglO/GesO, §113 KO, 1), und zwar nicht nur im Grundbuch, sondern auch auf dem Brief (vgl. Jaeger-Weber, KO, §113 Rz. 6).

246 Die Eintragung erfolgt entweder **auf Ersuchen** des Insolvenzgerichts (§32 Abs. 2, §33 i. V. m. §23 Abs. 3 InsO) oder **auf Antrag** des vorläufigen Insolvenzverwalters (§§32 Abs. 2, 3, 33 i. V. m. §23 Abs. 3 InsO).

VIII. Aufhebung von Sicherungsmaßnahmen (§25 InsO)

1. Allgemeines

247 Hebt das Insolvenzgericht die Sicherungsmaßnahmen auf (§25 InsO), so hat es dies in entsprechender Anwendung des §23 InsO bekanntzumachen. Eine Aufhebung der Sicherungsmaßnahmen kommt u. a. in Betracht,

- wenn das Insolvenzgericht die Verfahrenseröffnung ablehnt (vgl. die Begründung des RegE)
- im Fall der Eigenverwaltung unter der Aufsicht eines Sachwalters gemäß §§271 ff. InsO sowie
- der Aufhebung des Insolvenzverfahrens nach der Bestätigung des Insolvenzplanes (§258 InsO).

248 Gemäß §§25, 23 Abs. 1, 9 InsO hat die öffentliche Bekanntmachung des Aufhebungsbeschlusses durch Veröffentlichung in dem für amtliche Bekanntmachungen des Gerichts zuständigen Blatt zu erfolgen. Daneben hat die Geschäftsstelle des Gerichts die in §23 Abs. 2, 3 InsO genannten Registerbehörden durch Übermittlung des Aufhebungsbeschlusses zu informieren. Aus der Aufhebung der Sicherungsmaßnahmen folgt für das Gericht weiterhin die Verpflichtung gegenüber den Grundbuchämtern, Schiffsregistern und Schiffsbauregistern, von Amts wegen um Löschung der bei Anordnung der Sicherungsmaßnahmen vorgenommenen Eintragungen zu ersuchen.

2. Kosten der vorläufigen Insolvenzverwaltung

249 Der Begriff der in §25 Abs. 2 InsO genannten Kosten umfaßt die Vergütung des vorläufigen Insolvenzverwalters, seine Auslagen und sonstige Kosten (vgl. Begr. des RegE). Damit enthält die InsO im Gegensatz zur KO erstmals eine Regelung über den Vergütungsanspruch des vorläufigen Insolvenzverwalters. §25 Abs. 2 InsO betrifft nur die Fälle, in denen der vorläufige Insolvenzverwalter nicht nach Verfahrenseröffnung zum Insolvenzverwalter bestellt wird. Der häufigste Fall dürfte dabei der sein, daß es nicht zu einer Eröffnung des Insolvenzverfahrens kommt. In diesem Fall billigte bislang im Geltungsbereich der KO ein Teil der Rechtsprechung dem Sequester einen Vergütungsanspruch gegen die Staatskasse zu (vgl. hierzu die Kommentierung bei Hess, KO, §106 Rz. 28 ff.; Kuhn/Uhlenbruck, §106, Rz. 22).

250 Demgegenüber enthält §54 Nr. 2 InsO eine Regelung über den Vergütungsanspruch des vorläufigen Insolvenzverwalters für den Fall der Verfahrenseröffnung. Danach sind die Kosten der vorläufigen Insolvenzverwaltung in diesem Fall Massekosten. Diesen bereits im Geltungsbereich der KO anerkannten Grundsatz (vgl. im einzelnen zur Sequestration Jaeger-Weber, KO, §106 Rz. 12; Kilger, Einhundert Jahre Konkursordnung, S. 189, 214; Gottwald, InsolvenzRHdb §14, 16) normiert §54 Nr. 2 InsO nunmehr ausdrücklich. Die Regelung des §25 Abs. 2 InsO gewährt nur dem vorläufigen Insolvenzverwalter **mit Verfügungsbefugnis** über das Vermögen ein Befriedigungsrecht aus der Masse. Der Vergütungsanspruch des vorläufigen Insolvenzverwalters ohne Verfügungsbefugnis wird hiervon ausdrücklich nicht erfaßt.

251 Die Höhe der Vergütung für einen vom Gericht eingeschalteten vorläufigen Insolvenzverwalter ist vom Gericht nach Maßgabe der §§63 ff. InsO festzusetzen.

3. Befriedigung von Verbindlichkeiten

252 Der vorläufige Insolvenzverwalter mit Verwaltungs- und Verfügungsbefugnis ist nach dieser Vorschrift berechtigt, die zur Begleichung der von ihm begründeten Verbindlichkeiten erforderlichen Mittel der Masse zu entnehmen. Die Bestimmung des §25 Abs. 2 S. 2 InsO bezweckt in erster Linie den Schutz der vom vorläufigen Insolvenzverwalter weiterbeschäftigten Arbeitnehmer sowie der Vermieter des Schuldners (vgl. Begr. des RegE).

253 Hintergrund der Regelung ist die Sicherung der Ansprüche der Vertragspartner des vorläufigen Insolvenzverwalters mit Verwaltungs- und Verfügungs-

befugnis. Durch den weitreichenden Schutz dieser Personengruppe will der Gesetzgeber einen größeren Anreiz – auch für Banken – schaffen, an der Sanierung des insolventen Unternehmens mitzuwirken.

254 Dieses weitreichenden Schutzes bedarf es bei der Bestellung eines vorläufigen Insolvenzverwalters ohne Verwaltungs- und Verfügungsbefugnis nicht. Seine vorrangige Aufgabe ist nicht die Aufrechterhaltung des schuldnerischen Unternehmens, sondern die Massesicherung und –erhaltung (vgl. die Kommentierung bei Hess, InsO, zu § 22 InsO).

E. Die Organe des Insolvenzverfahrens

I. Der Schuldner

255 Der Schuldner verliert mit der Eröffnung des Insolvenzverfahrens das Verwaltungs- und Verfügungsrecht über sein in die Insolvenzmasse gefallenes Vermögen (§ 80 InsO). Dieses wird zugunsten der Insolvenzmasse beschlagnahmt. Rechtshandlungen, die der Schuldner nach der Verfahrenseröffnung darüber trifft, sind den Insolvenzgläubigern gegenüber unwirksam (§ 81 InsO).

256 Im übrigen wird die Rechtsstellung des Schuldners durch die Eröffnung des Insolvenzverfahrens vermögensrechtlich grundsätzlich nicht berührt. Er bleibt Eigentümer der zur Insolvenzmasse gehörigen Gegenstände.

257 Ein Erwerb des Insolvenzverwalters fällt in das Eigentum des Schuldners. Der Schuldner verliert mit der Verfahrenseröffnung weder die Rechts- noch die Geschäftsfähigkeit. Auch die Wechselfähigkeit und die Prozeßfähigkeit des Schuldners bleiben grundsätzlich unberührt. Er verliert nur die Prozeßführungsbefugnis bezüglich des Insolvenzvermögens (RG vom 19. 10. 1900 – Rep VII 176/00 – RGZ 47, 374).

258 Durch die Neudefinition der Insolvenzmasse nach § 35 InsO, wonach auch der Neuerwerb des Schuldners nach Verfahrenseröffnung massezugehörig ist, bleibt nur geringer Raum für insolvenzfreies Vermögen. Neben den pfändungsfreien Gegenständen (vgl. § 36 InsO) kommen hierbei in erster Linie Gegenstände, welche der Insolvenzverwalter freigegeben hat, in Betracht.

259 Weitere Beschränkungen des Schuldners ergeben sich u. a. aus den ihn treffenden Auskunfts- und Mitwirkungspflichten (§§ 97 ff. InsO), die das Insolvenzgericht gegebenenfalls zwangsweise durchsetzen kann.

260 Eine Stärkung der Rechtsstellung des Schuldners stellt die Möglichkeit der Restschuldbefreiung dar. Während nach dem bisherigen Recht die Schuldner wegen der 30-jährigen Verjährungsfrist oft lebenslang der Nachhaft unterlagen, eröffnen die Vorschriften über die Restschuldbefreiung dem Schuldner nunmehr die Chance für einen wirtschaftlichen Neubeginn nach Ablauf der siebenjährigen Wohlverhaltensphase.

261 Durch die Bestimmungen über die Eigenverwaltung unter der Aufsicht eines Sachwalters (§§ 270 ff. InsO) wird die Rechtsstellung des Schuldners ebenfalls gestärkt.

II. Der Insolvenzverwalter

1. Übersicht

262 Der Insolvenzverwalter (§§ 80, 56 ff. InsO) ist das wichtigste im öffentlichen Interesse geschaffene Organ des Verfahrens. Er hat an Stelle des Schuldners die Befugnis, die Insolvenzmasse zu verwalten und darüber zu verfügen.

263 In seiner Hand liegt die eigentliche Verfahrensdurchführung, ihm obliegt insbesondere die Führung der Insolvenztabelle, die Forderungsfeststellung, die Verwertung und Verteilung der Masse und im Insolvenzplanverfahren die Überwachung der Planerfüllung.

264 Der Insolvenzverwalter übt sein Amt unter Aufsicht des Gerichts selbständig aus, und zwar als Vertreter des Schuldners kraft seines öffentlichen Amtes (siehe Hess/Obermüller, Die Verfahrensbeteiligten nach der Insolvenzordnung, Rz. 671 ff.).

265 Handlungen, die zum Aufgabenkreis des Insolvenzverwalters gehören, kann nicht das Gericht an seiner Stelle vornehmen.

266 Der Insolvenzverwalter ist Kläger wie auch Beklagter an Stelle des Schuldners, er übt dessen Verwaltungs- und Verfügungsrechte über die Insolvenzmasse für die Dauer des Verfahrens aus. Der Insolvenzverwalter hat freie Hand, soweit nicht im Einzelfalle die Gläubigerversammlung oder der Gläubigerausschuß mitzuwirken haben. Bei Beendigung seines Amtes hat der Insolvenzverwalter der Gläubigerversammlung Schlußrechnung zu legen (§ 66 InsO).

267 Der Insolvenzverwalter wird bei Eröffnung des Verfahrens vom Insolvenzgericht ernannt (§ 56 InsO). Die erste Gläubigerversammlung kann einen anderen Verwalter wählen (§ 57 InsO). Das Gericht kann die Ernennung des Gewählten nur dann versagen, wenn er für die Übernahme des Amtes nicht geeignet ist, also z. B. die erforderliche Sachkunde nicht besitzt oder nicht unabhängig ist. Die Entlassung des Insolvenzverwalters kann von Amts wegen und auf Antrag der Gläubigerversammlung, des Verwalters oder des Gläubigerausschusses erfolgen. Dem Verwalter, der nicht beeidigt wird, wird vom Insolvenzgericht eine Bestallungsurkunde ausgestellt, die er bei Beendigung des Amtes zurückzugeben hat. Das Amt beginnt mit der Übernahme aufgrund der Ernennung.

2. Stellung des Insolvenzverwalters

Die rechtliche Stellung des Insolvenzverwalters war seit jeher umstritten und bis heute keiner abschließenden Klärung zugeführt worden. Allerdings hängt – im Regelfall – die Lösung der sich im Verlaufe des Verfahrens ergebenden Probleme von der Richtigkeit einer der vertretenen Theorien nicht ab. 268

Nach der von jeher in der Rechtsprechung des Reichsgerichts und des BGH vertretenen Amtstheorie handelte der Verwalter als ein amtliches Organ in eigenem Namen für und gegen den Schuldner. 269

Die Organtheorie nimmt an, daß der Verwalter die Stellung eines gesetzlichen Vertreters der Insolvenzmasse hat. 270

Demgegenüber geht die Vertretertheorie davon aus, daß der Insolvenzverwalter als gesetzlicher Vertreter des Schuldners in bezug auf die Insolvenzmasse handelt. 271

Die Theorie des neutralen Handelns geht davon aus, daß der Insolvenzverwalter weder in eigenem noch in fremdem Namen, sondern für die Insolvenzmasse als Sondermasse, mithin objektbezogen handelt. 272

Im Geltungsbereich der InsO ist wegen der Zusammenfassung von Sanierung und Liquidation eine differenziertere Betrachtung der dogmatischen Einordnung erforderlich. Befriedigende Ergebnisse erlangt man bei einer Qualifizierung des Insolvenzverwalters als Vertreter kraft Amtes (vgl. zu den Einzelheiten des Theorienstreits Hess/Obermüller, Die Rechtsstellung der Verfahrensbeteiligten nach der Insolvenzordnung, Rz. 671 ff.; zu einer eingehenden Gegenüberstellung der einzelnen Theorien vgl. z. B. Jaeger/Henckel, KO, § 6 Rdn. 5–16; Kuhn/Uhlenbruck, KO, § 6 Rdn. 17 ff.; Hess, KO, § 6 Rz. 13 ff.). 273

3. Rechte und Pflichten des Insolvenzverwalters

Der Liquidations- und Befriedigungszweck (§ 1 InsO) des Insolvenzverfahrens bestimmt die Befugnisse und Obliegenheiten des Insolvenzverwalters im gesetzlichen Verfahren. Er ist zu allen Maßnahmen berechtigt und verpflichtet, die zur Erreichung dieses Zweckes dienen und geeignet sind. In erster Linie ist dies im Liquidationsverfahren die Erfassung und Verwertung der Insolvenzmasse (§§ 148, 159 ff. InsO). 274

Dabei kommt ihm der vom Insolvenzgericht erlassene offene Arrest (vgl. § 28 InsO), die Postsperre (§ 99 InsO), die Siegelung (§ 150 InsO), die Verpflichtung des Schuldners zur Abgabe der eidesstattlichen Versicherung (§ 153 Abs. 2 InsO) und zur Auskunfts- und Mitwirkungspflicht des Schuld- 275 ners (§§97, 98 InsO), seiner organschaftlichen Vertreter, Angestellten und früheren Angestellten (§101 InsO) zustatten.

276 Der Insolvenzverwalter ist insbesondere verpflichtet, das massezugehörige Vermögen (§§35, 36 InsO) des Schuldners, zu dem auch das Auslandvermögen zählt, in Besitz und Verwaltung zu nehmen (§§148, 159 InsO), ein Verzeichnis der Massegegenstände und ein Gläubigerverzeichnis zu erstellen (§§151, 152 InsO), eine Vermögensübersicht in Bilanzform anzufertigen (§153 InsO) und auf der Geschäftsstelle niederzulegen (§154 InsO).

277 Vermögensstücke, die der Masse in anfechtbarer Weise (§§129 ff. InsO) entzogen worden sind, hat er im Wege der Anfechtungsklage der Masse wieder zuzuführen.

278 Im Insolvenzplanverfahren gestalten sich die Rechte des Insolvenzverwalters demgegenüber anders. Er hat hier die Möglichkeit, einen Plan zu erarbeiten und dabei die Ziele selbst vorzugeben, oder kann aufgrund eines Auftrages der Gläubigerversammlung verpflichtet sein, einen Insolvenzplan mit vorgegebener Zielsetzung auszuarbeiten.

279 An Stelle der Liquidation kann im Insolvenzplan die Sanierung angestrebt werden. Die Einzelheiten des verfahrensmäßigen Vorgehens richten sich in diesem Fall nach den Regelungen des von den Gläubigern angenommenen Insolvenzplanes.

3.1 Die Durchführung von Aktiv- und Passivrechtsstreiten für die Masse (§§85, 86 InsO)

280 Der Insolvenzverwalter wird auch im Geltungsbereich der Insolvenzordnung zur Aufnahme der durch die Verfahrenseröffnung nach §240 ZPO unterbrochenen Rechtsstreitigkeiten ermächtigt. Im Gegensatz zu Passivprozessen über Masseverbindlichkeiten, Aussonderungs- oder Absonderungsrechte, die von beiden Parteien aufgenommen werden können (§86 InsO), kann ein Aktivprozeß des Schuldners zunächst nur von dem Insolvenzverwalter aufgenommen werden. Erst wenn dieser die Aufnahme ablehnt, kann sowohl der Schuldner selbst als auch die Gegenseite den Rechtsstreit aufnehmen (§85 InsO).

3.2 Wahlrecht bei gegenseitigen Verträgen (§§103, 105, 107 InsO)

281 Dem Insolvenzverwalter obliegt es, sich bei nicht erfüllten gegenseitigen Verträgen über die Erfüllung zu erklären. Nach allgemeinen Grundsätzen wird durch das Erfüllungsbegehren des Insolvenzverwalters ein neuer Vertrag begründet, dessen Inhalt sich nach dem bisherigen Vertragsverhältnis

richtet. Da durch die Verfahrenseröffnung der bisherige Vertrag zwischen den Parteien erlischt, entfaltet die Erfüllungsablehnung lediglich deklaratorische Wirkung.

282 Im Fall der Erfüllungsablehnung kann der andere Teil einen Schadensersatzanspruch als Insolvenzforderung geltend machen.

3.3 Die Geltendmachung von Anfechtungsrechten (§§ 129 ff. InsO)

283 Innerhalb des Insolvenzverfahrens werden bestehende Anfechtungsrechte ausschließlich durch den Insolvenzverwalter ausgeübt (vgl. Hess/Weis, Das neue Anfechtungsrecht, 1996). Die daraus resultierenden Rückgewähransprüche (§ 143 InsO) erhöhen die Insolvenzmasse und damit die den Gläubigern zustehenden Quoten (siehe dazu unten Rz. (441 ff.).

3.4 Die Kündigung von Verträgen (§§ 109, 113, 120 InsO)

284 Bestehende Verträge, die häufig zu einer erheblichen Massebelastung führen, können in der Insolvenz nur vom Verwalter gekündigt werden. Das schuldrechtliche Band zwischen den Vertragsparteien wird durch die Verfahrenseröffnung nicht beeinflußt, die Funktionen des Schuldners, z. B. als Arbeitgeber, werden jedoch vom Verwalter wahrgenommen.

3.5 Die Siegelung von Vermögensgegenständen (§ 150 InsO)

285 Zur Sicherung der Insolvenzmasse hat der Verwalter die Massegegenstände siegeln zu lassen. In der Regel wird er sich hierzu eines Gerichtsvollziehers bedienen.

3.6 Die Erstellung eines Masseverzeichnisses, Gläubigerverzeichnisses und einer Vermögensübersicht (§§ 150 bis 153 InsO)

286 Die Erstellung der Verzeichnisse soll zum einen dem Insolvenzverwalter einen Überblick über das vorhandene Vermögen ermöglichen, zum anderen sollen die Gläubiger hierdurch in die Lage versetzt werden, eine Entscheidung über den Fortgang des Verfahrens zu treffen (vgl. dazu Rz. 498 ff.).

287 Die Bewertung der Massegegenstände hängt davon ab, ob eine Fortführung des schuldnerischen Unternehmens in Betracht kommt oder nicht. Im Fall der Fortführung sind going-concern-Werte anzugeben, sofern sich gegenüber der Liquidation eine Werterhöhung ergibt (§ 151 InsO). In erster Linie ist dabei an nicht fertig ausproduzierte Gegenstände zu denken.

3.7 Die Berichterstattung in der ersten Gläubigerversammlung (§ 156 InsO)

288 Der Verwalterbericht in der ersten Gläubigerversammlung ist – neben den oben genannten Berichten – Grundlage für die Entscheidung der Gläubiger über den Verfahrensfortgang.

289 In dem Berichtstermin hat der Insolvenzverwalter die wirtschaftliche Situation des schuldnerischen Unternehmens und seine Krisenursachen darzulegen und mögliche Sanierungskonzepte auch für Teilbereiche des schuldnerischen Unternehmens zu erläutern.

290 Die Gläubiger entscheiden im Anschluß an den Berichtstermin, ob das Unternehmen stillgelegt oder fortgeführt werden soll (§ 157 InsO).

291 Die Gläubiger können den Verwalter im Berichtstermin auch mit der Ausarbeitung eines Insolvenzplanes betrauen, dessen Ziele sie vorgeben können.

3.8 Die Führung der Insolvenztabelle (§§ 174 f. InsO)

292 Die Führung der Insolvenztabelle durch den Insolvenzverwalter soll, wie bereits im Geltungsbereich der GesO praktiziert, zu einer Entlastung der Insolvenzgerichte führen. Um diese Entlastung auch in der Praxis zu erreichen, muß die Vorschrift des § 174 InsO dergestalt ausgelegt werden, daß die Tabellenführung auch nach Abhaltung des Prüfungstermins beim Insolvenzverwalter verbleibt, so daß dieser auch nachträgliche Ergänzungen und Forderungsanmeldungen vornehmen kann.

3.9 Die Forderungsprüfung (§§ 176 f. InsO)

293 Im Gegensatz zum Konkursrecht werden im Prüfungstermin nach der InsO nur noch die streitigen Forderungen erörtert. Dies setzt zwar eine ausführliche Prüfung der Forderungen durch den Verwalter im Vorfeld des Termins voraus, führt im Ergebnis aber zu einer Straffung des Termins.

294 Dies schließt nicht aus, daß auch im Prüfungstermin noch Forderungen bestritten werden, mit der Folge, daß eine Erörterung erforderlich wird.

3.10 Die Verwertung und Verteilung der Insolvenzmasse (§§ 159, 160, 165, 166, 168, 187 ff. InsO)

295 Die Zerschlagung und Verwertung des schuldnerischen Vermögens obliegt wie nach geltendem Recht dem Insolvenzverwalter. Dazu kann er sich Verwertungsgesellschaften bedienen, die durch detaillierte Marktkenntnis oftmals zur Erzielung sehr guter Erlöse in der Lage sind. Die Erlöse hat der Verwalter auf Grundlage eines Verteilungsverzeichnisses an die Gläubiger auszukehren.

Die Art der Verwertung der Insolvenzmasse steht im pflichtgemäßen Ermessen des Insolvenzverwalters und hat möglichst günstig zu erfolgen. Bewegliche Sachen kann er freihändig veräußern (§§ 159, 166 InsO). 296

Insolvenzausverkäufe durch den Insolvenzverwalter unterliegen den gesetzlichen Beschränkungen aus § 7 UWG. Der Insolvenzverwalter unterliegt allerdings nicht dem Vorwurf der Preisschleuderei gemäß § 1 UWG, wenn er im Rahmen eines Insolvenzausverkaufs zu erheblich reduzierten Preisen Insolvenzgegenstände veräußert. Der Insolvenzverwalter braucht auch nicht den Verkauf von Waren selbst durchzuführen (vgl. Plate, KTS 1980, 107); zulässig ist die Versteigerung und der Verkauf der Insolvenzmasse durch einen Taxator oder Auktionator, auch wenn dieser einen bestimmten Prozentsatz des Erlöses erhält. Für eine schlechte Verwertung haftet der Insolvenzverwalter gegenüber dem Schuldner persönlich (vgl. BGH vom 22. 1. 1985 – VI ZR 131/83 – WM 1985, 422). 297

3.11 Die Verwertung von Sicherungsgut

Da die Ausübung des Absonderungsrechtes durch den Gläubiger im Geltungsbereich der KO oft dazu führte, daß dem schuldnerischen Unternehmen wichtige Betriebsmittel, ohne die eine Fortführung des Unternehmens nicht möglich ist, entzogen wurden, und eventuelle Sanierungschancen hierdurch erschwert wurden, sieht die Insolvenzordnung in § 166 Abs. 1 InsO eine Umkehrung dieses bisherigen Regel-Ausnahme-Verhältnisses vor. 298

Anstelle der Gläubiger ist der Verwalter zur freihändigen Verwertung der Sicherungsgegenstände berechtigt, wenn er sie in Besitz hat. Dies wird bei besitzlosen Sicherungsrechten meistens der Fall sein, da der zunächst vom Schuldner ausgeübte Besitz ab dem Augenblick der Insolvenzeröffnung vom Insolvenzverwalter ausgeübt wird. Dagegen werden diejenigen Gegenstände, welche die Gläubiger oder Dritte auch schon vor Verfahrenseröffnung in unmittelbarem Besitz hatten, für eine Fortführung des schuldnerischen Unternehmens nicht erforderlich sein, so daß der Gläubiger sie verwerten kann. 299

Die Regelung des § 166 Abs. 1 InsO erlaubt es dem Insolvenzverwalter unter Beibehaltung der bestehenden wirtschaftlichen Einheit, den Betrieb fortzuführen, sofern das Unternehmen eine Sanierungschance hat. Aber selbst im Fall der Liquidation ist diese Regelung wesentlich günstiger als die Verwertung durch die einzelnen Absonderungsberechtigten, da der Insolvenzverwalter die Möglichkeit hat, zusammengehörige Betriebsmittel, die zugunsten unterschiedlicher Gläubiger belastet sind, gemeinsam zu einem besseren Preis zu veräußern oder das gesamte schuldnerische Unternehmen 300 als Einheit zu verwerten (vgl. Begr. RegE zu § 166 InsO, abgedruckt bei Balz/Landfermann, Die neuen Insolvenzgesetze, 1995).

301 Um die Rechte der Gläubiger trotz des Verwertungsrechts des Verwalters in bezug auf die beweglichen Gegenstände zu sichern, sieht § 167 InsO eine Auskunftsverpflichtung des Verwalters über den Zustand der Sicherungsgegenstände gegenüber den betroffenen absonderungsberechtigten Gläubigern vor. Alternativ hierzu kann dem Gläubiger auch eine Besichtigung der Sache gestattet werden (§ 167 Abs. 1 S. 2 InsO). Motiv dieser Regelung ist es, den Gläubigern die Wahrnehmung ihrer Rechte, vor allem des Eintrittsrechts bei der Verwertung (§ 168 Abs. 3 InsO) und die Geltendmachung von Zinsen im Fall der verzögerten Verwertung (§ 169 InsO) zu erleichtern (vgl. Begr. RegE zu § 167 InsO).

302 Ein Nutzungsrecht des Insolvenzverwalters an den mit Absonderungsrechten belasteten Gegenständen ist in § 172 InsO geregelt. Bedeutung erlangt dieses Recht in erster Linie bei einer Unternehmensfortführung. Um die dem Gläubiger durch die verzögerte Verwertung entstehenden Nachteile auszugleichen, sieht § 172 Abs. 1 InsO die Zahlung eines Ausgleichsbetrages für einen eventuell eintretenden Wertverlust vor.

303 Eine entscheidende Neuregelung gegenüber dem früheren Recht enthält § 170 InsO. Danach ist der Insolvenzverwalter berechtigt, von dem erzielten Verwertungserlös zunächst die Kosten der Feststellung und der Verwertung zu entnehmen. Als Feststellungskosten sind pauschal 4 % des Verwertungserlöses anzusetzen (§ 171 Abs. 1 InsO). Bei den Verwertungskosten ist in der Regel ebenfalls von einer Pauschale – 5 % des Erlöses – auszugehen. Sofern die tatsächlichen Verwertungskosten jedoch erheblich darüber oder darunter liegen, können die tatsächlich entstandenen Kosten angesetzt werden (§ 171 Abs. 2 InsO).

304 Entgegen der ursprünglichen Konzeption im Regierungsentwurf (§§ 195, 196 EInsO) ist in der Endfassung der InsO die Regelung, wonach dem Insolvenzverwalter auch die Erhaltungskosten erstattet werden, gestrichen worden. Zur Begründung führt der Ausschußbericht des Bundestages an, daß Streitigkeiten zwischen Insolvenzverwalter und Gläubigern über die Notwendigkeit und den Umfang von Erhaltungsmaßnahmen vermieden werden sollen.

305 Eine erhebliche Entlastung der Masse wird die Regelung des § 171 Abs. 2 InsO mit sich bringen, wonach der auf die Umsatzsteuer entfallende Betrag im Fall einer Verwertung aus dem Erlös entnommen werden kann. Nach bisherigem Recht war der Gläubiger dagegen berechtigt, den Erlös samt des Umsatzsteueranteils zu behalten, während die Masse durch die Umsatzsteu-

erforderung des Finanzamtes – die bei einer Verwertung nach Konkurseröffnung eine Masseforderung darstellt – zusätzlich belastet wird.

Wie nach bisherigem Recht der Konkursverwalter (§ 126 KO) kann nach § 165 InsO der Insolvenzverwalter auch die Zwangsverwaltung und Zwangsversteigerung von Immobilien, an denen Absonderungsrechte bestehen, betreiben. 306

Eine Neuregelung hat dagegen § 10 ZVG in Art. 20 EGInsO erfahren. Hiernach sind bei der Verwertung von Immobilien im Wege der Zwangsversteigerung die Kosten der Feststellung der beweglichen Gegenstände, auf die sich die Versteigerung erstreckt, in Höhe einer vierprozentigen Pauschale abzusetzen. Allerdings gilt dies nur, sofern ein Insolvenzverwalter bestellt ist (d. h. nicht im Fall der Eigenverwaltung). Die Beschränkung der Feststellungskosten auf das bewegliche Zubehör erklärt sich aus dem Umstand, daß die Feststellung der Rechte an dem Grundstück selbst regelmäßig unproblematisch ist (vgl. Begr. RegE zu Art. 20 § 10 EGInsO). Hinsichtlich der Verwertungskosten gilt die bisherige Regelung des § 109 ZVG, wonach die Kosten des Verfahrens vorweg aus dem Versteigerungserlös zu entnehmen sind. 307

3.12 Die Anzeige der Masseunzulänglichkeit und die Befriedigung der Massegläubiger (§§ 208, 209 InsO)

Stellt sich nach Eröffnung des Insolvenzverfahrens heraus, daß die Masse zwar zur Deckung der Massekosten, nicht aber zur Erfüllung der Masseverbindlichkeiten ausreicht, so hat der Verwalter dem Insolvenzgericht die Masseunzulänglichkeit anzuzeigen. In massearmen Verfahren hat der Insolvenzverwalter die Masseverbindlichkeiten nach Maßgabe der Rangfolge des § 209 InsO zu befriedigen, während die einfachen Insolvenzgläubiger leer ausgehen. 308

3.13 Die Durchführung von Zustellungen für das Insolvenzgericht (§ 8 InsO)

Durch die Verlagerung der Zustellungen auf den Insolvenzverwalter, die sich an § 118 VglO und § 6 Abs. 3 GesO anlehnt, erhofft sich der Gesetzgeber eine Entlastung der Insolvenzgerichte. 309

3.14 Die Überwachung der Planerfüllung im Fall der Aufstellung eines Insolvenzplanes (§§ 261, 262 InsO)

Die Überwachung der Insolvenzplanerfüllung steht in Zusammenhang mit der Aufhebung des Insolvenzverfahrens (und damit der Rückübertragung der Verwaltungs- und Verfügungsbefugnis auf den Schuldner) infolge der 310

Bestätigung eines Insolvenzplanes (§ 258 InsO). Durch die Überwachung soll ein Mißbrauch seitens des Schuldners ausgeschlossen werden.

3.15 Die Gewährung von Unterhalt gegenüber dem Schuldner (§ 100 InsO)

311 Bis zur endgültigen Entscheidung der Gläubigerversammlung über die Gewährung von Unterhalt gegenüber dem Schuldner kann der Insolvenzverwalter dem Schuldner und seiner Familie mit Zustimmung des Gläubigerausschusses notdürftigen Unterhalt gewähren. Hintergrund der Unterhaltsregelung ist es, eine Entlastung der Sozialbehörden zu erreichen.

3.16 Die Ausarbeitung eines Insolvenzplanes (§ 218 Abs. 2 InsO)

312 Die Vorlage eines Insolvenzplans (siehe hierzu unten Teil J) kann nach der verabschiedeten Fassung der InsO nur noch durch den Insolvenzverwalter und den Schuldner erfolgen. Damit soll verhindert werden, daß infolge der Vorlage mehrerer konkurrierender Insolvenzpläne das Verfahren verzögert und eine Einigung erschwert wird. Die Gläubigerversammlung hat aber die Möglichkeit, den Verwalter mit der Ausarbeitung eines Plans zu beauftragen (§ 157 InsO).

4. Haftung des Insolvenzverwalters

4.1 Rechtsgrundlagen der Verwalterhaftung

313 Der Insolvenzverwalter ist nach § 60 InsO für die Erfüllung der ihm obliegenden Pflichten allen Beteiligten verantwortlich. Voraussetzung für die persönliche Haftung ist, daß der entstandene Schaden sich adäquat auf ein bestimmtes Verhalten (Tun oder Unterlassen) des Verwalters zurückführen läßt und daß der Verwalter durch sein Verhalten eine ihm obliegende Pflicht schuldhaft verletzt hat.

314 Die vom Insolvenzverwalter zu erfüllenden Pflichten ergeben sich in erster Linie aus dem Gesetz, sie könnten sich aber auch z. B. aus der Führung von Vertragsverhandlungen, die der Verwalter eingegangen ist, ergeben. Da es sich bei der Insolvenzverwalterhaftung um eine deliktsrechtliche Haftung handelt, verjährt die Forderung gemäß § 62 InsO in 3 Jahren ab Kenntniserlangung.

315 Neben der Haftung aus § 60 InsO haftet der Insolvenzverwalter gemäß § 61 InsO auch für Masseverbindlichkeiten, die durch eine von ihm vorgenommene Rechtshandlung begründet wurden und die im Insolvenzverfahren

nicht voll erfüllt werden können. Diese Haftung, für die ebenfalls die Verjährungsvorschrift des §62 InsO gilt, ist ausgeschlossen, sofern dem Insolvenzverwalter der Nachweis gelingt, daß er bei Begründung der fraglichen Masseverbindlichkeit die spätere Masseunzulänglichkeit nicht erkennen konnte.

316 Zeitlich kann die Verantwortlichkeit aus §60 InsO bereits vor der formellen Verfahrenseröffnung einsetzen, so wenn der (spätere) Insolvenzverwalter vom Insolvenzgericht vor der Verfahrenseröffnung damit beauftragt worden war, ein Gutachten darüber zu erstatten, ob eine die Kosten des Verfahrens deckende freie Masse vorhanden ist (§22 Abs. 1 Nr. 3 InsO), und der Beauftragte im Zusammenhang mit der Vorbereitung des Gutachtens Verfügungen zum Nachteil eines der später am Insolvenzverfahren Beteiligten trifft. Der (spätere) Insolvenzverwalter ist insbesondere verpflichtet, bereits im Zeitraum zwischen dem Eröffnungsantrag und der Eröffnung des Insolvenzverfahrens die Rechte der Aus- und Absonderungsberechtigten zu respektieren (vgl. OLG Celle vom 4. 11. 1981 – 3 U 18/81 – WM 1982, 306).

317 Eine auf §60 InsO gestützte Klage auf Schadensersatz kann nicht nur am allgemeinen Gerichtsstand des Insolvenzverwalters, sondern auch am Gerichtsstand der unerlaubten Handlung erhoben werden (vgl. OLG Celle vom 24. 11. 1987 – 16 U 99/87 – WM 1988, 131).

4.2 Haftung für Einzel- oder Gemeinschaftsschaden

318 Für die Haftung des Insolvenzverwalters ist zu unterscheiden der **Einzelschaden** und der **Gemeinschaftsschaden** (vgl. Jaeger/Weber, KO, §82 Rdn. 3).

319 Der Einzelschaden entsteht jedem einzelnen Beteiligten und kann auch nur von diesen geltend gemacht werden.

320 Demgegenüber entsteht ein Gemeinschaftsschaden durch das pflichtwidrige Handeln oder Unterlassen des Insolvenzverwalters, so daß hierdurch die Insolvenzmasse insgesamt geschädigt wird. Der sich daraus ergebende Ersatzanspruch kann während des Insolvenzverfahrens nur von einem neu bestellten Insolvenzverwalter geltend gemacht werden (vgl. BGH vom 5. 10. 1989 – IX ZR 233/87 – WM 1989, 1781). Nach der Beendigung des Insolvenzverfahrens kann jeder Insolvenzgläubiger den Schadensersatzanspruch wegen schuldhafter Verkürzung der Insolvenzmasse selbst gegen den Insolvenzverwalter geltend machen (BGH vom 22. 3. 1973 – VI ZR 165/71 – NJW 1973, 1198).

4.3 Kreis der Beteiligten

321 Als Beteiligte im Sinne des § 60 InsO, denen gegenüber der Insolvenzverwalter Pflichten zu erfüllen hat, kommen in Betracht:

- der Schuldner
- die Insolvenzgläubiger (BGH vom 22. 1. 1985 – VI ZR 131/85 – WM 1985, 422)
- die Aus- und Absonderungsberechtigten (vgl. BGH vom 22. 3. 1973 – VI ZR 165/71 – NJW 1973, 1198),
- die Massegäubiger (vgl. BGH vom 5. 10. 1982 – VI ZR 261/80 – ZIP 1982, 1458) und weiter
- diejenigen, zu denen der Insolvenzverwalter in Vertragsverhandlungen getreten ist und denen gegenüber er ausdrücklich eigene Vertragspflichten übernommen hat oder insoweit einen Vertrauenstatbestand geschaffen hat, an dem er sich festhalten lassen muß (BGH vom 14. 4. 1987 – IX ZR 260/86 – ZIP 1987, 650). Eine persönliche Haftung des Insolvenzverwalters aufgrund eines Vertrauenstatbestandes ist aber nicht schon dann gegeben, wenn der Insolvenzverwalter mit Sicherungsgebern Vereinbarungen über die Verwertung des Sicherungsgutes trifft und dabei einen Massekredit erhält (vgl. BGH vom 12. 10. 1989 – IX ZR 245/88 – ZIP 1989, 1584).

322 Typische Haftungsfälle liegen z. B. vor, wenn

- der Insolvenzverwalter die Pflicht verletzt, die Insolvenzmasse zu sammeln, insbesondere erreichbare Vermögenswerte zur Masse zu ziehen oder unberechtigte Forderungen zu bestreiten (vgl. BGH vom 22. 3. 1973 – VI ZR 165/71 – NJW 1973, 1198)
- er insolvenzzweckwidrige Maßnahmen vornimmt (vgl. BGH vom 2. 6. 1980 – III ZR 122/78 – ZIP 1980, 744), deren Schadensfolgen später nicht mehr rückgängig gemacht werden können. So z. B., wenn er einen Gläubiger vorzugsweise befriedigt oder wenn er Massegegenstände nicht ausreichend gegen Diebstahl, Feuer, Wasser und Sturm versichert (vgl. OLG Köln vom 14. 5. 1982 – 6 U 221/81 – ZIP 1982, 977). Es besteht aber keine Eigenhaftung des Insolvenzverwalters für die Verletzung der allgemeinen Verkehrssicherungsspflicht, da es sich um keine insolvenzspezifische Pflicht handelt (vgl. BGH vom 14. 4. 1987 – IX ZR 260/86 – ZIP 1987, 650 und vom 17. 9. 1987 – IX ZR 156/86 – ZIP 1987, 1398).

323 Der Bundesanstalt für Arbeit gegenüber haftet der Insolvenzverwalter im Falle der unrichtigen Ausstellung von Verdienstbescheinigungen (§§ 314,

316 SGB III), wenn durch vermeidbare Fehler zuviel Insolvenzgeld ausgezahlt worden ist.

324 Einem Massegläubiger ist der Insolvenzverwalter verantwortlich, wenn dieser seine Forderung als Insolvenzforderung anmeldet und der Verwalter sich darauf beschränkt, diese der Höhe nach zu bestreiten, womit der Gläubiger in dem Irrtum bestärkt wird, das Notwendige zur Unterbrechung der Verjährung getan zu haben. Der später vom Insolvenzverwalter erhobenen Verjährungseinrede kann im Einzelfall der Einwand der Arglist entgegengehalten werden (vgl. OLG München vom 30. 4. 1981 – 1 U 4248/80 – ZIP 1981, 887).

325 Dem Justizfiskus gegenüber haftet der Insolvenzverwalter, wenn er nach Abhaltung des Schlußtermins (§197 InsO) und Aufhebung des Insolvenzverfahrens (§200 InsO) einen Masseüberschuß an den Schuldner auskehrt, ohne die noch angefallenen Gerichtskosten als Massekosten (§54 Nr. 1 InsO) zu berücksichtigen und diese beim Schuldner nicht beigetrieben werden konnten (vgl. OLG Schleswig vom 6. 3. 1984 – 3 U 150/82 – ZIP 1984, 619).

326 Zur Haftung des Insolvenzverwalters wegen der Verletzung von Aufklärungs- und Beratungspflichten bei einer Betriebsfortführung durch Verpachtung des Schuldnerbetriebes vgl. BGH vom 5. 10. 1982 – VI ZR 261/80 – ZIP 1982, 1458.

327 Für Hilfskräfte, derer sich der Insolvenzverwalter im Rahmen seiner Amtstätigkeit bedient und denen er die Erledigung einzelner Dienstgeschäfte überträgt, haftet er grundsätzlich gemäß §278 BGB (vgl. RG vom 6. 11. 1933 – VI 231/33 – RGZ 142, 184). Dies gilt nicht in den Fällen, in denen der Insolvenzverwalter einen Dritten im Rahmen seiner Delegationsbefugnisse selbständig mit Aufgaben betraut. Beauftragt der Insolvenzverwalter z. B. einen Steuerberater mit der Erstellung der steuerlichen Unterlagen des Schuldners, so trifft ihn allenfalls die Haftung wegen Auswahlverschuldens (vgl. BGH vom 29. 5. 1979 – VI ZR 104/78 – ZIP 1980, 25).

328 Auch für das Verschulden von Angestellten des Schuldners, die der Insolvenzverwalter zur Erfüllung der ihm obliegenden Pflichten im Rahmen ihrer bisherigen Tätigkeit einsetzt, haftet er nicht gemäß §278 BGB, sondern ist nur für deren Überwachung und für Entscheidungen von besonderer Bedeutung verantwortlich (§60 Abs. 2 InsO).

III. Die Gläubigerversammlung

1. Aufgaben

329 Die Gläubigerversammlung (§§ 74 ff. InsO) dient der Wahrnehmung der gemeinschaftlichen Belange der am Verfahren beteiligten Gläubiger. Sie ist ein Organ der insolvenzrechtlichen Selbstverwaltung, der bestimmte Aufgaben vom Gesetz zugewiesen worden sind.

330 Anders als im Geltungsbereich der KO sind in ihr neben den Insolvenzgläubigern auch die absonderungsberechtigten Gläubiger teilnahmeberechtigt (§ 74 InsO). Die erste bei der Eröffnung des Insolvenzverfahrens zu berufende Versammlung (§ 156 InsO) beschließt im Rahmen des sogenannten Berichtstermins nach dem Bericht des Insolvenzverwalters über die Wahl des Insolvenzverwalters (§ 57 InsO), über die Bestellung und Zusammensetzung des Gläubigerausschusses (§ 68 InsO) und gemäß § 157 InsO über die Stillegung oder vorläufige Fortführung des schuldnerischen Unternehmens. Sie kann den Verwalter in diesem Zusammenhang auch mit der Ausarbeitung eines Insolvenzplans beauftragen.

331 Eine Gläubigerversammlung wird vom Insolvenzgericht nach pflichtgemäßem Ermessen einberufen und geleitet (§ 74 InsO). Sie muß einberufen werden, wenn sie vom Insolvenzverwalter, dem Gläubigerausschuß oder mindestens 5 Gläubigern, deren Forderungen nach der Schätzung des Gerichts mindestens 1/5 der Schuldenmasse ausmachen, beantragt wird (§ 75 InsO).

332 Die Einberufung der Gläuberversammlung und die Tagesordnung sind öffentlich bekanntzumachen.

333 Im Laufe des Verfahrens werden die Gläubiger nach dem Berichtstermin der ersten Gläubigerversammlung in der Regel mindestens noch zweimal zu einem Termin geladen:

- zum Prüfungstermin (§ 176 InsO) und
- zum Schlußtermin (§ 197 InsO), zur Erörterung der Schlußrechnung, zur Erhebung von Einwendungen gegen das Schlußverzeichnis und zur Beschlußfassung über unverwertbare Vermögensstücke.

334 Die Gläubigerversammlung hat, wenn ein Gläubigerausschuß nicht bestellt ist, die in §§ 160 ff. InsO näher bezeichneten Rechtshandlungen des Insolvenzverwalters zu genehmigen. Dazu gehören insbesondere der Verkauf von Grundstücken aus freier Hand, der Verkauf des Geschäfts des Schuldners oder seines Warenlagers im Ganzen, die Aufnahme eines Darlehens, die Aufnahme oder Anhängigmachung eines Rechtsstreits mit erheblichem

Streitwert, der entgeltliche Erwerb von Grundstücken, die Veräußerung des schuldnerischen Unternehmens unter Wert bzw. an einen sog. Insider.

2. Beschlußfassung

Die Beschlüsse der Gläubigerversammlung werden mit unbedingter Mehrheit der Stimmen gefaßt, gerechnet nach den Forderungsbeiträgen der erschienenen oder vertretenen Gläubiger. Bei Gleichheit der Summen entscheidet die Zahl der Gläubiger. 335

Von einer Mindestzahl der erschienenen oder vertretenen Gläubiger hängt die Beschlußfähigkeit nicht ab. Abstimmungsberechtigt sind die Gläubiger der festgestellten Insolvenzforderungen, die der Gläubiger der übrigen Insolvenzforderungen nur insoweit, als ihnen das Insolvenzgericht ein Stimmrecht gewährt, die Absonderungsberechtigten, soweit eine Einigung über ihr Stimmrecht erzielt wurde oder das Insolvenzgericht das Stimmrecht festgestellt hat (§77 Abs. 2 InsO). Die ordnungsgemäß gefaßten Beschlüsse der Gläubigerversammlung sind auch für die nicht erschienenen Gläubiger bindend. 336

Die Verhandlungen der Gläubigerversammlungen unter der Leitung des Insolvenzgerichts (§74 InsO) sind nicht öffentlich. Das gilt auch für den Prüfungstermin (§176 InsO), den Schlußtermin (§197 InsO) und den Erörterungs- und Abstimmungstermin über den Insolvenzplan (§ 235 InsO). 337

Dennoch kann ohne vorherige Anhörung der Verfahrensbeteiligten einzelnen Personen der Zutritt vom Gericht gestattet werden (§175 Abs. 2 GVG), so z. B. Presseberichterstattern (vgl. LG Frankfurt vom 8. 3. 1983 – 2/9 T 222/83 – ZIP 1983, 344). 338

Entspricht ein ordnungsgemäß gefaßter Beschluß der Gläubigerversammlung nicht dem gemeinsamen Interesse der Insolvenzgläubiger, so hat das Gericht auf Antrag des Insolvenzverwalters oder eines überstimmten Gläubigers seine Ausführung zu untersagen; ein entsprechender Antrag muß in der Gläubigerversammlung gestellt werden (§78 InsO). 339

Die Beschlüsse der Gläubigerversammlung sind nicht anfechtbar (vgl. LG Düsseldorf vom 26. 3. 1969 – 15 T 74/69 – KTS 1970, 56; Hess, KO, §73 Rz. 12). Von der Anfechtbarkeit zu unterscheiden ist die Unwirksamkeit eines Beschlusses der Gläubigerversammlung und die Aufhebung eines Beschlusses durch das Insolvenzgericht. Die Unwirksamkeit kann jeder Beteiligte jederzeit geltend machen (vgl. Jaeger/Weber, KO, §94 Rdn. 9). Die Aufhebung erfolgt gemäß §78 InsO auf Antrag eines Insolvenzgläubigers oder Absonderungsberechtigten durch das Insolvenzgericht, wenn der Be- 340 schluß der Gläubigerversammlung dem gemeinsamen Interesse der Gläubigergesamtheit widerspricht.

IV. Der Gläubigerausschuß

1. Zweck

341 Der Gläubigerausschuß ist ein insolvenzrechtliches Selbstverwaltungsorgan zur Unterstützung und Überwachung des Insolvenzverwalters (Kuhn/Uhlenbruck, KO, §87 Rdn. 1).

2. Berufung

342 Vor der ersten Gläubigerversammlung kann das Insolvenzgericht nach freiem, pflichtgemäßem Ermessen einen vorläufigen Gläubigerausschuß bestellen (§67 InsO).

Nach §67 Abs. 2 InsO sollen im Gläubigerausschuß aber die absonderungsberechtigten Gläubiger, die Gläubiger mit den höchsten Forderungen, die Kleingläubiger sowie die Arbeitnehmer, wenn deren Forderungen nicht mehrheitlich sind, vertreten werden.

343 Neu ist dabei lediglich die Einbeziehung der absonderungsberechtigten Gläubiger, die nach der InsO stärker in das Verfahren integriert werden sollen. Alle übrigen Personengruppen konnten auch bisher bereits im Gläubigerausschuß repräsentiert werden. Die Regelung des §67 Abs. 2 InsO soll sicherstellen, daß die Interessen aller beteiligten Gläubigergruppen angemessen berücksichtigt werden.

344 Juristische Personen sowie Personen, die selbst keine Gläubiger sind (§87 Abs. 2 S. 3 KO; §67 Abs. 3 InsO), können im Gläubigerausschuß Mitglied sein. Letzteres betrifft insbesondere Vertreter bestimmter Gläubiger, aber auch Dritte, die besonders geeignet erscheinen, die Rechte der Gläubiger zu wahren. Kein Gläubigerausschußmitglied können der Schuldner und der Insolvenzverwalter sein.

345 In der ersten Gläubigerversammlung entscheidet die Gläubigerversammlung über die Beibehaltung und personelle Besetzung eines bereits vom Gericht bestellten Gläubigerausschusses bzw., wenn noch kein Gläubigerausschuß eingesetzt wurde, über die Wahl eines solchen Ausschusses (§87 Abs. 2 KO; §68 InsO).

346 Im einzelnen kann die Gläubigerversammlung in diesem Zusammenhang beschließen

- den Verzicht auf einen Gläubigerausschuß
- die Abwahl einzelner vom Gericht bestimmter Ausschußmitglieder
- die Wahl zusätzlicher Ausschußmitglieder
- die erstmalige Einsetzung eines Gläubigerausschusses.

Der Beschluß über die Abwahl einzelner Ausschußmitglieder in der ersten Gläubigerversammlung ist nicht justiziabel, da die einstweilige Einsetzung durch das Insolvenzgericht noch keine gesicherte Rechtsstellung verschafft. 347

Anders als dem Insolvenzgericht steht es der Gläubigerversammlung frei, bestimmte Gläubigergruppen aus dem Gläubigerausschuß auszuschließen. Sie ist nicht an die Regelung des §67 Abs. 2 InsO gebunden. Entgegen der früheren Fassung des jetzigen §68 InsO hat nämlich das Insolvenzgericht nunmehr keine Möglichkeit mehr, die Zusammensetzung des Ausschusses zu korrigieren. Es hat vielmehr die von der Gläubigerversammlung Gewählten zu ernennen. 348

Das Amt als Gläubigerausschußmitglied endet außer im Fall des Todes mit der Aufhebung des Verfahrens (§259 InsO). Der Gläubigerausschuß besteht darüber hinaus im Rahmen eines Insolvenzplanverfahrens fort, wenn die Erfüllung des Insolvenzplans gemäß §267 InsO überwacht wird (§268 InsO). 349

Daneben sieht die InsO einheitlich die Möglichkeit einer Entlassung aus wichtigem Grund vor, wobei die Entlassung selbst in jedem Fall durch das Insolvenzgericht auszusprechen ist. Eine spätere Abwahl von Gläubigerausschußmitgliedern durch die Gläubigerversammlung scheidet damit aus. 350

Die Entlassung kann von Amts wegen oder auf Antrag der Gläubigerversammlung bzw. des betroffenen Ausschußmitglieds selbst erfolgen. In jedem Fall ist ein wichtiger Grund erforderlich. Insofern existiert für die Abberufung des Insolvenzverwalters in §59 InsO eine Parallelregelung. Bei der Frage, ob ein wichtiger Grund vorliegt, wird man daher sicherlich auf die im Geltungsbereich der Gesamtvollstreckungsordnung zu §8 Abs. 3 GesO entwickelte Kasuistik zurückgreifen können. Dies bedeutet, daß der böse Schein einer Pflichtverletzung nicht eine Abberufung rechtfertigt. 351

Als wichtige Gründe für eine Abberufung kommen 352

- schwere Pflichtverletzungen
- erhebliche Interessenkollisionen
- schwere Krankheit

in Betracht.

353 Das Ausschußmitglied ist vor der Entlassung zwingend anzuhören. Es hat darüber hinaus die Möglichkeit, mit der sofortigen Beschwerde gegen die Entscheidung vorzugehen.

354 Die Beschlüsse des Gläubigerausschusses sind gültig, wenn sie mehrheitlich gefaßt worden sind und die Mehrheit der Gläubigerausschußmitglieder an der Beschlußfassung teilgenommen hat. Da § 72 InsO fast wörtlich den Inhalt des § 90 KO wiedergibt, kann die zum Geltungsbereich des § 90 KO entwickelte Rechtsprechung auch bei der Auslegung des § 72 InsO zugrunde gelegt werden, wonach Beschlüsse des Gläubigerausschusses auch schriftlich erfolgen können.

3. Aufgaben und Pflichten des Gläubigerausschusses

355 Die einzelnen Kompetenzen des Gläubigerausschusses sind an unterschiedlichen Stellen der InsO innerhalb des jeweiligen Sachzusammenhangs geregelt. Aufgabe des Gläubigerausschusses ist in erster Linie die Unterstützung und Überwachung der Geschäftsführung des Insolvenzverwalters (§ 69 InsO).

356 In diesem Zusammenhang hat er sich über die Geschäfte des Verwalters zu unterrichten, die Bücher und Geschäftspapiere einzusehen und den Geldverkehr und -bestand zu überprüfen. Insofern enthält die InsO keine wesentlichen Neuregelungen, sondern lediglich sprachliche Anpassungen, so daß dem Gläubigerausschuß u. a. nachfolgende Rechte zustehen:

- Prüfung und Kommentierung der Schlußrechnung, §66 InsO;
- Gläubigerausschuß kann vom Insolvenzverwalter Bericht verlangen, § 69 InsO;
- Gläubigerausschuß ist zur Kassenkontrolle berechtigt (und verpflichtet), § 69 S. 2 InsO;
- Anspruch auf Einberufung der Gläubigerversammlung, § 75 Abs. 1 Nr. 2 InsO;
- Antragsrecht auf Insolvenzverwalterentlassung, § 59 Abs. 1 S. 2 InsO;
- Auskunftsanspruch gegen den Schuldner, § 97 Abs. 1 InsO;
- Zustimmung zum Antrag des Insolvenzverwalters auf Befreiung von der Aufzeichnungspflicht, § 151 Abs. 3 InsO;
- Stellungnahme des Gläubigerausschusses zu einem Insolvenzplan, § 232 InsO;
- Anhörung des Gläubigerausschusses vor der Bestätigung des Insolvenzplans, § 248 Abs. 2 InsO;

- Genehmigung des Schuldnerunterhalts, Schließung oder Fortführung des Geschäftes und Bestimmung der Hinterlegungsstelle, § 158 InsO;
- Entscheidung über die Genehmigung:
  - des Verkaufs von Gegenständen, der ohne offenbaren Nachteil für die Masse ausgesetzt werden kann und nicht durch die Fortführung des Geschäfts veranlaßt wird;
  - der Erfüllung von Rechtsgeschäften des Schuldners;
  - der Anhängigmachung von Prozessen und der Ablehnung der Aufnahme von Prozessen;
  - des Abschlusses von Vergleichen und Verträgen;
  - der Anerkennung von Aussonderungs-, Absonderungs- oder Masseansprüchen;
  - der Einlösung von Pfandstücken und der Veräußerung von Forderungen, sofern es sich um eine besonders bedeutsame Rechtshandlung handelt, § 160 InsO;
- Genehmigung der Veräußerung unbeweglicher Gegenstände aus freier Hand, des Geschäfts oder des Warenlagers im ganzen oder der Veräußerung des Rechts auf den Bezug wiederkehrender Einkünfte; der Aufnahme von Darlehen, der Übernahme von Verbindlichkeiten, der Verpfändung von Massegegenständen, des Erwerbs von Grundstücken, § 160 InsO;
- Mitzeichnungsrecht eines Mitgliedes des Gläubigerausschusses, § 149 Abs. 2 InsO;
- Entscheidung über die Hinterlegung von Vermögensstücken;
- Genehmigung zur Verteilung, § 187 Abs. 2 InsO;
- Festsetzung des auszuzahlenden Prozentsatzes bei der Abschlagsverteilung, § 187 InsO;
- Stellungnahme im Berichtstermin (§ 156 InsO), und zur Schlußrechnung (66 InsO);
- Mitwirkungsrechte im Rahmen des Insolvenzplanverfahrens (§§ 218, 232, 248 InsO).

4. Haftung der Gläubigerausschußmitglieder (§ 71 InsO)

357 Die Gläubigerausschußmitglieder haften nach § 71 InsO nur gegenüber den Absonderungsberechtigten und den Insolvenzgläubigern, nicht gegenüber

dem Schuldner und den Massegläubigern, deren Interessen nach Auffassung des Gesetzgebers durch die Aufsichtspflichten des Insolvenzgerichts und die Haftung des Insolvenzverwalters ausreichend geschützt werden.

358 Hinsichtlich des Haftungsmaßstabes setzt auch die InsO eine schuldhafte Verletzung der insolvenzspezifischen Pflichten voraus, so daß die geltenden Auslegungsgrundsätze zur KO weiterhin Geltung beanspruchen können.

359 Die Ausschußmitglieder sind dazu verpflichtet, sich bei Aufnahme ihres Amtes über die ihnen obliegenden Pflichten zu informieren. Ein Unterlassen dieser Informationspflicht begründet bei Pflichtverletzungen eine vorwerfbare Fahrlässigkeit.

360 Darüber hinaus müssen die Gläubigerausschußmitglieder über die erforderlichen Kenntnisse zur Überwachung des Insolvenzverwalters verfügen; anderenfalls ist das Amt abzulehnen, da bereits die Übernahme des Amtes ohne diese Kenntnisse ein Verschulden darstellen kann. Schuldhafte Pflichtverletzungen sind auch dann anzunehmen, wenn die Gläubigerausschußmitglieder die Berichte und Unterlagen des Verwalters übernehmen, ohne sie zu überprüfen bzw. nach § 69 InsO von einem geeigneten Sachverständigen überprüfen zu lassen.

5. Vergütung der Gläubigerausschußmitglieder (§ 75 InsO)

361 Die Vergütungsfestsetzung erfolgt nach Maßgabe der Insolvenzrechtlichen Vergütungsverordnung (InsVV) durch das Insolvenzgericht (§ 73 InsO), das sich hierbei an dem Zeitaufwand und dem Umfang der Tätigkeit zu orientieren hat.

362 Der Festsetzungsbeschluß ist von dem Insolvenzgericht – ohne Angabe der festgesetzten Beträge – öffentlich bekanntzumachen und an den Schuldner, den Verwalter und die Gläubigerausschußmitglieder zuzustellen. In der Veröffentlichung ist gleichzeitig darauf hinzuweisen, daß der vollständige Beschluß in der Geschäftsstelle eingesehen werden kann.

V. Die Gläubiger

1. Aussonderungsrechte

363 Aussonderungsrechte bestehen für diejenigen, die einen Anspruch auf Herausgabe eines dem Schuldner nicht gehörenden, aber in der Insolvenzmasse befindlichen Gegenstandes haben, z. B. bei Miet- oder Leihverhältnissen oder beim einfachen Eigentumsvorbehalt. Der Aussonderungsberechtigte kann die Herausgabe des aussonderungsfähigen Gegenstandes vom Insol-

venzverwalter verlangen, wenn sich der Gegenstand noch in Natur in der Masse befindet (§ 47 InsO).

2. Absonderungsrechte

364 Absonderungsrechte bestehen für diejenigen, die einen bereits bei Eröffnung des Insolvenzverwalters begründeten Anspruch auf vorzugsweise Befriedigung aus einem bestimmten Massegegenstand haben (§§ 49 ff. InsO).

365 Beispiel: Hypotheken- und Grundschuldgläubiger, Pfandgläubiger, Sicherungsübereignungs-Gläubiger, bestimmte öffentliche Kassen, einzelne Zurückhaltungsberechtigte, Gemeinschaftsgenossen. Das Absonderungsrecht ist gegenüber dem Insolvenzverwalter geltend zu machen. Anders als nach der KO erfolgt die Durchsetzung der Sicherungsrechte nicht mehr unabhängig von dem Insolvenzverfahren (s. o. Rz. 298 ff., vielmehr werden die Absonderungsberechtigten in das Verfahren eingebunden, indem sie z. B. an der Gläubigerversammlung teilnehmen und abstimmen können und auch am Insolvenzverfahren beteiligt werden können.

3. Massegläubiger

366 Masseverbindlichkeiten sind diejenigen Verbindlichkeiten, die erst infolge des Insolvenzverfahrens und seiner Abwicklung entstehen und vorweg aus der Insolvenzmasse zu erfüllen sind (§ 53 InsO). Dabei ist zwischen Massekosten (§ 54 InsO) und sonstigen Masseverbindlichkeiten (§ 55 InsO) zu unterscheiden. Massekosten sind die gerichtlichen Kosten des Verfahrens und die Vergütungsansprüche des Insolvenzverwalters, vorläufigen Insolvenzverwalters und der Mitglieder des Gläubigerausschusses. Sonstige Masseverbindlichkeiten sind die aus Geschäften und Handlungen des Insolvenzverwalters oder in anderer Weise durch die Verwaltung, Verwertung und Verteilung der Insolvenzmasse entstehenden Verbindlichkeiten, die Ansprüche aus nach Eröffnung des Verfahrens zu erfüllenden zweiseitigen Verträgen und die Ansprüche aus einer ungerechtfertigten Bereicherung der Insolvenzmasse.

367 Soweit die Insolvenzmasse ausreicht, sind die Masseverbindlichkeiten aus ihr in voller Höhe vorweg zu berichtigen. Reicht die Insolvenzmasse zur vollen Tilgung nicht aus, so findet eine Befriedigung nach Maßgabe der in § 209 InsO enthaltenen Rangfolge statt, und zwar werden zuerst die Kosten des Insolvenzverfahrens, sodann die nach Anzeige der Masseunzulässigkeit begründeten Masseverbindlichkeiten und schließlich die übrigen Masseverbindlichkeiten, zuletzt der Unterhalt des Schuldners berichtigt (§ 209 InsO).

368 Die Massegläubiger sind keine Insolvenzgläubiger. Sie müssen deshalb ihre Forderung nicht zur Insolvenztabelle anmelden und können, falls sie einen Titel gegen den Insolvenzverwalter erlangt haben und die Einschränkung des §90 InsO nicht eingreift, die Einzelzwangsvollstreckung in die Insolvenzmasse betreiben.

4. Insolvenzgläubiger

369 Insolvenzgläubiger sind diejenigen persönlichen Gläubiger des Schuldners, die im Zeitpunkt der Eröffnung des Insolvenzverfahrens einen Vermögensanspruch gegen den Schuldner haben (§38 InsO). Den Gegensatz zu diesen persönlichen Gläubigern bilden die bereits behandelten aus- und absonderungsberechtigten Gläubiger. Die nach der Eröffnung des Verfahrens gegen den Schuldner begründeten Forderungen sind keine Insolvenzforderungen; vielfach wird es sich dabei um Masseansprüche handeln.

370 Die Insolvenzforderungen haben grundsätzlich den gleichen Rang.

5. Nachrangige Gläubiger

371 Bestimmte Gläubiger, deren Ansprüche auf den in §39 InsO näher aufgezählten Gründen beruhen, z. B. Ansprüche wegen Zinsen nach Verfahrenseröffnung, wegen der Kosten der Verfahrensteilnahme oder Forderungen auf Rückgewähr eigenkapitalersetzender Darlehen, können im Insolvenzverfahren nur dann angemeldet werden, wenn das Insolvenzgericht dazu auffordert (§174 Abs. 3 InsO). Diese Forderungen werden im Rang nach den übrigen Ansprüchen berichtigt.

372 Der Nachrang eigenkapitalersetzender Gesellschafterdarlehen beruht auf Gläubigerschutzgesichtspunkten und stellt eine Ausprägung des Kapitalerhaltungsgebotes dar. Hintergrund der Vorschriften über den Eigenkapitalersatz ist der Umstand, daß die Gesellschafter zu einem Zeitpunkt, in dem sie als ordentliche Kaufleute verpflichtet gewesen wären, dem schuldnerischen Unternehmen Eigenkapital zuzuführen, statt dessen ein Darlehen oder eine sonstige kapitalersetzende Leistung gewährt haben. Entsprechendes gilt, wenn die Gesellschaft bei der Darlehenshergabe wirtschaftlich stabil war, der Gesellschafter das Darlehen jedoch nach Eintritt der Überschuldung trotz Kenntnis der Notwendigkeit der Darlehensbeträge für die Gesellschaft stehengelassen hat (BGH vom 16. 11. 1979 – II ZR 104/77 – WM 1980, 78).

373 Als eigenkapitalersetzende Leistungen kommen neben Darlehen z. B. auch in Betracht

- die stille Beteiligung eines Gesellschafters (BGH vom 7. 11. 1988 – II ZR 46/88 – WM 1989, 14)
- die Übernahme einer Bürgschaft, die in einem Moment erfolgt, in dem die Gesellschaft von dritter Seite keinen Kredit zu marktüblichen Konditionen mehr erhalten hätte und deshalb ohne die Finanzierungsleistung des Gesellschafters hätte liquidiert werden müssen
- das Stehenlassen von Gehaltsansprüchen eines Gesellschafters (LG Frankenthal vom 25. 1. 1996 – 2 HK O 24/95 – WM 1996, 726)
- das Stehenlassen einer Bürgschaft nach Eintritt der Kreditunwürdigkeit (BGH vom 18. 11. 1991 – II ZR 258/90 – WM 1992, 187)
- die Nutzungsüberlassung von Wirtschaftsgütern (BGH vom 19. 10. 1989 – I ZR 193/87 – WM 1990, 66; vom 12. 12. 1992 – II ZR 298/91 – ZIP 1993, 189; vom 11. 7. 1994 – II ZR 146/92 – ZIP 1994, 1261; vom 11. 7. 1994 – II ZR 162/92 – ZIP 1994, 1441; vom 16. 10. 1980 – II ZR 307/88 – GmbHR 1990, 118; vom 19. 2. 1990 – II ZR 268/88 – ZIP 1990, 578; vom 22. 10. 1990 – II ZR 238/89 – ZIP 1990, 1593; vom 14. 12. 1992 – II ZR 298/91 – ZIP 1993, 189; vom 19. 12. 1994 – II ZR 10/94 – GmbHR 1995, 219).

374 Der eigenkapitalersetzende Charakter einer Gesellschafterleistung ist dann unproblematisch festzustellen, wenn bereits Überschuldung eingetreten ist, und im Fall der drohenden Insolvenz (BGH vom 14. 12. 1959 – II ZR 187/57 – BGHZ 31, 258, 272; vom 26. 11. 1979 – II ZR 104/77 – WM 1980, 78; siehe auch LG Düsseldorf vom 27. 5. 1981 – 12 0 318/80 – ZIP 1981, 601).

375 Auch dann, wenn zum Zeitpunkt der Darlehenszuführung Zahlungsunfähigkeit der Gesellschaft vorlag, ist regelmäßig davon auszugehen, daß die Gewährung eines Darlehens an Stelle der an sich notwendigen Eigenkapitalzuführung erfolgte (BGH vom 29. 11. 1971 – II ZR 121/69 – BB 1972, 111, 112; vom 27. 9. 1976 – II ZR 162/75 – WM 1976, 1223; Baumbach/Hueck, GmbHG, §32a Rz. 29, 46), insbesondere dann, wenn wegen der Struktur und Zusammensetzung der Aktiva nicht alsbald Liquidität für eine Ablösung benötigter Kredite beschafft werden konnte (Lutter/Hommelhoff, ZGR 1979, 31, 40).

376 Im Falle der bloßen Unterbilanz kann die Kreditfähigkeit noch gegeben sein, so daß es vom Einzelfall abhängt, ob der eigenkapitalersetzende Charakter eines Darlehens gegeben ist. Insoweit ist darauf abzustellen, ob das Eigenkapital ausreicht, um den nach Inhalt und Umfang des tatsächlichen oder angestrebten Geschäftsbetriebs bestehenden, nicht durch Kredite Dritter zu deckenden Finanzbedarf zu befriedigen (BGH vom 24. 3. 1980 – II

ZR 213/77 – WM 1980, 589; vom 21. 9. 1981 – II ZR 104/80 – WM 1981, 1200; vom 28. 9. 1981 – II ZR 223/80 – WM 1981, 1270; OLG Hamburg vom 4. 4. 1984 – 11 W 21/84 – WM 1984, 1088; Hachenburg/Ulmer, GmbHG, Anh. zu § 30 Rz. 17; vgl. zum Begriff der Unterkapitalisierung auch Kuhn/Uhlenbruck, KO, § 32a Rz. 2a, 2b m. w. N.).

377 Indizien **für** den eigenkapitalersetzenden Charakter einer Leistung sind

- anfängliche unzureichende Eigenkapitalausstattung im Verhältnis zur bezweckten Unternehmensbetätigung, insbesondere Mißverhältnis zwischen Stammkapital und Darlehensumfang;
- gesellschaftsvertragliche Verpflichtungen zur Zuführung von Darlehensmitteln oder stillen Einlagen neben der Stammeinlage;
- langfristiger Finanzbedarf für Investitionszwecke oder für eine Ausweitung der Geschäftstätigkeit;
- Längerfristigkeit des Darlehens;
- fehlende oder unzureichende Absicherung eines Darlehens, zumal, wenn der Darlehensgeber gleichzeitig in die Gesellschaft eintritt;
- fehlende oder geringe Verzinsung für das Gesellschafterdarlehen und/oder Tilgungsforderungen (OLG Hamburg vom 24. 7. 1987 – 11 U 182/86 – WM 1987, 1163);
- hohe, über dem Üblichen liegende Verzinsung für ein Darlehen von dritter Seite;
- Verzicht auf die Kündigung des Darlehens, wenn der Darlehensnehmer kreditunwürdig wird (BGH vom 9. 10. 1986 – II ZR 58/86 – WM 1986, 1554).

378 Indizien, die **gegen** ein eigenkapitalersetzendes Darlehen sprechen, sind:

- Beteiligung des Gesellschafters an einem Konsortialdarlehen von außenstehenden Kreditgebern, ebenso Beteiligung Dritter an einem Sanierungsdarlehen (BGH vom 14. 11. 1988 – II ZR 115/88 – WM 1989, 60);
- Darlehen von dem Inhaber eines sog. Zwerganteils von 10% oder weniger (s. auch unten Rz. 380);
- kurze Laufzeit des Darlehens, da dieses dann u. U. nur Überbrückungsfunktion für einen vorübergehenden Geldbedarf hat (BGH vom 19. 12. 1989 – XI ZR 121/88 – WM 1990, 94, 95); ein Gesellschafterdarlehen mit kurzer Laufzeit kann aber gleichwohl Eigenkapitalersatzfunktion haben, wenn die Gesellschaft nicht mehr kreditwürdig ist; auch die Sicherstellung mit noch nicht fälligen Rechnungen ändert daran nichts (OLG Düsseldorf vom 2. 3. 1989 – 12 U 74/88 – WM 1989, 1168);

- vollwertige Besicherung durch die Gesellschaft (OLG Koblenz vom 7. 2. 1992 – 2 U 3/90 – DStR 1993, 251);
- der GmbH eingeräumte Kreditlinien sind noch in erheblichem Umfange ungenutzt;
- Eintritt eines Gesellschafters in ein Kreditangebot eines Dritten;
- nachfolgende Aufnahme von Drittdarlehen durch die GmbH;
- gutachterliche Absicherung der Kreditvergabe;
- die Freigabe von Sicherheiten durch die Kreditinstitute bei Fortdauer der Geschäftsverbindung (OLG Hamburg vom 25. 5. 1990 – 11 U 77/90 – WM 1991, 15);
- die Zulassung von Verfügungen zu Lasten debitorischer Konten (BGH vom 28. 3. 1990 – VIII ZR 17/89 – WM 1990, 935; vgl. hierzu auch Hachenburg/Ulmer, GmbHG, §§32a/b Rz. 33 f., 38, 51 ff., 59; Scholz-Schmidt, GmbHG, §§32a/b Rz. 34; Lutter/Hommelhoff, GmbHG, §§32a/b Rz. 14 ff.).

379 Wegen der geringen Schutzwürdigkeit der eigenkapitalersetzenden Leistung kann der Gesellschafter im Insolvenzverfahren seinen Anspruch nur als nachrangige Forderung geltend machen (§32a GmbHG).

380 Die Vorschriften über den Eigenkapitalersatz finden nach dem durch Art. 2 Nr. 1 des Kapitalaufnahmeerleichterungsgesetzes (Gesetz zur Verbesserung der Wettbewerbsfähigkeit deutscher Konzerne an internationalen Kapitalmärkten und zur Erleichterung der Aufnahme von Gesellschafterdarlehen vom 20. 4. 1998, BGBl. I 707) eingefügten Zusatz in §32a Abs. 3 GmbHG allerdings keine Anwendung auf Darlehen von nicht geschäftsführenden Gesellschaftern, die mit 10% oder weniger am Stammkapital beteiligt sind.

381 Eine weitere Ausnahme hat durch das Gesetz zur Kontrolle und Transparenz im Unternehmensbereich (KonTraG v. 27. 4. 1998, BGBl. I S. 786) ebenfalls in §32a Abs. 3 GmbHG Eingang gefunden. Hiernach sind die Regelungen über den Eigenkapitalersatz nicht anwendbar auf Kreditgeber, die in der Krise der Gesellschaft Geschäftsanteile zum Zweck der Überwindung der Krise erwerben.

382 Das gewährte Gesellschafterdarlehen wird durch §32a GmbHG gegenüber den Ansprüchen von Drittgläubigern zurückgestuft. Der Sinn der Regelung liegt darin, die Gesellschafter an der Verringerung des Risikos einer notwendigen Eigenkapitalzuführung auf Kosten der Gesellschaftsgläubiger zu hindern.

383 §135 InsO ergänzt diese Regelung, indem solche Rechtshandlungen der Anfechtung unterworfen werden, die dem Gläubiger einer derartigen Forde-

rung Sicherung oder (im letzten Jahr vor dem Eröffnungantrag, § 135 Nr. 2 InsO) Befriedigung gewähren. Zahlungen oder Befriedigungen, die der Gesellschafter von der Schuldnerin für ein eigenkapitalersetzendes Darlehen bereits erlangt hat, kann der Insolvenzverwalter daher im Wege der Anfechtung nach Maßgabe der §§ 135, 143 InsO zurückverlangen.

F. Materiellrechtliche Wirkungen der Verfahrenseröffnung

I. Übergang der Verwaltungs- und Verfügungsbefugnis

384 Der Schuldner verliert mit der Verfahrenseröffnung das Verwaltung- und Verfügungsrecht über sein zur Insolvenzmasse gehörendes Vermögen. Dieses Vermögen wird durch die Eröffnung des Insolvenzverfahrens als Insolvenzmasse zu Gunsten der Insolvenzgläubiger beschlagnahmt (§ 80 InsO). Durch die Ausschaltung aller Einwirkungsmöglichkeiten des Schuldners auf das vom Massebeschlag erfaßte Vermögen soll die gemeinschaftliche Befriedigung aller persönlichen Gläubiger erreicht werden.

385 Die Insolvenzgläubiger erwerben an der Insolvenzmasse kein dingliches Recht (etwa ein Pfandrecht), sie haben vielmehr nur Anspruch auf Befriedigung aus der Masse nach Maßgabe der Bestimmungen der Insolvenzordnung. Die Wirkungen des Verlustes der Verwaltungs- und Verfügungsbefugnis treten mit der Verfahrenseröffnung und nicht mit der öffentlichen Bekanntmachung des Eröffnungsbeschlusses, seiner Zustellung an den Schuldner oder seiner Rechtskraft ein (vgl. BGH vom 27. 9. 1956 – II ZR 213/54 – WM 1956, 1473). Erst mit der Aufhebung oder Einstellung des Verfahrens erlangt der Schuldner seine Verwaltungs- und Verfügungsfreiheit zurück.

386 Verfügungen des Schuldners über massezugehörige Vermögensgegenständen nach Verfahrenseröffnung sind unwirksam (§ 81 InsO). Dem Schuldner wird jeglicher Zugriff auf die Masse untersagt. Aus **Rechtshandlungen** des Schuldners können damit keine Rechte gegen die Insolvenzmasse und die Insolvenzgläubiger abgeleitet werden.

387 Darunter fallen insbesondere Zahlungen, die der Schuldner nach Verfahrenseröffnung aus der Masse leistet, Rechtsübertragungen in Form von Übereignung und Zession, Belastungen und Verzichtserklärungen, Überweisungsaufträge, die der Schuldner vor Insolvenzeröffnung bezüglich eines in die Insolvenzmasse fallenden Kontos erteilt und die nach Verfahrenseröffnung ausgeführt werden. Auch Prozeßhandlungen des Schuldners (Anerkenntnis, Verzicht, Vergleich, Geständnis, Klage und Rechtsmittelrücknahme) können unter § 81 InsO fallen, sofern dadurch die Masse berührt wird.

388 Zur Geltendmachung der Unwirksamkeit bedarf es keiner Gestaltungshandlung, insbesondere keiner Anfechtungserklärung oder der Erhebung einer Einrede. Hat z. B. ein Dritter von dem Schuldner eine zur Masse gehörige Sache übereignet erhalten, ist er dem Insolvenzverwalter gegenüber herausgabepflichtig. Der Drittschuldner einer von dem Schuldner nach Eröffnung des Insolvenzverfahrens zedierten Forderung kann sich gegenüber dem Zessionar auf die aus § 81 InsO folgende Unwirksamkeit der Zession stützen (RG vom 21. 10. 1913 – Rep II 275/13 – RGZ 83, 189).

389 Eine unwirksame Verfügung des Schuldners kann der Insolvenzverwalter gemäß § 185 Abs. 2 BGB mit der Folge der Heilung genehmigen. Ob der Verwalter im Einzelfall die Genehmigung erteilt, ist ausschließlich am Insolvenzzweck und dem Interesse der Gläubiger auszurichten.

390 Der gute Glaube des Erwerbers ist nur eingeschränkt geschützt. Grundsätzlich kann sich derjenige, der einen Massegegenstand aus der Hand des Schuldners erwirbt, nicht darauf berufen, daß er die Verfahrenseröffnung oder die Zugehörigkeit des erworbenen Gegenstands zur Masse nicht gekannt habe. Lediglich der öffentliche Glaube des Grundbuchs, Schiffs-, Luftfahrzeug- und des Schiffsbauregisters ist geschützt; denn nach § 81 Abs. 1 S. 2 InsO bleiben die Vorschriften des §§ 892, 893 BGB und der §§ 16, 17 des Gesetzes über Rechte an eingetragenen Schiffen und Schiffsbauwerken unberührt.

391 Gemäß § 81 Abs. 1 S. 3 InsO kann eine Gegenleistung nur dann von der Masse zurückverlangt werden (als Masseschuld gem. § 55 Abs. 1 Nr. 3 InsO), wenn und soweit die Gegenleistung in die Masse gelangt ist und die Masse dadurch bereichert ist (§§ 812 ff. BGB).

392 Hat der Schuldner Rechtshandlungen am Tag der Eröffnung des Insolvenzverfahrens vorgenommen, so wird (widerleglich) vermutet, daß sie nach der Eröffnung des Verfahrens vorgenommen worden sind (§ 81 Abs. 3 InsO); andernfalls hat der Insolvenzverwalter zu beweisen, daß die fragliche Handlung nach Eröffnung des Verfahrens lag.

393 Eine Leistung, die auf eine zur Insolvenzmasse zu erfüllende Verbindlichkeit erfolgt ist, befreit den Leistenden nur dann von seiner Leistungspflicht, wenn das Geleistete tatsächlich in die Insolvenzmasse gelangt (§ 82 InsO), es sei denn, daß dem Leistenden die Eröffnung des Insolvenzverfahrens unbekannt geblieben ist. Andernfalls muß der Verpflichtete nochmals zur Masse leisten, hat jedoch gegen den Schuldner einen Bereicherungsanspruch, weil der Zweck der Leistung, nämlich die Schuldbefreiung herbei-

zuführen, nicht erreicht worden ist (§812 Abs. 1 S. 2 HS 2 BGB). Da der Bereicherungsanspruch in einem solchen Fall erst nach Eröffnung des Insolvenzverfahrens entsteht, kann er nicht als Insolvenzforderung geltend gemacht werden. Der Anspruch richtet sich gegen den Schuldner persönlich und kann nur in das etwaige insolvenzfreie Vermögen des Schuldners vollstreckt werden.

394 Der Erwerb von Rechten an Massegegenständen nach Inolvenzeröffnung ist in Ergänzung von §81 InsO über §91 InsO grundsätzlich ausgeschlossen. Die Rechte an Massegegenständen umfassen alle begrenzten dinglichen Rechte (z. B. Pfandrecht, Hypothek, Nießbrauch, Dienstbarkeit, Reallast) und Vollrechte (z. B. Eigentum, Forderungsinhaberschaft). Verhindert werden soll lediglich ein Rechtserwerb (vgl. BGH vom 30. 10. 1974 – VIII ZR 81/73 – NJW 1975, 122).

395 Maßnahmen ausschließlich zur Erhaltung bereits wirksam entstandener Rechte steht §91 InsO nicht entgegen. Keine am Rechtserwerb gehinderten Insolvenzgläubiger sind z. B. Absonderungsberechtigte, soweit sie aufgrund der aus Sicherungsübereignungen sich ergebenden Rechte vollstrecken.

396 Eine Folge des Verlustes des Verwaltungs- und Verfügungsrechts über die Insolvenzmasse ist für den Schuldner auch der Verlust der Prozeßführungsbefugnis in bezug auf das insolvenzbefangene Vermögen. Das Prozeßführungsrecht geht insoweit auf den Insolvenzverwalter über (RG vom 19. 10. 1900 – Rep VII 176/00 – RGZ 47, 374). Ansonsten behält der Schuldner die Prozeßfähigkeit (§52 ZPO).

397 Im übrigen wird die Rechtsstellung des Schuldners durch die Verfahrenseröffnung vermögensrechtlich nicht berührt. Der Schuldner bleibt Eigentümer und Gläubiger seines Vermögens und voll geschäftsfähig. Auch ein vom Insolvenzverwalter für die Masse getätigter Erwerb wird Eigentum des Schuldners (vgl. Kuhn/Uhlenbruck, KO, §6, Rdn. 8). Eintragungen im Grundbuch über massezugehörige Rechte sind auf den Namen des Schuldners als Berechtigten vorzunehmen. Die Zugehörigkeit zur Masse wird durch den Sperrvermerk (§32 InsO) sichergestellt.

398 Der Schuldner kann sich durch Verträge verpflichten und sonstige Handlungen vornehmen, diese sind jedoch gegenüber der Insolvenzmasse nur hinsichtlich seines insolvenzfreien Vermögens, soweit ein solches angesichts der Einbeziehung des Neuerwerbs vorhanden ist, wirksam.

399 Der Schuldner bleibt wechsel- und scheckfähig (vgl. Kalter, KTS 1956, 145 ff.) Er behält seine Kaufmannseigenschaft, bis der Insolvenzverwalter

das Handelsunternehmen aufgibt oder es im Ganzen veräußert. Er kann über diesen Zeitpunkt hinaus dadurch Kaufmann bleiben, daß er fortfährt, Handelsgeschäfte zu betreiben (RG vom 4. 3. 1885 – Rep I 497/84 – RGZ 13, 152). Dagegen wird der Insolvenzverwalter nicht Kaufmann, und zwar selbst dann nicht, wenn er das Unternehmen des Schuldners zeitweise fortführt (BGH vom 4. 12. 1957 – V ZR 251/56 – WM 1958, 431).

400 Das Recht der Ausschlagung einer vor Verfahrenseröffnung angefallenen Erbschaft oder Vermächtnisforderung verbleibt dem Schuldner, eine Ausschlagung der Erbschaft kann daher nicht angefochten werden (Hess, KO, § 9, Rz. 8). Die Erbschaft fällt bei Annahme oder Versäumung der Ausschlagungsfrist in die Masse, wenn der Erblasser vor der Eröffnung des Insolvenzverfahrens gestorben ist. Tritt der Erb- oder Vermächtnisfall erst nach Insolvenzeröffnung ein, so gehört der Erwerb stets zum insolvenzfreien Vermögen des Schuldners.

401 Das gleiche gilt für den Erbverzicht (§ 2346 BGB) und die Ablehnung der fortgesetzten Gütergemeinschaft (§ 9 KO). Auch in seiner Testierfähigkeit wird der Schuldner durch die Verfahrenseröffnung nicht beschränkt.

402 Wohl aber besteht für ihn die Pflicht, sich auf Anordnung des Insolvenzgerichts jederzeit zur Verfügung zu stellen, um seine aus §§ 97, 98 InsO folgenden Auskunfts- und Mitwirkungspflichten zu erfüllen. Danach unterliegt er einer Postsperre (§ 99 InsO), die aber auf seinen Antrag vom Insolvenzgericht gelockert oder aufgehoben werden kann.

403 Mit der Eröffnung des Insolvenzverfahrens treten für den Schuldner teilweise nach anderen Gesetzen als der Insolvenzordnung Änderungen in seiner Rechtsstellung ein. So endigt die Vermögensverwaltung des elterlichen Gewalthabers durch die Verfahrenseröffnung (§§ 1647, 1686 BGB).

II. Verbot der Einzelzwangsvollstreckungen durch Insolvenzgläubiger

404 Einzelzwangsvollstreckungen durch Insolvenzgläubiger sind während des Verfahrens unzulässig (§ 89 InsO). Dies gilt nicht nur in bezug auf das zur Masse gehörende Vermögen des Schuldners, sondern auch in bezug auf sein insolvenzfreies Vermögen. Gläubiger des Schuldners, die nicht zu den Insolvenzgläubigern gehören, können in die Insolvenzmasse grundsätzlich ebenfalls nicht vollstrecken, wohl aber in das insolvenzfreie Vermögen des

Schuldners. Zulässig sind lediglich Vollstreckungsmaßnahmen von Aus- und Absonderungsberechtigten und von Massegläubigern.

405 Das Verbot gilt nur für Insolvenzgläubiger (§38 InsO). Jegliche Einzelzwangsvollstreckung oder Arrestierung aufgrund einer Insolvenzforderung ist unzulässig.

406 Daneben sind durch §89 Abs. 2 InsO Zwangsvollstreckungen in künftige Forderungen auf Bezüge aus einem Dienstverhältnis und gleichgestellte Bezüge auch für die übrigen Gläubiger unzulässig. Hierdurch soll die Erhaltung der im Restschuldbefreiungsverfahren erforderlichen Haftungsmasse ermöglicht werden.

407 Für Aussonderungs- und Absonderungsberechtigte, Massegläubiger und Aufrechnungsberechtigte gilt §89 Abs. 1 InsO ansonsten nicht; sie können auch während des laufenden Insolvenzverfahrens gegen den Schuldner vollstrecken.

408 So kann ein Hypothekengläubiger während des Insolvenzverfahrens die Zwangsversteigerung oder Zwangsverwaltung des belasteten Grundstücks betreiben (RG vom 20. 4. 1915 – Rep VII 11/15 – RGZ 86, 365).

409 Er kann sich den Zugriff auf die Erzeugnisse, Bestandteile und Zubehörstücke des Grundstücks, auf die sich die Hypothek erstreckt (§§1120 ff. BGB), auch dadurch sichern, daß er aufgrund eines dinglichen Titels in diese Gegenstände vollstreckt.

410 Unter das Vollstreckungsverbot fällt nicht nur die Pfändung einer beweglichen Sache (§§804 ff. ZPO) oder einer Forderung (§§828 ff. ZPO) und der Zugriff auf das unbewegliche Vermögen (§§864 ff. ZPO), sondern auch die Erzwingung anderer Ansprüche als Geldforderungen (§§886 ff. ZPO), soweit es sich um zu vollstreckende Ansprüche von Insolvenzgläubigern handelt.

411 Die Abgabe der eidesstattlichen Versicherung nach Maßgabe der §§807, 883, 899 ZPO scheidet als Form der Einzelzwangsvollstreckung ebenfalls aus und kann vom Schuldner nur unter den Voraussetzungen des §153 Abs. 2 InsO, also hinsichtlich der Vermögensübersicht, erzwungen werden.

412 Auf Handlungen, die die Zwangsvollstreckung lediglich vorbereiten sollen, z. B. Vollstreckungserklärungen, Erteilung der Vollstreckungsklausel, bezieht sich das Verbot des §89 InsO nicht (vgl. RG vom 24. 5. 1895 – Rep III 58/95 – RGZ 35, 81). Ebenso sind zulässig eine Umschreibung von Vollstreckungstiteln und Zustellungen, sofern letztere nicht die Vollstreckungs-

wirkung unmittelbar herbeiführen. Eigene Vollstreckungswirkung hat dagegen bereits die Zustellung eines Pfändungs- und Überweisungsbeschlusses an den Drittschuldner sowie die Vorpfändung nach §845 ZPO.

413 Das Verbot erstreckt sich auf die Zeit von der Verfahrenseröffnung (§27 InsO) bis zur Aufhebung des Verfahrens. Ist schon vor der Eröffnung des Insolvenzverfahrens ein allgemeines Verfügungsverbot (§21 Abs. 1 Nr. 2 InsO) erlassen worden, so ist von da an bereits jeder Sonderzugriff eines Insolvenzgläubigers unzulässig. Vor dem Zeitpunkt der Verfahrenseröffnung erwirkte Arrestvollziehungen und Zwangsvollstreckungen sind gültig, sofern sie nicht innerhalb des letzten Monats der Stellung des Eröffnungsantrages zu einer Sicherung geführt haben (§ 88 InsO). In Betracht kommt daneben eine Anfechtung der Sicherung nach Maßgabe der §§ 129 ff. InsO durch den Insolvenzverwalter. Noch nicht vollzogene Arrestbefehle sind auf Widerspruch des Insolvenzverwalters (§924 Abs. 1 ZPO) ohne Sachprüfung aufzuheben (BGH vom 15. 1. 1962 – VIII ZR 189/60 – KTS 1962, 51).

414 Eine unter Mißachtung des §89 InsO beantragte Zwangsvollstreckungsmaßnahme darf es nicht geben und muß von dem Vollstreckungsorgan daher ohne weitere Prüfung von Amts wegen abgelehnt werden (vgl. LG Oldenburg vom 6. 8. 1981 – 5 T 217/81 – ZIP 1981, 1011).

415 Ein nach Verfahrenseröffnung erlassener Vollstreckungsbefehl ist auf Einspruch des Insolvenzverwalters aufzuheben. Ist nach Eröffnung des Insolvenzverfahrens entgegen dem Vollstreckungsverbot eine Vollstreckung erfolgt, so ist diese nicht nichtig, sondern der Insolvenzverwalter muß mit dem Rechtsmittel der Erinnerung nach §766 ZPO die Unzulässigkeit der Zwangsvollstreckung geltend machen. Zuständig für Einwendungen gegen Vollstreckungsmaßnahmen ist dabei das Insolvenzgericht (§89 Abs. 3 InsO). Wird in insolvenzfreies Vermögen vollstreckt, hat der Schuldner die Erinnerung einzulegen.

416 Der Antrag auf Eintragung einer Zwangs- oder Arresthypothek ist vom Grundbuchamt, falls ihm die Verfahrenseröffnung bekannt ist, abzulehnen. Die trotzdem erfolgte Eintragung macht das Grundbuch unrichtig. Der Insolvenzverwalter und der Schuldner können den Grundbuchberichtigungsanspruch (§894 BGB) geltend machen und im Beschwerdeweg die Eintragung eines Widerspruchs herbeiführen (§71 Abs. 2 S. 2 GBO).

III. Vollstreckungsverbot für Massegläubiger

417 Unzulässig sind während der ersten sechs Monate nach Verfahrenseröffnung auch Zwangsvollstreckungsmaßnahmen wegen Masseverbindlichkeiten (§ 90 InsO). Ausgenommen hier von sind Vollstreckungsmaßnahmen von Massegläubigern, deren Ansprüche

- aus einem gegenseitigen Vertrag resultieren, dessen Erfüllung der Insolvenzverwalter gemäß § 103 InsO gewählt hat, oder
- auf einem Dauerschuldverhältnis beruhen, das der Verwalter nicht zum erstmöglichen Termin gekündigt hat, bzw. soweit er die Gegenleistung in Anspruch genommen hat.

418 Sinn und Zweck dieses zusätzlichen Vollstreckungsverbotes ist es, dem Insolvenzverwalter in der ersten Verfahrensphase mehr Handlungsspielraum zu verschaffen.

IV. Schwebende Prozesse

419 Schwebende Prozesse über zur Insolvenzmasse gehörende Vermögenswerte werden durch die Eröffnung des Insolvenzverfahrens unterbrochen (§ 240 ZPO), und zwar entweder bis zur Aufnahme des Prozesses durch den Insolvenzverwalter oder bis zur Aufhebung des Verfahrens.

420 Ist der Schuldner Kläger, so kann der Insolvenzverwalter den unterbrochenen Prozeß aufnehmen. Ist er Beklagter, so ist zu unterscheiden: Handelt es sich um Prozesse, die von Aussonderungsberechtigten, Absonderungsberechtigten oder Massegläubigern erhoben worden sind, so können sie vom Insolvenzverwalter oder vom Gegner aufgenommen werden. Handelt es sich um einen vom Insolvenzgläubiger angestrengten Prozeß, so bleibt er zunächst unterbrochen; zur Wiederaufnahme des Prozesses kann es nur kommen, wenn die Forderung im Termin bestritten wird (§ 146 Abs. 3 KO). Zu den Einzelheiten siehe unten Rz. 421 ff.

1. Allgemeines

421 Unterbrochen werden alle Klageverfahren, das Arrest- oder einstweilige Verfügungsverfahren, das Kostenfestsetzungsverfahren und das Beschwerdeverfahren sowie auch das Mahnverfahren oder ein schiedsrichterliches Verfahren. Das gleiche gilt auch für ein steuerliches Streitverfahren und ein

Verwaltungsstreitverfahren, auf die §240 ZPO analoge Anwendung findet (vgl. Kuhn/Uhlenbruck, KO, Vorbem. §§10–12, Rdn. 7, 8).

422 Nicht unterbrochen wird das Streitwertfestsetzungsverfahren und das Zwangsvollstreckungsverfahren (vgl. Jaeger/Henckel, KO, §10 Rz. 10ff.). Auch das Beweissicherungsverfahren (§§475ff. ZPO) ist wegen seines Zwecks nicht unterbrechungsfähig. Die Verfahrensunterbrechung tritt auch nicht ein, wenn das Verfahren nur nichtvermögensrechtliche, insbesondere familienrechtliche Ansprüche zum Gegenstand hat (z.B. Ehe- und Kindschaftssachen).

423 Die Verfahrensunterbrechung tritt nur ein, wenn ein Verfahren die Insolvenzmasse im Sinne von §35 InsO betrifft. Die anhängigen Prozesse müssen zu ihr in rechtlicher oder wenigstens wirtschaftlicher Beziehung stehen (vgl. BGH vom 24. 10. 1978 – VI ZR 67/77 – WM 1978, 1319). Bereits bei Klagen, die der Vorbereitung eines aktiv oder passiv die Masse betreffenden Anspruchs dienen, besteht die vorausgesetzte Beziehung zur Insolvenzmasse, so daß der Rechtsstreit unterbrochen wird (vgl. BGH vom 21. 11. 1953 – VI ZR 203/52 – LM §146 KO Nr. 4).

424 Auch bei Prozessen, die die Insolvenzmasse nur teilweise betreffen, tritt die Unterbrechungswirkung grundsätzlich einheitlich ein (vgl. BGH vom 21. 10. 1965 – Ia ZR 144/63 – NJW 1966, 51; Kuhn/Uhlenbruck, KO, Vorbem. §§10–12 Rdn. 10a).

425 Die Unterbrechung des Verfahrens hat die Wirkung, daß der Lauf von Fristen unterbrochen wird (vgl. §249 ZPO). Die Frist beginnt nach Beendigung der Unterbrechung von neuem. Bezüglich der Ausschlußfrist gemäß §626 Abs. 2 BGB vgl. jedoch OLG Düsseldorf vom 8. 12. 1983 – 8 U 234/82 – ZIP 1984, 86).

426 Zu beachten ist, daß die Verjährung einer Forderung durch die Eröffnung des Insolvenzverfahrens über das Vermögen des Gläubigers nicht unterbrochen wird, da §249 ZPO nur verfahrensrechtliche Fristen betrifft (vgl. BGH vom 2. 7. 1963 – VI ZR 299/62 – NJW 1963, 2019).

427 Die Unterbrechung des Verfahrens endet entweder mit seiner Aufnahme oder ohne weiteres und ohne Rücksicht auf Kenntnis mit der Rechtskraft der Aufhebung des Insolvenzverfahrens. Die Unterbrechung endet auch bei Einstellung des Verfahrens mangels Masse (vgl. BGH vom 13. 1. 1975 – VII ZR 220/73 – BGHZ 64, 1). Mit der Beendigung der Unterbrechung fallen

deren Wirkungen fort und alle Fristen beginnen von da an von neuem zu laufen.

428 Wenn der Insolvenzverwalter den streitbefangenen Gegenstand freigibt oder die Ablehnung der Aufnahme des Rechtsstreits erklärt, endet die Unterbrechung des Prozesses erst mit der Aufnahme des Verfahrens durch den Gemeinschuldner oder den Gegner (vgl. BGH vom 8. 1. 1962 – VII ZR 65/61 – BGHZ 36, 258).

2. Aktivprozesse

429 Aktivprozesse, d. h. Rechtsstreite, in denen der Schuldner einen Anspruch verfolgt – können vom Insolvenzverwalter aufgenommen werden (§85 InsO). Lehnt der Verwalter die Aufnahme ab, so kann sowohl der Schuldner als auch der Gegner den Rechtsstreit aufnehmen (§85 Abs. 2 InsO).

430 Der Rechtsstreit muß zu Gunsten des Schuldners anhängig sein. Das ist der Fall, wenn das den Gegenstand des Rechtsstreits bildende Recht im Falle seines Bestehens zur Teilungsmasse gehört (vgl. BGH vom 8. 1. 1962 – VII ZR 65/61 – BGHZ 36, 258). In welcher Parteirolle der Schuldner den Rechtsstreit führt, ist nicht entscheidend. Ausschlaggebend ist immer, ob im Einzelfall Vermögensstücke für den Schuldner bzw. für das dem Insolvenzbeschlag unterliegende Vermögen beansprucht werden (vgl. Kuhn/Uhlenbruck, KO, §10 Rdn. 2).

431 Der Insolvenzverwalter hat nach pflichtgemäßem Ermessen zu entscheiden, ob er den unterbrochenen Rechtsstreit aufnehmen will oder nicht. Der Verwalter nimmt den Rechtsstreit in der Lage auf, in der er sich befindet. Verliert der Insolvenzverwalter den Prozeß, so stellen die Prozeßkosten Masseverbindlichkeiten dar (§55 Abs. 1 Nr. 1 InsO).

432 Im Fall der Ablehnungserklärung gibt der Insolvenzverwalter zu erkennen, daß er den im Prozeß befangenen Anspruch aus der Insolvenzmasse freigibt. Unterliegt in der Folge der Schuldner, so fallen ihm sämtliche Kosten persönlich zur Last.

3. Passivprozesse

433 Ist der Schuldner Beklagter, so ist zu unterscheiden: Handelt es sich um Prozesse, die von Aussonderungsberechtigten, Absonderungsberechtigten oder Massegläubigern erhoben worden sind, so können sie vom Insolvenzverwalter oder vom Gegner aufgenommen werden (vgl. §86 InsO).

434 Wird der Prozeß von einem dieser Beteiligten aufgenommen und durchgeführt, so sind sämtliche Kosten, auch die vor der Eröffnung des Insolvenzverfahrens entstandenen, im Falle des Unterliegens des Verwalters Masseverbindlichkeiten gem. §55 Abs. 1 Nr. 1 InsO. Der Aufnahme des Prozesses kann sich der Verwalter nicht entziehen, es sei denn, er gibt den Aussonderungs- oder Absonderungsanspruch, auf den der Gegner Anspruch erhebt, aus der Insolvenzmasse frei.

435 Wird ein Rechtsstreit unterbrochen, der eine Insolvenzforderung (§38 InsO) zum Gegenstand hat, so kann er erst aufgenommen werden, wenn die Forderung nach den Vorschriften der Insolvenzordnung im Insolvenzverfahren angemeldet und geprüft worden ist und der Feststellung widersprochen worden ist (vgl. BGH vom 8. 11. 1961 – VIII ZR 149/60 – KTS 1962, 45; §87 InsO).

436 Für das Verfahren sind Anmeldung und Prüfung notwendige Prozeßvoraussetzungen. Eine nicht angemeldete, nicht geprüfte oder nicht bestrittene Forderung kann deshalb nicht weiterverfolgt oder bekämpft werden. Durch die Feststellung der Forderung zur Insolvenztabelle erledigt sich der Rechtsstreit in der Hauptsache (vgl. BGH vom 30. 1. 1961 – II ZR 98/59 – WM 1961, 427, 428).

437 Erhebt der Insolvenzverwalter oder ein Insolvenzgläubiger im Prüfungstermin gegen die Forderung oder gegen das für sie beanspruchte Vorrecht Widerspruch, so kann der Gläubiger den anhängigen Rechtsstreit gegen den Widersprechenden aufnehmen (vgl. §§179 ff. InsO).

V. Verträge

438 Verträge, die von beiden Parteien bereits vor der Eröffnung des Insolvenzverfahrens vollständig erfüllt worden sind, werden durch die Eröffnung naturgemäß nicht betroffen. Hat nur der Schuldner den Vertrag vollständig erfüllt, nicht der Vertragsgegner, so muß dieser die vereinbarte Gegenleistung an die Insolvenzmasse erbringen. Hat lediglich der Vertragspartner des Schuldners den Vertrag voll erfüllt, so kann er seine Forderung nur als Insolvenzforderung geltend machen.

439 Liegt bei Eröffnung des Insolvenzverfahrens ein von beiden Teilen noch nicht voll erfüllter Vertrag vor, so hat der Insolvenzverwalter die Wahl, ob er die Erfüllung des Vertrages verlangen oder ablehnen will (§103 InsO). Bei Erfüllung kann auch der Vertragsgegner volle Erfüllung verlangen. Bei Ab-

lehnung verwandelt sich das Schuldverhältnis in einen dem Vertragsgegner zustehenden Anspruch auf Schadensersatz wegen Nichterfüllung, der aber nur als einfache Insolvenzforderung geltend gemacht werden kann.

440 Für einzelne Vertragsarten bestehen Sondervorschriften, so für Fixgeschäfte und Finanztermingeschäfte (§ 104 InsO), Miet- und Pachtverträge über unbewegliche oder refinanzierte Sachen (§§ 109 ff. InsO) sowie für Dienstverträge (§ 113 InsO).

VI. Anfechtung von Rechtshandlungen des Schuldners

441 Zur Massemehrung können Rechtshandlungen des Schuldners in den Formen der sogenannten Absichtsanfechtung (nunmehr „vorsätzliche Benachteiligung"), Schenkungsanfechtung oder der besonderen Insolvenzanfechtung angefochten werden. Das Anfechtungsrecht steht nur dem Insolvenzverwalter (§§ 129 ff. InsO) bzw., sofern die Eigenverwaltung unter der Aufsicht eines Sachverwalters angeordnet wurde, dem Sachwalter (§ 280 InsO) zu.

442 Voraussetzung der Insolvenzanfechtung ist die Eröffnung eines Insolvenzverfahrens über das Vermögen des Schuldners. Die Insolvenzordnung enthält insofern eine Erweiterung der bisherigen Gesetzeslage, als auch bei einer Sanierung des Schuldnervermögens auf der Grundlage eines Insolvenzplanes die Insolvenzanfechtung möglich ist – im Gegensatz zum bisherigen Vergleichsverfahren (Begr. RegE zu §§ 129 ff. InsO, abgedruckt in Balz/Landfermann, Die neuen Insolvenzgesetze, a. a. O.).

443 Verschärft wurde in der Insolvenzordnung die Haftung der dem Schuldner nahestehenden Personen. Gleichzeitig hat der Gesetzgeber erstmals in § 138 InsO eine Legaldefinition dieses Begriffes geschaffen (siehe dazu Rz. 458).

444 Neu aufgenommen wurden in der InsO die Vorschriften über die Berechnung der Fristen vor dem Eröffnungsantrag (§ 139 InsO) und den Zeitpunkt der Vornahme einer Rechtshandlung (§ 140 InsO). Sie sollen vor allem zukünftige Meinungsstreitigkeiten im Wege der Klarstellung vorwegnehmen.

445 Die Konzeption der Anfechtungsfrist des § 41 KO als Ausschlußfrist wurde konzeptionell dahingehend umgestaltet, daß es sich bei der neuen Norm des § 146 InsO nunmehr um eine Verjährungsfrist handelt.

1. Die besondere Insolvenzanfechtung

446 Die bisher in §30 KO geregelte besondere Konkursanfechtung ist nunmehr wie folgt in den Vorschriften der §§130 bis 132 InsO enthalten:

KO	InsO
§30 Nr.1 Fall 2	§130 Kongruente Deckung
§30 Nr. 2	§131 Inkongruente Deckung
§30 Nr. 1 Fall 1	§132 Unmittelbar nachteilige Rechtshandlungen

447 Im Gegensatz zu §30 KO stellen die Anfechtungsnormen der InsO regelmäßig auf den Begriff der Zahlungsunfähigkeit anstelle der Zahlungseinstellung ab. Damit stellt der Gesetzgeber klar, daß die Anfechtung auch in den Fällen eingreifen soll, in denen der Schuldner trotz der Zahlungsunfähigkeit noch einige Gläubiger befriedigt (vgl. die Begr. RegE zu §130 InsO, abgedruckt bei Balz/Landfermann, Die neuen Insolvenzgesetze a. a. O.).

448 Anstelle der bisherigen Sechs-Monats-Frist vor Konkurseröffnung gemäß §§30 Nr. 1 Fall 2, 33 InsO ist die Anfechtung von Rechtshandlungen, bei denen eine inkongruente Deckung vorliegt, nach §130 InsO nur möglich, wenn die Handlung innerhalb der letzten drei Monate vor dem Eröffnungsantrag erfolgte und dem Gläubiger bekannt war, daß der Schuldner bereits zahlungsunfähig war, bzw. nach dem Eröffnungsantrag, wenn der Gläubiger davon Kenntnis hatte.

449 Auch die Anfechtbarkeit nach §131 InsO im Fall der inkongruenten Deckung ist für bis zu drei Monate vor dem Eröffnungsantrag vorgenommene Rechtshandlungen möglich, wenn zu dieser Zeit bereits die Zahlungsunfähigkeit des Schuldners vorlag oder dem Gläubiger die Benachteiligung der Insolvenzgläubiger bekannt war, oder ohne diese Kenntnis innerhalb des letzten Monats vor dem Eröffnungsantrag bzw. danach. §30 Nr. 2 KO zog im Vergleich hierzu die zeitliche Grenze der Anfechtung bei maximal 10 Tagen vor Zahlungseinstellung oder Eröffnungsantrag.

450 Im Hinblick auf die unmittelbar nachteiligen Rechtshandlungen hat der Gesetzgeber in §132 InsO die Anfechtung ebenfalls auf den Drei-Monats-Zeitraum vor dem Insolvenzantrag ausgedehnt. Daneben wurde der Anwendungsbereich der Norm auf einseitige Rechtsgeschäfte, wie z. B. Kündigungen, ausgedehnt, die von §30 Nr. 1 Fall 1 KO nicht erfaßt waren (vgl. die Begr. RegE zu §132 InsO, abgedruckt bei Balz/Landfermann, Die neuen Insolvenzgesetze a. a. O.).

Der Grundsatz, wonach grundsätzlich der Insolvenzverwalter die Voraussetzungen der Anfechtungstatbestände zu beweisen hat, gilt auch im Geltungsbereich der InsO fort. Erleichtert wird ihm die Anfechtung jedoch durch eine Reihe von Maßnahmen. 451

Dazu gehört insbesondere die Ausweitung der subjektiven Anfechtungstatbestände. So wird nach der InsO die Kenntnis von Umständen, die zwingend auf Zahlungsunfähigkeit, Eröffnungsantrag oder Gläubigerbenachteiligung schließen lassen, der positiven Kenntnis gleichgestellt (§§130 Abs. 2, 131 Abs. 2 InsO). Diese Verschärfung begründet der Gesetzgeber damit, daß ein Gläubiger, dem die Krisensituation des Schuldners bekannt ist, in der Regel weniger schutzwürdig als die Insolvenzgläubiger ist, so daß ihm zugemutet werden kann, die Leistung an die Insolvenzmasse zurückzugewähren (vgl. die Begründung zu §130 InsO, abgedruckt bei Balz/Landfermann, Die neuen Insolvenzgesetze a. a. O.). 452

Eine Umkehr der Beweislast erfolgt in §§130 Abs. 3, 131 Abs. 2 S. 2 InsO dergestalt, daß gegenüber nahestehenden Personen (zum Begriff siehe unten Rz. 458) die Kenntnis der Anfechtungstatbestände vermutet wird. Hierdurch trägt der Gesetzgeber der weit verbreiteten Praxis von Vermögensverschiebungen durch Schuldner auf ihm nahestehende Personen Rechnung. 453

2. Die Absichtsanfechtung

Die in §31 KO geregelte Absichtsanfechtung wird durch §133 InsO (Vorsätzliche Benachteiligung) ersetzt. Anstelle des Begriffes „Absicht" verwendet die InsO die Bezeichnung „Vorsatz". Da nach der Rechtsprechung auch im Bereich des §31 KO bedingter Vorsatz ausreichend ist, enthält der geänderte Gesetzeswortlaut insofern lediglich eine Klarstellung (vgl. BGH vom 31. 10. 1962 – VIII ZR 133/61 – WM 1962, 1371; vom 15. 10. 1975 – VIII ZR 62/74 – WM 1975, 1182; vom 13. 9. 1981 – VIII ZR 245/80 – WM 1981, 1206; Hess/Weis, Das neue Anfechtungsrecht, 1996, Rz. 396). 454

Die Anfechtungsfrist bei Rechtshandlungen, die der Schuldner mit Benachteiligungsabsicht vorgenommen hat, wurde von dreißig Jahren (vgl. §§31, 41 Abs. 1. S. 3 KO) auf zehn Jahre herabgesetzt (§133 Abs. 1 InsO). 455

§133 Abs. 2 InsO regelt die Anfechtung von Leistungen, die aufgrund von entgeltlichen Verträgen des Schuldners mit nahestehenden Personen gewährt wurden (zu den unentgeltlichen Leistungen vgl. §134 InsO). Hiervon 456 werden sowohl obligatorische als auch dingliche Rechtsgeschäfte erfaßt (Hess/Weis, Das neue Anfechtungsrecht, 1996, Rz. 444).

457 Der Anfechtungszeitraum wurde gegenüber §31 Nr. 2 KO von einem auf zwei Jahre erweitert.

458 Beim Begriff der nahestehenden Personen differenziert §138 InsO danach, ob der Schuldner eine natürliche oder juristische Person ist. Bei natürlichen Schuldnern sind der Ehegatte bzw. die Verwandten bis zu einem bestimmten Grad als nahestehend anzusehen. Daneben werden aber auch diejenigen Personen erfaßt, die mit dem Schuldner in einer häuslichen Gemeinschaft leben. Hierbei reicht die bloße Zweckwohngemeinschaft jedoch nicht aus, es muß sich vielmehr um eine eheähnliche Gemeinschaft handeln. Dies folgt aus dem Sinn und Zweck des §138 Abs. 1 Nr. 3 InsO, der eine Bevorzugung nichtehelicher Lebensgemeinschaften verhindern soll.

459 §138 InsO bezieht auch den früheren Ehegatte oder Partner des Schuldners in den Kreis der nahestehenden Personen ein, sofern die Ehe oder häusliche Gemeinschaft im letzten Jahr vor der anfechtbaren Handlung aufgelöst wurde. Damit wird dem Umstand Rechnung getragen, daß innerhalb dieses Zeitraumes regelmäßig noch besondere Informationsmöglichkeiten hinsichtlich des schuldnerischen Vermögenszustands bestehen (Hess/Weis, Das neue Anfechtungsrecht, 1996, Rz. 666 f.).

460 Den juristischen Personen nahestehend sind vor allem diejenigen Personen, die aufgrund ihrer gesellschaftlichen Verflechtung mit dem Schuldner besondere Informationsmöglichkeiten besitzen, also vor allem persönlich haftende Gesellschafter und Mitglieder des Vertretungs- oder Aufsichtsorgans, sowie Personen, deren Kapitalbeteiligung am Schuldner mehr als $^1/_4$ beträgt. Daneben werden auch die Angehörigen dieser Personen erfaßt (§138 Abs. 2 Nr. 3 InsO).

3. Unentgeltliche Leistungen

461 Der Begriff der bisherigen Schenkungsanfechtung des §32 KO wird ersetzt durch die Bezeichnung „unentgeltliche Leistungen“. Gleichzeitig spricht der Tatbestand des §134 InsO von unentgeltlichen „Leistungen“ statt „Verfügungen“. Damit folgt der Gesetzgeber der geltenden Rechtsauffassung, wonach von dem Tatbestand nicht nur rechtsgeschäftliche Verfügungen im engen materiellrechtlichen Sinn erfaßt werden (vgl. Begr. RegE zu §134 InsO, abgedruckt bei Balz/Landfermann, Die neuen Insolvenzgesetze a. a. O.).

Die Anfechtungsfrist wurde von bislang einem Jahr bei Dritten und zwei Jahren bei Verfügungen gegenüber dem Ehegatten auf einheitlich vier Jahre ausgedehnt. Dies ist angesichts der geringen sozialen Schutzwürdigkeit desjenigen, der etwas unentgeltlich erlangt hat, gerechtfertigt. 462

Wie bisher genügt es für eine Anfechtbarkeit nach der InsO, wenn bei mehraktigen Rechtsgeschäften nur der letzte Erwerbstatbestand in die Anfechtungsfrist fällt, wenn also z. B. die Umschreibung des Eigentums innerhalb der Frist erfolgt, nachdem die übrigen Handlungen bereits zuvor abgeschlossen waren (vgl. Hess/Weis, Das neue Anfechtungsrecht, 1996, Rz. 458 ff.). 463

4. Kapitalersetzende Darlehen

Auch im Bereich der kapitalersetzenden Darlehen (vgl. dazu auch oben Rz. 372 ff.) hat der Gesetzgeber die Anfechtungsfrist bei Sicherungen von dreißig Jahren (§§ 32a, 41 Abs. 1 S. 3 KO) auf zehn Jahre herabgesetzt. Anders als § 32 a KO nimmt § 135 InsO nicht ausdrücklich auf § 32 a Abs. 1, 3 GmbHG Bezug. Damit will der Gesetzgeber verdeutlichen, daß auch die Fälle des Kapitalersatzes nach §§ 129a, 172a HGB sowie die weiteren von der Rechtsprechung entwickelten Konstellationen erfaßt werden (vgl. Begr. RegE zu § 135 InsO, abgedruckt bei Balz/Landfermann, Die neuen Insolvenzgesetze). 464

VII. Aufrechnung

Aufrechnungsmöglichkeiten sind im Insolvenzverfahren gegenüber dem Recht des BGB insofern erweitert, als die Aufrechnung auch bei Währungsverschiedenheit der Forderung zulässig ist. 465

Anders als nach der KO ist Vorausssetzung der Aufrechnung im Insolvenzverfahren, daß zuvor beide Forderungen fällig sind und eine etwaige aufschiebbare Bedingung erfüllt wurde. Die Aufrechnung ist nämlich ausgeschlossen, wenn der Insolvenzgläubiger erst nach der Eröffnung des Verfahrens zur Insolvenzmasse schuldig geworden ist, oder seine Forderung erst nach diesem Zeitpunkt erworben hat, schließlich auch dann, wenn die Forderung gegen den Schuldner, mit der aufgerechnet werden soll, auf anfechtbare Weise erlangt wurde oder wenn der Gläubiger eine Forderung gegenüber dem insolvenzfreien Vermögen besitzt (§ 96 InsO) 466

G. Der Ablauf des Insolvenzverfahrens

I. Forderungsanmeldung und Forderungsprüfung

1. Anmeldung von Insolvenzforderungen

467 Gläubiger, die einen zur Zeit der Eröffnung des Insolvenzverfahrens begründeten Vermögensanspruch gegen den Schuldner haben, können ab der Verfahrenseröffnung ihre Forderungen schriftlich beim Insolvenzverwalter anmelden (§ 174 Abs. 1 S. 1 InsO). Der Anmeldung sollen die Urkunden, aus denen sich die Forderung ergibt, beigefügt werden (§ 174 Abs. 1 S. 2 InsO). Bei der Anmeldung sind außerdem Grund und Betrag der Forderung anzugeben (§ 174 Abs. 2 InsO).

468 Eine Forderungsanmeldung ist dann wirksam, wenn der geltend gemachte Anspruch hinsichtlich der Rechtszuständigkeit, des Grundes und des Betrages **hinreichend bestimmt** ist. Der Gläubiger muß im Rahmen der Anmeldung **alle Tatsachen** vortragen, auf die er seine Forderung stützt, wobei die rechtliche Würdigung des Sachverhalts nicht erforderlich ist (RG vom 1. 5. 1918 – Rep I 422/17 – RGZ 93, 14).

469 Weiterhin muß der Anmelder dartun, daß ihm die Forderung zusteht. Bei der Geltendmachung einer Forderung aus abgetretenem Recht hat der Gläubiger die Abtretung darzutun.

470 Auch die **Nebenansprüche**, wie Zinsen und Kosten, sind in bestimmbaren Geldforderungen anzugeben. Die Zinssumme braucht nicht ausgerechnet zu werden. Es reicht aus, wenn beispielsweise 5% Zinsen auf die Hauptsumme für die Zeit von … bis zur Insolvenzeröffnung geltend gemacht werden (Kilger/K. Schmidt, KO/VglO/GesO, § 139 KO 1b; BGH vom 19. 9. 1957 – II ZR 1/56 – WM 1957, 1334; Kuhn, WM 1959, 104). Hat eine Bank einen Kredit gekündigt, kann sie bei der Anmeldung der Forderung zur Insolvenztabelle keine Vorfälligkeitsentschädigung geltend machen.

471 Wird die Anmeldung nicht beim Insolvenzverwalter eingereicht, sondern dem Insolvenzgericht übersandt, so hat dieses die Forderungsanmeldung dem Insolvenzverwalter weiterzureichen. Mit Eingang beim Insolvenzverwalter wird die Anmeldung wirksam. Der Eingang der Forderungsanmeldung beim Insolvenzverwalter ist zu vermerken.

472 Die Anmeldung kann durch den **Gläubiger** selbst, bei dessen Geschäftsunfähigkeit durch den **gesetzlichen Vertreter** erfolgen. Ist der Gläubiger eine

juristische Person, so ist die Anmeldung von dem gesetzlichen Vertretungsorgan vorzunehmen. Dementsprechend hat das AG Ahrensburg (vom 5. 10. 1991 – 7 N 98/86 – Rpfleger 1992, 34) entschieden, daß die Anmeldung einer Insolvenzforderung durch eine Gesellschaft zurückzuweisen ist, wenn sie nicht von den vertretungsberechtigten Personen unterzeichnet und die Vertretungsberechtigung nicht auf Verlangen des Gerichts (bzw. im Geltungsbereich der InsO des Insolvenzverwalters) nachgewiesen wird.

473 Der Gläubiger kann auch einen mit schriftlicher Vollmacht versehenen **Bevollmächtigten** beauftragen, die Forderung anzumelden. Das Gericht hat den Mangel der Vollmacht von Amts wegen zu berücksichtigen, es sei denn, es tritt ein Rechtsanwalt als Bevollmächtigter auf (§88 Abs. 2 ZPO; Kuhn/Uhlenbruck, KO, §139a Rz. 8).

474 Eine Anmeldung ist mangelhaft, wenn die wesentlichen Voraussetzungen für eine Forderungsanmeldung nicht vorliegen, sei es, weil die Höhe der Forderung in fremder Währung oder der den Schuldgrund bildende Sachverhalt für die Forderung nicht angegeben wurde.

475 Nimmt der Gläubiger seine Anmeldung zurück, verzichtet er grds. nicht auf seine Forderung, sondern auf die Teilnahme am Insolvenzverfahren. Er kann seine Forderung jederzeit wieder anmelden (Kuhn/Uhlenbruck, KO, §139 Rz. 11). Er riskiert jedoch, wenn er die Forderung im Rahmen des Insolvenzverfahren nicht geltend macht, daß seine Forderung im Rahmen eines nachfolgenden Restschuldbefreiungsverfahrens untergeht (§301 Abs. 1 S. 2 InsO).

476 Mit der ordnungsgemäßen Anmeldung erwirbt der Gläubiger vorläufig das Recht, in der Gläubigerversammlung abzustimmen, und zwar so lange, bis vom Insolvenzverwalter oder einem Gläubiger Widerspruch erhoben wird.

477 Die gesetzliche Forderungsanmeldung **unterbricht** die **Verjährung** (§209 Abs. 2 BGB).

478 Ist die Anmeldung mangelhaft, so wird die Verjährung nicht unterbrochen, es sei denn, vor dem Verjährungseintritt wird die Forderungsanmeldung berichtigt bzw. ergänzt. Die Anmeldung einer Insolvenzforderung zur Insolvenztabelle, die beim Insolvenzgericht zwar nach dem Insolvenzantrag des Schuldners, jedoch noch vor Insolvenzeröffnung eingegangen ist, ist nicht rechtswirksam und unterbricht daher nicht die Verjährung (LSG Baden-Württemberg vom 20. 7. 1984 – L 4 Kr 2368/81 – KTS 1985, 566).

2. Anmeldung nachrangiger Forderungen

479 Gemäß § 174 Abs. 3 InsO gilt eine Sonderregelung für die sogenannten nachrangigen Forderungen (§ 39 InsO). Nachrangige Insolvenzgläubiger sind u. a. die Gläubiger während ihrer ab Verfahrenseröffnung laufenden Zinsen, der Kosten der Verfahrensteilnahme, Geldstrafen, Geldbußen, Ordnungsgelder und Zwangsgelder, Forderungen auf eine unentgeltliche Leistung des Schuldners oder Forderungen auf Rückgewähr eines kapitalersetzenden Gesellschafterdarlehens oder gleichgestellten Forderungen.

480 Eine Anmeldung nachrangiger Forderungen ist in der InsO nur ausnahmsweise vorgesehen, wenn das Insolvenzgericht die nachrangigen Gläubiger hierzu auffordert (§ 174 Abs. 3 S. 1 InsO).

481 In Betracht kommt dies nur dann, wenn Aussichten bestehen, daß die nachrangigen Gläubiger eine Quote erlangen, d. h. in dem seltenen Fall, daß die einfachen Insolvenzgläubiger zu 100 % auf ihre Forderung befriedigt werden oder – dieser Fall dürfte eher eintreten – wenn in einem Insolvenzplan Leistungen an nachrangige Gläubiger vorgesehen sind.

482 Da das Insolvenzgericht dies meist erst im Verlauf des Verfahrens feststellen wird, kann auch die Aufforderung zur Anmeldung erst nachträglich erfolgen (vgl. dazu die Begr. zu § 46 RegE).

483 Bei der Anmeldung solcher Forderungen ist auf den Nachrang hinzuweisen und die dem Gläubiger zustehende Rangstelle zu bezeichnen (§ 174 Abs. 3 S. 2 InsO).

3. Eintragung in die Insolvenztabelle

484 Der Insolvenzverwalter hat jede angemeldete Forderung mit den in § 174 Abs. 2 und 3 InsO genannten Angaben in eine Tabelle einzutragen (§ 175 S. 1 InsO). Die Tabelle ist mit den Anmeldungen sowie den beigefügten Urkunden in der Geschäftsstelle des Insolvenzgerichts zur Einsicht der Beteiligten niederzulegen (§ 175 S. 2 InsO).

4. Die Forderungsprüfung

485 Die von den Gläubigern angemeldeten Forderungen werden im Prüfungstermin ihrem Betrag und ihrem Rang nach geprüft (§ 176 S. 1 InsO). Forderungen, die vom Insolvenzverwalter, vom Schuldner oder von einem Insolvenz-

gläubiger bestritten werden, sind im Prüfungstermin einzeln zu erörtern (§ 176 S. 2 InsO).

486 Im Prüfungstermin sind auch Forderungen zu prüfen, die erst **nach dem Ablauf der Anmeldefrist** angemeldet werden (§ 177 Abs. 1 S. 1 InsO). Widerspricht aber der Insolvenzverwalter oder ein Insolvenzgläubiger dieser Prüfung oder wird eine Forderung erst nach dem Prüfungstermin angemeldet, so hat das Insolvenzgericht auf Kosten des Säumigen entweder einen besonderen Prüfungstermin zu bestimmen oder die Prüfung im schriftlichen Verfahren anzuordnen (§ 177 Abs. 1 S. 2 InsO). Der besondere Prüfungstermin muß öffentlich bekanntgemacht werden.

487 Eine Forderung gilt nach § 178 Abs. 1 S. 1 InsO als festgestellt, soweit gegen sie im Prüfungstermin oder im schriftlichen Verfahren (§ 177 InsO) ein Widerspruch weder vom Insolvenzverwalter noch von einem Insolvenzgläubiger erhoben wird bzw. wenn ein erhobener Widerspruch beseitigt ist.

488 Das Insolvenzgericht vermerkt die Forderungsfeststellung in der Tabelle. Auch ein Widerspruch des Schuldners ist einzutragen. Die Eintragung in der Tabelle wirkt nach § 178 Abs. 3 InsO für die festgestellten Forderungen ihrem Betrag und ihrem Rang nach wie ein rechtskräftiges Urteil gegenüber dem Insolvenzverwalter und allen Insolvenzgläubigern.

5. Feststellungsklage (§ 179 InsO)

489 Entsprechend der Regelung in § 146 KO ist es nach § 179 Abs. 1 InsO dem Gläubiger überlassen, für den Fall, daß seine Forderung vom Insolvenzverwalter oder von einem Insolvenzgläubiger bestritten wird, die Feststellung gegen den Bestreitenden zu betreiben.

490 Das Insolvenzgericht erteilt zu diesem Zweck dem Gläubiger, dessen Forderung bestritten worden ist, einen beglaubigten Auszug aus der Tabelle (§ 179 Abs. 3 S. 1 InsO). Die übrigen Gläubiger erhalten keinen solchen Auszug, worauf sie vor dem Prüfungstermin hinzuweisen sind.

491 Soweit die Forderungen bestritten sind, kann auf die Feststellung im ordentlichen Verfahren Klage erhoben werden (§ 180 Abs. 1 S. 1 InsO). Für die Klage ist das Amtsgericht ausschließlich zuständig, bei dem das Insolvenzverfahren anhängig ist oder anhängig war. Gehört der Streitgegenstand nicht zur Zuständigkeit der Amtsgerichte, so ist das Landgericht ausschließlich zuständig, zu dessen Bezirk das Insolvenzgericht gehört (§ 180 Abs. 1 S. 3 InsO).

492 Ist für die Feststellung einer Forderung der Rechtsweg zum ordentlichen Gericht nicht gegeben, so ist die Feststellung bei dem zuständigen anderen Gericht zu betreiben oder von der zuständigen Verwaltungsbehörde vorzunehmen.

493 Dies bedeutet, daß die arbeitsgerichtlichen, finanzgerichtlichen und sozialgerichtlichen Rechtsstreitigkeiten vor den dortigen Eingangsgerichten zu führen sind.

494 War zur Zeit der Eröffnung des Insolvenzverfahrens ein Rechtsstreit über die Forderung anhängig, so ist die Feststellung durch Aufnahme des Rechtsstreits zu betreiben.

495 Nach § 181 InsO kann die Feststellung nach Grund, Betrag und Rang der Forderung nur in der Weise begehrt werden, wie die Forderung in der Anmeldung und im Prüfungstermin bezeichnet worden ist. Die rechtskräftige Entscheidung wirkt gegenüber dem Insolvenzverwalter und allen Insolvenzgläubigern (§ 183 Abs. 1 InsO), die obsiegende Partei hat beim Insolvenzgericht die Tabellenberichtigung zu beantragen (§ 183 Abs. 2 InsO).

496 Ein Insolvenzgläubiger, dessen Forderung nicht festgestellt ist und für dessen Forderung ein vollstreckbarer Titel oder ein Endurteil nicht vorliegt, hat gemäß § 189 Abs. 1 S. 1 InsO spätestens innerhalb einer Ausschlußfrist von 2 Wochen nach der öffentlichen Bekanntmachung dem Insolvenzverwalter nachzuweisen, daß und für welchen Betrag die Feststellungsklage erhoben oder das Verfahren in dem früher anhängigen Rechtsstreit aufgenommen ist.

497 Wird der Nachweis rechtzeitig geführt, so wird die auf die Forderung entfallende Quote vom Verwalter bis zur Entscheidung des Rechtsstreits zurückbehalten (§ 189 Abs. 2 InsO). Wird der Nachweis dagegen nicht rechtzeitig geführt, so wird die Forderung bei der Verteilung nicht berücksichtigt (§ 189 Abs. 3 InsO).

II. Erstellung der Verzeichnisse

1. Verzeichnis der Massegegenstände (§ 151 InsO)

498 Anders als in der KO, die differenzierte zwischen

- der Aufzeichnung der Massegegenstände (§ 123 KO)
- dem Inventar (§ 124 S. 1 1. Alt. KO) und
- der Insolvenzeröffungsbilanz (§ 124 S. 1 2. Alt KO)

unterscheidet die InsO

- zwischen der Aufzeichnung und Bewertung der Massegegenstände (§ 151 InsO)
- dem Gläubigerverzeichnis (§ 152 InsO), das auch bisher bereits in die Passivseite der Insolvenzbilanz Eingang gefunden hat,
- der Vermögensübersicht (§ 153 InsO), die der bisherigen Insolvenzbilanz entspricht.

499 Trotz der sprachlichen Änderungen und der Schaffung von drei statt bisher zwei Normen zur Regelung des Sachverhaltes entsprechen die §§ 151 bis 153 InsO weitgehend der bisherigen Rechtslage. Als wesentliche Änderung ist lediglich die in § 151 Abs. 2 InsO niedergelegte Alternativbewertung von Gegenständen nach Liquidations- bzw. Fortführungswerten anzusehen (dazu unten Rz. 503 f.).

500 Nach § 151 InsO obliegt dem Insolvenzverwalter die **Aufzeichnung und Bewertung** der Massegegenstände als **Amtspflicht** (OLG Celle vom 13. 3. 1973 – 8 W 67/63 – KTS 1973, 200). Er kann sich bei der Aufzeichnung jedoch Hilfspersonen bedienen. Sinn und Zweck der Aufzeichnung ist es, zum einen durch eine möglichst schnelle Erfassung des Schuldnervermögens Vermögensverschiebungen zum Nachteil der Gläubiger auszuschließen, zum anderen bildet die Erfassung der Aktivmasse die Grundlage für die nach § 153 InsO zu erstellende Vermögensübersicht.

501 Anders als die stichtagsbezogene Vermögensübersicht des § 153 InsO stellt das Masseverzeichnis des § 151 InsO nicht auf den Tag der Insolvenzeröffnung ab und erfaßt somit auch den Neuerwerb des Schuldners, der gemäß § 35 InsO ebenfalls in die Insolvenzmasse fällt. Unter den Begriff der zu erfassenden Massegegenstände (§§ 35, 36 InsO) fallen Grundstücke, bewegliche Sachen, Forderungen des Schuldners und sonstige Rechte einschließlich der Gegenstände, an denen **Absonderungsrechte** bestehen.

502 Gegenstände, an denen **Aussonderungsrechte** bestehen, fallen nicht in die Insolvenzmasse. Da der Insolvenzverwalter sich jedoch zunächst eine Übersicht über die vorhandenen Gegenstände machen muß, sind zumindest diejenigen Gegenstände, bei denen das Bestehen eines Aussonderungsrechts rechtlich fraglich ist, zunächst in das Masseverzeichnis mit aufzunehmen.

503 Bei der Aufzeichnung der Gegenstände ist der Wert anzugeben. Anders als § 123 KO, wonach der Insolvenzverwalter lediglich den **Zerschlagungs-**

wert angeben mußte, soll der Insolvenzverwalter nunmehr nach § 151 InsO bei Gegenständen, deren Wert davon abhängt, ob das Unternehmen fortgeführt oder stillgelegt wird, beide Werte angeben. Diese auf den ersten Blick einleuchtende Bestimmung hat in der Praxis für die insolvenzplanbedingte Sanierung Bedeutung, da sich Fortführungswerte in der Mehrzahl der Fälle nicht auf einzelne Gegenstände beziehen lassen, sondern nur für das Gesamtunternehmen oder fortführungsfolgende Unternehmenskerne in Betracht kommen.

504 Der Fortführungswert kann dann Bedeutung gewinnen, wenn in dem schuldnerischen Unternehmen Halbfertigwaren vorhanden sind, d. h. nicht voll ausproduzierte Ware, welche in diesem Produktionsstadium im Falle der Verwertung allenfalls Schrottwert haben, im Fall der Ausproduzierung dagegen einen wesentlich höheren Verwertungserlös erzielen lassen. Unter Fortführungsgesichtspunkten kann auch der Wiederbeschaffungswert von Bedeutung sein.

505 Fehlt dem Insolvenzverwalter für die Schätzung der Gegenstände die Sachkunde, so ist ein geeigneter **Sachverständiger** mit der Schätzung zu beauftragen, z. B. wenn eine Ertragswertermittlung erforderlich ist.

506 Die in der Vorgängervorschrift des § 123 KO und ursprünglich im Regierungsentwurf enthaltene Verpflichtung zur Hinzuziehung eines Urkundsbeamten oder einer sonstigen ermächtigten Person hat keinen Eingang in die Regelung des § 151 InsO gefunden, da auch in der Vergangenheit die Gerichte den Verwaltern regelmäßig Befreiung erteilt hatten. Der Schuldner ist bei der Inventarisierung hinzuzuziehen, wenn die Aufzeichnung der Gegenstände dadurch nicht verzögert wird.

507 Auf begründeten Antrag des Insolvenzverwalters bzw. wenn ein Gläubigerausschuß bestellt ist mit dessen Zustimmung, kann das Insolvenzgericht gestatten, daß die Aufzeichnung unterbleibt (§ 151 Abs. 3 InsO). Da eine wertgerechte Veräußerung der Masse nur möglich ist, wenn die Insolvenzmasse ordnungsgemäß erfaßt ist, sollte von der **Ausnahmebestimmung** des § 151 Abs. 3 InsO nur **restriktiv** Gebrauch gemacht werden, z. B. dann, wenn schon eine vom Schuldner erstellte verläßliche Aufzeichnung vorliegt. Wird der Antrag des Insolvenzverwalters abgelehnt, so steht ihm die sofortige Beschwerde nicht zu.

508 Kommt der Insolvenzverwalter seinen Aufzeichnungspflichten schuldhaft nicht nach, kann das Insolvenzgericht nach vorheriger Ankündigung ein Zwangsgeld verhängen und in schwerwiegenden Fällen den Insolvenzver-

walter von Amts wegen entlassen (§§58, 59 InsO) (zur KO: Klasmeyer/ Kübler, BB 1978, 369, 373; Kuhn/Uhlenbruck, KO, §123 Rz. 6).

2. Gläubigerverzeichnis (§152 InsO)

509 Die Anfertigung eines detaillierten Gläubigerverzeichnisses war in der KO bislang nicht gesetzlich geregelt. Zur Vorbereitung der Passivseite der Insolvenzeröffnungsbilanz war die Erstellung einer derartigen Übersicht aber schon im Geltungsbereich der KO unumgänglich.

510 Sinn und Zweck des Gläubigerverzeichnisses ist es, einen möglichst umfassenden Überblick über Art und Umfang der bestehenden Verbindlichkeiten des Schuldners zu erlangen. Anders als in der Insolvenztabelle werden hierin auch Forderungen erfaßt, die im Insolvenzverfahren nicht angemeldet werden. Dies ist im Fall einer etwaigen Restschuldbefreiung relevant, da die Restschuldbefreiung alle Insolvenzforderungen erfaßt, unabhängig davon, ob sie im Insolvenzverfahren geltend gemacht wurden. Weiterhin werden auch **Absonderungsberechtigte** in das Gläubigerverzeichnis aufgenommen, denen kein persönliches Recht gegenüber dem Schuldner zusteht.

511 Die Erstellung eines Gläubigerverzeichnisses gehört zu den Amtspflichten des Insolvenzverwalter und ist dementsprechend durch das Insolvenzgericht im Wege der Aufsicht (§58 InsO) durchzusetzen.

512 §152 Abs. 1 InsO bestimmt, daß der Insolvenzverwalter anhand der ihm vorliegenden Unterlagen eigene Ermittlungen zur Vervollständigung des Gläubigerverzeichnisses unternehmen muß. Im Wege seines **Auskunftsrechts** (§§97 ff. InsO) kann er zunächst vom Schuldner, der zur Mitwirkung verpflichtet ist (§98 InsO), eine Aufstellung der bekannten Verbindlichkeiten nach Art und Höhe verlangen. Darüber hinaus hat der Insolvenzverwalter die ihm überlassenen **Bücher und Geschäftsunterlagen** auf weitere Forderungen hin zu untersuchen. Anhaltspunkte können sich auch aus den im Wege der **Postsperre** an den Insolvenzverwalter weitergeleiteten Schreiben ergeben.

513 Angemeldete Forderungen sind gleichzeitig in die Insolvenztabelle und das Vermögensverzeichnis einzutragen.

514 Das Gläubigerverzeichnis gliedert sich gemäß §152 Abs. 2 InsO folgendermaßen:

- Forderungen der Insolvenzgläubiger, d. h. der nicht nachrangigen Gläubiger;

- Forderungen der nachrangigen Insolvenzgläubiger, getrennt nach den Rangklassen des § 39 InsO;
- **Absonderungsgläubiger**, wobei der haftende Sicherungsgegenstand und der mutmaßliche Ausfall zu bezeichnen sind; hierbei kann sich der Insolvenzverwalter auf einen Sachverständigen stützen, vgl. § 152 Abs. 2 S. 3, 2. HS InsO;
- geschätzte Höhe der **Masseverbindlichkeiten** im Fall einer zügigen Verwertung.

515 Aufzuführen sind dabei neben Grund und Betrag der Forderung mögliche Aufrechnungsmöglichkeiten, da diese u. U. zur vollen Befriedung des Gläubigers führen können.

3. Vermögensübersicht (§ 153 InsO)

516 Der Insolvenzverwalter hat auf der Basis des von ihm erstellten Masse- bzw. Gläubigerverzeichnisses auf den Stichtag der Insolvenzeröffnung eine bilanzartige Vermögensübersicht („Insolvenzeröffnungsbilanz") anzufertigen, in der er die Aktiva und Passiva umfassend darzustellen hat. Die Gliederung der Insolvenzeröffnungsbilanz wie auch der laufenden Insolvenzbilanzen und der Schlußbilanz hat sich an die rechtliche Systematik der Insolvenzordnung anzulehnen. Die Systematik der Insolvenzeröffnung tritt sowohl auf der Aktivseite als auch auf der Passivseite deutlich in den Vordergrund.

517 Auf der **Aktivseite** sind sämtliche zur Insolvenzmasse gehörigen Gegenstände (Anlage- und Umlaufvermögen) – u. a. auch die Gegenstände – anzugeben, die aufgrund einer Anfechtung der Insolvenzmasse zurückzugewähren sind (§ 143 InsO). Die **Aussonderungsrechte** sind auf der Aktivseite und auf der Passivseite mit demselben Betrag anzunehmen, da die Gegenstände aus der Ist-Masse ausgeschieden werden sollen.

518 Hinsichtlich der **Absonderungsrechte** ist in der Insolvenzeröffnungsbilanz auf der Aktivseite darzustellen, inwieweit Vermögenswerte beispielsweise mit Hypotheken und Pfandrechten belastet sind. Auf der Passivseite wird die korrespondierende Gläubigerforderung angesetzt. Entsprechend den Absonderungsrechten werden die **Aufrechnungsbedürfnisse** behandelt.

519 Nach den Aus- und Absonderungsrechten sind auf der Passivseite die geschätzten **Masseverbindlichkeiten** (§§ 54, 55 InsO) aufzunehmen.

520 Danach werden auf der Passivseite die übrigen **Insolvenzgläubiger**, und zwar entsprechend ihrem Rang und der Höhe ihrer Insolvenzforderung, auf-

genommen. **Zuletzt** folgen die **nachrangigen Insolvenzgläubiger** nach den jeweiligen Rangklassen geordnet.

521 Wertmäßig sind in der Insolvenzbilanz **nicht** die **Buchwerte** und auch nicht die Teilwerte aufzunehmen, sondern die Gegenstände sind nach dem zu **erwartenden Veräußerungserlös** einzusetzen (Kuhn/Uhlenbruck, KO, § 124 Rz. 1b). Anders als in der KO sind hierbei in der Vermögensübersicht gemäß § 153 InsO Fortführungswerte und Zerschlagungswerte gemeinsam anzugeben, sofern sie auseinanderfallen.

4. Verwalterbericht (§ 156 InsO)

522 Bereits nach bisherigem Recht (§ 131 KO) hatte der Insolvenzverwalter in der ersten Gläubigerversammlung Bericht zu erstatten. Die neue Vorschrift sieht nunmehr für diesen Zweck einen eigenen Termin vor, der vom Insolvenzgericht bereits im Eröffnungsbeschluß zu bestimmen ist (§ 29 InsO). Sinn und Zweck der Regelung ist es, den Gläubigern anhand einer **detaillierten Darstellung der wirtschaftlichen Situation** des schuldnerischen Unternehmens die Aussichten eines Insolvenzplanes zu verdeutlichen.

523 Hierbei soll er gemäß § 156 Abs. 1 InsO vortragen, inwiefern Chancen bestehen, das schuldnerische Unternehmen insgesamt oder in Teilen zu erhalten.

524 Der Bericht, der sinnvollerweise auch schriftlich zu den Akten des Gerichts gereicht wird (zu dem Schema eines solchen Berichts nach der KO siehe Uhlenbruck/Delhaes, Insolvenz und Vergleichsverfahren, Rz. 632), soll insbesondere auf die Möglichkeiten einer Sanierung eingehen. Sofern der Insolvenzverwalter konkrete Sanierungschancen sieht, hat er diese bereits skizzenartig – quasi als Vorstufe eines Insolvenzplans – darzulegen.

525 Hierbei hat er nach § 156 Abs. 1 S. 2 InsO die Auswirkungen auf die Gläubiger zu schildern. Für den Fall einer Betriebsfortführung sollten zur Information der Gläubiger auch das Betriebsfortführungskonzept sowie der Stand der Realisierung dargelegt werden (Kuhn/Uhlenbruck, KO, § 131 Rz. 1a).

526 Der Bericht soll folgende Aspekte umfassen:

- Beschreibung des Unternehmens,
- Darstellung der wirtschaftlichen Lage des Schuldners,
- Krisenursachenanalyse durch Aufzeigen der Ursache-Wirkungs-Ketten, die zur Insolvenz geführt haben,

- Stellungnahme des Verwalters, ob das Unternehmen im Ganzen oder in Teilen erhalten werden kann.

527 Dazu gehört auch die Erörterung der Frage, ob sich anstelle der gesetzlichen Abwicklung die Aufstellung eines Insolvenzplanes empfiehlt.

III. Die Verwertung der Insolvenzmasse

528 Die Zerschlagung und Verwertung des schuldnerischen Vermögens obliegt dem Insolvenzverwalter. Dazu kann er sich Verwertungsgesellschaften bedienen, die durch detaillierte Marktkenntnis oftmals zur Erzielung sehr guter Erlöse in der Lage sind. Die Erlöse hat der Verwalter auf Grundlage eines Verteilungsverzeichnisses an die Gläubiger auszukehren.

529 Die Verwertungsbefugnis erfaßt auch die beweglichen Gegenstände, an denen Dritte ein Absonderungsrecht haben, wenn der Insolvenzverwalter sie in seinem Besitz hat (§ 166 Abs. 1 InsO). Eine Forderung, die der Schuldner zur Sicherung eines Anspruchs abgetreten hat, darf der Verwalter einziehen oder in anderer Weise verwerten (§ 166 Abs. 2 InsO).

530 Von dem Übergang des Verwertungsrechts an Sachen auf den Verwalter ist in erster Linie das **Sicherungseigentum** betroffen; die Vorschrift kann sich aber auch auf **gepfändete Sachen** oder solche Sachen erstrecken, die mit einem **Vermieterpfandrecht** belastet sind. Die von diesen Sicherungsrechten erfaßten Sachen befinden sich nämlich in der Regel im Besitz des Schuldners, so daß der Verwalter dessen Besitz übernehmen kann.

531 Für die Verwertungsbefugnis des Verwalters ist ausschlaggebend, daß er die Sache in Besitz hat (§ 166 Abs. 1 InsO). Wenn der Gläubiger vorher seinen Herausgabeanspruch geltend gemacht und das Sicherungsgut zum Zweck der Verwertung an sich gezogen hat, kann er die Verwertung fortsetzen. Eine Rückgabepflicht an den Verwalter besteht nicht. Dadurch entfallen für dieses Sicherungsgut auch die später noch zu erörternden Kostenbeiträge. Für das Verwertungsrecht des Verwalters ist es ausreichend, daß er den Besitz im Antragsverfahren in seiner Eigenschaft als vorläufiger Verwalter erworben hat und daß ein Veräußerungsverbot erlassen war. Von diesem Zeitpunkt an konnte er eine Herausgabe an den Gläubiger abwehren. Er muß den Besitz aber tatsächlich übernommen haben.

532 Ähnlich geregelt sind die Sicherungsrechte an **Forderungen**. Eine Forderung, die der Schuldner der Bank zur **Sicherung abgetreten** hat, darf der Verwalter einziehen (§ 166 Abs. 2 InsO). Das Verwertungsrecht geht auf den

Verwalter mit der Eröffnung des Insolvenzverfahrens über. Eine „Inbesitznahme“ wie bei Sachen ist bei Forderungen nicht möglich und daher auch nicht nötig. Wenn die Bank mit der Verwertung der Sicherungsabtretung schon vor der Verfahrenseröffnung begonnen und Forderungen eingezogen hatte, darf sie den Erlös behalten. Der Übergang des Verwertungsrechts wirkt nämlich nur ex nunc. Anders als bei sicherungsübereigneten Sachen darf die Bank bei Forderungen die Verwertung nicht fortsetzen.

533 Den Gläubigern, deren Sicherungsgut der Verwalter verwerten darf, stehen **Auskunftsrechte** zu (§ 167 InsO). Hintergrund dieser Vorschriften sind die Regelungen, die den gesicherten Gläubigern Gelegenheit zum Hinweis auf günstigere Verwertungsmöglichkeiten und ein Eintrittsrecht in geplante Verwertungsgeschäfte des Verwalters sowie Schutz vor einer Verzögerung der Verwertung gewähren (§§ 168, 169 InsO). Die Wahrnehmung dieser Rechte wird den Gläubigern erleichtert, wenn sie über den Zustand der Sachen und über die Höhe und Fälligkeit der Forderungen und etwa vom Drittschuldner erhobenen Einwendungen oder über Ausfälle unterrichtet sind. Der Verwalter kann die Gläubiger darauf verweisen, sich selbst vom Zustand der Sachen zu überzeugen oder die Geschäftsunterlagen über die Forderungen einzusehen (§ 167 InsO).

534 Ob ein Verwalter stets bessere oder wenigstens die gleichen Möglichkeiten zur Verwertung von Sicherungsgut besitzt wie der Gläubiger, ist im Laufe der Reformdiskussion heftig umstritten gewesen. Die InsO sucht den Kompromiß in § 168, wonach der Verwalter dem absonderungsberechtigten Gläubiger mitteilen muß, auf welche Weise der Gegenstand verwertet werden soll. Dies gilt nicht nur für die Verwertung von Sachen, sondern auch von Forderungen, wenn diese anders als durch Einziehung, also z. B. durch Verkauf an einen Factor, Forfaiteur oder ein Inkassounternehmen, realisiert werden sollen.

535 Der Gläubiger hat dann innerhalb einer Woche Gelegenheit, den Verwalter auf eine günstigere Verwertungsmöglichkeit hinzuweisen. Ein verspäteter Hinweis ist nur dann beachtlich, wenn er rechtzeitig vor der Veräußerung erteilt wird. Der Verwalter muß entweder diese Verwertungsmöglichkeit wahrnehmen oder den Gläubiger so stellen, wie wenn er sie wahrgenommen hätte. Die günstigere Verwertungsmöglichkeit kann auch darin bestehen, daß der Gläubiger den belasteten Gegenstand zu den vorgesehenen Bedingungen selbst übernimmt. Auf seine Forderung wird lediglich der mit dem Verwalter vereinbarte Preis verrechnet. Das Risiko eines Mindererlöses und

die Chance eines Mehrerlöses liegen bei dem Gläubiger. Ein Mehrerlös muß also nicht angerechnet werden.

536 Der Gläubiger muß eine konkrete Verwertungsmöglichkeit nachweisen, d. h. einen zum Abschluß bereiten Dritten benennen und die Konditionen angeben.

537 Befürchtungen der absonderungsberechtigten Gläubiger, der Verwalter könne sein Verwertungsrecht dazu mißbrauchen, daß er **untätig** bleibt und den Verkauf nicht zügig betreibt, beugt die InsO durch die allgemeine Verwertungspflicht nach dem Berichtstermin (§ 159 InsO) und vor allem dadurch vor, daß der Gläubiger vom Berichtstermin an laufend die geschuldeten **Zinsen** aus der Insolvenzmasse fordern kann (§ 169 InsO). Der Zinssatz richtet sich nach den vertraglichen Vereinbarungen. Wenn der Schuldner sich in Verzug befindet, können auch Verzugszinsen verlangt werden.

538 Zusätzlich wird dem Gläubiger ein **Ausgleichsanspruch zugebilligt**, falls der Verwalter den Gegenstand für die Insolvenzmasse benutzt und dadurch ein Wertverlust eintritt. Auch hier hat der Verwalter von der Eröffnung des Verfahrens an laufende Zahlungen an den Gläubiger zu leisten, jedoch nur unter den Voraussetzungen, daß der durch die Nutzung entstehende Wertverlust die Sicherung des Gläubigers beeinträchtigt (§ 172 Abs. 1 InsO). § 172 InsO geht weiter als die Regelung für Grundstücke, was sich aus der Natur der Sache erklärt: Der Verwalter darf Mobiliarsicherungsrechte für die Masse verbrauchen, sei es durch Verkauf, sei es durch Verarbeitung; allerdings darf er den Wert der Sicherheit nicht beeinträchtigen.

539 Der Verwalter ist nicht gezwungen, von seinem Verwertungsrecht Gebrauch zu machen. Statt dessen kann er dem Gläubiger die Verwertung überlassen (§ 170 Abs. 2 InsO). Dies ist zweckmäßig, wenn der Gläubiger günstigere Verwertungsmöglichkeiten besitzt, etwa weil er sich in der betreffenden Branche oder im Land des Drittschuldners besser auskennt. Die Freigabe hat zur Folge, daß der Gegenstand von insolvenzbefangenen in das freie Vermögen des Schuldners überführt wird.

540 Die Verwertung von Sicherungsgut ist mit Kosten verbunden, die den Erlös schmälern. Sie entfallen auf die Feststellung, welche Gegenstände dem jeweiligen Sicherungsvertrag unterliegen, auf die Erhaltung des Sicherungsguts bis zur Verwertung und auf die Verwertung selbst. Für die Kosten der Feststellung und der Verwertung hat die InsO eine ausdrückliche Regelung getroffen, nicht aber für die Kosten der Erhaltung und Verwaltung.

Aus dem Erlös von Mobiliarsicherheiten, zu deren Verwertung der Verwalter berechtigt war, d. h. von Sicherungseigentum, Sicherungsabtretung, Pfändungspfandrechten und gesetzlichen Pfandrechten hat der gesicherte Gläubiger einen **Kostenbeitrag** an die Masse zu entrichten. Dieser Kostenbeitrag unterscheidet sich zunächst danach, wer die Verwertung tatsächlich betrieben hat. 541

Hat der Verwalter den Gegenstand (Sache oder zur Sicherung abgetretene Forderung) verwertet, so sind aus dem Verwertungserlös 542

- **4 %** des Erlöses für die Kosten der **Feststellung** als Pauschale,
- **5 %** des Erlöses für die Kosten der **Verwertung** als Pauschale mit der Möglichkeit, die Pauschale durch die tatsächlich entstandenen Kosten abzulösen, falls diese erheblich niedriger oder erheblich höher lagen,
- **16 %** des Erlöses für die **Umsatzsteuer**, sofern diese durch die Verwertung zu Lasten der Masse ausgelöst wird,

zu entnehmen.

Hat der Verwalter dem Gläubiger die Verwertung des Gegenstandes bzw. der Forderung überlassen, so sind 543

- 4% des Erlöses für die Kosten der Feststellung,
- 16% des Erlöses für die Umsatzsteuer, sofern durch die Verwertung solche zu Lasten der Masse ausgelöst wird,

an die Masse abzuführen.

Die obigen Kostenbeiträge sind nur zu entrichten, wenn ein Verwalter eingesetzt ist. Bei Eigenverwaltung entfallen die Feststellungskosten (§282 Abs. 1 InsO). Verwertungskosten können von dem Erlös nur abgezogen werden, sofern sie tatsächlich entstanden sind; eine Pauschalisierung ist nicht möglich. Der Umsatzsteuerbetrag darf angesetzt werden. 544

Der Ausfall des Gläubigers berechnet sich aus seiner Forderung abzüglich des nach Entnahme der Kostenbeiträge verbleibenden Sicherheitenerlöses. 545

IV. Die Verteilung der Insolvenzmasse

1. Allgemeines

Die Vorschriften über die Verteilung der Insolvenzmasse entsprechen weitgehend denen der Konkursordnung (§§ 149–172 KO). Bei ihrer Anwendung ist jedoch zu beachten, daß das neue Insolvenzverfahren nicht nur auf die 546

Verwertung und Verteilung des Schuldnervermögens ausgerichtet ist und daß es auch die gesicherten Gläubiger einbezieht.

2. Abschlagsverteilungen

547 §187 InsO sieht in Übereinstimmung mit den §§149 und 167 KO vor, daß der Insolvenzverwalter nach dem allgemeinen Prüfungstermin Abschlagsverteilungen mit Zustimmung des Gläubigerausschusses (§187 Abs. 3 S. 2 InsO) vornimmt, so oft hinreichende Barmittel in der Masse vorhanden sind.

548 Der Verwalter kann im Rahmen des von ihm dabei auszuübenden Ermessens Abschlagsverteilungen aufschieben, wenn vorhandene Barmittel für eine zeitweilige Fortführung des insolventen Unternehmens benötigt werden. Im Einzelfall kann es auch sinnvoll sein, anstelle einer Abschlagsverteilung gesicherte Gläubiger abzufinden, um hohe Zinszahlungen an diese Gläubiger wegen der Nutzung des Sicherungsguts für die Insolvenzmasse zu vermeiden (§169 InsO).

549 Die nachrangigen Insolvenzgläubiger sollen bei Abschlagszahlungen nicht berücksichtigt werden, da sie nur im Falle der vollen Befriedigung der übrigen Insolvenzgläubiger überhaupt Zahlungen aus der Masse beanspruchen können (§187 Abs. 2 S. 2, §39 InsO).

3. Verteilungsverzeichnis (§180 InsO)

3.1 Allgemeines

550 Vor der Vornahme einer Verteilung hat der Verwalter ein Verzeichnis der zu berücksichtigenden Forderungen aufzustellen und das Verzeichnis auf der Geschäftsstelle des Insolvenzgerichts zur Einsicht der Beteiligten niederzulegen. Der Verwalter hat die Summe der Forderungen und den für die Verteilung verfügbaren Betrag aus der Insolvenzmasse öffentlich bekanntzumachen.

551 Die Niederlegung des Verzeichnisses soll den Gläubigern die Möglichkeit bieten, wenn notwendig Änderungen und Ergänzungen zu erwirken, falls die ihnen zustehenden Forderungen unrichtig aufgenommen wurden. Forderungen, die in das Verzeichnis nicht aufgenommen wurden, bleiben bei der Verteilung ausgeschlossen, sobald die für die Erhebung von Einwendungen gesetzte Ausschlußfrist abgelaufen ist (§189 InsO).

552 Grundlage des Verzeichnisses ist die Insolvenztabelle einschließlich der Berichtigungen. Aufzunehmen sind die nachfolgend aufgeführten Forderun-

gen, und zwar in voller Höhe ohne Berücksichtigung eventueller Abschlagsverteilungen und auch ohne Unterscheidung hinsichtlich der Forderungen, die durch Auszahlung und solchen, welche durch Zurückhaltung der Anteile zu berücksichtigen sind.

3.2 Berücksichtigung bestrittener Forderungen

553 § 189 InsO entspricht singgemäß den §§ 152, 168 Nr. 1 KO und regelt die Berücksichtigung bestrittener Forderungen in der Verteilung. Titulierte Forderungen werden solange berücksichtigt, bis der Widerspruch des Insolvenzverwalters für begründet erklärt ist. Nicht titulierte Forderungen werden in der Verteilungsliste aufgeführt, wenn die klageweise Feststellung zur Insolvenzmasse im Zeitpunkt der Aufstellung der Liste schon betrieben wurde.

554 Das Verteilungsverzeichnis ist zu ändern (§ 193 InsO), wenn der Nachweis, daß die Feststellung zur Insolvenztabelle klageweise betrieben wird, nicht innerhalb der Ausschlußfrist gegenüber dem Insolvenzverwalter erfolgt (§ 189 Abs. 3 InsO). Der Nachweis, daß die Feststellung zur Insolvenztabelle betrieben wird, ist bis zum Ablauf einer Frist von 2 Wochen nach der öffentlichen Bekanntmachung zu führen. Für die Fristberechnung gelten die § 222 Abs. 1 ZPO, §§ 187 Abs. 1, 188 Abs. 2 BGB.

555 Der erforderliche Nachweis zur Aufnahme einer Forderung in die Verteilungsliste ist dann geführt, wenn dem Insolvenzverwalter dargetan wurde, daß gegen alle Widersprechenden Klage eingereicht wurde und die Klage entweder zugestellt ist oder demnächst zugestellt wird (§§ 270 Abs. 3, 498 ZPO).

556 Hat der Gläubiger die Frist versäumt, so hat die Fristversäumnis zunächst den Ausschluß der Forderung im Hinblick auf die anstehende Verteilung zur Folge. Wird der Nachweis, daß die Voraussetzungen zur Aufnahme der Forderung in die Verteilungsliste vorliegen, nach Ablauf der Ausschlußfrist erbracht, so besteht die Möglichkeit der nachträglichen Berücksichtigung (§ 192 InsO). Die Versäumung der Ausschlußfrist für die Schlußverteilung bewirkt den endgültigen Ausschluß der Forderung, und zwar auch für die Nachtragsverteilung.

3.3 Berücksichtigung absonderungsberechtigter Gläubiger

557 Nach § 190 Abs. 1 InsO kann die zur Insolvenztabelle festgestellte Forderung des absonderungsberechtigten Gläubigers, dem der Gemeinschuldner

persönlich haftet, nur insoweit Berücksichtigung finden, als der Gläubiger auf die abgesonderte Befriedigung aus dem Gegenstand verzichtet oder den wirklichen Ausfall nachgewiesen hat. Wird der Nachweis nicht rechtzeitig geführt, wird die Forderung bei der Verteilung nicht berücksichtigt.

558 Für die Berücksichtigung bei einer Abschlagsverteilung genügt es, wenn der Gläubiger spätestens innerhalb der Ausschlußfrist dem Verwalter nachweist, daß er die Verwertung des Gegenstandes betrieben hat, an dem das Absonderungsrecht besteht, und den Betrag des mutmaßlichen Ausfalls glaubhaft macht (§ 190 Abs. 2 InsO). In diesem Fall wird der auf die Forderung entfallende Anteil bei der Verteilung zurückbehalten. Wird der Ausfall bei der Schlußverteilung nicht nachgewiesen, so wird der zurückbehaltene Anteil für die Schlußverteilung frei.

559 In § 190 Abs. 3 InsO wird klargestellt, daß die Obliegenheiten des Gläubigers zum Nachweis des Ausfalles nur dann bestehen, wenn der Gläubiger selbst zur Verwertung berechtigt ist. Steht bei einem Absonderungsrecht an einem beweglichen Gegenstand das Verwertungsrecht dem Verwalter zu (§ 166 InsO), so hat der Verwalter dafür zu sorgen, daß der Gegenstand vor der Schlußverteilung verwertet wird und der Ausfall des Gläubigers damit rechtzeitig feststeht. Bei der Abschlagsverteilung hat der Verwalter in diesem Fall den Ausfall des Gläubigers zu schätzen.

3.4 Die Berücksichtigung aufschiebend bedingter Forderungen

560 Eine aufschiebend bedingte Forderung muß der Verwalter bei einer Abschlagsverteilung mit ihrem vollen Betrag berücksichtigen. Der auf die Forderung entfallende Anteil wird bei der Verteilung zurückbehalten (§ 191 Abs. 1 InsO).

561 Die zur Insolvenztabelle festgestellte aufschiebend bedingte Forderung wird, soweit die Bedingung noch nicht eingetreten ist, im Rahmen der Schlußverteilung mit dem Betrag berücksichtigt, der auf die unbedingte Forderung entfallen würde, es sei denn, der Insolvenzverwalter weist nach, daß die Möglichkeit des Bedingungseintritts soweit entfernt ist, daß die bedingte Forderung keinen gegenwärtigen Vermögenswert darstellt.

562 Hat die aufschiebend bedingte Insolvenzforderung einen gegenwärtigen Vermögenswert, werden die auf sie entfallenden Anteile hinterlegt. Tritt die Bedingung ein, werden die Anteile ausgezahlt; fällt die Bedingung aus, werden die hinterlegten Beträge für die Nachtragsverteilung frei.

3.5 Nachträgliche Berücksichtigung

563 Gläubiger, die bei einer Abschlagsverteilung nicht berücksichtigt worden sind und die Voraussetzungen der §§ 189, 190 InsO nachträglich erfüllen, erhalten bei der folgenden Verteilung aus der restlichen Insolvenzmasse vorab einen Betrag, der sie mit den übrigen Gläubigern gleichstellt.

564 Die Vorschrift entspricht im wesentlichen § 155 KO. Zur Vereinfachung des Verteilungsverfahrens wird jedoch ausdrücklich vorgesehen, daß Gläubiger, die nachträglich die Voraussetzungen für die Berücksichtigung bei einer Verteilung erfüllen, nicht sofort, sondern erst bei der folgenden Verteilung den übrigen Gläubigern gleichgestellt werden.

3.6 Änderung des Verteilungsverzeichnisses

565 Der Insolvenzverwalter hat die Änderungen des Verteilungsverzeichnisses, die aufgrund der §§ 189 bis 192 InsO erforderlich werden, binnen 3 Tagen vorzunehmen, damit auch gegen diese Berichtigung nach Ablauf der Ausschlußfrist rechtzeitig Einwendungen erhoben werden können.

3.7 Einwendungen gegen das Gläubigerverteilungsverzeichnis

566 Bei einer Abschlagsverteilung sind Einwendungen eines Gläubigers gegen das Verzeichnis bis zum Ablauf einer Woche nach dem Ende der in § 189 Abs. 1 InsO vorgesehenen Ausschlußfrist von 2 Wochen bei dem Insolvenzgericht zu erheben. Einwendungsberechtigt sind die Insolvenzgläubiger, die eine Insolvenzforderung – mag diese Forderung auch bestritten sein – angemeldet und ein Interesse an der Änderung des Verzeichnisses haben.

567 Nicht einwendungsberechtigt ist der Schuldner. Da der Verwalter nachrangige Insolvenzgläubiger bei Abschlagsverteilungen nicht berücksichtigen soll (§ 187 Abs. 2 S. 2 InsO), werden sie in aller Regel durch eine Berichtigung des Verteilungsverzeichnisses für eine Abschlagsverteilung nicht beschwert sein.

568 An einem rechtlichen Interesse an der Änderung des Verzeichnisses fehlt es auch bei den Massegläubigern, da die Forderungen der Massegläubiger vorweg befriedigt werden.

569 Einwendungen können sich nur gegen das Gläubigerverzeichnis richten und deshalb nur darauf gestützt werden, daß eine Forderung nicht oder zu Unrecht berücksichtigt wurde. Einwendungen, die gegen den Bestand der Forderung geltend gemacht werden, sind im Rahmen des § 194 InsO unzulässig. Sie können möglicherweise vor dem Prozeßgericht geltend gemacht werden (BGH vom 25. 6. 1957 – VIII ZR 251/56 – WM 1957, 1225).

570 Über die Begründetheit der zulässigen Einwendungen entscheidet das Insolvenzgericht im Beschlußverfahren. Die Entscheidungen, mit der die Einwendungen abgewiesen werden, sind dem Gläubiger und dem Insolvenzverwalter zuzustellen. Dem Gläubiger steht gegen den Beschluß die sofortige Beschwerde zu (§ 194 Abs. 2 S. 2 InsO).

571 Ordnet das Gericht die Berichtigung des Verteilungsverzeichnisses an, so ist die Entscheidung auf der Geschäftsstelle des Gerichts niederzulegen und dem Gläubiger und dem Verwalter zuzustellen. Gibt das Gericht den Einwendungen teilweise statt, so ist die Entscheidung des Gerichts den Beteiligten zuzustellen und in der Geschäftsstelle niederzulegen.

572 Dem Verwalter und den Insolvenzgläubigern steht gegen den Beschluß die sofortige Beschwerde zu (§ 194 Abs. 3 S. 2 InsO).

573 Ist über alle erhobenen Einwendungen entschieden, kann der Insolvenzverwalter die Abschlagsverteilung vornehmen, da der Kreis der Berechtigten feststeht. Obwohl ohne gerichtliche Anordnung keine Verpflichtung besteht, mit der Auszahlung bis zur Rechtskraft der Entscheidung zuzuwarten, ist dies jedoch sinnvoll, da sich ansonsten der Insolvenzverwalter einer Schadensersatzverpflichtung aussetzt, wenn aufgrund anhängiger Beschwerdeverfahren weitere Forderungen berücksichtigt werden müssen, die Masse aber verteilt ist und keine Rückstellungen getroffen wurden.

574 Hat der Verwalter bei der Aufstellung des Gläubigerverzeichnisses die Forderung eines Gläubigers irrtümlich nicht berücksichtigt und hatte letzterer die Möglichkeit, seine Forderung im Einwendungsverfahren geltend zu machen, so ist er nicht nur bei der Abschlagsverteilung ausgeschlossen, sondern kann auch keinen Bereicherungsanspruch gegen die an der Abschlagsverteilung beteiligten Gläubiger geltend machen, da der Sinn und Zweck der Regeln über die Aufstellung des Gläubigerverzeichnisses verfehlt würde, wenn die Gläubiger nach rechtskräftiger Aufnahme der zu berücksichtigenden Forderungen die Auseinandersetzung über die Verteilung der Masse weiter betreiben könnten (BGH vom 17. 5. 1984 – VII ZR 333/83 – WM 1984, 1011).

575 War der Gläubiger in die Gläubigerliste aufgenommen, ihm jedoch aus einem Versehen des Insolvenzverwalters die fragliche Abschlagsquote nicht gezahlt worden, so steht ihm ein Bereicherungsanspruch gegen die an der Abschlagsverteilung beteiligten Gläubiger zu, wenn ihnen ein im Verhältnis zu ihrer Forderung zu hoher Betrag ausgeschüttet worden war (BGH vom 17. 5. 1984 – VII ZR 333/83 – WM 1984, 1011).

Die Rechtsprechung billigt einen Bereicherungsanspruch nämlich nur dann zu, wenn der übergangene Gläubiger ordnungsgemäß in das Verzeichnis eingetragen war oder er Einwendungen gegen eine nachträgliche Streichung nicht mehr vorbringen konnte (BGH a. a. O.). 576

4. Festsetzung des Bruchteils

Vor der Durchführung der Abschlagsverteilung hat der Insolvenzverwalter aufgrund der rechtsverbindlich festgestellten Verteilungsliste die Höhe des zu zahlenden Bruchteils zu bestimmen. In Insolvenzverfahren, in denen ein Gläubigerausschuß bestellt ist, bestimmt der Gläubigerausschuß auf Vorschlag des Insolvenzverwalters die Auszahlungsquote (§195 Abs. 1 S. 1 InsO). 577

Da es sich bei der Bestimmung des Bruchteils um eine Verwaltungsentscheidung handelt, die Zweckmäßigkeitserwägungen zugänglich ist, ist weder das Insolvenzgericht noch die Gläubigerversammlung berechtigt, dem Insolvenzverwalter bzw. dem Gläubigerausschuß Weisungen zu erteilen. 578

Die Festsetzung des Bruchteils wird wirksam, sobald sie zumindest einem Gläubiger bekanntgemacht worden ist. Für die Mitteilung an die zu berücksichtigenden Gläubiger ist keine Form vorgesehen. Sie kann beispielsweise durch öffentliche Bekanntmachung oder auch durch einen entsprechenden Vermerk auf dem Überweisungsträger des Auszahlungsbeleges erfolgen. 579

Eine nachträgliche Änderung des einmal bestimmten Bruchteils ist im Falle irrtümlicher Berechnung oder eines sonstigen wichtigen Grundes zulässig. Eventuell bedarf es bei einer zulässigen Änderung des Bruchteils einer erneuten öffentlichen Bekanntmachung bzw. einer Mitteilung an die bei der Abschlagsverteilung beteiligten Gläubiger. 580

5. Schlußverteilung

Nach §196 InsO nimmt der Verwalter die Schlußverteilung vor, sobald die Verwertung der Insolvenzmasse beendet ist und die Zustimmung des Insolvenzgerichts vorliegt. Die Schlußverteilung stellt die Ausschüttung der nach der endgültigen Verwertung der Insolvenzmasse noch vorhandenen Teilungsmasse an die Gläubiger dar. 581

Die Schlußverteilung hat deshalb nach Beendigung der Verwertungsmaßnahmen zu erfolgen. Die Anhängigkeit noch einzelner Feststellungsprozesse, das Vorhandensein unverwertbarer Massegegenstände oder noch 582 nicht fälliger, zur Masse gehöriger Forderungen hindert die Schlußverteilung nicht, da insoweit die Möglichkeit der Nachtragsverteilung besteht (§ 203 InsO).

583 Wird das Insolvenzverfahren nach Durchführung der Schlußverteilung aufgehoben, bleibt der Verwalter für die noch anhängigen Rechtsstreite aktivlegitimiert und ist auch befugt, im eigenen Namen eventuell vorhandene Restmasse zu verwerten. Auf die Schlußverteilung finden die allgemeinen Vorschriften über die Verteilung Anwendung.

584 Die Schlußverteilung bedarf der Zustimmung des Insolvenzgerichts. Eine ohne Zustimmung des Gerichts vorgenommene Schlußverteilung des Insolvenzverwalters macht die Schlußverteilung nicht nichtig, der Insolvenzverwalter macht sich jedoch den Beteiligten gegenüber persönlich verantwortlich gemäß § 60 InsO (Kuhn/Uhlenbruck, KO, § 161 Rz. 6).

585 Die Zustimmung zur Schlußverteilung kann das Gericht widerrufen, und zwar ohne an bestimmte Fristen gebunden zu sein, wenn zwingende Gründe des Gläubigerwohls es gebieten. Wird der Antrag auf Widerruf der Zustimmung abgelehnt, so besteht nicht die Möglichkeit der Beschwerde, da ein Rechtsmittel gemäß § 6 InsO nur in den vom Gesetz ausdrücklich vorgesehenen Fällen möglich ist.

586 Bei der Zustimmung zur Schlußverteilung bestimmt das Insolvenzgericht den Termin für eine abschließende Gläubigerversammlung. Dieser Termin dient zur Erörterung der Schlußrechnung des Insolvenzverwalters zur Erhebung von Einwendungen gegen das Schlußverzeichnis und zur Entscheidung der Gläubiger über die nicht verwertbaren Gegenstände der Insolvenzmasse (§ 197 Abs. 1 InsO).

587 Beträge, die bei der Schlußverteilung zurückzubehalten sind, hat der Insolvenzverwalter mit Zustimmung des Insolvenzgerichts für Rechnung der Beteiligten bei einer geeigneten Stelle zu hinterlegen (§ 198 InsO). Da die hinterlegten Beträge für eine Nachtragsverteilung frei werden können, ist ein Rücknahmeverzicht des Insolvenzverwalters ausgeschlossen.

588 Auch die auszuzahlenden Beträge, die weder von dem bekannten Gläubiger abgeholt noch ihm überwiesen werden können, sind, ohne daß es einer Anordnung des Gerichts bedarf, bei der von dem Insolvenzverwalter bezeichneten Hinterlegungsstelle zu hinterlegen. Diese Beträge sind auf den Namen des Gläubigers unter Rücknahmeverzicht zu hinterlegen, damit der Insolvenzverwalter schuldbefreiend geleistet hat (§§ 372, 376, 378 BGB).

Können bei der Schlußverteilung die Forderungen aller Insolvenzgläubiger in voller Höhe berichtigt werden, so hat der Insolvenzverwalter einen verbleibenden Überschuß dem Schuldner herauszugeben (§ 199 S. 1 InsO). 589

Ist der Schuldner keine natürliche Person, so hat der Insolvenzverwalter auch für die Verteilung des Überschusses an die einzelnen, am Schuldner beteiligten Personen zu sorgen. Auf diese Weise wird vermieden, daß sich dem Insolvenzverfahren noch eine gesellschaftsrechtliche Liquidation anschließen muß (§ 199 S. 2 InsO). 590

6. Anordnung der Nachtragsverteilung (§ 203 InsO)

§ 203 InsO übernimmt die Regelung des § 166 KO in redaktionell geänderter Fassung. Danach findet eine Nachtragsverteilung statt, wenn aus den in § 203 Abs. 1 Ziff. 1–3 InsO bezeichneten Gründen nach dem Schlußtermin weitere Geldmittel zur Verteilung zur Verfügung stehen. 591

Solche Geldmittel stehen zur Nachtragsverteilung zur Verfügung: 592

- wenn von der Masse zurückbehaltene Beträge frei werden (§ 203 Abs. 1 Ziff. 1 InsO),
- wenn Beträge, die aus der Masse gezahlt werden, zurückfließen, beispielsweise, weil der Empfänger aus dem Gesichtspunkt der ungerechtfertigten Bereicherung in Anspruch genommen werden konnte oder weil die Vergütung des Insolvenzverwalters vom Gericht herabgesetzt und ihm aufgegeben wurde, die zuviel gezahlten Beträge zu erstatten (OLG Celle vom 5. 5. 1972 – 8 U 127/71 – KTS 1972, 265) (§ 203 Abs. 1 Ziff. 1 InsO),
- wenn weitere Massebestandteile ermittelt werden. Hierzu gehören, die Gegenstände, die der Schulder verheimlicht hat, die Gegenstände bei denen der Insolvenzverwalter irrtümlich davon ausging, daß sie nicht zur Insolvenzmasse gehören, die Gegenstände bei denen der Insolvenzverwalter zwar davon ausging, daß sie zur Insolvenzmasse gehören, deren Verwertung aber unterblieben ist, sowie die Gegenstände, die nachträglich durch Anfechtung zur Insolvenzmasse gezogen werden konnten. Auch der Schadensersatzanspruch gegen den Insolvenzverwalter ist ein solcher Massebestandteil.

Gegenstände, die der Insolvenzverwalter freigegeben hat, können nachträglich nicht mehr zur Masse gezogen werden. Hat der Schuldner freigegebene Gegenstände veräußert, kann der Veräußerungserlös nicht mehr zur Insol- 593 venzmasse gezogen werden, da die Freigabe als solche als einseitige empfangsbedürftige Willenserklärung unwiderruflich und grundsätzlich wegen Irrtums nicht anfechtbar und darüber hinaus eine Surrogation gesetzlich nicht vorgesehen ist.

594 Für die Nachtragsverteilung bleibt die Verwaltungs- und Verfügungsbefugnis des Insolvenzverwalters bestehen, da insoweit der Insolvenzbeschlag fortbesteht beziehungsweise durch nachträgliche Anordnung des Insolvenzgerichts begründet wird, wenn Vermögensgegenstände erst nach Verfahrenseröffnung ermittelt werden (BGH vom 22. 2. 1973 – VI ZR 165/71 – WM 1973, 642). Kann der bisherige Insolvenzverwalter mit der Nachtragsverteilung nicht mehr betraut werden, weil beispielsweise ein Schadensersatzanspruch gegen ihn geltend zu machen ist, ist ein neuer Insolvenzverwalter zu bestellen.

595 Von einer Nachtragsverteilung kann abgesehen werden, wenn nur eine geringfügige Masse für die Verteilung zur Verfügung steht (§ 203 Abs. 3 S. 1 InsO). Soweit die Gegenstände für eine Nachtragsverteilung vorgesehen werden, dauert die Insolvenzbeschlagnahme über die Aufhebung des Insolvenzverfahrens hinaus fort (OLG Celle vom 5. 5. 1972 – 8 U 127/71 – KTS 1972, 265, wonach der Vorbehalt der Nachtragsverteilung sogar stillschweigend erfolgen kann). Bei den nachträglich zur Insolvenzmasse zurückgeflossenen Beträgen wird durch die Zustellung des Beschlusses an den Schuldner über die Anordnung der Nachtragsverteilung die Beschlagnahme hergestellt (BGH vom 22. 2. 1973 – VI ZR 165/71 – WM 1973, 642). Bis dahin sind weder der Schuldner noch die Gläubiger an einer Verfügung über sie gehindert (BGH a. a. O.)

596 Die Nachtragsverteilung erfolgt aufgrund des Schlußverzeichnisses, so daß nur der zur Verfügung stehende Massebestand der öffentlichen Bekanntmachung bedarf.

H. Die Beendigung des Insolvenzverfahrens

I. Aufhebung (§ 200 InsO)

In Abweichung von § 163 Abs. 1 S. 1 KO sieht § 200 InsO vor, daß die Aufhebung des Insolvenzverfahrens nicht schon dann ausgesprochen wird, wenn der Schlußtermin abgehalten worden ist, sondern erst nach dem Vollzug der Schlußverteilung. Dies ist deshalb zweckmäßig, weil das Amt des Verwalters und die Aufsichtspflicht des Gerichts während der Schlußverteilung noch andauern. 597

Die Insolvenzgläubiger können nach der Aufhebung des Insolvenzverfahrens ihre restlichen Forderungen gegen den Schuldner unbeschränkt geltend machen (§ 201 InsO). Der Fall der Restschuldbefreiung (§§ 286–303 InsO) bleibt hiervon ausdrücklich vorbehalten. 598

Wollen die Insolvenzgläubiger mit dem Tabellenauszug die Zwangsvollstreckung betreiben (§ 201 Abs. 2 InsO), ist das Amtsgericht, bei dem das Insolvenzverfahren anhängig ist oder anhängig war, auschließlich zuständig für Klagen 599

- auf Erteilung der Vollstreckungsklausel,
- wenn nach der Erteilung der Vollstreckungsklausel bestritten wird, daß die Voraussetzung für die Erteilung eingetreten war,
- durch die Einwendungen geltend gemacht werden, die den Anspruch selbst betreffen.

II. Die Einstellung des Verfahrens mangels Masse (§ 207 InsO)

Stellt sich nach Eröffnung des Insolvenzverfahrens heraus, daß die Insolvenzmasse nicht ausreicht, um die Kosten des Verfahrens zu decken, hat das Insolvenzgericht von Amts wegen das Verfahren mangels Masse einzustellen. Damit eine umfassende Information des Gerichts gewährleistet ist und damit die Beteiligten Gelegenheit zur Leistung eines Kostenvorschusses haben, sind vor der Einstellung des Verfahrens die Gläubigerversammlung, der Insolvenzverwalter und die Massegläubiger zu hören (§ 207 Abs. 2 InsO). 600

Die Kosten des Insolvenzverfahrens sind in § 54 InsO definiert, nämlich die Gerichtskosten für das Insolvenzverfahren und die Vergütungen und Ausla- 601 gen des vorläufigen Insolvenzverwalters, des Insolvenzverwalters und der Mitglieder des Gläubigerausschusses.

III. Einstellung nach Anzeige der Masseunzulänglichkeit (§§ 208 ff. InsO)

602 Die Vorschriften der §§ 208 bis 211 InsO beseitigen die im Geltungsbereich der KO aufgetretene Rechtsunsicherheit bei der Abwicklung der massearmen Insolvenzverfahren. § 208 InsO normiert eine Anzeigepflicht des Insolvenzverwalters bei eingetretener und drohender Masseunzulänglichkeit. Als Folge der angezeigten Masseunzulänglichkeit wird der Insolvenzverwalter berechtigt, die bestehenden Verbindlichkeiten nach Maßgabe der in § 209 InsO geregelten Rangfolge zu befriedigen. Nach Verteilung der zur Verfügung stehenden Masse stellt das Insolvenzgericht das Insolvenzverfahren ein (§ 211 InsO).

603 Die Insolvenzgläubiger werden in diesem Verfahren nicht mehr berücksichtigt; die Massegläubiger verlieren die Befugnis zur Einzelvollstreckung (§ 210 InsO). An deren Stelle tritt ein **geordnetes Befriedigungsverfahren**, gleichsam ein Insolvenzverfahren im Insolvenzverfahren. Die zu veröffentlichende Anzeige der Masseunzulänglichkeit hat somit eine ähnliche Funktion wie der Eröffnungsbeschluß im Insolvenzverfahren.

604 Gemäß § 208 Abs. 3 InsO bleibt die **Verpflichtung des Insolvenzverwalters zur Verwertung** trotz der angezeigten Masseunzulänglichkeit **bestehen**. Ziel dieser Regelung ist es, eine möglichst umfängliche Befriedigung der Massegläubiger zu erreichen und bei juristischen Personen eine Vollabwicklung durch den Insolvenzverwalter zu ermöglichen.

605 Die Unmöglichkeit oder Gefährdung der gesetzmäßigen Befriedigung der Massegläubiger muß **vom Insolvenzverwalter festgestellt** werden (anders noch der § 318 des RegE, der eine Feststellung durch das Insolvenzgericht vorsah, vgl. die Gesetzesmaterialien) **und dem Insolvenzgericht angezeigt** werden (zur KO vgl. Weber/Irschlinger/Wirth, KTS 1979, 133, 135; **a. A.** Pape, Rpfleger 1994, 326). Eine weitergehende Prüfung der Masseunzulänglichkeit durch das Insolvenzgericht ist nicht vorgesehen. Ausreichend ist daher, wenn das Insolvenzgericht die durch den Insolvenzverwalter erfolgte Anzeige auf ihre Schlüssigkeit hin überprüft. Der Insolvenzverwalter darf sich daher nicht auf eine bloße Mitteilung der Masseunzulänglichkeit beschränken, sondern muß die Tatsachen, auf die er sich stützt, ebenfalls angeben.

Darzulegen ist vom Insolvenzverwalter, welche Masse nach Durchführung der Aussonderungen, Absonderungen und der Aufrechnungen zur Verfügung stehen wird, welche Ansprüche von welchen Massegläubigern geltend gemacht werden und welche Massegläubiger bisher schon befriedigt worden sind. Um dieser Pflicht zu genügen, muß der Insolvenzverwalter die Umstände für die Wertermittlung der gegen die Masse geltend gemachten Forderungen und des vorhandenen Vermögens insoweit erläutern, daß seine Wertangaben nachvollziehbar sind und ggf. unter Beweis gestellt werden können (BAG vom 30. 10. 1985 – 5 AZR 484/84 – KTS 1986, 485). Zur Vermeidung der eigenen Haftung aus §§60, 61 InsO ist der Insolvenzverwalter verpflichtet, den Eintritt der Masseunzulänglichkeit unverzüglich zur Kenntnis zu bringen. 606

Die öffentliche Bekanntmachung der Masseunzulänglichkeit wird nach der InsO – anders als bisher im Geltungsbereich der KO von der h. M. vertreten – durch das **Insolvenzgericht** veranlaßt (§208 Abs. 2 InsO). 607

Auch bei massearmen Insolvenzen hat der Insolvenzverwalter die Pflichten aus §§159, 148 InsO zu erfüllen, d. h. die Insolvenzmasse **in Besitz** zu nehmen, zu **verwerten** und nach Maßgabe der in §209 InsO normierten Rangfolge Verteilungen vorzunehmen (vgl. zur KO Heilmann, KTS 1982, 181). 608

Die Verwertungsbefugnis im masseunzulänglichen Verfahren richtet sich nach den allgemeinen Vorschriften. Anwendbar sind im Rahmen der Verwertung auch die Bestimmungen über den Verfahrenskosten- und Verwertungskostenbeitrag der absonderungsberechtigten Gläubiger. 609

Die **neuen Masseverbindlichkeiten** (§209 Abs. 1 Nr. 2 InsO), die nach festgestellter Masseunzulänglichkeit im weiteren Abwicklungsverfahren aus Handlungen des Insolvenzverwalters entstanden sind, werden im Rang direkt nach den Verfahrenskosten vor den übrigen Masseverbindlichkeiten (Altmasseverbindlichkeiten) **befriedigt** (vgl. demgegenüber zur KO: BGH vom 15. 2. 1984 – VIII ZR 213/82 – WM 1984, 568). 610

Die Einstellung des Insolvenzverfahren erfolgt, sobald der Insolvenzverwalter die Insolvenzmasse verwertet hat. Sofern nach der Einstellung Massegegenstände ermittelt werden, ordnet das Insolvenzgericht eine Nachtragsverteilung an (§211 Abs. 3 InsO). 611

IV. Einstellung des Verfahrens wegen Wegfalls des Eröffnungsgrundes (§ 212 InsO)

612 Das Insolvenzverfahren ist auf Antrag des Schuldners einzustellen, wenn gewährleistet ist, daß nach der Einstellung beim Schuldner weder Zahlungsunfähigkeit, noch drohende Zahlungsunfähigkeit, noch, soweit die Überschuldung Grund für die Eröffnung des Insolvenzverfahrens ist, Überschuldung vorliegt (§ 212 InsO).

613 Im bisher geltenden Recht gibt es eine Einstellung des Verfahrens wegen Wegfalls des Eröffnungsgrundes nicht. Insoweit kann der Schuldner eine vorzeitige Beendigung des Verfahrens nur mit Zustimmung aller Gläubiger erreichen (§ 202 KO). Wegen der schwerwiegenden Eingriffe, die eine Eröffnung des Insolvenzverfahrens für die Freiheit des Schuldners zur Verfügung über sein Vermögen mit sich bringt, wird dem Schuldner nunmehr die Möglichkeit eingeräumt, die Einstellung des Verfahrens zu beantragen, wenn der Eröffnungsgrund beseitigt ist.

614 Einem Antrag des Schuldners kann jedoch nur dann entsprochen werden, wenn im Falle der Einstellung beim Schuldner weder Zahlungsunfähigkeit noch eine drohende Zahlungsunfähigkeit vorliegt und der Überschuldungstatbestand ausscheidet.

615 Man wird daran denken können, daß insbesondere im Unternehmenskonzern die Einstellung des Insolvenzverfahrens zu erreichen ist, wenn durch Garantieerklärungen gegenüber den Gläubigern oder echten Patronatserklärungen gegenüber den Tochterunternehmen ein Insolvenzeröffnungsgrund beseitigt werden kann.

V. Einstellung des Verfahrens mit Zustimmung der Insolvenzgläubiger (§ 213 InsO)

616 Das Insolvenzverfahren ist auf Antrag des Schuldners einzustellen, wenn er nach Ablauf der Anmeldefrist die Zustimmung aller Insolvenzgläubiger beibringt, die Forderungen angemeldet haben (§ 213 Abs. 1 S. 1 InsO). Die Vorschrift übernimmt die bisherige Regelung der § 202 KO, § 19 Abs. 1 Nr. 4 1. Alternative GesO.

617 Weitergehend als im bisher geltenden Recht wird vorgesehen, daß bei absonderungsberechtigten Gläubigern das Insolvenzgericht nach seinem Ermessen entscheidet, ob ihre Zustimmung zur Einstellung erforderlich ist. Die Zustimmung eines Insolvenzgläubigers, der zugleich zur abgesonderten

Befriedigung berechtigt ist, kann damit im Einzelfall für entbehrlich erklärt werden (§213 Abs. 1 S. 2 InsO).

VI. Aufhebung des Verfahrens nach Rechtskraft des Insolvenzplans (§258 InsO)

Sobald die Bestätigung des Insolvenzplans rechtskräftig ist, beschließt das Insolvenzgericht die Aufhebung des Insolvenzverfahrens. 618

Die Vorschrift über die Aufhebung des Verfahrens nach Bestätigung eines Plans und über die Erfüllung und Sicherstellung der Masseansprüche entspricht der Regelung in §§190, 191 KO für den Zwangsvergleich. 619

Der Beschluß und der Grund der Aufhebung sind öffentlich bekanntzumachen. Der Schuldner, der Insolvenzverwalter und die Mitglieder des Gläubigerausschusses sind vorab über den Zeitpunkt des Wirksamwerdens der Aufhebung (§9 Abs. 1 S. 3 InsO) zu unterrichten (§258 Abs. 3 S. 2 InsO). Die Information ist deshalb erforderlich, weil der Schuldner mit dem Wirksamwerden der Aufhebung das Verfügungsrechts über die Insolvenzmasse zurückerhält (§259 Abs. 1 InsO). 620

Verabsäumt das Gericht bei der Aufhebung des Verfahrens den genauen Tag der Veröffentlichung bekanntzugeben, genügt der Hinweis, daß die Veröffentlichung der Aufhebung veranlaßt ist und die Aufhebung mit dem Ablauf des zweiten Tages nach der Veröffentlichung wirksam wird (§9 Abs. 1 S. 3 InsO). 621

J. Der Insolvenzplan

I. Rechtsnatur des Insolvenzplans

622 Hinsichtlich der Rechtsnatur des bestätigten Insolvenzplans ist zu berücksichtigen, daß der Insolvenzplan, wie bereits der Vergleich nach der VglO, sowohl Vertrags- als auch Urteilselemente enthält.

623 Nach der von einer Mindermeinung (vgl. noch Kilger/K. Schmidt, KO, 16. Aufl. 1995 vor §82 VglO) vertretenen Urteilstheorie, soll bei dem Vergleich nach der Vergleichsordnung und dem Zwangsvergleich nach §§173 ff. KO der Urteilscharakter im Vordergrund stehen.

624 Demgegenüber wird von der herrschenden Meinung der Schwerpunkt im vertragsartigen Charakter des Rechtsinstitutes (Vorschlag des Schuldners, eingeschränkte Verwerfungs- und Bestätigungskompetenzen des Gerichts) gesehen (so z. B. nunmehr auch K. Schmidt in der unter dem Namen KO/VglO/GesO erschienenen 17. Aufl.1997, vor §82 VglO und §173, 1, der zwar das Vorliegen eines Vertrages verneint, die BGB-Vorschriften für Rechtsgeschäfte aber dennoch für anwendbar hält; s. auch Jauernig, Zwangsvollstreckungs- und Konkursrecht, 19. Aufl. 1990, §58 VIII; Pagenstecher/Grimm, Der Konkurs, 4. Aufl. 1968, S. 144; Jaeger/Weber, KO, §173, Rz. 8 ff.; Schönke/Baur, Zwangsvollstreckungs-, Konkurs- und Vergleichsrecht, 10. Aufl. 1978, §68 I 2; RG vom 15. 11. 1911 – Rep V 195/11 – RGZ 77, 403, 404; RG vom 10. 1. 1928 – II 442/77 – RGZ 119, 391, 395; RG vom 28. 9. 1929 – I 115/29 – RGZ 125, 408, 410; RG vom 21. 3. 1930 – VII 340/90 – RGZ 127, 372, 375).

625 Bei formaler Betrachtung spricht für einen Vertrag, daß in dem Schuldnervorschlag ein Angebot an alle Gläubiger gesehen werden kann, das die Gläubiger in der Form der Abstimmung annehmen. Vertragsähnliche Elemente hat der Insolvenzplan auch wegen der Einbeziehung aller Gläubiger, die den Insolvenzverwalter mit der Ausarbeitung eines Insolvenzplans (dessen Ziele von der Gläubigerversammlung vorgegeben werden können) beauftragen können (§218 Abs. 2 InsO).

626 Als Argument für den Urteilscharakter des Insolvenzplans spricht, daß der Insolvenzplan gemäß §252 InsO von dem Insolvenzgericht bestätigt werden muß, um seine Rechtswirkungen zu entfalten (vgl. dazu Braun/Uhlenbruck, Unternehmensinsolvenz, 1997, S. 464; s. zur Urteilstheorie auch Schulze, Das deutsche Konkursrecht in seinen juristischen Grundlagen, 1880, S.

144 f.; Wegan in FS für Hämmerle, 1972, S. 423 ff.; weitere Nachweise bei Jaeger/Weber, KO, § 173 Rz. 6).

Braun/Uhlenbruck (a. a. O. S. 464) lehnen aus diesem Grund eine vertragsähnliche Qualifizierung unter Berufung darauf ab, daß dem Insolvenzplan weder eine Ungewißheit über ein Rechtsverhältnis, noch ein gegenseitiges Nachgeben zugrunde liege. Diese Argumentation ist jedoch nicht zwingend, da nach § 779 Abs. 2 BGB die Ungewißheit der Parteien über ein Rechtsgeschäft dem Fall gleichsteht, daß die Verwirklichung eines Anspruchs unsicher ist, was jedenfalls dann der Fall ist, wenn Unsicherheiten hinsichtlich der Leistungsfähigkeit des Schuldners gegeben sind (vgl. Münchner Kommentar zum BGB/Pecher, § 779, Rz. 25 m. w. N.). 627

Im Insolvenzverfahren ist die Frage, in welcher Höhe die Gläubiger endgültig befriedigt werden können, jedoch regelmäßig offen, da selbst bei Zugrundelegung der vom Insolvenzverwalter erstellten Verzeichnisse während des laufenden Insolvenzverfahrens zu keinem Zeitpunkt feststeht, in welcher Höhe die Gläubiger im Fall der gesetzmäßigen Verwertung der Insolvenzmasse tatsächlich befriedigt werden, weil 628

- in den Vermögensübersichten nur geschätzte Liquidations- bzw. Fortführungswerte zugrunde gelegt werden können, so daß sich entgegen der ersten Prognosen eine höhere oder geringere Quote ergeben kann;
- die Höhe der Insolvenzmasse häufig vom Ausgang anhängiger Rechtsstreite abhängig ist, z. B. Anfechtungsklagen des Insolvenzverwalters, die zu einem nachträglichen Massezuwachs führen;
- verspätet angemeldete Forderungen bei der Masseverteilung nachträglich berücksichtigt werden müssen;
- der Ausfall von Absonderungsberechtigten oft erst relativ spät feststeht;
- sich selbst nach Aufhebung des Insolvenzverfahrens die den Insolvenzgläubigern ausgeschüttete Quote im Wege einer Nachtragsverteilung erhöhen kann, wenn weitere zur Insolvenzmasse gehörige Gegenstände gefunden werden.

Sofern die Gläubiger mehrheitlich einem Insolvenzplan zustimmen, beseitigen sie damit die oben aufgezeigten Unwägbarkeiten des gesetzlichen Liquidationsverfahrens. Ein gegenseitiges Nachgeben wird in dem Insolvenzplanverfahren regelmäßig schon deshalb vorliegen, weil die Beteiligten darauf verzichten, das Verfahren nach Maßgabe der gesetzlichen Regelungen abzuwickeln. Daß der Insolvenzplan nicht von der ausdrücklichen Zustim- 629 mung des Schuldners abhängig ist, spricht nicht gegen die Vertragstheorie, weil die Zustimmung des Schuldners nach der Insolvenzordnung keineswegs unbeachtlich ist, sondern unter den Voraussetzungen des §247 InsO fingiert wird.

630 Auch das Argument, daß für das Zustandekommen des Insolvenzplans über §4 InsO die Vorschriften der ZPO Anwendung fänden, läßt nicht zwingend auf den Urteilscharakter des Insolvenzplanes schließen, da auch der Prozeßvergleich, welcher ebenfalls als Vergleich i. S. des §779 BGB und als Prozeßhandlung qualifiziert wird (vgl. die herrschende Meinung zum sog. Doppeltatbestand, Münchner Kommentar/Pecher, a. a. O., §779 Rz. 71), im Rahmen eines von der ZPO beherrschten Verfahrens abgeschlossen wird.

631 Die Argumente gegen den Urteilscharakter des Insolvenzplans wiegen demgegenüber stärker, da das Insolvenzgericht lediglich einen von den Beteiligten erstellten und angenommenen Plan zu bestätigen hat und etwaige Obstruktionsversuche einzelner Gläubiger auf ihre Berechtigung überprüfen muß. Inhaltlich nimmt das Insolvenzgericht dagegen keinen Einfluß auf den Insolvenzplan, es hat keine eigene Gestaltungsbefugnis, sondern übt eine bloße Rechtmäßigkeitskontrolle aus.

632 Der Insolvenzplan steht daher in rechtsdogmatischer Sicht eher einem gerichtlichen Vergleich und einem Vertrag nahe, als einem Urteil (so auch Smid/Rattunde, Der Insolvenzplan, 1998, Rz. 270, die sich mit dieser Frage allerdings nicht argumentativ auseinandersetzen).

II. Der Verfahrensgang

633 Voraussetzung des Insolvenzplanverfahrens ist die vorangegangene Eröffnung eines Insolvenzverfahrens. Der Verfahrensgang läßt sich daher vereinfachend wie folgt beschreiben:

634

Eröffnungsantrag

↓

Eröffnungsverfahren (mit und ohne verläufigen Insolvenzverwalter)

↓

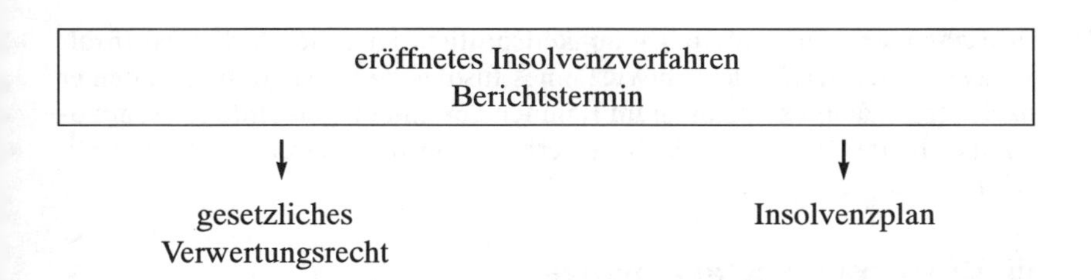

Der Schuldner kann seinen Antrag auf Eröffnung des Insolvenzverfahrens mit der Vorlage eines Insolvenzplanes verbinden. Ein Plan, der nach dem Schlußtermin eingeht, kann nicht mehr berücksichtigt werden (§218 Abs. 1 S. 2, 3 InsO). 635

Sofern gerichtliche Sicherungsmaßnahmen wie 636

- Auferlegung eines allgemeinen Verfügungsverbotes (§21 Abs. 2 Nr. 2 InsO)
- Einstellung oder Untersagung von Zwangsvollstreckungsmaßnahmen gegen den Schuldner (§21 Abs. 2 Nr. 3 InsO), Anordnung einer Postsperre,
- Zwangsvorführung und Haftandrohung (§21 Abs. 3 InsO)
- Bestellung eines vorläufigen Insolvenzverwalters ohne Verwaltungs- und Verfügungsbefugnis (vgl. zur Rechtsstellung, die an den bisherigen Sequester stark angenähert ist, und zu den Aufgaben: Braun/Uhlenbruck, a. a. O., S. 234 f.; Hess/Obermüller, a. a. O., Rz. 746 ff.; Hess/Weis, InVo 1997, 141)
- Bestellung eines vorläufigen Insolvenzverwalters mit Zustimmungsbefugnissen
- Bestellung eines vorläufigen Insolvenzverwalters mit Verwaltungs- und Verfügungsbefugnis (vgl. dazu Braun/Uhlenbruck, a. a. O., S. 236 ff.; Hess/Obermüller, Die Rechtsstellung der Verfahrensbeteiligten nach der Insolvenzordnung, a. a. O., Rz. 734 ff.; Hess/Weis, InVo 1997, 141)

angeordnet werden, so kann das Insolvenzgericht, um bereits frühzeitig die Möglichkeiten und Erfolgsaussichten eines Insolvenzplanes in Erfahrung zu bringen, den vorläufigen Insolvenzverwalter als Sachverständigen mit der Prüfung der Fortführungsaussichten des Unternehmens beauftragen (§21 Abs. 2 Nr. 3 InsO).

637 Im Rahmen dieser Sanierungsfähigkeitsprüfung kann der vorläufige Insolvenzverwalter bereits den Entwurf eines Insolvenzplanes erarbeiten, den er nach der Verfahrenseröffnung im Rahmen der ihm eingeräumten Planinitiative (§218 InsO) vorlegen kann, sofern er zum Insolvenzverwalter bestellt wird.

III. Die Insolvenzplaninitiative

638 Als Insolvenzplaninitiatoren kommen der Schuldner, der Sachwalter und der Verwalter in Frage, wobei der Insolvenzverwalter nach dem Wortlaut des §218 InsO ein eigenständiges, nicht von der Gläubigergemeinschaft abhängiges Planinitiativrecht hat.

639 Darüber hinaus kann die Gläubigerversammlung als Kollektiv den Verwalter beauftragen, einen Insolvenzplan zu entwickeln, dessen Ziel sie vorgeben kann. Auch einzelne Gläubiger können einen Beschluß der Gläubigerversammlung erwirken, wonach der Insolvenzverwalter einen Insolvenzplan zu erstellen hat, dessen Zielsetzung von den Gläubigern vorgegeben wird.

640 Somit können im Extremfall 4 Insolvenzpläne zur Abstimmung stehen:

- der von dem Schuldner erarbeitete und vorgelegte Plan
- der von dem vorläufigen Insolvenzverwalter erarbeitete, nach der Verfahrenseröffnung vorgelegte Plan
- die von dem Insolvenzverwalter im Auftrag der Gläubigerversammlung erstellten Insolvenzpläne mit möglicherweise konträrer Zielsetzung, je nachdem, welche Zielsetzung die Gläubigerversammlung bzw. einzelne Gläubiger verfolgen.

641 Die an den Interessen orientierte gläubigerautonom angestrebte Regelung kann zu einer Insolvenzplanpluralität führen, für die das Abstimmungsverfahren nicht hinreichend geregelt ist.

IV. Arten des Insolvenzplans

642 Je nachdem, welches Ziel mit dem Insolvenzplan verfolgt werden soll, wird zwischen folgenden Grundtypen von Insolvenzplänen unterschieden werden müssen, aus deren Kombination sich eine ganze Reihe von Mischformen ergeben kann (entnommen aus Hess/Obermüller, Insolvenzplan, Restschuldbefreiung, Verbraucherinsolvenz, a. a. O. Rz. 79; vgl. zur Untertei-

lung der unterschiedlichen Planarten Burger in FS für Koren S. 363 ff.; Burger/Schellberg, DB 1994, 1833; s. auch Braun/Uhlenbruck, Unternehmensinsolvenz, a. a. O. S. 563 ff., die als zusätzliche Form den sog. Moratoriumsplan ansehen):

Insolvenzplan	Ziel
Liquidationsplan	Verwertung und Verteilung der Insolvenzmasse
Übertragunsplan	Übertragung des schuldnerischen Unternehmens auf einen Dritten, z. B. Auffanggesellschaft
Sanierungsplan	Wiederherstellung der Ertragskraft des schuldnerischen Unternehmens
Sonstige Pläne	z. B. „Null-Plan", Moratoriumsplan

1. Der Liquidationsplan

643 Sinn und Zweck eines Liquidationsplans ist es, die vom Gesetzgeber vorgesehene Liquidation, d. h. die Verwaltung und Verwertung der Insolvenzmasse (§§ 148 ff. InsO), abweichend von den gesetzlichen Vorgaben durchzuführen.

644 Die Regelungen des Insolvenzplans können daher

- von der im Gesetz vorgesehenen Verwertungsbefugnis des Insolvenzverwalters abweichen,
- den Verwertungsumfang einschränken und/oder
- für die im Rahmen des Regelinsolvenzverfahrens für einen Schuldner beantragte Restschuldbefreiung eine kürzere als die in §§ 286 ff. InsO geregelte Wohlverhaltensphase vorsehen (vgl. dazu auch § 227 InsO).

2. Der Übertragungsplan

645 Im Fall der übertragenden Sanierung wird der schuldnerische (Teil-)Betrieb zum Zwecke der Fortführung mit oder ohne Übernahme der Verbindlichkeiten aus dem Krisenunternehmen herausgelöst und auf ein anderes Unternehmen, z. B. eine neugegründete Betriebsübernahmegesellschaft oder einen „leeren Firmenmantel", im Wege der Einbringung durch Sacheinlage oder im Wege des Kaufs, der Übereignung, Abtretung oder auch durch den Zuschlag in der Zwangsversteigerung übertragen (vgl. dazu auch Smid/Rattunde, Der Insolvenzplan, Rz. 42 ff.).

3. Der Sanierungsplan

646 Als Ziel des Sanierungsplans kommt z. B. in Betracht, dem Krisenunternehmen weiteres Haftungskapital durch Änderung der Rechtsform oder/und durch Aufnahme neuer Gesellschafter zuzuführen (vgl. Hess/Obermüller, Insolvenzplan, Restschuldbefreiung, Verbraucherinsolvenz, a. a. O. Rz. 619; Braun/Uhlenbruck, Unternehmensinsolvenz, a. a. O. S. 563). Auch eine leistungswirtschaftliche Reorganisation, z. B. durch Umorganisation, Personalabbau, Produktbereinigung oder sonstige kostenreduzierende Maßnahmen, können mit einem Sanierungsplan verfolgt werden.

4. Die sonstigen Pläne

647 Im Rahmen der Privatautonomie sind alle denkbaren Fälle von Insolvenzplänen zulässig, wie z. B.

- der Erlaß der Verbindlichkeiten gegen Zahlung einer Quote (diese ist – anders als in der Vergleichsordnung – an keine Mindesthöhe geknüpft),
- der Stundungsvorschlag oder auch
- der sogenannte „Nullplan"(vgl. hierzu Thomas in Kölner Schrift zur Insolvenzordnung, 1997, S. 1205), mit dem der Schuldner die Restschuldbefreiung ohne Gegenleistung anstrebt.

V. Gliederung des Insolvenzplans

648 Zwingend vorgegeben hat der Gesetzgeber (vgl. §§219, 231 Abs. 1 Nr. 1 InsO) – trotz aller Freiheiten in der inhaltlichen Gestaltung – die Gliederung des Insolvenzplans in einen

- darstellenden Teil (§220 InsO)
- gestaltenden Teil (§221 InsO und die
- Plananlagen (§229, 230 InsO).

1. Darstellender Teil

649 Im darstellenden Teil werden die bereits getroffenen oder noch zu treffenden Maßnahmen zur Gestaltung der Rechte der Beteiligten sowie die rechtlichen, finanz- und leistungswirtschaftlichen Merkmale des Krisenunternehmens dargestellt (§§220 ff. InsO; vgl. zu den Einzelheiten unten Rz. 653 ff.) und das Sanierungskonzept beschrieben.

2. Gestaltender Teil

Im gestaltenden Teil des Insolvenzplans wird gemäß §221 InsO festgelegt, in welcher Weise die Rechtsstellung der Beteiligten durch den Insolvenzplan geändert wird (zu den Einzelheiten unten Rz. 683 ff.). 650

3. Plananlagen

Wenn die Gläubiger aus den Erträgen befriedigt werden sollen, sind dem Insolvenzplan als Plananlagen gemäß §229 InsO beizufügen (vgl. dazu unten Rz. 707 ff.): 651

- eine Vermögensübersicht
- eine Plan-Gewinn-und Verlustrechnung
- ein Liquiditätsplan sowie
- eine Planbilanz.

Als Plananlagen sind darüber hinaus folgende Erklärungen beizufügen: 652

- im Fall der Betriebsfortführung die Erklärung des Schuldners bzw. bei Gesellschaften ohne Rechtspersönlichkeit die Erklärung eines persönlich haftenden Gesellschafters, daß er bereit ist, den Betrieb fortzuführen (§230 Abs. 1 InsO);
- sofern der Insolvenzplan die Übernahme von Anteils- bzw. Mitgliedschaftsrechten oder Beteiligungen durch Gläubiger vorsieht, die zustimmende Erklärung jedes dieser Gläubiger nach §230 Abs. 2 InsO zu dem Insolvenzplan. Sofern Gläubiger gegen Übernahme von Gesellschaftsrechten auf nichtliquide Forderungen verzichten, liegt eine Sacheinlage zum tatsächlichen Wert der Forderungen vor, so daß ein Sachkapitalerhaltungsbericht erforderlich sein kann (vgl. für die GmbH §5 Abs. 4 S. 2 GmbHG; für die AG §32 AktG; vgl. auch Scholz/Winter, GmbHG, §5, Rz. 48, 56 ff.);
- wenn der Unternehmensträger saniert werden soll, die Erklärung der Gesellschafter, daß die Bereitschaft besteht, die Fortsetzung der Gesellschaft zu beschließen (für die GmbH §60 Abs. 1 GmbHG i. d. F. des Art 48 Nr. 5 EGInsO; für die OHG §144 Abs. 1 HGB i. d. F. des Art. 40 Nr. 12 EGInsO; für die KG §161 Abs. 2 i. V. m. §144 Abs. 1 HGB i. d. F. des Art. 40 Nr. 12 EGInsO; für die AG §§274 Abs. 2 Nr. 1 AktG i. d. F. des Art. 47 Nr. 12 EGInsO; für die Genossenschaft §117 GenG i. d. F. des Art. 49 Nr. 39 EGInsO);

- sofern ein Dritter im Fall der Bestätigung des Insolvenzplans Verpflichtungen übernommen hat, dessen Erklärung.

VI. Darstellender Teil des Insolvenzplans

1. Grundlagen und Auswirkungen des Insolvenzplans

1.1 Unternehmensanalyse

653 Basis des Insolvenzplans und Voraussetzung eines Sanierungskonzepts ist eine umfassende Unternehmensanalyse, mit deren Hilfe die Krisenursachen aufgezeigt und Ansatzpunkte zur Definierung von Handlungszielen und Sanierungsmaßnahmen ausgearbeitet werden (vgl. auch Smid/Rattunde, a. a. O., Rz. 275, 282).

654 Sinn und Zweck der Unternehmensanalyse ist es, die Ursachen- und Wirkungszusammenhänge zu erkennen und auf dieser Kenntnis aufbauend Möglichkeiten einer Sanierung herauszukristallisieren (zum Informationszweck des Insolvenzplan vgl. Braun/Uhlenbruck, Unternehmensinsolvenz, a. a. O. S. 522, die auf Parallelen zum amerikanischen disclosure statement hinweisen).

655 Zur Durchführung der Unternehmensanalyse können neben der Zusammenstellung der für das Unternehmen wesentlichen Daten, wie der bisherigen Unternehmensentwicklung, der rechtlichen und finanzwirtschaftlichen Verhältnisse, der leistungswirtschaftlichen Umstände und der organisatorischen Grundlagen exemplarisch folgende Kennzahlen herangezogen werden (vgl. hierzu ausführlich Hess/Obermüller, Insolvenzplan, Restschuldbefreiung, Verbraucherinsolvenz, Rz. 385 ff.):

656 **Quantitative Daten**, wie z. B.

- gesamtwirtschaftliche Daten, z. B. über die Entwicklung der Kapital- und Geldmarktzinsen, die Nettoanlageninvestitionen, Lebenshaltungskosten
- Branchen- und Marktdaten, z. B. über die Entwicklung des inländischen und Weltmarktvolumens, Branchenumsätze nach Wert und Menge, Branchenrendite, Umsatzpotentiale, Kostenentwicklung, etc.
- absatzwirtschaftliche Unternehmensdaten, z. B. Auftragseingänge und Auftragsbestände nach Produkten und Kundengruppen, Kundenfluktuationsquote, Reklamationsvolumen, etc.

- produktspezifische Daten wie Lebenszyklus der Produkte, ABC-Verteilung nach Umsätzen und Deckungsbeiträgen
- Leistungs- und Kostendaten und –kennziffern wie z. B. Pro-Kopf-Umsätze nach Menge und Wert, Personalaufwand pro Mengeneinheit, Fertigungsstunde und Kopf, Fluktuationsrate, Altersstruktur, Kapazitätshöhe und –auslastung, etc.
- finanzwirtschaftliche Kennzahlen, z. B. Brutto-, Netto- und Discounted-Cash-Flow, Verschuldungsfaktor, Investitionsquote beim Anlagevermögen
- Ergebnisdaten und -kennziffern, z. B. Jahresüberschuß bzw. -fehlbetrag, Bilanzgewinn/-verlust, Return-on-investment,
- Vermögens- und Kapitalstruktur, z. B. Bilanz zu Weiterführungs- und Zerschlagungswerten, Eigenkapitalquote, nicht bilanzierte Risiken wie Sonderabschreibungen, Rückstellungen auf Garantieleistungen, Sozialansprüche etc.
- Unternehmenswerte, d. h. Ertragswert, Substanzwert und Liquidationswert.

657

Qualitative Daten, wie z. B.

- Gesamtwirtschaftschaftliche Aspekte, z. B. politische Veränderungen, laufende Gesetzesinitiativen, militärische Auseinandersetzungen mit Auswirkungen auf den Markt
- Bracheninformationen, z. B. Wettbewerbsbeschränkungen, Makro-Unzufriedenheit, gesundheitliche Risiken, Umweltaspekte, Ursprungsländer, Modetrends, etc.
- bzgl. des Absatzmarktes, z. B. Sortimentsstruktur, Produktgestaltung, (Un)zufriedenheitsgründe, Testergebnisse, Preisakzeptanz, etc.
- Beschaffungsmarkt, z. B. Stärken-/Schwächenprofil der Lieferanten, Preiselastizitäten, Preisbildungsfaktoren, etc.
- Kapitalmarkt, z. B. Dauer der Bankverbindungen, Vertrauensverhältnis, Zinstrend, etc.
- Arbeitsmarkt, z. B. Lohnniveau, Qualifikationsstruktur, etc.
- Leistungserstellungsbereiche, z. B. Qualifikation der Mitarbeiter, Bereitschaft zu Mehr-/Kurzarbeit, Forschungs- und Entwicklungsaktivitäten

- Organisation und Führung, z. B. Qualifikation und Leistungsvermögen des Top- und Middle-Managements, EDV-Organisation, etc.
- Struktur und Erscheinungsbild, z. B. Eignung der Rechtsform, des Standortes, Ruf des Unternehmens, Corporate Identity, Analyse der Kapitaleigner und des Aufsichtsrates, Betriebsrates, etc.

1.2 Die Sanierungsziele und -maßnahmen

658 Mit Hilfe der oben bezeichneten Daten werden

- der Krisenherd (externe oder interne Krise; zur Krisendiagnose eingehend s. Hess/Fechner/Freund/Körner, Sanierungshandbuch, 3. Aufl. 1998, S. 17. ff),
- die Art der Krise (Liquiditätskrise, Erfolgskrise oder strategische Krise) sowie
- deren Intensität (existenzbedrohende oder existenzvernichtende Krise)

ermittelt.

659 Ergibt sich aus der Unternehmensanalyse, daß das Krisenunternehmen **sanierungsfähig** ist, so können auf der Basis dieser Schwachstellenanalyse kurzfristige und langfristige Handlungsziele entwickelt werden, die nicht an den Folgen sondern der **Ursache** der Unternehmenskrise ansetzen.

660 Sanierungsfähigkeit liegt vor, wenn das Unternehmen nach der Durchführung von Sanierungsmaßnahmen in der Lage ist, nachhaltig einen Überschuß der Einnahmen über die Ausgaben zu erzielen (Maus in Kölner Schrift zur Insolvenzordnung, 1997, S. 707, 716).

661 Sofern das Unternehmen nicht sanierungsfähig ist, hat eine Liquidation stattzufinden.

662 Im Fall der Sanierungsfähigkeit ist auf der Grundlage der Sanierungsziele im darstellenden Teil ein Maßnahmenkatalog mit konkreten Sanierungsmaßnahmen zusammenzustellen, der **Sanierungsplan** (vgl. dazu auch Smid/Rattunde, a. a. O., Rz. 278, die zwischen autonomen Sanierungsmaßnahmen, d. h. Maßnahmen, die das Unternehmen aus sich heraus vornehmen kann, wie z. B. organisatorischen Maßnahmen auf dem Gebiet der Kapitalbeschaffung, Verbesserungen der Absatzstruktur, Marketingmaßnahmen, und heteronomen Sanierungsmaßnahmen, also insolvenzspezifischen Maßnahmen, die nur unter Einbeziehung Dritter verwirklicht werden können, z. B. insolvenzarbeitsrechtliche Maßnahmen, Nichterfüllung gegenseitiger Verträge, Insolvenzanfechtung, differenzieren).

Die möglichen Sanierungsmaßnahmen sind vielfältig. 663

Als **finanzwirtschaftliche** Maßnahmen können 664

- die Gesellschafter Eigenkapital zuführen oder Darlehen gewähren,
- die Lieferanten einen Zahlungsaufschub gewähren, Verbindlichkeiten und/oder Zinsen erlassen, kurzfristige Kredite in langfristige umgestalten oder Kredite in Beteiligungen umwandeln,
- die Bankengläubiger auf die Kündigung bestehender Verträge verzichten und/oder neue Kredite gewähren, auf Zinsen verzichten, sich über Beteiligungsgesellschaften einbringen (vgl. in diesem Zusammenhang die Neuregelung des §32 a Abs. 3 GmbHG durch das Gesetz zur Kontrolle und Transparenz im Unternehmensbereich vom 5. 3. 1998); hierdurch wird es einem Kreditgeber ermöglicht, in der Krise einer GmbH Gesellschaftsanteile und unternehmerische Kontrolle zu übernehmen, ohne daß ein Darlehen eigenkapitalersetzenden Charakter hat, sofern die Übernahme zum Zweck der Sanierung erfolgte) und Patronatserklärungen gewähren,
- die Finanzämter Steuern stunden, erlassen oder einen Vollstreckungsaufschub gewähren,
- die Sozialversicherungsträger Beiträge stunden oder Vollstreckungsaufschub gewähren,
- die öffentliche Hand Subventionen gewähren.

Als typische **leistungswirtschaftliche** Sanierungsmaßnahmen kommen beispielsweise in Betracht 665

- Betriebsänderungen, vor allem Personalabbau und sonstige personelle Maßnahmen wie Kurzarbeit, Änderungskündigungen, Abbau freiwilliger sozialer Leistungen
- Auflösung stiller Reserven
- Neuorganisation der Lagerpolitik durch den Abbau kostenintensiver Vorratshaltung
- Liquiditätserhöhung durch Beschleunigung und Effektivierung des Forderungseinzuges
- Senkung der Produktionsaufwendungen und Produktivitätssteigerung
- erlöserhöhende Maßnahmen, z. B. strategische Preiserhöhungen
- Stärkung des Vertriebs und des Managements.

666 Im darstellenden Teil sind die Sanierungsansätze nicht nur abstrakt, sondern auch in ihren Auswirkungen auf die einzelnen Gläubigergruppen zu beschreiben (Zu differenzieren ist hierbei nach den im gestaltenden Teil gebildeten Abstimmungsgruppen, d. h. zumindest nach den im Gesetz vorgegebenen Gruppen gemäß §222 InsO, d. h. Absonderungsberechtigten, soweit in ihre Rechte eingegriffen wird, nicht nachrangigen Insolvenzgläubigern, den einzelnen Rangklassen der nachrangigen Gläubiger, außerdem ggfls. Kleingläubigern und Arbeitnehmern; vgl. auch Braun/Uhlenbruck, Unternehmensinsolvenz, a. a. O. S. 516).

2. Nach der Verfahrenseröffnung zu ergreifende Maßnahmen

667 Zur Verwirklichung des Sanierungskonzepts ist es häufig unerläßlich, daß bestimmte Maßnahmen – vor allem zur Sicherung und Erhaltung des bestehenden Unternehmens – bereits unmittelbar nach der Eröffnung des Insolvenzverfahrens durchgeführt bzw. unterlassen werden.

668 Da nicht alle im Sanierungskonzept enthaltenen Maßnahmen auch der Zustimmung der Gläubiger bedürfen, kann der Insolvenzverwalter zur Vorbereitung eines von ihm eingereichten Insolvenzplanes innerhalb seiner Verwaltungs- und Verfügungsbefugnis bereits bestimmte Sanierungsmaßnahmen vorwegnehmen, z. B. Anweisungen an das Personal zur Straffung des Zahlungsverkehrs, Aufnahme von Verhandlungen mit dem Betriebsrat über einen Interessenausgleich und Sozialplan, Durchführung von Kündigungen, Veräußerung unrentabler Bereiche etc.

669 Soweit jedoch die Durchführung eines vorgelegten Insolvenzplanes durch die Fortsetzung der Verwertung und Verteilung gefährdet würde, kann das Insolvenzgericht auf Antrag des Schuldners oder Insolvenzverwalters ein Verwertungs- und Verteilungsmoratorium erlassen (§233 InsO).

3. Vergleichsrechnung

670 Im darstellenden Teil des Insolvenzplans ist anhand einer Vergleichsrechnung darzustellen, in welchem Umfang die Gläubiger auf der Basis eines Insolvenzplans bzw. ohne den Insolvenzplan bei gesetzlicher Verwertung befriedigt würden. Hierbei ist es ausreichend, wenn nach den einzelnen Gläubigergruppen differenziert wird; nicht notwendig ist eine Gegenüberstellung in bezug auf alle Einzelgläubiger.

671 Durch die Vergleichsrechnung soll den Gläubigern einerseits die Entscheidungsgrundlage für die Abstimmung gegeben werden, zum anderen hat sie

Bedeutung für die Vorschriften der §§245 Abs. 1 Nr. 1, 247 Abs. 2 Nr. 1 und 251 Abs. 1 Nr. 2 InsO, wonach das Insolvenzgericht die fehlende Zustimmung einer Gläubigergruppe bzw. einen Widerspruch des Schuldners oder eines Gläubigers durch Beschluß ersetzen kann, wenn der Insolvenzplan die Beteiligten nicht schlechter stellt, als eine Liquidation ohne Insolvenzplan (Maus in Kölner Schrift zur Insolvenzordnung, 1997, S. 707, 718).

672 Basis der Vergleichsrechnung ist zum einen das Verzeichnis der Massegegenstände (§151 InsO), aus dem der geschätzte mutmaßliche Liquidationserlös im Fall der gesetzmäßigen Verwertung abgeleitet werden kann, zum anderen die Plan-Gewinn- und Verlustrechnung. In der Regel muß hier die Einzelveräußerung im Wege des freihändigen Verkaufs oder der Versteigerung zugrunde gelegt werden; nur bei konkreten Anhaltspunkten ist eine Gesamtverwertung anzunehmen. Die Bewertung nach der Ertragswertmethode scheidet wegen der chronischen Ertragslosigkeit des insolventen Unternehmens aus (vgl. Braun/Uhlenbruck, Unternehmensinsolvenz, a. a. O. S. 612 f.).

4. Insolvenzstraftaten

673 Die InsO knüpft anders als das Vergleichs- und Zwangsvergleichsrecht (§§17 Nr. 3, 79 Nr. 2 VglO, §175 Nr. 2, 3 KO) nicht an die Vergleichswürdigkeit und Redlichkeit des Schuldners an. Dies hängt mit dem Umstand zusammen, daß der Insolvenzplan nicht als Rechtswohltat angesehen wird, sondern in erster Linie die Gläubigerautonomie im Vordergrund stehen soll.

674 Die Gläubiger können daher auch aus Sanierungsgründen oder im Interesse der Allgemeinheit einen Plan annehmen, der eine geringere als die gesetzliche Befriedigung im Fall der Liquidation vorsieht (vgl. auch Braun/Uhlenbruck, Unternehmensinsolvenz, a. a. O. S. 466 f.; vgl. dort auch die Ausführungen zur Trennung von Insolvenzplanfähigkeit und Würdigkeit des Schuldners in Hinblick auf die Restschuldbefreiung).

675 Dennoch ist es im Fall einer Betriebsfortführung durch den Schuldner in Hinblick auf seine Glaubwürdigkeit für die Gläubiger bedeutsam zu erfahren, ob der Schuldner sich eines Insolvenzdelikts (z. B. Bankrott, §283 StGB) strafbar gemacht hat.

5. Beteiligungen der Gläubiger

676 Zur möglichst umfassenden Information der Gläubigergemeinschaft ist es darüber hinaus wichtig, Beteiligungen einzelner Gläubiger an dem schuld-

nerischen Unternehmen (Aktien!) offenzulegen, damit Einzelinteressen erkennbar werden (aus der Begründung zu §261 InsO geht hervor, daß für diese Gläubiger u. U. eine eigene Gruppe gebildet werden sollte; außerdem sei es häufig gerechtfertigt, die planmäßigen Leistungen an diese Gläubiger unter Berücksichtigung des Wertzuwachses aus den Aktien geringer zu bemessen).

6. Sanierung des Schuldners

677 Kernstück des darstellenden Teils sind die Angaben, inwiefern

- die Rechtsform (z. B. im Wege einer Umwandlung nach dem Umwandlungsgesetz oder die Übertragung auf eine Fortführungsgesellschaft)
- die gesellschaftsrechtliche Struktur oder
- die Beteiligungsverhältnisse

des schuldnerischen Unternehmens mit oder ohne Zustimmung des Schuldners durch den Insolvenzplan geändert werden sollen.

678 Hierbei stehen mit einer ganzen Reihe von Gestaltungsmöglichkeiten zwei Grundvarianten zur Verfügung (vgl. auch Braun/Uhlenbruck, Unternehmensinsolvenz, a. a. O. S. 563; Maus in Kölner Schrift zur Insolvenzordnung, 1997, S. 707, 710ff.):

- die Fortführung des Unternehmens oder eines Teils des Unternehmens durch den Insolvenzverwalter oder den Schuldner (Eigensanierung) verbunden mit leistungswirtschaftlichen Maßnahmen oder
- die Betriebs- bzw. Teilbetriebsveräußerung.

6.1 Fortführung des Unternehmens durch den Schuldner

679 Die **Eigensanierung** kommt dann in Betracht, wenn dem Unternehmen in erster Linie neues Haftungskapital zugeführt werden soll: Als Kapitalgeber kommen dabei sowohl alte als auch neue Gesellschafter in Betracht (vgl. Hess/Obermüller, Insolvenzplan, Restschuldbefreiung, Verbraucherinsolvenz, a. a. O., Rz. 618; s. a. Braun/Uhlenbruck, Unternehmensinsolvenz, a. a. O. S. 563). Dies geht in der Regel mit einer Änderung der Rechtsform (z. B. Umwandlung einer OHG in eine GmbH oder Abspaltung eines (rentablen) Betriebsteils) und der Aufnahme neuer Gesellschafter einher.

680 Da die Eigensanierung stets einen Vergleich mit den Gläubigern zum Abbau der Überschuldung beinhaltet, d. h. in der Regel die Zahlung eines Teilbetrages an die Gläubiger gegen Verzicht auf die übrigen Forderungen, ist diese

Sanierungsvariante regelmäßig teurer als die übertragene Sanierung, bei der die Gläubiger aus dem Veräußerungserlös befriedigt werden (Maus in Kölner Schrift zur Insolvenzordnung, 1997, S. 707, 712).

6.2 Betriebsveräußerung

681 Neben der Eigensanierung kommt die Veräußerung des schuldnerischen Unternehmens an eine Betriebsübernahmegesellschaft (zum Begriff der Betriebsübernahmegesellschaften s. o.) oder eine Auffanggesellschaft in Betracht.

682 Auffanggesellschaften sind im Gegensatz zu den Betriebsübernahmegesellschaften regelmäßig nur auf Zeit angelegt, um das Krisenunternehmen aufzufangen, seinen vollständigen Untergang zu verhindern, ohne sich dabei – wie die Sanierungsgesellschaft – die gesamten Verpflichtungen aufzuerlegen oder – wie die Betriebsübernahmegesellschaft – die finanziellen Verpflichtungen des Betriebserwerbs aufzuladen (Hess/Obermüller, Insolvenzplan, Restschuldbefreiung, Verbraucherinsolvenz, a. a. O., Rz. 626).

VII. Gestaltender Teil des Insolvenzplans

1. Festlegung der Rechtsstellung der Beteiligten durch den Insolvenzplan

683 In dem gestaltenden Teil sind die in die Rechtsstellung der Beteiligten **eingreifenden** Regelungen enthalten.

684 Als Beteiligte sind hierbei gemäß § 222 InsO anzusehen

- die Insolvenzgläubiger, einschließlich der nachrangigen Gläubiger und
- die Absonderungsberechtigten. Sie sind im gestaltenden Teil des Insolvenzplans aber nur dann zu berücksichtigen, wenn in ihre Rechtsstellung eingegriffen wird, vgl. §§ 222 Abs. 1 Nr. 1, 223 InsO, ansonsten genügt ein kurzer Hinweis, daß die Rechtsstellung der Absonderungsberechtigten durch den Plan nicht berührt wird (vgl. zur Eingriffsberechtigung bzgl. der Absonderungsrechte Braun/Uhlenbruck, Unternehmensinsolvenz, a. a. O. S. 579 f.).

685 Keine im Planverfahren Beteiligten sind die Ausonderungsberechtigten (§ 47 InsO; vgl. §§ 222 ff. InsO; so auch Braun/Uhlenbruck, Unternehmensinsolvenz, a. a. O. S. 580). Zur Einbeziehung der Aussonderungsberechtigten in einen Insolvenzplan bedarf es daher der Zustimmung jedes betroffe-

nen Aussonderungsgläubigers; eine Gruppenabstimmung mit Mehrheitsergebnis scheidet insofern aus.

686 Nicht als Beteiligte im formalen Sinn sind auch der Schuldner bzw. die am Schuldner beteiligten Personen anzusehen (vgl. §222 InsO). Daß der Schuldner dennoch materiell-rechtlich als Beteiligter angesehen werden muß, ergibt sich u. a. aus den Gesetzesmaterialien zu §221 InsO (so auch Smid/Rattunde, a. a. O., Rz. 337 f.).

687 Im gestaltenden Teil kommen als Regelungen beispielsweise in Betracht

- (Teil-)Verbindlichkeitenerlaß
- Betriebsfortführung durch den Schuldner (z. B. unter Aufsicht des Verwalters)
- Betriebsfortführung verbunden mit Gesellschafterwechsel
- Stundungen der Verbindlichkeiten der verschiedensten Gläubiger
- Verzicht der absonderungsberechtigten Gläubiger auf Zinsen nach §169 InsO
- Zahlung eines höheren Verwertungskostenbeitrages (§171 InsO) durch die Absonderungsberechtigten gegen Besserungsschein
- Umwandlung von Forderungsrechten in Eigenkapital („dept-equity-swaps“; vgl. zur Zulässigkeit derartiger Regelungen im deutschen Recht Braun/Uhlenbruck, Unternehmensinsolvenz, a. a. O. S. 586)

2. Gruppenbildung

688 Eine der wahrscheinlich schon vor Inkrafttreten der InsO umstrittensten Regelung ist die Frage, nach welchen Kriterien die in §222 InsO geforderte Bildung von Abstimmungsgruppen im gestaltenden Teil zu erfolgen hat (vgl. hierzu Smid, InVo 1997, 169 und die Replik von Hess/Weis, InVo 1998, 64; s. a. Hess/Obermüller, Insolvenzplan, Restschuldbefreiung, Verbraucherinsolvenz, a. a. O. S. 41 ff.; Smid/Rattunde, a. a. O. Rz. 432 ff.; Braun/Uhlenbruck, Unternehmensinsolvenz, a. a. O. S. 516 f., 589).

689 Sinn und Zweck der Gruppenbildung ist die Berücksichtigung der unterschiedlichen wirtschaftlichen Interessen verschiedener Gläubigergruppen (vgl. die Begr. RegE zu §222 InsO). Die Bedeutung der Gruppenbildung liegt im planstrategischen Bereich – je nach Einteilung der Gläubiger können Abstimmungsergebnisse und Mehrheiten von dem Planersteller beeinflußt werden, m. a. W. **„die Gruppenbildung ist der strategische Schlüs-**

sel zur Mehrheitsfrage“ (so Braun/Uhlenbruck, Unternehmensinsolvenz, a. a. O. S. 516).

Nach § 222 Abs. 1 InsO muß der Insolvenzplan zumindest zwischen den dort genannten Gläubigergruppen differenzieren, nämlich 690

- den Absonderungsberechtigten, wenn durch den Insolvenzplan in ihre Rechte eingegriffen wird
- den nicht nachrangigen Gläubigern
- den einzelnen Rangklassen der nachrangigen Insolvenzgläubiger (vgl. §§ 39, 327 InsO) soweit die Forderungen nicht gemäß § 225 Abs. 1 InsO als erlassen gelten.

Innerhalb der Beteiligten mit gleicher Rechtsstellung können gemäß § 222 Abs. 2 InsO Gruppen gebildet werden, in denen Gläubiger mit gleichartigen wirtschaftlichen Interessen zusammengefaßt werden (z. B. Kreditgeber, Lieferanten, Vermieter, Energielieferanten, Unterhaltsberechtigte, etc.). Diese Gruppen müssen sachgerecht voneinander abgegrenzt werden, wobei die Abgrenzungskriterien im Insolvenzplan anzugeben sind. 691

Gemäß § 222 Abs. 3 InsO soll für die 692

- Arbeitnehmer und
- die Kleingläubiger

eine eigene Gruppe gebildet werden, wobei man sich die Frage stellen kann, ob die Arbeitnehmer ihrerseits Untergruppen bilden können (z. B. Angestellte, Arbeiter oder nach der Art der Forderung, z. B. Löhne und Gehälter, Urlaubsgeld, Gratifikationen, Abfindungen, Gewinnbeteiligungen, etc.).

Ein Abgrenzungskriterium zur Gruppenbildung stellt neben der rechtlichen Stellung der Gläubiger (§ 222 Abs. 1 InsO) und den gleichartigen wirtschaftlichen Interessen die Werthaltigkeit der Forderungen dar (str. vgl. Hess/Weis, InVo 1998, 64; **a. A.** Smid, InVo 1997, 169, der diese Möglichkeit entgegen dem Gesetzeswortlaut unter Hinweis auf angebliche Bewertungsunsicherheiten ausschließt). Auch die Behauptung, im amerikanischen Recht sei das Kriterium der Werthaltigkeit unmaßgeblich, erweist sich bei näherer Betrachtung als haltlos (vgl. Hess/Weis, InVO 1998, 64, 66). 693

Je nach den Umständen des Einzelfalles lassen sich anhand der oben erwähnten Kriterien eine ganze Reihe möglicher Abstimmungsgruppen bilden (vgl. die Beispiel bei Hess/Weis, InVo 1998, 64, 67, und Braun/Uhlenbruck, Unternehmensinsolvenz, a. a. O. S. 595). 694

695 Die sachliche Abgrenzung der Gruppenbildung soll der Inhaltskontrolle des Insolvenzgerichts nach § 231 Abs. 1 Nr. 1 InsO unterliegen (ausführlich hierzu Hess/Weis, InVo 1998, 64; so auch Smid InVo 1997, 169; vgl. auch die Begr. RegE zu § 231 InsO). In diesem Zusammenhang wird von einzelnen Autoren die Auffassung vertreten, daß die Maßstäbe zur Prüfung eines vom Schuldner vorgelegten Insolvenzplans in analoger Anwendung der §§ 12, 18 VglO gefunden werden könnten.

696 Dies widerspricht jedoch dem Wortlaut des § 231 Abs. 1 Nr. 1 InsO, wonach das Insolvenzgericht nur zu prüfen hat, ob der Plan vom Schuldner oder dem Insolvenzverwalter vorgelegt worden ist und ob er inhaltlich in einen darstellenden und einen gestaltenden Teil gegliedert ist. Das Prüfungsrecht ist daher auf die Fragen beschränkt, ob das Recht zur Vorlage und der Inhalt des Plans beachtet sind. Entgegen der oben genannten Mindermeinung rechtfertigt nämlich die Angst vor manipulativer Aufteilung der Gläubigergemeinschaft (vgl. Smid/Rattunde, a. a. O., S.452) es nicht, dem Insolvenzgericht über den Wortlaut des Gesetzes hinaus eine dort nicht vorgesehene Inhaltskontrolle über die Gruppenbildung zu übertragen, selbst dann nicht, wenn der Insolvenzplan und die Gruppenbildung vom Schuldner vorgeschlagen wurde.

3. Gleichbehandlungsgrundsatz

697 Nach § 226 InsO sind grundsätzlich allen Gläubigern einer Gruppe gleiche Rechte anzubieten. Abweichende Regelungen sind nur dann zulässig, wenn die zustimmende Erklärung der betroffenen Beteiligten dem Plan beigefügt wird (§ 226 Abs. 2 InsO).

698 Das in § 226 InsO normierte Gebot der wirtschaftlichen Gleichbehandlung ist auch dann noch erfüllt, wenn für unterschiedlich hohe Forderungen verschiedene Planquoten vorgesehen sind (vgl. Bley/Mohrbutter, VglO, § 8 Rz. 18; Hess/Obermüller, Insolvenzplan, Restschuldbefreiung, Verbraucherinsolvenz, a. a. O., 39).

699 Eine besondere Ausprägung des Gleichbehandlungsgebotes stellt das Verbot von Sonderabkommen (§ 226 Abs. 3 InsO) dar, wonach alle Abkommen des Insolvenzverwalters, des Schuldners oder anderer Personen mit einzelnen Beteiligten, durch das diesen für ihr Verhalten bei Abstimmungen oder in sonstigem Zusammenhang mit dem Insolvenzverfahren ein nicht im Insolvenzplan vorgesehener Vorteil gewährt wird, nichtig sind.

700 Sonderabkommen können sowohl in schuldrechtlichen Verträgen als auch in Gestaltungsakten, Ermächtigungen (vgl. Obermüller, DB 1976, 901 f.) und

Verfügungsgeschäften liegen. Die Bevorzugung des oder der Gläubiger besteht in Form der (objektiven) Besserstellung (z. B. Einräumung eines Besserungsscheins, Finanzierungshilfen durch Vorauszahlung auf zukünftige Leistungen, Verkauf von Waren unter Wert, Schaffung eines neuen Schuldgrundes).

701 Das Verbot der Sonderabkommen greift in zeitlicher Hinsicht ein, sobald ein Insolvenzplan in Erwägung gezogen wird. Nichtig ist das Sonderabkommen jedoch nur, wenn der Insolvenzplan rechtswirksam zustande kommt, da es anderenfalls an einer Bevorzugung im Zusammenhang mit dem Insolvenzplan fehlt (Hess/Obermüller, Insolvenzplan, Restschuldbefreiung, Verbraucherinsolvenz, a. a. O., 39, 41).

4. Haftung des Schuldners

702 Gemäß §227 InsO wird der Schuldner (bzw. bei Gesellschaften ohne Rechtspersönlichkeit, §11 Abs. 2 InsO, oder Kommanditgesellschaften auf Aktien gemäß §227 Abs. 2 InsO die Gesellschafter), sofern der Plan nichts anderes vorsieht, mit der im gestaltenden Teil vorgesehenen Befriedigung der Gläubiger von seinen restlichen Verbindlichkeiten gegenüber diesen Gläubigern befreit. Er darf durch den Insolvenzplan nicht schlechter gestellt werden, als er ohne Plan stünde, ihm darf also keine weitergehende Haftung auferlegt werden (§§247, 248 InsO).

703 Ein wesentlicher Unterschied zwischen der Vorschrift des §227 InsO, der eine den §§286 ff. InsO entsprechende Regelung über die Restschuldbefreiung in den Insolvenzplan integriert, und der gesetzlichen Restschuldbefreiung besteht darin, daß der Schuldner im Insolvenzplanverfahren keine Wohlverhaltenspflichten (vgl. §§295, 296 InsO) und Redlichkeitsansprüche (vgl. §290 InsO) erfüllen muß, da die Annahme des Insolvenzplans der Gläubigerautonomie unterliegt. Den Gläubigern steht es jedoch frei, die Restschuldbefreiung nach dem Insolvenzplan von einer den §§290, 295 InsO entsprechenden Regelung abhängig zu machen.

704 Die Befreiung des Schuldners erfolgt erst, wenn die in dem Plan vorgesehene Befriedigung der einzelnen Gläubiger tatsächlich erfolgt ist. Sofern nur einzelne Gläubiger befriedigt werden, tritt ihnen gegenüber bereits die Restschuldbefreiung ein (so können z. B. die Forderungen der sog. Kleingläubiger nach dem Insolvenzplan vorweg zu einem bestimmten Quotalsatz befriedigt werden), während der Schuldner den übrigen Gläubigern weiterhin verpflichtet bleibt.

5. Änderung sachenrechtlicher Verhältnisse

705 Gemäß § 228 S. 1InsO können in den Insolvenzplan Willenserklärungen zur Begründung, Änderung, Übertragung oder Aufhebung von Rechten an Gegenständen aufgenommen werden, ohne daß es einer zusätzlichen notariellen Beurkundung bedarf. Diese Willenserklärungen gelten im Fall der Bestätigung des Insolvenzplans als in der vorgeschriebenen Form abgegeben. Sofern eingetragene Rechte an einem Grundstück, Schiff bzw. Schiffsbauwerk oder Luftfahrzeug betroffen sind, schreibt § 228 S. 2, 3 InsO im Hinblick auf § 28 GBO eine exakte Beschreibung der betroffenen Rechte vor.

706 Um Unklarheiten und spätere Haftungsansprüche zu vermeiden, ist es ratsam, bei der Aufnahme komplexerer Gestaltungen in den Insolvenzplan (z. B. gesellschaftsrechtlichen Umwandlungen, Aufspaltungen, Verschmelzungen) eine gründliche vertragsmäßige Ausgestaltung im Vorfeld, unter Heranziehung eines sachkundigen Notars oder Rechtsanwaltes vorzunehmen.

VIII. Plananlagen aus dem Rechnungswesen

707 Sofern die Erfüllung der Planverbindlichkeiten aus den Erträgen eines vom Schuldner oder einem Dritten fortgeführten Unternehmens erfolgen soll, schreibt § 229 InsO die Beifügung einer Vermögensübersicht, in der die Aktiva und Passiva gegenübergestellt werden, vor.

708 In der Vermögensübersicht sind in entsprechender Anwendung der §§ 153 Abs. 1, 151 Abs. 2, 152 Abs. 2 InsO Fortführungswerte zugrunde zu legen sowie die Liquidationswerte, sofern diese von dem Fortführungswert abweichen (vgl. auch Braun/Uhlenbruck, Unternehmensinsolvenz, a. a. O. S. 528 ff.). Als typisches Beispiel für einen solchen Fall sind die sog. „Halbfertigprodukte“ zu nennen, deren Zerschlagungswert meist unter dem Materialwert liegt, die aber im Fall der Ausproduktion zu einem erheblich höheren Preis veräußert werden können.

709 Auf der Passivseite der Vermögensübersicht sind die Absonderungsberechtigten und die nachrangigen Gläubiger von den übrigen Gläubigern gesondert aufzuführen (§ 152 Abs. 2 InsO; vgl. das Muster einer Vermögensübersicht in Hess/Obermüller, Insolvenzplan, Restschuldbefreiung und Verbraucherinsolvenz, S. 18; zu den einzelnen Anforderungen ausführlich Braun/ Uhlenbruck, Unternehmensinsolvenz, a. a. O. S. 528 ff.).

710 Die in der Vermögensübersicht anzusetzenden Werte knüpfen weder an die handels- noch an die steuerrechtlichen Bilanzen der Vergangenheit an, es

handelt sich vielmehr um eine isolierte Stichtagsrechnung (Braun/Uhlenbruck, Unternehmensinsolvenz, a. a. O. S. 536), in der die Zerschlagungswerte und gegebenenfalls hiervon abweichende Fortführungswerte wiedergegeben werden.

711 Durch die zu erstellende Plan-Gewinn- und Verlustrechnung soll den Gläubigern auf der Basis einer handelsrechtlichen Ermittlung der prognostizierten Einnahmen und Ausgaben der notwendige Überblick über die zukünftige Ertragssituation des fortzuführenden Unternehmens ermöglicht werden (vgl. Braun/Uhlenbruck, Unternehmensinsolvenz, a. a. O. S. 541; vgl. auch das Muster einer GuV-Rechnung in Hess/Obermüller, Insolvenzplan, Restschuldbefreiung und Verbraucherinsolvenz, S. 21;). Die Plan-Gewinn- und Verlustrechnung erfüllt damit gleichzeitig Informations- und Steuerungszwecke.

712 Auf der Grundlage der Gewinn- und Verlustrechnung ist als weitere Anlage eine Plan-Liquiditätsrechnung zu erstellen, die über die zukünftige Liquidität des Unternehmens unter Zugrundelegung der im Insolvenzplan vorgesehenen Zahlungstermine Aufschluß gibt. Anders als die zeitraumbezogene Gewinn- und Verlustrechnung zeigt die Plan-Liquiditätsrechnung den Liquiditätsstand zu bestimmten zukünftigen Zeitpunkten auf (z. B. Wochen, Monate, Quartale).

IX. Annahme und Bestätigung des Insolvenzplans

1. Erörterungs- und Abstimmungstermin (§§ 235 ff. InsO)

713 Zur Erörterung und Abstimmung über den Insolvenzplan hat das Insolvenzgericht nach erfolgter Vorprüfung einen Termin festzulegen, der nicht über einen Monat hinaus angesetzt werden soll und nicht vor dem Prüfungstermin (aber gemeinsam mit diesem) stattfinden darf.

714 Die in § 235 InsO erwähnte Soll-Frist von maximal einem Monat beginnt mit der Niederlegung des Insolvenzplans in der Geschäftsstelle, da das Insolvenzgericht zu diesem Zeitpunkt bereits die Vorprüfung des Plans abgeschlossen und den in § 232 InsO genannten Personen die Möglichkeit einer Stellungnahme gegeben haben muß. Der Termin des Erörterungs- und Abstimmungstermins ist öffentlich bekannt zu machen.

715 Daneben hat das Insolvenzgericht unter Beifügung einer Kopie des Plans oder einer gestrafften Zusammenfassung zum Erörterungs- und Abstimmungstermin folgende Personen gesondert zu laden (§235 Abs. 2 InsO):

- die Gläubiger, die Forderungen angemeldet haben
- die absonderungsberechtigten Gläubiger
- den Insolvenzverwalter
- den Schuldner
- den Betriebsrat und den Sprecherausschuß der leitenden Angestellten.

716 Sachdienlich ist daneben die zusätzliche Ladung von Dritten, welche in die Regelungen des Insolvenzplanes einbezogen wurden. Die schriftliche Erklärung dieser Personen hinsichtlich der Übernahme eigener Pflichten gegenüber den Gläubigern ist zwar nach §230 Abs. 3 InsO als Plananlage vorgeschrieben, es können sich während der Erörterung aber u. U. geringfügige Modifikationen des Plans in Hinblick auf diese Verpflichtungen Dritter (§240 InsO) ergeben, die eine Abstimmung über den Plan im Fall der Abwesenheit des Dritten unmöglich machen und das Verfahren unnötig verzögern.

717 Im Rahmen des einheitlichen Erörterungs- und Abstimmungstermins werden zunächst die Stimmrechte der einzelnen Insolvenzgläubiger und Absonderungsberechtigten erörtert und festgestellt, wobei das Ergebnis dieser Verhandlung vom Urkundsbeamten der Geschäftsstelle in eine Stimmliste zu übernehmen ist (§239 InsO).

2. Stimmrechtsfeststellung der Insolvenzgläubiger

718 Die Stimmrechtsfeststellung der Insolvenzgläubiger erfolgt gemäß §237 InsO im wesentlichen nach der allgemeinen Vorschrift des §77 InsO. Stimmberechtigt sind davon abweichend allerdings nur Gläubiger, deren Forderungen durch den Insolvenzplan beeinträchtigt werden (§237 InsO), wobei die Besonderheit gilt, daß absonderungsberechtigte Gläubiger hinsichtlich ihres (geschätzten) Ausfalls oder im Fall des Verzichts auf die Geltendmachung des Absonderungsrechts in Höhe der vollen Forderung berücksichtigt werden, wenn der Schuldner ihnen auch persönlich haftet. Entsprechende Anwendung findet §237 InsO auf die Ausfallsfordungen der aussonderungsberechtigten Gläubiger, welche ebenfalls als Insolvenzforderungen zu qualifizieren sind.

3. Stimmberechtigung der absonderungsberechtigten Gläubiger

719 In Ergänzung der §§ 237, 77 InsO regelt § 238 InsO die Stimmberechtigung aufgrund des gesicherten Teils der Forderung der Sicherungsgläubiger.

720 Absonderungsberechtigte Gläubiger sind danach nur dann stimmberechtigt, wenn in ihre Rechtsstellung eingegriffen und sie hierdurch benachteiligt werden. Im Termin sind ihre Rechte einzeln zu erörtern. Das Stimmrecht ist festgestellt, sofern ein Recht von keinem der Verfahrensbeteiligten bestritten wird; anderenfalls hat das Insolvenzgericht über das Stimmrecht durch unanfechtbaren Beschluß zu entscheiden (arg. ex §§ 6, 77, 238 InsO; vgl. zur KO § 95 Abs. 3 KO; kritisch zur Unanfechtbarkeit Smid/Rattunde, a. a. O. S. 121, die in diesem Zusammenhang u. U. erneut eine Verletzung des rechtlichen Gehörs vermuten). Entsprechendes gilt für aufschiebend bedingte oder nicht fällige Rechte.

4. Änderungen des Insolvenzplans im Abstimmungstermin (§ 240 InsO)

721 Im Anschluß an die Stimmrechtsfeststellung werden die inhaltlichen Regelungen des Insolvenzplanes erörtert. Sofern in diesem Zusammenhang geringfügige Änderungen des Plans erforderlich werden, können diese vom Planersteller noch im Termin angebracht werden. Anschließend kann über den geänderten Insolvenzplan abgestimmt werden.

722 Wesentliche Änderungen, die sich auf den Kern des Insolvenzplans beziehen, können auf diesem Weg jedoch nicht vorgenommen werden, da ansonsten die Bestimmungen über die Planauslegung und die Stellungnahmen bestimmter Personengruppen umgangen würden. Dies folgt aus dem Umstand, daß ansonsten über den Umweg des § 240 InsO ein Planinitiativrecht der Gläubiger geschaffen würde; zudem besteht die Gefahr, daß der Schuldner im Termin von den Gläubigern unter Druck gesetzt wird. Eine wesentliche Änderung würde z. B. der Übergang von der Eigensanierung zur übertragenden Sanierung darstellen. Änderungen gegen den Willen des Planvorlegenden sind ebenfalls unzulässig.

5. Bestimmung eines gesonderten Abstimmungstermins

723 Sofern in dem einheitlichen Erörterungs- und Abstimmungstermin keine Abstimmung über den Insolvenzplan zustande kommt, kann das Insolvenzgericht einen gesonderten Abstimmungstermin nicht über einen Monat hin-

aus bestimmen. Eine derartige Vorgehensweise kommt vor allem in folgenden Fällen in Betracht:

- wenn aufgrund der Vielzahl der Insolvenzgläubiger und Absonderungsberechtigten bereits die Erörterung und Feststellung der Stimmrechte sehr zeitintensiv ist und nicht in einem Termin erfolgen kann
- wenn sich in dem Termin herausstellt, daß umfangreichere Änderungen oder Ergänzungen des Plans vonnöten sind.

724 Zu dem gesonderten Abstimmungstermin sind nur die Gläubiger, deren Stimmrecht festgestellt wurde, und der Schuldner zu laden. Einer Ladung des Insolvenzverwalters und der übrigen in §235 Abs. 3 InsO genannten Personen bedarf es nach dem Wortlaut des §241 Abs. 2 InsO nicht mehr. Grund hierfür ist der Umstand, daß in dem gesonderten Abstimmungstermin keine Erörterung mehr vorgesehen ist und insofern den genannten Personen kein rechtliches Gehör mehr gewährt werden muß.

6. Annahme des Insolvenzplans durch die Gläubiger

725 Die Abstimmung über den Insolvenzplan erfolgt innerhalb der einzelnen Gruppen des §222 InsO (§243 InsO). Für die Annahme des Plans ist dabei nach §244 InsO erforderlich, daß innerhalb jeder Gruppe eine Kopf- und Summenmehrheit zustande kommt (vgl. zum amerikanischen Recht die Darstellung bei Braun/Uhlenbruck, Unternehmensinsolvenz, a. a. O. S. 600 f.), wobei Gläubiger, denen ein Recht gemeinsam zusteht (z. B. Gesamthandgläubiger aus einer Gesellschaft, §§705, 718 BGB; §§105, 124, 161 Abs. 2 HGB, eines Vereins ohne Rechtsfähigkeit, §54 BGB; entsprechendes gilt nach §244 Abs. 2 S. 2 InsO, wenn an einem Recht ein Pfandrecht oder Nießbrauch besteht), bei der Abstimmung nur einzeln gewertet werden.

7. Die Abstimmung bei konkurrierenden Insolvenzplänen

726 Nicht ausdrücklich geregelt ist die Abstimmung in den Fällen, in denen von unterschiedlichen Planinitiatoren mehrere konkurrierende Pläne vorgelegt wurden.

727 Zur Lösung dieses Problems bieten sich mehrere Lösungswege an, die bei näherer Betrachtung jedoch größtenteils ausscheiden:

728 Braun/Uhlenbruck (a. a. O., S. 642 ff.) schlagen vor, die Erörterung und Abstimmung möglichst in einem einheitlichen Termin nacheinander durchzuführen. Sofern beide Pläne von den Gläubigern angenommen werden, soll

die Entscheidung darüber, welchen Plan es bestätigt, dem Insolvenzgericht obliegen. Das Insolvenzgericht habe sich bei der Frage der Planbestätigung an der Entscheidung der Gläubigermehrheit zu orientieren, d. h. es soll möglichst den Plan, der eine größere Anzahl von zustimmenden Gruppen auf sich vereine, bestätigen. Sofern eine gemeinsame Erörterung und Abstimmung nicht möglich sei, weil ein weiterer Plan erst kurz vor dem Abstimmungstermin eingereicht worden sei, müsse das Insolvenzgericht unter Berücksichtigung der wirtschaftlichen Interessen der Gläubiger entscheiden, ob es das ältere Planverfahren regulär weiterführe und den ersten Plan zur Abstimmung stelle. Im Fall der Annahme und Bestätigung des ersten Insolvenzplanes sei für den zweiten Plan kein Raum mehr.

729 Zuzustimmen ist der Auffassung von Braun/Uhlenbruck insoweit, als das Insolvenzgericht von sich aus keinen der Pläne von vornherein von der Abstimmung ausschließen darf, sofern beide Pläne den gesetzlichen Anforderungen genügen.

730 Die Annahme, daß das Insolvenzgericht entscheiden soll, welchen der angenommenen Pläne es bestätigt, dürfte der gesetzlichen Konzeption des gläubigerautonomen Insolvenzplanverfahrens jedoch zuwiderlaufen, da der Gesetzgeber die Entscheidung über den einen oder anderen Plan allein den Gläubigern zugewiesen hat. Zudem ist die Verweisung auf die Mehrzahl der zustimmenden Gläubigergruppen in der Praxis viel problematischer, als dies auf den ersten Blick erscheinen mag, da jedem Plan eine andere Gruppenbildung zugrundeliegen kann, d. h. auch eine unterschiedliche Gesamtzahl von Gruppen möglich ist.

731 Denkbar wäre als weitere Variante die gemeinsame Abstimmung über beide Pläne und zwar dergestalt, daß die Gläubiger zunächst in einer Art Vorentscheidung darüber abstimmen, welcher Plan letztendlich zur Abstimmung gestellt wird. Die Gläubiger könnten in dieser Abstimmung auch gegen beide Pläne stimmen, mit der Folge, daß beide Pläne abgelehnt wären.

732 In einer zweiten Abstimmung würde dann nur der Plan, der zuvor mehr Stimmen erlangt hat, zur Wahl gestellt. Die Vorabstimmung ist sinnvoll, da sie den Gläubigern, die zunächst für den einen Plan gestimmt haben, in dem zweiten Wahlgang die Möglichkeit eröffnet, sich noch einmal für oder gegen den zur endgültigen Abstimmung gestellten Plan auszusprechen. Zudem dürfte häufig keiner der Pläne in einer ersten gemeinsamen Abstimmung die Mehrheit erreichen.

733 Diese auf den ersten Blick pragmatische Lösung berücksichtigt nicht, daß die Gruppenbildung der einzelnen Pläne nur in den seltensten Fällen übereinstimmen dürfte, so daß eine gemeinsame Abstimmung über beide Pläne im Ergebnis meist ausscheidet.

734 Dies zeigt ein einfaches Beispiel:

Plan A sieht unter Einbeziehung der absonderungsberechtigten Sicherungsgläubiger und Grundpfandgläubiger die Bildung von 7 Gruppen vor, während für den Plan B, der die Absonderungsberechtigten nicht einbezieht, nur 4 Gruppen gebildet werden.

735 Eine gemeinsame Vor-Abstimmung könnte deshalb nur in der Gläubigerversammlung erfolgen, was den §§235 ff., 244 InsO, die eine Abstimmung in Gruppen vorsehen, aber gerade widerspricht.

736 Sachgerechter ist es, die Vorentscheidung innerhalb der Gruppen durchzuführen, indem zunächst nacheinander über beide Pläne abgestimmt wird und in die zweite Abstimmung nur der Plan gelangt, der über die Forderungsmehrheit verfügt.

737 Die zweite Abstimmung erfolgt dann ohne weitere Modifikation nach Maßgabe des §244 InsO. Durch diesen qualifizierten Abstimmungsmodus ist gewährleistet, daß alle Gläubiger die Möglichkeit der Zustimmung oder Ablehnung des letztlich zur Debatte stehenden Plans haben. Sofern der angenommene Plan nicht bestätigt oder im Beschwerdeverfahren aufgehoben wird, bleibt es bei der Entscheidung der Gläubiger und es kommt nicht etwa zu einer erneuten Entscheidung über den in der Vorauswahl abgelehnten Plan.

738 Wenn eine Abstimmung in einem einheitlichen Termin nicht möglich ist, weil ein Plan erst verspätet eingereicht wurde, ist allerdings der Auffassung von Braun/Uhlenbruck zu folgen, da in derartigen Fällen die Gefahr der Verfahrensverzögerung sehr groß ist.

8. Obstruktionsverbot

739 Für die Annahme des Insolvenzplans ist grundsätzlich die Zustimmung aller Gläubigergruppen erforderlich. Da unter diesen Voraussetzungen ein Insolvenzplan nur in den allerwenigsten Fällen zustande käme, weil bei einer Vielzahl von Gläubigern mit den unterschiedlichsten Interessen nur selten Einstimmigkeit erzielt werden kann, stand der Gesetzgeber vor der Aufgabe,

einerseits die Chancen eines Insolvenzplans zu erhöhen, zum anderen den Eingriff in die Gläubigerautonomie so gering als möglich zu halten.

740 Eine interessengerechte Lösung dieses Dilemmas soll das in §245 InsO geregelte Obstruktionsverbot ermöglichen, wonach die Zustimmung der widersprechenden Abstimmungsgruppe als erteilt gilt, wenn eine Gläubigergruppe die Zustimmung zu dem Insolvenzplan versagt, obgleich kumulativ (Hess/Obermüller, Insolvenzplan, Restschuldbefreiung, Verbraucherinsolvenz, S. 51; so auch Smid/Rattunde, a. a. O., S. 1150) folgende Voraussetzungen des §245 Abs. 1 InsO vorliegen

- Nr. 1: die Gläubiger werden durch den Insolvenzplan nicht schlechter gestellt, als sie ohne den Plan stünden;
- Nr. 2: die Gläubiger werden angemessen an dem wirtschaftlichen Wert beteiligt, der den Gläubigern aufgrund des Plans zufließen soll. Dieses Erfordernis konkretisiert §245 Abs. 2 Nr. 1 bis 3 InsO: Eine angemessene Berücksichtigung des Gläubigers liegt vor, wenn (kumulativ)
  - kein anderer Gläubiger wirtschaftliche Werte enthält, die den vollen Betrag seines Anspruches übersteigen
  - weder ein Gläubiger, der ohne den Plan mit Nachrang gegenüber den Gläubigern der (widersprechenden) Gruppe zu befriedigen wäre, noch der Schuldner oder eine an ihm beteiligte Person einen wirtschaftlichen Wert erhält
  - kein Gläubiger, der ohne den Plan gleichrangig mit den Gläubigern der (widersprechenden) Gruppe zu befriedigen wäre, besser gestellt wird als diese Gruppe; diese Voraussetzungen sind abschließend (vgl. Braun/Uhlenbruck, Unternehmensinsolvenz, a. a. O. S. 617);
- Nr. 3: die Mehrheit der abstimmenden Gruppen hat dem Plan mit den erforderlichen Mehrheiten zugestimmt.

741 Die Rechtswirkungen des Obstruktionsverbotes greifen nicht kraft Gesetzes ein, sondern sind vom Insolvenzgericht festzustellen.

742 Das Insolvenzgericht hat die Voraussetzungen des Obstruktionsverbotes von Amts wegen zu prüfen (**a. A.** Smid/Rattunde, a. a. O., S. 158 f., 176; Braun/Uhlenbruck, Unternehmensinsolvenz, a. a. O. S. 614 gehen demgegenüber davon aus, daß die Prüfung des Obstruktionsverbotes Teil des Antrags auf abweichende Abwicklung nach Maßgabe des Insolvenzplanes sei), wenn

nicht alle Abstimmungsgruppen den Plan angenommen haben (§§248, 245 InsO).

743 Als Prüfungsreihenfolge empfiehlt es sich für das Insolvenzgericht, zunächst die formelle Voraussetzung der Nr. 3 zu prüfen (vgl. Braun/Uhlenbruck, Unternehmensinsolvenz, a. a. O. S. 611), da diese am einfachsten festzustellen ist, und erst dann auf die materiellen Voraussetzungen einzugehen (vgl. hierzu auch Smid/Rattunde, a. a. O. S. 152ff., die es als Zumutung für die Insolvenzgerichte erachten, daß diese in Zukunft wirtschaftliche Bewertungen vornehmen sollen und aus diesem Grund mit der Feststellung der Kriterien des §245 Abs. 1 Nr. 1 und 2 InsO überfordert seien; hierzu ist festzustellen, daß juristische Entscheidungen häufig ihre Grundlage in anderen Fachgebieten haben; so wird im Erkenntnisverfahren der Richter häufig mit Baumängeln, medizinischen Sachverhalten und ähnlichen Problemen konfrontiert, ohne daß hieraus in der Vergangenheit besondere Schwierigkeiten entstanden wären; im Insolvenzrecht basiert auch die Beurteilung des Insolvenzgrundes der Überschuldung seit jeher auf einer wirtschaftlichen Betrachtung; so auch Braun/Uhlenbruck, Unternehmensinsolvenz, a. a. O. S. 621 die ebenfalls darauf verweisen, daß die klassische Verweigerung der Juristen gegenüber wirtschaftlichen Sachverhalten heute nicht mehr zeitgemäß ist).

744 §245 InsO findet auf die verschiedenen Beteiligtengruppen Anwendung, wobei das Obstruktionsverbot in Hinblick auf die nachrangigen Gläubiger noch durch die Regelung des §246 InsO ergänzt wird, der die Zustimmungsersetzung im Hinblick auf die geringere Schutzwürdigkeit der nachrangigen Gläubiger erheblich vereinfacht. Nicht anwendbar ist das Obstruktionsverbot demgegenüber auf die Aussonderungsberechtigten, da sie keine Beteiligten sind (s. o.) und im Fall der Einbeziehung in einen Insolvenzplan ihre Zustimmung einzeln erteilen müssen.

9. Zustimmung des Schuldners

745 Die erforderliche Zustimmung des Schuldners kann unter den Voraussetzungen des §247 InsO vom Insolvenzgericht ersetzt werden, sofern die Rechtsstellung des Schuldners durch den Plan nicht verschlechtert wird.

746 Widerspricht der Schuldner daher einem Insolvenzplan bis zum Abstimmungstermin schriftlich oder zu Protokoll der Geschäftsstelle, so hat das In-

solvenzgericht zu prüfen, ob der Widerspruch beachtlich ist. Spätere Widersprüche des Schuldners werden nicht berücksichtigt.

747 Der Widerspruch des Schuldners ist nach § 247 InsO unbeachtlich, wenn

- Nr. 1: der Schuldner durch den Plan nicht schlechter gestellt wird, als ohne Plan und
- Nr. 2: kein Gläubiger einen wirtschaftlichen Wert erhält, der den vollen Betrag seiner Forderung übersteigt.

748 Treuwidrig und damit unbeachtlich ist daneben der Widerspruch gegen einen vom Schuldner selbst vorgelegten Plan (so auch Smid/Rattunde, a. a. O., S. 185 f.).

10. Bestätigung des Insolvenzplans

749 Hat die Mehrheit der Gläubiger dem Insolvenzplan zugestimmt bzw. gilt eine Zustimmung nach §§ 245, 246 InsO als erteilt und liegt auch die (u. U. fingierte) Zustimmung des Schuldners vor, so hat das Insolvenzgericht unter den weiteren Voraussetzungen der §§ 249, 250, 251 InsO den Plan zu bestätigen (§ 248 InsO).

750 Die Bestätigung des Insolvenzplans erfolgt nach einer nochmaligen Anhörung des Insolvenzverwalters, des Schuldners und eines etwaigen Gläubigerausschusses (§ 248 Abs. 2 InsO; vgl. dazu Braun/Uhlenbruck, Unternehmensinsolvenz, a. a. O. S. 485, wonach das rechtliche Gehör regelmäßig bereits im Abstimmungstermin gewährt worden sei).

751 Ein Insolvenzplan, der von der Erbringung bestimmter Leistungen oder Verwirklichung bestimmter Maßnahmen vor der Bestätigung abhängt, darf erst nach Vorliegen dieser Voraussetzungen bestätigt werden (§ 249 InsO). Das Insolvenzgericht kann dazu zunächst eine angemessene Frist zur Vornahme setzen. Nach deren fruchtlosem Ablauf ist sodann die Bestätigung von Amts wegen zu versagen.

752 Das Insolvenzgericht hat vor der Bestätigung des Plans darüber hinaus von Amts wegen erneut zu prüfen (vgl. § 231 InsO), ob die inhaltlichen Voraussetzungen des Insolvenzplans und die Verfahrensvorschriften über die Behandlung des Plans, die Annahme durch die Gläubiger und die Zustimmung des Schuldners eingehalten wurden (§ 250 Nr. 1 InsO).

753 Die Bestätigung des Insolvenzplans ist nach § 250 Nr. 2 InsO zu versagen, wenn die Annahme unlauter, insbesondere durch Begünstigung eines Gläu-

bigers herbeigeführt wurde. Zu denken ist in diesem Zusammenhang insbesondere an den Stimmenkauf, die Anerkennung erfundener Forderungen oder das Verheimlichen von Vermögensstücken zum Zweck späterer Zuwendung an den Gläubiger (Braun/Uhlenbruck, Unternehmensinsolvenz, a. a. O. S. 487).

754 Die Bestätigung des Insolvenzplans kann weiterhin trotz des Vorliegens aller übrigen Voraussetzungen vom Insolvenzgericht gemäß §251 InsO auf Antrag eines Gläubigers versagt werden, sofern der Gläubiger dem Plan spätestens im Abstimmungstermin schriftlich oder zu Protokoll der Geschäftsstelle widersprochen hat und er glaubhaft macht, daß er durch den Plan schlechter gestellt wird, als er ohne den Plan stünde (hierzu ist ein konkreter Vergleich der Quote mit und ohne Insolvenzplan erforderlich; antragsberechtigt können auch Gläubiger sein, deren Stimmrecht verneint wurde, vgl. Smid/Rattunde, a. a. O., S. 189; anders als beim Obstruktionsverbot muß im Rahmen des Minderheitenschutzes nicht die angemessene Beteiligung an den im Plan vorgesehenen Vermögenswerten geprüft werden, sondern nur die Schlechterstellung gegenüber der gesetzlichen Abwicklung).

755 Um zu verhindern, daß der Insolvenzplan am Widerspruch einzelner Gläubiger scheitert, schlagen Braun/Uhlenbruck (Unternehmensinsolvenz, a. a. O. S.488; kritisch hierzu Smid/Rattunde, a. a. O., S. 192 f.;) die Aufnahme einer sogenannten salvatorischen Entschädigungsklausel in den Plan vor, wonach an Gläubiger, welche die oben genannten Voraussetzungen glaubhaft machen können, ein zusätzlicher Entschädigungsbetrag zur Minderung der Nachteile zu zahlen ist.

756 Der Beschluß über die Bestätigung oder Zurückweisung des Insolvenzplans ist nach §252 InsO im Abstimmungstermin oder einem zu bestimmenden besonderen Termin zu verkünden. Ein besonderer Verkündungstermin wird insbesondere in den Fällen des Obstruktionsverbotes, Zustimmungsersetzung des Schuldners und des Gläubigerwiderspruches erforderlich sein, wobei das Insolvenzgericht diese Entscheidungen in den Beschluß über Bestätigung oder Versagung des Insolvenzplans aufzunehmen hat. Der Insolvenzplan ist den Insolvenzgläubigern und den Absonderungsgläubigern als Kopie oder verkürzte Zusammenfassung zu übermitteln (§252 Abs. 2 InsO).

757 §253 InsO sieht gegen den Beschluß, mit dem der Plan bestätigt oder die Bestätigung versagt wird, die sofortige Beschwerde zu. Diese Regelung

trägt der Vorschrift des §6 InsO Rechnung, wonach die sofortige Beschwerde im Gesetz ausdrücklich vorgesehen sein muß.

X. Rechtswirkungen des Insolvenzplans

758 Die Rechtswirkungen der im gestaltenden Teil vorgesehenen Regelungen treten unmittelbar mit der Rechtskraft des Bestätigungsbeschlusses ein (§254 InsO). Sofern in den Plan Willenserklärungen zur Begründung, Änderung, Übertragung oder Aufhebung von dinglichen Rechten aufgenommen wurden, gelten diese als formwirksam abgegeben, ohne daß es einer weiteren Umsetzung des Plans bedarf. Entsprechendes gilt für Verpflichtungserklärungen. Demgegenüber können rein tatsächliche Rechtshandlungen, z. B. die Grundbucheintragung und die Besitzverschaffung, durch den Insolvenzplan nicht ersetzt werden.

759 Die Wirkungen des Insolvenzplanes treten für alle Verfahrensbeteiligten ein, unabhängig davon, ob sie sich am Planverfahren beteiligt haben oder nicht.

760 Sieht der Insolvenzplan einen Forderungsverzicht der Gläubiger vor, so werden die betroffenen Forderungen unmittelbar gekürzt; Stundungen bewirken eine Hinauszögerung des Fälligkeitszeitpunktes.

761 Nicht durch den Insolvenzplan beeinträchtigt werden die persönlichen Rechte der Insolvenzgläubiger gegenüber mithaftenden Dritten (Mitschuldner, Bürge) und die Geltendmachung von dritter Seite gewährter dinglicher Sicherheiten. Um zu verhindern, daß der Schuldner im Wege des Rückgriffsanspruchs in voller Höhe in Anspruch genommen wird, begrenzt §255 Abs. 2 S. 2 InsO den Rückgriffsanspruch auf die im Plan vorgesehene Regelung für die Hauptforderung. Durch den Teilverzicht hinsichtlich der Hauptforderung wird jedoch z. B. auch die Bürgschaft auf den verbleibenden Restbetrag begrenzt (§767 Abs. 1 BGB), was der Bürge gegenüber der Geltendmachung der ursprünglichen vollen Forderung als Einwendung geltend machen kann (§768 BGB).

762 §254 Abs. 3 InsO stellt klar, daß kein Herausgabeanspruch gegenüber Gläubigern besteht, die über den Insolvenzplan vorgesehenen Betrag hinaus befriedigt wurden.

XI. Aufhebung des Insolvenzverfahrens

763 Das Insolvenzgericht hebt das Insolvenzverfahren mit Rechtskraft des Bestätigungsbeschlusses durch einen zu veröffentlichenden Beschluß auf, so-

bald der Insolvenzverwalter die unstreitigen Masseansprüche befriedigt und für die streitigen Sicherheit geleistet hat (§258 InsO).

764 Die Verfahrensaufhebung hat das Erlöschen der Ämter des Insolvenzverwalters und des Gläubigerausschusses zur Folge, die Verwaltungs- und Verfügungsbefugnis über die Insolvenzmasse steht wieder dem Schuldner zu (§259 InsO; zu den Einschränkungen durch die Planüberwachung s. unten Rz. 772ff.). Schuldner, Insolvenzverwalter und Gläubigerausschuß sind vorab über den Eintritt der Aufhebungswirkung zu unterrichten, da die Ämter des Insolvenzverwalters und des Gläubigerausschusses zu diesem Zeitpunkt enden.

765 Trotz der Verfahrensaufhebung bleibt der Insolvenzverwalter zur Weiterverfolgung eines anhängigen Anfechtungsrechtsstreites berechtigt, da der Gesetzgeber davon ausgeht, daß der Schuldner nicht zur Verfolgung derartiger Ansprüche geeignet ist (vgl. auch §§280, 313 Abs. 2 InsO).

XII. Die Wiederauflebensklausel

766 Sofern der Schuldner – nicht der Plangarant – mit der Erfüllung der im Insolvenzplan enthaltenen Verpflichtungen erheblich in Rückstand gerät, greifen die Regelungen der §§255, 256 InsO ein. Sofern es sich um Insolvenzforderungen handelt, die zur Tabelle festgestellt wurden, werden Forderungsstundung oder -erlaß für die Gläubiger, gegenüber denen der Rückstand eingetreten ist, nach §255 Abs. 1 InsO hinfällig. Die Vorschrift findet daher keine Anwendung, wenn die Gläubiger nicht vom Schuldner, sondern einer Übernahmegesellschaft oder sonstigen Dritten befriedigt werden sollen; hierin liegen möglicherweise erhebliche Gefahren für die Gläubiger.

767 §256 InsO modifiziert die Bestimmung des §255 InsO für bestrittene Forderungen und die Ausfallforderungen der Absonderungsberechtigten, deren endgültige Höhe noch nicht absehbar ist. Der Schuldner ist in diesem Fall nur zu einer anteiligen Befriedigung in Höhe des vom Insolvenzgericht im Abstimmungsverfahren festgestellten Stimmrechts verpflichtet, die Forderungen leben jedoch nicht in ihrer ursprünglichen Gestalt wieder auf. Dies kommt erst dann in Frage, wenn die endgültige Höhe der Forderung feststeht.

768 Im Fall der erneuten Eröffnung eines Insolvenzverfahrens (nachdem das Verfahren zunächst gemäß §258 InsO aufgehoben wurde) wird der Erlaß oder die Stundung der Forderungen gegenüber allen Gläubigern hinfällig.

XIII. Der Insolvenzplan als Vollstreckungstitel

769 Die Insolvenzgläubiger, deren Forderungen zur Tabelle angemeldet wurden und nicht im Berichtstermin bestritten wurden, können aus dem rechtskräftig bestätigten Insolvenzplan gemäß §257 Abs. 1 S. 1 InsO wie aus einem vollstreckbaren Urteil gegenüber dem Schuldner vollstrecken.

770 Den nicht bestrittenen Forderungen stehen die Forderungen gleich, bei denen ein Widerspruch beseitigt ist, §257 Abs. 1 S. 2 InsO. Titel ist dabei nicht der Insolvenzplan, sondern die mit einer Vollstreckungsklausel versehene Ausfertigung der Insolvenztabelle, welcher eine mit Rechtskraftklausel versehene Ausfertigung des Planbestätigungsbeschlusses, der für die Vollstreckung erhebliche Teil des Insolvenzplans sowie eine Bestätigung über das Nichtbestrittensein der Forderung beigeheftet ist (vgl. Hess/Obermüller, Insolvenzplan, Restschuldbefreiung, Verbraucherinsolvenz, a. a. O.).

771 Gleiches gilt für die Vollstreckung gegen Dritte, die durch eine beim Insolvenzgericht eingereichte schriftliche Erklärung ohne die Einrede der Vorausklage Verpflichtungen für die Erfüllung des Plans neben dem Schuldner übernommen haben (Plangaranten).

XIV. Die Überwachung des Insolvenzplans

772 Im gestaltenden Teil des Insolvenzplans kann die Überwachung der Planerfüllung nach der Verfahrensaufhebung durch den bisherigen Insolvenzverwalter vorgesehen werden (§§260 ff. InsO; vgl. zu der bisherigen Regelung der Überwachung im Vergleichsrecht Braun/Uhlenbruck, Unternehmensinsolvenz, a. a. O. S. 644 und Kilger/K. Schmidt, KO/VglO/GesO, Komm. zu §§90 ff. VglO).

773 Die Überwachung kann auch auf eine Übernahmegesellschaft erstreckt werden, um zu verhindern, daß auf diesem Weg das schuldnerische Vermögen beiseite geschafft wird. Im Fall der Planüberwachung besteht das Amt des Insolvenzverwalters über die Verfahrensaufhebung hinaus fort. Aufgabe des Insolvenzverwalters ist es in erster Linie, dem Insolvenzgericht über den Stand der Planerfüllung mindestens einmal jährlich zu berichten und eine Nichterfüllung unverzüglich anzuzeigen.

774 Zu diesem Zweck gewährt das Gesetz dem Insolvenzverwalter Zugangs- und Auskunftsrechte des Insolvenzverwalters, die denen eines vorläufigen Insolvenzverwalters entsprechen (vgl. die Verweisung in §261 Abs. 1 S. 3 InsO auf §22 Abs. 3 InsO), so daß sich der Verwalter z. B. auch Zugang zu

den Geschäftsräumen der Übernahmegesellschaft und Einsicht in die Bücher verschaffen kann.

775 Auch die kontrollierenden und überwachenden Aufgaben des Gläubigerausschusses und des Insolvenzgerichts bestehen über die Verfahrensaufhebung hinaus fort.

776 Die Überwachung kann mit einem Zustimmungsvorbehalt des Insolvenzverwalters gekoppelt werden (§263 InsO), mit der Folge, daß Rechtsgeschäfte des Schuldners oder der überwachten Übernahmegesellschaft unwirksam sind, wenn sie gegen den Vorbehalt verstoßen (vgl. Braun/Uhlenbruck, Unternehmensinsolvenz, a. a. O. S. 645).

777 Um dem Schuldner in der Zeit der Plandurchführung die Aufnahme notwendiger Kredite zu ermöglichen, normiert §264 InsO eine Sonderregelung für Kredite, die während der Überwachung aufgenommen wurden oder in die Überwachung hinein stehen gelassen werden. Da in diesem Stadium der Insolvenz kaum freie Sicherheiten vorhanden sind (vgl. Braun/Uhlenbruck, Unternehmensinsolvenz, a. a. O. S. 645) und die potentiellen Darlehensgläubiger im Fall der Wiedereröffnung des Insolvenzverfahrens regelmäßig nur einfache Insolvenzforderungen geltend machen könnten, eröffnet §264 InsO die Möglichkeit, für derartige Forderungen den Vorrang in einen nachfolgenden Insolvenzverfahren zu vereinbaren, wobei ein fester Kreditrahmen festgelegt werden muß, der nicht überschritten werden darf. Ausgenommen von der Vorrangregelung sind Gläubiger von eigenkapitalersetzenden Darlehen; sie bleiben nachrangig (§264 Abs. 3 InsO); vgl. aber in diesem Zusammenhang das sog. Sanierungsprivileg des §32a Abs. 3 GmbHG.

778 Der Kreditrahmen soll sich hierbei an den in der Vermögensübersicht ausgewiesenen Aktivwerten orientieren (kritisch dazu Braun/Uhlenbruck, Unternehmensinsolvenz, a. a. O. S. 647).

779 Um den Vorrang verfahrenstechnisch zu gewährleisten, muß der Insolvenzverwalter den Kreditgebern schriftlich bestätigen, daß der gewährte Kredit nach Hauptsumme, Zinsen und Kosten innerhalb des Kreditrahmens liegt.

780 Die Überwachung besteht für maximal drei Jahre seit der Verfahrensaufhebung, wenn in diesem Zeitraum kein neuer Eröffnungsantrag gestellt wurde (§268 Abs. 1 Nr. 2 InsO). Sie ist bereits vorher aufzuheben, wenn alle Planansprüche erfüllt bzw. deren Erfüllung gewährleistet ist (§268 Abs. 1 Nr. 1 InsO).

K. Das Arbeitsrecht in der Insolvenz

Wie der Arbeitgeber, der bei einer sich anbahnenden Krise seines Unternehmens ein Interesse an der finanziellen Entlastung seines Betriebes von Personalkosten und damit an der Beendigung von Arbeitsverhältnissen hat, ist nach der Eröffnung eines Insolvenzverfahrens auch der Insolvenzverwalter in der Regel bestrebt, die Arbeitsverhältnisse schnellstmöglich zu beenden, um die Insolvenzmasse von Lohn- und Gehaltskosten zu befreien. 781

Es ergibt sich daraus das Problem einer Überschneidung des Arbeits- und Insolvenzrechts dahingehend, in welchem Maße sich die arbeitsrechtlichen Schutzrechte zugunsten der Arbeitnehmer gegen die Interessen der übrigen Insolvenzgläubiger durchzusetzen vermögen, wenn es um den Fortbestand bzw. die Kündigung des Dienst- oder Arbeitsverhältnisses geht. 782

Die Insolvenzordnung versucht diesem Interessenkonflikt durch die in das Verfahren eingebetteten Regeln der §§ 113, 120 ff. InsO über das Insolvenzarbeitsrecht gerecht zu werden. 783

§ 113 InsO ermöglicht wie bisher § 22 KO die Kündigung des Arbeitsverhältnisses durch den Insolvenzverwalter. Während nach § 22 KO bei Fehlen anderweitiger Kündigungsfristen die gesetzliche Kündigungsfrist maßgeblich war, normiert § 113 InsO eine max. 3monatige Kündigungsfrist in der Insolvenz. 784

Ein neuartiges Beschlußverfahren für den Fall des Scheiterns eines Interessenausgleiches normiert § 122 InsO mit dem Ziel, eine Beschleunigung der oftmals langwierigen Verfahren zum Interessenausgleich zu erreichen. 785

Neuartig ist auch das in § 125 InsO normierte Interessenausgleichsverfahren, in dem die zu kündigenden Arbeitnehmer namentlich bezeichnet werden. 786

Alternativ hierzu kann der Insolvenzverwalter auch im Wege des Verfahrens nach § 126 InsO die soziale Rechtfertigung der Kündigung bestimmter Arbeitsverhältnisse im Wege eines Beschlußverfahrens gerichtlich feststellen lassen. 787

I. Der Fortbestand des Arbeitsverhältnisses in der Insolvenz

Durch die Eröffnung des Insolvenzverfahrens wird das bestehende Arbeitsverhältnis grundsätzlich nicht tangiert. 788

789 An die Stelle des bisher verfügungsbefugten Schuldners tritt als Arbeitgeber in der Insolvenz jedoch der Insolvenzverwalter, der insofern alle Rechte und Pflichten aus dem Arbeitsverhältnis für den Schuldner wahrnimmt.

790 Die im Rahmen des Arbeitsverhältnisses maßgeblichen Willenserklärungen sind daher vom Insolvenzverwalter abzugeben bzw. ihm gegenüber zu äußern.

791 Nicht tangiert von der Eröffnung des Insolvenzverfahrens wird dagegen das rechtliche Band, das durch den Arbeitsvertragsschluß zwischen dem Schuldner und dem Arbeitnehmer zustandegekommen ist.

792 Daß die Eröffnung des Insolvenzverfahrens keinen Einfluß auf den Fortbestand des Arbeitsverhältnisses hat, ergibt sich aus §§ 108, 113 Abs. 1 InsO. Die Auswirkung der Eröffnung des Insolvenzverfahrens besteht darin, daß anstelle des Schuldners nunmehr der Insolvenzverwalter der arbeitsrechtliche Gegenpart des Arbeitnehmers ist, und zwar unabhängig davon, ob man zur Rechtsstellung des Insolvenzverwalters sich der **Amts-, Vertreter-** oder der **Organtheorie** anschließt.

793 Praktisch bedeutet dies, daß der Insolvenzverwalter, um auf das Arbeitsverhältnis einzuwirken, entsprechende Willenserklärungen gegenüber dem Arbeitnehmer abzugeben hat, während der Arbeitnehmer rechtswirksam Willenserklärungen ebenfalls nur gegenüber dem Insolvenzverwalter abgeben kann.

794 Aus dem **Grundsatz** des **Fortbestandes des Arbeitsverhältnisses** folgt, daß sowohl der Insolvenzverwalter als auch die Arbeitnehmer verpflichtet sind, die ihnen nach dem Arbeitsvertrag obliegenden Leistungen zu erbringen. Der Insolvenzverwalter kann den Anspruch auf Arbeitsleistung geltend machen, der Arbeitnehmer auf Vergütung, und zwar in dem Umfang, wie sie arbeitsvertraglich vereinbart worden ist. Der **Vergütungsanspruch** umfaßt nicht nur den Anspruch auf Zahlung des Arbeitsentgelts, sondern auch alle sonstigen Ansprüche wie Gratifikationen, Prämien, Gewinn- und Umsatzbeteiligungen sowie Provisionen und Auslagenerstattungen.

795 Erhalten bleiben auch alle Ansprüche auf Naturalleistungen wie Verpflegung, Unterbringung, Stellung eines Firmenwagens und auch die sonst nicht in Geld bisher gewährten Leistungen.

796 Der Arbeitnehmer bleibt trotz des Insolvenzverfahrens seinerseits zur Erbringung der ihm aus dem Arbeitsverhältnis obliegenden Leistungen in vollem Umfang verpflichtet. Neben der **Pflicht zur Arbeitsleistung** treffen ihn

unverändert alle **Nebenpflichten** aus dem Arbeitsverhältnis, so insbesondere auch die Treuepflicht. Der Arbeitnehmer kann beim wirtschaftlichen Zusammenbruch des Unternehmens seines Arbeitgebers nicht ohne weiteres die Arbeitsleistung einstellen, ohne sich der Gefahr auszusetzen, die fortbestehenden Ansprüche aus dem Arbeitsverhältnis zu verlieren und ggf. auf Schadensersatz in Anspruch genommen zu werden.

797 Keine Auswirkungen hat die Eröffnung des Insolvenzverfahrens auf das **Direktionsrecht** des Arbeitgebers. Eine andere als die nach dem Arbeitsvertrag vereinbarte Tätigkeit braucht der Arbeitnehmer wegen der Eröffnung des Insolvenzverfahrens seines Arbeitgebers nicht auszuüben. Allerdings kann mit der h. M. angenommen werden, daß in außergewöhnlichen Fällen, insbesondere in Notfällen, der Arbeitnehmer aufgrund seiner Treuepflicht auf Verlangen des Arbeitgebers vorübergehend auch solche Arbeiten übernehmen muß, die nicht in seinen Tätigkeitsbereich fallen (BAG vom 8. 10. 1962 – 2 AZR 550/61 – DB 1962, 1704; Schaub, Arbeitsrechtshandbuch, § 35 IV 2). Die Erweiterung des Direktionsrechts in Notfällen ist aber keine spezielle Folge der Eröffnung des Insolvenzverfahrens. Vielmehr liegt der Grund in der bereits vorher eingetretenen Krise des Unternehmens.

798 Infolge des Fortbestehens des Arbeitsverhältnisses in seiner bisherigen Form ist der Insolvenzverwalter daran gehindert, einzelvertraglich durch den Schuldner vereinbarte und gewährte Leistungen wegen der Eröffnung des Insolvenzverfahrens zu kürzen. Sofern er eine **Kürzung** der dem Arbeitnehmer zustehenden Vergütungen erreichen will, muß er dazu die allgemein bestehenden arbeitsrechtlichen Mittel, etwa die **Änderungskündigung,** einsetzen.

799 Etwas anderes gilt für den Anspruch auf Leistungen aus einer **betrieblichen Altersversorgung,** der nach h. M. unter bestimmten Voraussetzungen einseitig **widerrufen** werden kann, nämlich dann, wenn der Bestand des Unternehmens gefährdet und die Ruhegeldeinstellung oder Kürzung zusammen mit anderen sachdienlichen Maßnahmen geeignet ist, die Sanierung des Unternehmens herbeizuführen, und nicht nur den Ruheständlern, sondern auch anderen Personen, z. B. den Vorständen oder den leitenden Angestellten, Opfer zugemutet werden und vor dem Widerruf der Träger der Insolvenzversicherung eingeschaltet worden ist (vgl. BAG vom 10. 12. 1971 – 3 AZR 190/71 – WM 1972, 693; vom 8. 7. 1972 – 3 AZR 481/71 – WM 1973, 501; vom 13. 3. 1975 – 3 AZR 446/74 – DB 1975, 1563; vom 18. 5. 1977 – 3

AZR 371/76 – WM 1977, 1287; Sieg, BetrVG 1982, 206; Schaub, Arbeitsrechtshandbuch, §81 X 6).

800 Eine Einstellung oder Kürzung der Ruhegehaltszusage scheidet demgegenüber aus, wenn das Unternehmen in die Insolvenz geraten oder bereits stillgelegt worden ist (vgl. BAG vom 16. 3. 1972 – 3 AZR 191/71 – WM 1972, 1436; vom 8. 7. 1972 – 3 AZR 481/71 – WM 1973, 501; vom 10. 11. 1981 – 3 AZR 1134/78 – WM 1982, 801; vgl. auch BAG vom 14. 8. 1980 – 3 AZR 437/79 – DB 1981, 750).

801 Unbeschadet der Eröffnung des Insolvenzverfahrens können alle **Anwartschaften,** die anläßlich und im Zusammenhang mit dem Arbeitsverhältnis begründet wurden, entstehen, weiterlaufen und auch während des Insolvenzverfahrens nach Ablauf der Fristen zu einer rechtlich durchsetzbaren Position erstarken.

802 Sofern der Insolvenzverwalter mangels Weiterbeschäftigungsmöglichkeit, etwa infolge sofortiger Betriebsstillegung, die **Arbeitsleistung** des Arbeitnehmers **nicht annimmt** oder ihn von der Arbeitsleistung **freistellt,** treten die Rechtsfolgen des allgemeinen Arbeitsrechts ein. Der Arbeitnehmer behält seinen Anspruch auf Arbeitsentgelt; er kann bei erheblichem Zahlungsrückstand unter vergeblicher Zahlungsanmahnung fristlos kündigen und weiterhin seinen Anspruch aus §628 Abs. 2 BGB geltend machen.

803 Daneben kann der Arbeitnehmer – etwa bei nicht vollständiger Betriebsstillegung – seinen **Anspruch auf Weiterbeschäftigung** zumindest bis zum Ablauf der Kündigungsfrist **klageweise** und auch im Wege der **einstweiligen Verfügung** verfolgen (LAG Berlin vom 15. 9. 1980 – 12 Sa 42/80 – DB 1980, 2449), wenn ihm an der Fortsetzung seiner Tätigkeit aufgrund besonderen Interesses gelegen ist (vgl. zu dem Meinungsstand über den Weiterbeschäftigungsanspruch die Literaturangaben in Schaub, Arbeitsrechtshandbuch, §123 VIII 10; s. auch BAG vom 31. 8. 1978 – 3 AZR 989/77 – DB 1979, 652, s. auch KR/Wolf Einl., Rz. 469 ff.; vgl. zur Entscheidung, ob und unter welchem Gesichtspunkt ein Weiterbeschäftigungsanspruch über die Kündigungsfrist hinaus besteht BAG vom 27. 2. 1985 – GS 1/84 – NJW 1985, 2968; Barton/Hönisch, NZA 1987, 721).

804 Auf Antrag des Insolvenzverwalters kann das Gericht ihn auch von der Weiterbeschäftigung durch einstweilige Verfügung im Urteilsverfahren entbinden (Fitting/Auffarth/Kaiser/Heither, BetrVG, §102 Rz. 68). Dieser Antrag auf Erlaß einer einstweiligen Verfügung ist dann begründet, wenn die Kündigungsschutzklage des Arbeitnehmers keine hinreichende Aussicht auf Er-

folg bietet oder mutwillig erscheint (§102 Abs. 5 Nr. 1 BetrVG). Dem Insolvenzverwalter obliegt es, darzulegen und glaubhaft zu machen, daß die Klage keine hinreichende Aussicht auf Erfolg bietet, weil sie offensichtlich oder mit hinreichender Wahrscheinlichkeit abgewiesen wird. Der Antrag kann ferner darauf gestützt werden, daß die Weiterbeschäftigung des Arbeitnehmers zu einer unzumutbaren wirtschaftlichen Belastung des Arbeitgebers führen würde. Nach überwiegender Auffassung wird dieses Tatbestandsmerkmal nur ganz ausnahmsweise in Betracht kommen, wenn die wirtschaftlichen Belastungen für den Arbeitgeber/Insolvenzverwalter so schwerwiegend sind, daß die Existenz des Betriebes gefährdet ist (Schaub, Arbeitsrechtshandbuch, §123 VIII 15 m. w. N.).

II. Die Beendigung des Arbeitsverhältnisses in der Insolvenz

1. Allgemeines

805 Der Insolvenzverwalter tritt mit der Verfahrenseröffnung an die Stelle des nicht mehr verfügungsbefugten Arbeitgebers, so daß zur Abgabe und Entgegennahme von Willenserklärungen nunmehr nicht mehr der Schuldner, sondern allein der Verwalter befugt ist, obgleich das rechtliche Band zwischen dem Schuldner als Arbeitgeber und dem Arbeitnehmer bestehen bleibt.

806 Angetretene Arbeitsverhältnisse bestehen auch nach der Eröffnung des Insolvenzverfahren in dem mit dem Schuldner vereinbarten Umfang fort (§108 InsO). §113 InsO eröffnet dem Insolvenzverwalter und dem Arbeitnehmer jedoch die Möglichkeit, Arbeitsverhältnisse mit einer maximalen Kündigungsfrist von 3 Monaten zum Monatsende zu kündigen.

807 Die Frage, ob §113 InsO auf angetretene Arbeitsverhältnisse beschränkt ist, oder auch Arbeitsverhältnisse erfaßt, die bereits vertraglich vereinbart, aber noch nicht vollzogen sind, ist umstritten. Zum Teil wird unter Berufung auf §108 InsO die Auffassung vertreten, wonach auch nicht angetretene Arbeitsverhältnisse vom Insolvenzverwalter nur unter den erschwerten Bedingungen des §113 InsO kündbar seien (vgl. Berscheid, ZInsO 1998, 115). Diese Ansicht steht in Widerspruch zu dem vorrangigen Verfahrensziel der Masseschaffung. Es ist vielmehr davon auszugehen, daß es sich bei der Nichtaufnahme des bisher in §22 KO enthaltenen Wortes „angetretenes" lediglich um ein redaktionelles Versehen handelt.

808 Sofern ein Arbeitnehmer bei Eröffnung des Insolvenzverfahrens zwar einen Arbeitsvertrag abgeschlossen, sein Arbeitsverhältnis aber noch nicht angetreten hat, greift § 103 InsO ein. Insofern hat der Insolvenzverwalter ein Wahlrecht, ob er die Vertragserfüllung verlangt oder die Vertragserfüllung ablehnt (§ 103 InsO; a. A. Caspers, Personalabbau, Rz. 92, der meint, daß wegen der fehlenden Verweisung in § 113 InsO auf § 103 InsO letzterer keine Anwendung finde). Folgt man letzterer Auffassung, muß man sich mit der Frage auseinandersetzen, ab welchem Zeitpunkt die Kündigungsfrist des Arbeitsverhältnisses bei Kündigung durch den Insolvenzverwalter zu laufen beginnt, entweder ab Zugang der Kündigung oder ab Beginn des Arbeitsverhältnisses (Caspers, Personalabbau, Rz. 96; siehe auch BAG vom 9. 5. 1985 – 2 AZR 372/84 – AP Nr. 4 zu § 620 BGB; BAG vom 22. 8. 1964 – 1 AZR 64/64, AP Nr. 1 zu § 620 BGB).

809 Die Kündigung von Arbeitsverhältnissen ist innerhalb der in § 113 Abs. 1 InsO normierten 3-Monatsfrist möglich, sofern nicht kürzere Fristen, z. B. die gesetzlichen Fristen des § 622 BGB, maßgeblich sind. Dies gilt ohne Rücksicht auf eine vereinbarte Vertragsdauer oder den Ausschluß der ordentlichen Kündigung, so daß auch befristete Arbeitsverhältnisse nach Maßgabe des § 113 Abs. 1 InsO gekündigt werden können.

810 Andere Rechtsfolgen als die Fortsetzung des Arbeitsverhältnisses und die Verkürzung einer längeren vertraglichen Kündigungsfrist auf die gesetzliche Frist enthält § 113 InsO nicht (vgl. Jaeger/Henckel, KO, § 22 Rz. 19). § 113 InsO als speziellere Regelung verkürzt die Kündigungsfrist ohne Rücksicht auf eine vertragliche Dauer oder den vereinbarten Ausschluß der ordentlichen Kündigung auf 3 Monate, so daß die gesetzliche Kündigungsfrist nur noch in Frage kommt, wenn die Dreimonatsfrist unterschritten wird.

811 Damit kann bei Lebenszeitverträgen und auch bei **tarifvertraglichen Unkündbarkeitsklauseln** das Dienstverhältnis mit einer Kündigungsfrist von 3 Monaten zum Monatsende gekündigt werden. Die gesetzlichen bzw. die arbeitsvertraglichen Kündigungsfristen greifen nur noch dann, wenn eine Kündigungsfrist vereinbart worden ist, die unter dem Zeitraum von 3 Monaten liegt.

812 § 113 InsO eröffnet dem Insolvenzverwalter – ebensowenig wie dem Arbeitgeber – wegen des Insolvenzverfahrens **kein besonderes Kündigungsrecht** mit einem besonderen Kündigungsgrund (Lakies, RdA 1997, 145); andere Rechtsfolgen als die Fortsetzung des Arbeitsverhältnisses und der Verkür-

zung einer längeren vertraglichen Kündigungsfrist auf die Dreimonatsfrist bzw. die kürzere gesetzliche Frist enthält § 113 InsO nicht. Alle übrigen Regeln über die Kündigung bleiben bestehen.

Die Kündigung durch den Insolvenzverwalter ist nur möglich, wenn ein **Kündigungsgrund** gegeben ist. Hinsichtlich der Anforderungen an die Kündigungsgründe gelten im Insolvenzverfahren die gleichen Grundsätze wie außerhalb der Insolvenz. Insbesondere stellt die Eröffnung eines Insolvenzverfahrens als solche keinen eigenständigen Kündigungsgrund dar. 813

Aus dem Grundsatz des Fortbestandes des Arbeitsverhältnisses ergibt sich auch, daß der Insolvenzverwalter die vertraglich vereinbarten Formabreden, z. B. Schriftformklauseln, auch bei der Kündigung in der Insolvenz einzuhalten hat (BAG vom 19. 10. 1977 – 5 AZR 359/76 – WM 1978, 524). 814

2. Verfassungsmäßige Bedenken gegen § 113 InsO

Aufgrund des Beschäftigungsförderungsgesetzes (BGBl. I 1996, 1476) wurden die §§ 113, 120 – 122, 125 – 128 InsO bereits ab dem 1. 10. 1996 im Bereich der alten Bundesländer angewendet (siehe hierzu Lakies, RdA 1997, 145 ff.). In diesem Zusammenhang sind bereits vor Inkrafttreten der InsO Zweifel an der Verfassungsmäßigkeit des § 113 InsO aufgekommen: 815

Das Arbeitsgericht Stuttgart (vom 4. 8. 1997 – 18 Ca 1752, 1758/97 – ZIP 1997, 2013) hat die Entscheidung über Kündigungsschutzklagen von Arbeitnehmern, denen vom Konkursverwalter gestützt auf § 113 InsO gekündigt wurde, ausgesetzt und gem. Art. 100 GG dem Bundesverfassungsgerichts zur Entscheidung vorgelegt. Geklärt werden soll, ob § 113 InsO in das Grundrecht der Kläger aus Art. 9 GG eingreift, weil nunmehr – entgegen der tarifvertraglichen Regelung – auch ältere Arbeitnehmer unter Einhaltung einer Frist von 3 Monaten ordentlich gekündigt werden können. 816

Auch das Arbeitsgericht Limburg (vom 2. 7. 1997 – 1 Ca 174/97 – BB 1998, 220) geht in seiner Entscheidung davon aus, daß die tarifvertragliche Kündigungsfrist nicht durch die dreimonatige Kündigungsfrist des § 113 InsO verdrängt werde. Von dieser Regelung würden zumindest gegenwärtig Arbeitsverhältnisse, für die tarifvertraglich eine längere Kündigungsfrist als 3 Monate vereinbart ist, nicht erfaßt. Eine Änderung trete erst am 1. 1. 1999 durch das Inkrafttreten des § 113 InsO und das Außerkrafttreten der § 22 KO und § 9 GesO ein. 817

818 Diese Auslegung des § 113 InsO sei auch aus verfassungsrechtlichen Gründen geboten. Wollte man den Ansichten der Literatur folgen, würde durch die Regelung des § 113 InsO in die Koalitionsfreiheit des Art. 9 Abs. 3 GG eingegriffen. Zweifel an der Verhältnismäßigkeit eines Eingriffs in Grundrechte ergeben sich jedenfalls dann, wenn zur Vergrößerung der Konkursmasse ausschließlich in Arbeitnehmerschutzrechte und tarifliche Rechte eingegriffen würde. Insofern gebiete eine verfassungskonforme Auslegung des § 113 InsO gerade, daß längere tarifvertragliche Kündigungsfristen nicht durch die in der InsO vorgesehene dreimonatige Kündigungsfrist verdrängt würden.

819 Das Arbeitsgericht Stuttgart (a. a. O.) und das ArbG Limburg (a. a. O.) gehen zu Recht davon aus, daß durch § 113 InsO der Schutzbereich des Art. 9 GG berührt wird, verkennen aber, daß die Regelung unter Berücksichtigung der Verhältnismäßigkeit grundsätzlich nicht zu beanstanden ist, zumal das Regelungsziel, annähernd einheitliche Arbeitsbedingungen in den alten und neuen Bundesländern zu erreichen, verwirklicht werden soll (siehe eingehend hierzu Hess/Weis InVO 1998, 18; siehe auch die Kritik bei Caspers, Personalabbau, Rz. 118 ff.).

820 Schaub (EWiR § 113 InsO 1/98, 69) verneint ebenfalls einen Verstoß gegen das Verhältnismäßigkeitsprinzip, wenn er ausführt, daß auch die vorzeitige Inkraftsetzung von § 113 InsO nicht gegen den Grundsatz der Verhältnismäßigkeit verstoße. Die Arbeitslosigkeit in der Bundesrepublik ist beängstigend. Das Bundesverfassungsgericht (Urt. vom 24. 4. 1996 – 1 BvR 712/86 – AP Nr. 2 zu § 57a HRG) hat ausgeführt, daß die Koalitionsfreiheit zwar vorbehaltlos gewährleistet sei; das bedeute aber nicht, daß den Tarifvertragsparteien ein Normsetzungsmonopol eingeräumt werde. Vielmehr bedürfe diese der gesetzlichen Ausgestaltung nach einem System der Normsetzungsprärogative. Insoweit ist die Abwägung des Arbeitsgerichts einseitig. Es setzt seine Wertungen anstelle die des Gesetzgebers. § 113 InsO reduziert die Kündigungsfrist auf die der Arbeitnehmer nach 8jähriger Beschäftigungsdauer (§ 622 Abs. 2 Nr. 3 BGB). Da das Arbeitsgericht ja nur die vorzeitige Inkraftsetzung des § 113 InsO beanstandet, gerät es in intellektuell nicht mehr auflösbare Wertungswidersprüche. Ein langfristig beschäftigter Arbeitnehmer kann mit der Frist des § 113 InsO gekündigt werden; ein älterer Arbeitnehmer aber nicht mehr, weil nach der Interessenwertung des Arbeitsgerichts die Intensität des Eingriffes nicht mehr dem Grundsatz der Verhältnismäßigkeit entspricht. Es schützt den Arbeitnehmer

nach 3jähriger Beschäftigung mit 56 Jahren besser als einen langjährig beschäftigten Arbeitnehmer nach 8jähriger Beschäftigung.

821 Auch Berscheid (InVO 1998, 32, 35, 36) lehnt die Verfassungswidrigkeit des § 113 InsO ab, weil der Gesetzgeber den Umfang des Kündigungsschutzes bestimmt, über den Tarifverträge nicht disponieren können (BAG vom 20. 10. 1993 – 7 AZR 135/93 – AP Nr. 3 zu § 41 SGB VI Linnenkohl). Läßt er für bestimmte Sonderfälle (Sonderkündigungsschutz, Berufsausbildung, Insolvenz) keine abweichenden Regelungen in Tarifverträgen zu, so wird damit noch nicht in den Kernbereich der Tarifautonomie eingegriffen. Es ist nämlich zu beachten, daß tarifliche Regelungen für intakte Arbeitsverhältnisse gedacht sind und nicht für solche, die im Insolvenzfall des Arbeitgebers abzuwickeln sind. Demgemäß bleibt auch festzustellen, daß die Tarifvertragsparteien bislang in keinem Tarifvertrag spezielle insolvenzrechtliche Kündigungsregelungen getroffen haben (Berscheid, Aktuell AR 1997, 230, 233). Dem Gesetzgeber war es daher möglich, die Kündigungen von Dienst- und Arbeitsverhältnissen im Insolvenzverfahren in Abweichung vom bisherigen Recht neu zu regeln und erstmals ein sog. „Insolvenzarbeitsrecht" zu schaffen, ohne daß dies als Eingriff in einen geregelten Tarifbereich und damit in die Tarifautonomie angesehen werden könnte.

822 Zu Recht hat auch das LAG Hamm (vom 13. 8. 1997 – 14 Sa 566/97 – ZIP 1998, 161) entschieden, daß § 113 InsO eine Kündigung mit der dort festgelegten Höchstfrist von drei Monaten auch dann zuläßt, wenn den Arbeitnehmern ansonsten nur mit einer längeren tariflichen Kündigungsfrist (hier: sieben Monate zum Monatsende) gekündigt werden konnte. Das LAG Hamm (a. a. O.) führt aus, daß das Bundesarbeitsgericht in seinem Urteil vom 7. 6. 1984 (2 AZR 602/82 – AP Nr. 5 zu § 22 KO) gerade betont hat, daß die tarifvertraglichen Kündigungsfristen im Falle des Konkurses als gesetzliche Kündigungsfristen zu gelten hätten. Diese Gleichsetzung von tarifvertraglichen mit gesetzlichen Kündigungsfristen hat in der arbeitsgerichtlichen Rechtsprechung und im Schrifttum durchaus Beifall gefunden. Die gesetzliche Neuregelung liegt in der Konsequenz dieser Rechtsprechung, indem sie tarifvertragliche und gesetzliche Kündigungsfristen gleichbehandelt, d. h. durch eine nunmehr für alle geltende Maximalfrist ersetzt. Würde man nunmehr die längeren tariflichen Kündigungsfristen bzw. die tariflich unkündbaren Arbeitsverhältnisse von der Neuregelung ausnehmen, so würde dies bedeuten, daß den tariflichen Kündigungsregelungen ein höherer Rang ein-

geräumt wird als den gesetzlichen. Dies aber steht durchaus im Widerspruch zur Bewertung des Bundesarbeitsgerichts im Urteil vom 7. 6. 1984.

3. Anwendungsbereich des §113 InsO

3.1 Allgemeines

823 Anders als §22 KO ist der Anwendungsbereich des §113 InsO nicht wie §22 KO auf Dienstverhältnisse „im Haushalt, dem Wirtschaftsbereich oder dem Erwerbsgeschäft des Schuldners“ beschränkt, sondern bezieht sich auf alle Dienstverhältnisse, bei denen der insolvente Schuldner der Dienstberechtigte ist.

824 Dienstverhältnis ist entsprechend der Terminologie der §§621, 622 BGB der Oberbegriff für das Arbeitsverhältnis und für das Vertragsverhältnis über die Leistung von Diensten aller Art.

825 Neben den Arbeitsverhältnissen von Arbeitern und Angestellten, für die seit dem Inkrafttreten des Kündigungsfristengesetzes die gesetzlichen Kündigungsfristen in §622 BGB zusammengefaßt sind, werden auch die **Dienstverhältnisse** erfaßt, für die sich die gesetzlichen Kündigungsfristen aus dem Seemannsgesetz, aus dem Heimarbeitsgesetz oder aus den allgemeinen Bestimmungen des §621 BGB ergeben (vgl. Balz/Landfermann, a. a. O. S. 205, 206).

3.2 Organschaftliche Vertreter

826 §113 InsO findet auch auf die Mitglieder der **Organe juristischer Personen** Anwendung (vgl. Jaeger/Henckel, KO, §22 Rz. 23). Für den Vorstand einer AG ergibt sich dies aus §87 Abs. 3 S. 1 AktG; entsprechendes gilt auch für den Geschäftsführer der GmbH (BGH vom 29. 1. 1981 – II ZR 92/80 – WM 1981, 377; BAG vom 13. 5. 1992 – 5 AZR 344/91 – ZIP 1992, 1496; OLG Hamm vom 27. 1. 1992 – 8 U 200/91 – ZIP 1992, 418) und einer GmbH & Co. KG, wenn Vertragspartner des Geschäftsführers die KG als Schuldnerin ist (BGH vom 25. 6. 1979 – II ZR 219/78 – WM 1983, 120).

827 Sobald ein Angestellter einer GmbH zu deren Geschäftsführer bestellt wird, wandelt sich sein Arbeitsverhältnis in der Regel in ein freies Dienstverhältnis um, auf das ebenfalls §113 InsO anwendbar ist, es sei denn, die vertragliche Gestaltung enthält eine für einen Geschäftsführer außergewöhnliche Einengung seiner Befugnisse, so daß ein Abhängigkeitsverhältnis vorliegt (BAG vom 13. 5. 1992 – 5 AZR 344/91 – GmbHR 1993, 35).

Bei Organen juristischer Personen ist zu beachten, daß zwischen dem Organverhältnis einerseits und dem Arbeitsverhältnis andererseits zu differenzieren ist. 828

Die Kündigung durch den Insolvenzverwalter beendet jedoch **nur das Arbeitsverhältnis** und nicht das Organverhältnis. Die Abberufung der Organmitglieder ist Sozialakt und obliegt dem hierfür zuständigen Gesellschaftsorgan (vgl. § 84 Abs. 3 AktG; § 104 GenG; § 46 Nr. 5 GmbHG). 829

Auch die Anstellung des Kommanditisten in der KG fällt unter § 113 InsO. 830

Die Vorschrift des § 113 InsO ist auf den **Gesellschafter-Geschäftsführer** anwendbar (vgl. BGH vom 29. 1. 1981 – II ZR 92/80 – WM 1981, 377), auch auf den Allein-Gesellschafter-Geschäftsführer (BGH vom 25. 6. 1979 – II ZR 219/78 –BGHZ 75, 209, 211; OLG Hamm vom 2. 6. 1986 – U 298/85 – ZIP 1987, 121, 122; OLG Hamm vom 27. 1. 1992 – 8 U 200/91 – ZIP 1992, 418) sogar bei einer Einmann-Gesellschaft (vgl. BGH vom 25. 6. 1979 – II ZR 219/78 – WM 1983, 120). Die zum Teil in der Literatur vertretene Ansicht, daß § 103 InsO anwendbar sein soll, mit der Folge, daß das Dienstverhältnis mit der Eröffnung eines Insolvenzverfahrens erlischt (Timm, ZIP 1981, 10, 14 ff.; Kilger/K. Schmidt, KO Nglo/GesO, § 22 KO, 3c; Jaeger/Henckel, KO, § 23 Rz. 13; Weber, KTS 1970, 81), ist durch die Normierung des § 113 InsO überholt. 831

3.3 Ausbildungsverhältnisse

Ausbildungsverhältnisse fallen, obgleich sie keine Arbeitsverhältnisse im eigentlichen Sinne darstellen, unter § 113 InsO (ArbG Oldenburg vom 1. 2. 1985 – 2 Ca 575/84 – ZIP 1985, 952; Kuhn/Uhlenbruck, KO §§ 22, 113 InsO Rz. 8; ArbG Bochum vom 16. 8. 1985 – 1 Ca 115/85 – ZIP 1985, 1515). 832

Die frühere Rechtsprechung des BAG (vom 27. 5. 1993 – 2 AZR 601/92 – NZA 1993, 845), wonach in der Insolvenz des Arbeitgebers für den Regelfall das Ausbildungsverhältnis nicht außerordentlich gekündigt werden konnte, sondern nur unter Einhaltung einer ordentlichen Kündigungsfrist die für das Arbeitsverhältnis gelten würde, wenn die Ausbildung zu dem erstrebten Beruf geführt hätte, ist nach dem Wortlaut des § 113 InsO nicht mehr maßgeblich. Das Berufsausbildungsverhältnis kann mit der Frist des § 113 InsO gekündigt werden, wenn die Ausbildungsmöglichkeiten weggefallen sind (Lakies, RdA 1997, 145, 146; Zwanziger, Das Arbeitsrecht der Insolvenzordnung, S. 54). 833

3.4 Selbständige

834 Nicht vom Anwendungsbereich des § 113 InsO erfaßt werden **Werkverträge** (hierfür gilt § 103 InsO), **Auftragsverhältnisse** sowie **Geschäftsbesorgungsverträge** (s. auch Jaeger/Henckel, KO, § 22 Rz. 3 ff.; Kuhn/Uhlenbruck, KO, § 22 Rz. 9).

835 Problematisch gestaltet sich hierbei die **Abgrenzung** der werkvertraglichen **selbständigen Tätigkeit** von der Tätigkeit des **Arbeitnehmers** (siehe hierzu eingehend Hromadka, NZA 1997, 569 ff.; Schliemann, RdA 1997, 322 und Bezani, NZA 1997, 856 ff.), da immer mehr Arbeit auf sog. freie Mitarbeiter übertragen wird; vgl. zu den gesetzlichen Neuregelungen unten Rz. 845a ff.

836 Unter **freier Mitarbeit** ist die selbständige unternehmerische Tätigkeit einer natürlichen Person für ein fremdes Unternehmen auf dienst- oder werkvertraglicher Basis zu verstehen. Durch das Merkmal der selbständigen Tätigkeit unterscheidet sich der freie Mitarbeiter grundlegend von dem in persönlicher Abhängigkeit stehenden Arbeitnehmer, der seine Dienstleistung im Rahmen einer von Dritten bestimmten Arbeitsorganisation erbringt (siehe hierzu zuletzt BAG vom 16. 7. 1997 – 5 AZB 29/96 – BB 1997, 2220; BAG vom 16. 3. 1994 – 5 AZR 447/92 – NZA 1994, 1132; BAG vom 30. 11. 1994 – 5 AZR 704/93 – NZA 1995, 622; BAG vom 30. 10. 1991 – 7 ABR 19/91 – NZA 1992, 407; BAG vom 26. 7. 1995 – 5 AZR 22/94 – NZA 1996, 477; BAG vom 22. 3. 1995 – 5 AZB 21/94 – NZA 1995, 823; BSG vom 21. 4. 1993 – 11 RAr 67/92 – NJW 1994, 341).

837 Gemäß § 84 HGB gilt als selbständig und damit freier Mitarbeiter, wer im wesentlichen **frei seine Tätigkeit gestalten** und seine **Arbeitszeit bestimmen** kann. Unselbständig und damit persönlich abhängig ist dagegen der Mitarbeiter, dem dies nicht möglich ist. Maßgeblich für ein Arbeitsverhältnis ist insbesondere, daß der Arbeitgeber innerhalb eines bestimmten zeitlichen Rahmens über die Arbeitsleistung des Mitarbeiters verfügen kann.

838 Die Beantwortung der Frage, ob freie Mitarbeit oder ein Arbeitsverhältnis vorliegt, beurteilt sich nach den jeweiligen Umständen des Einzelfalls. In welchem Maß eine persönliche Abhängigkeit eines Mitarbeiters anzunehmen ist, hängt vor allem von der Eigenart der jeweiligen Tätigkeit ab.

839 Dabei ist zu beachten, daß es für die Qualifizierung des Rechtsverhältnisses nicht auf dessen Bezeichnung ankommt. Daraus ergibt sich, daß allein aus der Tatsache, daß ein Rechtsverhältnis nicht als Arbeitsverhältnis gekenn-

zeichnet ist oder formal nicht wie ein Arbeitsverhältnis durchgeführt wird (keine Abführung von Steuern und Sozialversicherungsbeiträgen, keine Entgeltfortzahlung im Krankheitsfall), noch nicht bedeutet, daß kein Arbeitsverhältnis vorliegt. Widersprechen sich Durchführung und Gestaltung der Vertragsbeziehung, ist in aller Regel die tatsächliche Durchführung entscheidend.

840 In materieller Hinsicht ist primär darauf abzustellen, inwieweit durch Fremdbestimmung der Arbeit in fachlicher, zeitlicher, örtlicher und organisatorischer Hinsicht eine persönliche Abhängigkeit des Dienstleistenden gegeben ist; **Kriterien** sind in diesem Zusammenhang

- die fachliche Weisungsgebundenheit (Fremdbestimmung der Arbeit),
- die Eingliederung in eine fremde Betriebsorganisation und
- das Fehlen unternehmerischen Risikos.

Als weitere Indizien kommen in Betracht

- der Einsatz eigenen Kapitals bzw. eigener Arbeitsmittel,
- das Auftreten als Selbständiger und
- der Vergleich mit anderen Leistungserbringern, die vergleichbare Tätigkeiten ausüben (vgl. zum Begriff des Arbeitnehmers auch Hromadka, DB 1998, 195).

841 Unerheblich ist in der Regel, ob die Arbeit haupt- oder nebenberuflich ausgeübt wird. Eine bloß wirtschaftliche Abhängigkeit ist weder erforderlich noch ausreichend. Nicht maßgeblich ist auch die Art der Vergütung, denn es kommt entscheidend auf die Umstände der Dienstleistung an, nicht aber auf die Modalitäten der Bezahlung.

842 Die Festlegung des zeitlichen Umfangs der Tätigkeit berührt die persönliche Unabhängigkeit noch nicht, wenn der Mitarbeiter innerhalb des vereinbarten zeitlichen Rahmens die Zeit seiner Tätigkeit frei bestimmen kann. Die Freiheit zur Selbstbestimmung wird aber dann nicht mehr vorliegen, wenn Beginn und Ende der täglichen Arbeitszeit sowie die Lage der Pausen vorgegeben werden und die Tätigkeit in einem fremden Unternehmen zu erbringen ist.

843 Ein **Indiz** für das Vorliegen einer Arbeitnehmereigenschaft ist auch die Eintragung in Dienstpläne ohne Abstimmung mit dem Mitarbeiter.

844 Gewichtige Indizien für die rechtliche Beurteilung sind neben der Weisungsgebundenheit und der Eingliederung in die Arbeitsorganisation des

Arbeitgebers (LG München vom 15. 5. 1997 – 17 H KO 759/97 – NZA 1997, 943) auch die **fehlende Ausgewogenheit** zwischen unternehmerischen Chancen und Risiken.

845 Als **Beispiele:** Pauschal bezahlte **Bildberichterstatter**, die einer Zeitungsredaktion monatlich eine bestimmte Anzahl von Bildern liefern, sind keine Arbeitnehmer, wenn sie in der Übernahme der Fototermine frei sind (BAG vom 29. 1. 1992 – 7 ABR 25/91 – NZA 1992, 835). Die **Zeitungszusteller**, die regelmäßig weisungsgebundenen und in die betriebliche Organisation des Verlages eingegliedert sind, sind Arbeitnehmer (BAG vom 29. 1. 1992 – 7 ABR 27/91 – NZA 1992, 894). Zur Arbeitnehmereigenschaft von **Fotomodellen** vgl. BSG vom 12. 12. 1990 –11 RAr 73/90 – NZA 1991, 907. Bei einem **Lektor**, der den wesentlichen Teil seiner Aufgaben in selbstbestimmter Arbeitszeit und an selbst bestimmtem Arbeitsort ausübt, fehlt die für ein Arbeitsverhältnis erforderliche Abhängigkeit (BAG vom 27. 3. 1991 – 5 AZR 194/90 – NZA 1991, 933). Zu dem **Verkaufsfahrer** einer Tiefkühlkost-Heimservicefirma, der trotz Bezeichnung als Franchisenehmer den Kontroll- und Weisungsrechten des Arbeitgebers unterliegt, vgl. BAG vom 16. 7. 1997 – 5 AZR 29/96 – DB 1997, 2127. **Tankwarte** sind regelmäßig Arbeitnehmer (BAG vom 12. 6. 1996 – 5 AZR 960/94 – NZA 1997, 191). **Lehrer an Abendgymnasien** sind regelmäßig Arbeitnehmer des Schulträgers (Weiterführung von BAG-Urteil vom 24. 6. 1992 – 5 AZR 384/91 – DB 1993, 236 = AP Nr. 61 zu §611 BGB Abhängigkeit; Abweichung von BAG vom 13. 11. 1991 – 7 AZR 31/91 – BAGE 69, 62 = AP Nr. 60 zu §611 BGB Abhängigkeit; BAG vom 12. 9. 1996 – 5 AZR 104/95 – DB 1997, 1037). Die in einem Saunaclub tätige **Prostituierte** ist keine Arbeitnehmerin (LAG Hessen vom 12. 8. 1997 – 16 Ta 231/97 – NZA 1998, 221).

845a Erfolgte die **Abgrenzung zwischen Arbeitnehmern und freiem Mitarbeiter** bisher anhand der dargestellten Unterscheidungskriterien, die durch die Rechtsprechung herausgebildet worden waren, wird nunmehr mit Inkrafttreten des Gesetzes zu Korrekturen in der Sozialversicherung und zur Sicherung der Arbeitnehmerrechte zum 1. 1. 1999 mit der Einführung des neuen § 7 Abs. 4 SGB IV die Abgrenzung Selbständiger von Nichtselbständigen **gesetzlich geregelt.** Besonders zu betonen ist, daß die neuen gesetzlichen Regelungen sich ausschließlich auf die sozialversicherungsrechtliche Seite beschränken und demnach grundsätzlich kein gesetzlichen Vermutungstatbestand für die Frage darstellt, ob im Einzelfall ein Arbeitsverhältnis oder eine freie Mitarbeit anzunehmen ist. Allerdings ist anzunehmen, daß – sollte die gesetzliche Regelung in dieser Form unverändert Bestand haben – auch seitens der Arbeitsgerichte diese Vermutungstatbestände im Wege richterlicher Fortbildung übernommen werden (vgl. zu der Neuregelung ausführlich Bauer/Diller/Lorenzen, Das neue Gesetz zur Scheinselbständigkeit, NZA 1999, 169).

845b Gem. § 7 Abs. 4 SGB IV wird danach von jemandem – ausgenommen Handelsvertreter – vermutet, daß er gegen Arbeitsentgelt und somit nicht selbständig beschäftigt ist, wenn er erwerbsmäßig tätig ist und **mindestens zwei** der nachfolgend aufgezählten vier Voraussetzungen gegeben sind:

- wer im Zusammenhang mit der Tätigkeit **keine versicherungspflichtigen Arbeitnehmer** beschäftigt; Angehörige werden hierbei nicht berücksichtigt (Ehegatte, Verwandte und Verschwägerte bis zum 2. Grad, Pflegekinder, auch die des Ehegatten),
- wer regelmäßig und im wesentlichen **nur für einen Auftraggeber** tätig, ist,
- wer **für Beschäftigte typische Arbeitsleistungen** erbringt, insbesondere Weisungen des Auftraggebers unterliegt und in die Arbeitsorganisation des Arbeitgebers eingegliedert ist oder
- wer **nicht** aufgrund **unternehmerischer Tätigkeit am Markt** auftritt.

845c Sowohl der freie Mitarbeiter als auch sein Auftraggeber können die Vermutung der **Scheinselbständigkeit widerlegen.** Dazu können sie auch weitere Punkte, die für eine Selbständigkeit sprechen (s. o.), anführen.

845d Gelingt der Beweis der Selbständigkeit nicht, so wird der freie Mitarbeiter als Arbeitnehmer behandelt mit der Folge, daß Arbeitgeber und Arbeitnehmer jeweils zur Hälfte Renten-, Kranken-, Pflege- und Arbeitslosenversicherungsbeiträge zu entrichten haben. Die Entscheidung, ob ein sozialversicherungspflichtigtes Arbeitsverhältnis vorliegt, trifft die Krankenkasse.

845e Soweit der Nachweis gelingen sollte, daß, obwohl mindestens zwei der genannten Merkmale vorliegen, dennoch eine Scheinselbständigkeit im konkreten Einzelfall nicht gegeben ist, kann gleichwohl nunmehr seit dem 1. 1. 1999 trotzdem die Verpflichtung bestehen, daß der Selbständige selbst Beiträge an die gesetzliche Rentenversicherung entrichten muß, da nach der neuen gesetzlichen Regelung des § 2 Nr. 9 SGB IV nunmehr auch die sog. **„arbeitnehmerähnlichen Selbständigen“** rentenversicherungspflichtig sind. § 2 Nr. 9 SGB VI definiert die arbeitnehmerähnlichen Selbständigen als „Personen, die im Zusammenhang mit ihrer selbständigen Tätigkeit mit

Ausnahme von Familienangehörigen keine versicherungspflichtigen Arbeitnehmer beschäftigen sowie regelmäßig und im wesentlichen nur für einen Auftraggeber tätig sind".

845f Beiträge zur Rentenversicherung hat der arbeitnehmerähnliche Selbständige selbst zu tragen. Die Entscheidung, ob die Voraussetzungen für die Einstufung als arbeitnehmerähnlicher Selbständiger vorliegen, trifft der Rentenversicherungsträger.

4. Kündigungsfristen

846 Die in §113 Abs. 1 InsO vorgesehene Kündigungsfrist beträgt 3 Monate, wenn nicht eine kürzere Frist maßgeblich ist. Kürzere Kündigungsfristen können sich aus den gesetzlichen Regelungen insbesondere aus den §§621, 622 BGB ergeben.

847 Nach §622 Abs. 1 BGB kann das Arbeitsverhältnis eines Arbeiters und Angestellten mit einer Frist von 4 Wochen zum 15. oder zum Ende eines Kalendermonats gekündigt werden. Diese für den Arbeitgeber geltende Grundkündigungsfrist – der Arbeitnehmer braucht nur die Vierwochenfrist einzuhalten – verlängert sich für die länger beschäftigten Arbeitnehmer nach Maßgabe folgender Staffelung,

848 wenn das Arbeitsverhältnis in dem Betrieb oder Unternehmen:

1. zwei Jahre bestanden hat, einen Monat zum Ende eines Kalendermonats,
2. fünf Jahre bestanden hat, zwei Monate zum Ende eines Kalendermonats,
3. acht Jahre bestanden hat, drei Monate zum Ende eines Kalendermonats,
4. zehn Jahre bestanden hat, vier Monate zum Ende eines Kalendermonats,
5. zwölf Jahre bestanden hat, fünf Monate zum Ende eines Kalendermonats
6. fünfzehn Jahre bestanden hat, sechs Monate zum Ende eines Kalendermonats,
7. zwanzig Jahre bestanden hat, sieben Monate zum Ende eines Kalendermonats,

wobei bei der Berechnung der Beschäftigungsdauer Zeiten, die vor der Vollendung des fünfundzwanzigsten Lebensjahres des Arbeitnehmers liegen, nicht berücksichtigt werden.
Anzumerken ist, daß nach §622 Abs. 6 BGB für die Kündigung des Arbeitsverhältnisses durch den Arbeitnehmer keine längere Frist vereinbart werden darf als für die Kündigung durch den Arbeitgeber.

849 Grundsätzlich ist es zulässig, **längere vertragliche** Kündigungsfristen und/ oder weniger Kündigungstermine zu vereinbaren, was jedoch im Insolvenzfall nach der Regelung des §113 InsO keine Wirkung entfaltet. Werden nach §622 Abs. 5 BGB, §113 Abs. 1 S. 1 InsO zulässigerweise kürzere als die gesetzlichen Kündigungsfristen vereinbart, beanspruchen sie auch im Insolvenzverfahren Geltung. Nach §622 Abs. 5 Nr. 1 BGB kann die gesetzliche Kündigungsfrist während der ersten 3 Monate des **Aushilfsverhältnisses** verkürzt werden. Dies bedeutet, daß auch die fristlose ordentliche Kündigung vereinbart werden kann.

850 Nach §622 Abs. 3 BGB können **unbefristete Arbeitsverhältnisse**, für die eine Probearbeitszeit vereinbart worden ist, mit einer kürzeren Kündigungsfrist von 2 Wochen gekündigt werden. Eine solche Kündigungsfrist entfällt dann, wenn einem unbefristeten Arbeitsverhältnis – wie in der Praxis häufig – ein vertraglich vereinbartes befristetes Probearbeitsverhältnis vorgeschaltet ist. Bei dem befristeten Arbeitsverhältnis wird auch in Zukunft die ordentliche Kündigung ausgeschlossen sein (vgl. hierzu Preis, DB 1993, 2125, 2127 m. w. N.).

851 Bei **Kleinunternehmen**, bei denen nicht auf den Betrieb, sondern auf die vom Arbeitgeber beschäftigten Arbeitnehmer abzustellen ist, kann nach §622 Abs. 5 Nr. 2 BGB eine kürzere Kündigungsfrist vereinbart werden, wenn nicht mehr als 20 Arbeitnehmer ausschließlich der zu ihrer Berufsausbildung beschäftigt werden. Hierbei ist zu beachten, daß bei der Ermittlung der Beschäftigungszahl Teilzeitbeschäftigte nur zeitanteilig angerechnet werden (vgl. Preis, DB 1993, 2125, 2127).

852 Da §113 Abs. 1 InsO ohne Rücksicht auf eine vereinbarte Vertragsdauer oder einen vereinbarten Ausschluß des Rechts zur ordentlichen Kündigung eine Kündigungsfrist von 3 Monaten zuläßt, verkürzen sich auch längere **tarifvertragliche Kündigungsfristen** bzw. die **tarifvertraglichen Unkündbarkeitsklauseln** auf drei Monate. Dabei kann dahingestellt bleiben, ob man die auf einem Tarifvertrag fußende Kündigungsfrist oder Unkündbarkeitsklausel als eine einzelvertragliche oder eine kollektivvertragliche Regelung sieht. Da der Wortlaut des §113 Abs. 1 InsO insoweit eindeutig ist, muß der Insolvenzverwalter in Zukunft weder die tarifvertraglich längere als die gesetzliche Kündigungsfrist noch die sonstigen tarifvertraglich vereinbarten Kündigungsfristen einhalten (siehe auch Schrader, NZA 1997, 70; Caspers, Personalabbau, Rz. 103 ff.; Warrikoff, BB 1994, 2338; Berscheid, AnwBl. 1995, 8, 11; Zwanziger, Das Arbeitsrecht der Insolvenzordnung,

S. 56; **a. A.** Bichelmeier/Oberhofer, AiB 1997, 161, 162). Zu der Streitfrage, ob und inwieweit durch die vorzeitige Anwendung des § 113 InsO durch das Beschäftigungsförderungsgesetz im Bereich der alten Bundesländer unzulässigerweise in die Koalitionsfreiheit der Arbeitnehmer eingegriffen wird, siehe oben Rz. 815 ff.

853 Ein **befristetes Arbeitsverhältnis** kann, wenn es wirksam vereinbart wurde, grundsätzlich für die Laufdauer des Vertrages nicht ordentlich gekündigt werden. In aller Regel wäre ein wirksam befristetes Arbeitsverhältnis deshalb der ordentlichen Kündigung entzogen. Im Insolvenzverfahren besteht jedoch im Hinblick auf die Regelung des § 113 Abs.1 InsO ein solches Kündigungsrecht zugunsten des Insolvenzverwalters, da die Vereinbarung eines befristeten Arbeitsverhältnisses unter dem Aspekt des § 113 InsO darauf hinausläuft, daß es sich um eine Kündigungsbeschränkung handelt, die aufgrund des in der Gesetzesnorm des § 113 InsO enthaltenen zwingenden Rechts unzulässig ist (Jaeger/Henckel, KO, § 22 Rz. 25; Kuhn/Uhlenbruck, KO, § 22 Rz. 10), so daß das befristete Arbeitsverhältnis künftig mit einer Frist von 3 Monaten kündbar ist, sofern nicht eine kürzere Frist in Betracht kommt.

5. Die Anwendbarkeit des Kündigungsschutzgesetzes in der Insolvenz

854 Die Kündigungsschutzvorschriften des KSchG sind im Insolvenzverfahren grundsätzlich uneingeschränkt anwendbar (BAG vom 16. 9. 1982 – 2 AZR 271/80 – ZIP 1983, 205; vgl. Übersicht bei Jaeger/Henckel, KO, § 22 Rz. 22; Caspers, Personalabbau, Rz. 123; **a. A.** KR-Weigand, § 22 KO Rz. 23; Kilger/K. Schmidt, KO/VglO/GesO, § 22 KO, 7, die eine Anwendung auf betriebsbedingte Kündigung ablehnen; diese Auffassung hat aber zu Recht Widerspruch gefunden, da die Anwendung des KSchG nicht dadurch ausgeschlossen werden kann, daß die Kündigung sozial gerechtfertigt ist, Kuhn/Uhlenbruck, KO, § 22 Rz. 19 m. w. N.).

855 Einschränkungen des Kündigungsschutzes ergeben sich im Insolvenzverfahren im Zusammenhang mit einem Interessenausgleich (siehe § 125 InsO) bzw. einem arbeitsgerichtlichen Beschlußverfahren (siehe § 126 InsO).

856 Der Gesetzgeber hatte durch das Arbeitsrechtliche Beschäftigungsförderungsgesetz mit Wirkung vom 1. 10. 1996 weitgehende Änderungen im Bereich des Kündigungsschutzrechtes vorgenommen, die auch in der Insolvenz Anwendung fanden (vgl. Bader, Neuregelungen im Bereich des

Kündigungsschutzgesetzes durch das Arbeitsrechtliche Beschäftigungsförderungsgesetz, NZA 1996, 1125).

857 Zu beachten war in diesem Zusammenhang vor allem, daß der Schwellenwert, bis zu dem das Kündigungsschutzgesetz keine Anwendung findet, von 5 Arbeitnehmern auf 10 Arbeitnehmer angehoben wurde, wobei teilzeitbeschäftigte Arbeitnehmer anteilig zu berücksichtigen sind (§23 Abs. 1 KSchG). Durch das Gesetz zu Korrekturen in der Sozialversicherung und zur Stärkung der Arbeitnehmerrechte vom 19. 12. 1998 (BGBl. I S. 2843) ist allerdings der Schwellenwert mit Wirkung vom 1. 1. 1999 wieder zurückgeführt worden.

858 Bei der Feststellung der für die Anwendung des Kündigungsschutzgesetzes regelmäßigen Beschäftigtenzahl von mehr als 5 Arbeitnehmern (§23 Abs. 1 S. 2 KSchG) – hier zählen auch die leitenden Angestellten mit; vgl. Grunsky/Moll, Arbeitsrecht und Insolvenz, Rz. 10 – ist auf **den Betrieb** abzustellen (Fischermeier, NZA 1997, 1089, 1090; **a. A.** Kittner, AuR 1997, 182, 190; Löwisch, NZA 1996, 1009, 1010; Lakies, NJW 1997, 121, 122; Preis, NZA 1997, 1073, 1075, die für die Ermittlung der Schwellenzahl auf das Unternehmen abstellen und noch weitergehend Bepler, AuR 1997, 54 ff., der auf den Konzern abstellen will).

859 Es ist von der den Betrieb im allgemeinen kennzeichnenden regelmäßigen Beschäftigtenzahl auszugehen, wobei – bezogen auf den Kündigungszeitpunkt – ein Rückblick auf die bisherige personelle Situation und eine Einschätzung der zukünftigen Entwicklung zu erfolgen hat (im Anschluß an BAG vom 22. 2. 1983 – 1 AZR 260/81 – BAGE 42, 1; vom 31. 1. 1991 – 2 AZR 356/90 – EzA §23 KSchG Nr. 11). Die verfassungsmäßigen Einwendungen gegen die Kleinbetriebsklausel sind nicht gerechtfertigt (BAG vom 19. 4. 1990 – 2 AZR 591/89 – EzA §23 KSchG Nr. 8 mit zustimmender Anmerkung von Wank; Bader, NZA 1996, 1125, 1126; Löwisch, NZA 1996, 1009; Lakies, DB 1997, 1078 ff.; Lorenz, DB 1996, 1009, 1010; Bader/Braun/Dörner/Wenzel, KSchG §23 Rz. 11; Schiefer/Worzalla/von Hoyningen-Huene/Linck, DB 1997, 41; Wlotzke, BB 1997, 414, 416; Grunsky/Moll, Rz. 66 ff.; siehe auch Caspers, Personalabbau, Rz. 126 ff.; KR/Weigand, §23 KSchG, Rn. 15; Däubler, BetrR 1997, 1, 4; Ramm, ArbuR 1991, 264; Kraushaar, ArbuR 1988, 137; Buschmann/Dieball/Stevens-Bartol, Das Recht der Teilzeitarbeit, §2 KSchG Rn. 3; Buschmann, AuR 1996, 285, 287; Kittner, AuR 1997, 182; Weigand, DB 1997, 2484 ff).

860 **Teilzeitbeschäftigte** sind entsprechend der Dauer ihrer Arbeitszeit anteilig zu berücksichtigen und zwar bei einer Arbeitszeit von

- bis einschließlich 20 Stunden mit dem Faktor 0,50
- bis einschließlich 30 Stunden mit dem Faktor 0,75
- über 30 Stunden mit dem Faktor 1

(§23 Abs. 1 S. 3 KSchG).(Vgl. zu den verschiedenen Fallgestaltungen bei einheitlichen oder gemischten Betriebswochenarbeitszeiten Richter/Mitsch DB 1997, 526, 528; siehe auch eingehend Grunsky/Moll, Rz. 13 ff.).

861 Bei der Berechnung der Mindest-Arbeitnehmerzahl im Sinne des §23 Abs. 1 S. 2 KSchG sind Arbeitnehmer einer **ausländischen Betriebsstätte** nicht zu berücksichtigen (LAG Düsseldorf vom 21. 5. 1996 – 8 Sa 0366/96 – DZWiR 1997, 463), da nach einhelliger Auffassung der Literatur und Rechtsprechung (vgl. Weigand, in: KR 4. Aufl., §23 KSchG Rdn. 26; Hueck/v. Hoyningen-Huene, KSchG, 12. Aufl., §23 Rdn. 16 b; Kittner/Trittin, KSchG, 2. Aufl., §23 KSchG Rdn. 16; Birk, in: Münchener Hdb. z. ArbeitsR §19 Rdn. 193; Küttner/Kreitner, Personalbuch 1997, Betrieb Rd. 13; LAG Hamm vom 5. 4. 1989 – 2 (13) Sa 1280/88 – LAGE §23 KSchG Nr. 4; LAG Köln vom 27. 5. 1994 – 4 Sa 1212/93 – LAGE §23 KSchG Nr. 10; LAG Düsseldorf vom 21. 5. 1996 – 8 Sa 366/96 – BB 1996, 2411; LAG Köln vom 22. 11. 1996 – 11 Sa 560/96 – NZA-RR 1997, 429) die Voraussetzungen des §23 Abs. 1 S. 2 KSchG regelmäßig im Inland erfüllt werden müssen (so nunmehr auch BAG vom 9. 10. 1997 – 2 AZR 64/97 – NZA 1998, 141).

6. Die Grundsätze der betriebsbedingten Kündigung in der Insolvenz

862 Da im Konkurs das Kündigungsschutzgesetz uneingeschränkt anzuwenden ist, bedeutet dies, daß die Arbeitnehmer die Kündigungen des Insolvenzverwalters mit der Kündigungsschutzklage vor dem Arbeitsgericht angreifen können. Eine ordentliche Kündigung ist nach §1 Abs. 2 S. 1 KSchG u. a. dann sozial ungerechtfertigt, wenn sie nicht durch dringende betriebliche Erfordernisse bedingt ist, die einer Weiterbeschäftigung des Arbeitnehmers im Betrieb entgegenstehen. Betriebliche Erfordernisse für eine Kündigung können sich aus innerbetrieblichen Umständen (z. B. Rationalisierungsmaßnahmen oder Umstellung oder Einschränkung der Produktion) oder durch

außerbetriebliche Gründe (z. B. Auftragsmangel oder Umsatzrückgang) ergeben.

863 Diese betrieblichen Erfordernisse müssen – dringend – sein und eine Kündigung im Interesse des Betriebes notwendig machen. Diese weitere Voraussetzung ist erfüllt, wenn es dem Arbeitgeber nicht möglich ist, der betrieblichen Lage durch andere Maßnahmen auf technischem, organisatorischem oder wirtschaftlichem Gebiet als durch eine Kündigung zu entsprechen. Die Kündigung muß wegen der betrieblichen Lage unvermeidbar sein (vgl. BAG vom 25. 6. 1964 – 2 AZR 382/63 – BAGE 16, 134, 136; BAG vom 12. 12. 1968 – 1 AZR 102/68 – BAGE 21, 248).

864 Ein Umsatzrückgang kann dann eine betriebsbedingte Kündigung rechtfertigen, wenn dadurch der Arbeitsanfall so zurückgeht, daß für einen oder mehrere Arbeitnehmer das Bedürfnis zur Weiterbeschäftigung entfällt.

865 Gewinnverfall oder Unrentabilität des Betriebes führen nicht ohne weiteres zu dringenden betrieblichen Erfordernissen, weil sie auf den verschiedensten Gründen beruhen können und sich nicht unmittelbar auf die Arbeitsplätze auswirken.

866 Diese außerbetrieblichen Umstände können aber eine betriebsbedingte Kündigung dann rechtfertigen, wenn sie der Arbeitgeber zum Anlaß nimmt, zum Zwecke der Kostenersparnis durch Rationalisierungsmaßnahmen innerbetriebliche Veränderungen durchzuführen, durch die die Zahl der Arbeitsplätze verringert wird, oder wenn für den Arbeitgeber keine Möglichkeit besteht, durch andere Maßnahmen als durch eine Änderung der Vertragsbedingungen der Arbeitnehmer die Kosten zu senken.

867 Auch wenn durch außer- oder innerbetriebliche Gründe der bisherige Arbeitsplatz eines Arbeitnehmers wegfällt, ist eine Kündigung nur dann durch dringende betriebliche Erfordernisse bedingt, wenn dem Arbeitgeber eine andere Weiterbeschäftigung nicht möglich oder nicht zumutbar ist.

868 Bei außerbetrieblichen Gründen ist darüber hinaus zu prüfen, ob Kündigungen nicht durch andere innerbetriebliche Maßnahmen (insbesondere Arbeitsstreckung) vermieden werden können.

869 Im Kündigungsschutzprozeß trifft den Arbeitgeber nach § 1 Abs. 2 S. 4 KSchG in vollem Umfang die Darlegungs und Beweislast dafür, daß die Kündigung durch dringende betriebliche Erfordernisse bedingt ist, ohne daß eine andere Beschäftigung möglich oder zumutbar ist.

Wenn sich der Arbeitgeber auf „Umsatzrückgang“, „Gewinnverlust“ oder „einschneidende Rationalisierungsmaßnahmen“ beruft, darf er sich nicht auf schlagwortartige Umschreibungen beschränken. Er muß seine tatsächlichen Angaben vielmehr so im einzelnen darlegen (substantiieren), daß sie vom Arbeitnehmer mit Gegentatsachen bestritten und vom Gericht überprüft werden können.

870 Vom Arbeitgeber ist darüber hinaus darzulegen, wie sich die von ihm behaupteten Umstände unmittelbar oder mittelbar auf den Arbeitsplatz des gekündigten Arbeitnehmers auswirken. Der Vortrag des Arbeitgebers muß erkennen lassen, ob durch eine innerbetriebliche Maßnahme oder einen außerbetrieblichen Anlaß der Arbeitsplatz des gekündigten Arbeitnehmers wegfällt oder ob hierdurch unmittelbar zwar ein anderer Arbeitnehmer betroffen wird, dieser aber aus betrieblichen oder persönlichen Gründen (§ 1 Abs. 2 KSchG) auf den Arbeitsplatz oder in die Abteilung des gekündigten Arbeitnehmers versetzt werden soll (vgl. dazu BAG vom 1. 7. 1976 – 2 AZR 322/75 – DB 1976, 2213).

871 Bei der Sozialauswahl im Rahmen von betriebsbedingten Kündigungen werden gem. § 1 Abs. 3 KSchG aufgrund des sog. Korrekturgesetzes v. 19. 12. 1998 (BGBl 1998 I S. 2843) mit Wirkung v. 1. 1. 1999 an wiederum alle nur denkbaren **sozialen Gesichtspunkte** berücksichtigt. Die durch das Arbeitsrechtliche Beschäftigungsförderungsgesetz erfolgte Beschränkung auf die Dauer der Betriebszugehörigkeit, das Lebensalter sowie die Unterhaltspflichten des Arbeitnehmers ist dadurch wieder rückgängig gemacht worden.

872 Nicht in die Sozialauswahl einzubeziehen sind seit dem 1. 1. 1999 Arbeitnehmer, deren Weiterbeschäftigung aus betriebstechnischen, wirtschaftlichen oder sonstigen berechtigten betrieblichen Bedürfnissen erforderlich ist.

873 Die durch das Arbeitsrechtliche Beschäftigungsförderungsgesetz eingeführte Regelung der eingeschränkten, d. h. auf **grobe Fahrlässigkeit** begrenzten, Überprüfbarkeit von Regelungen der Sozialauswahl in einem Tarifvertrag, in einer Betriebsvereinbarung nach § 95 BetrVG oder in einer entsprechenden Richtlinie für Betriebe und Verwaltungen des öffentlichen Rechts wird auch durch das Korrekturgesetz beibehalten.

874 Die dreiwöchige Klagefrist bei Kündigungsschutzklagen des § 4 KSchG hat der Arbeitnehmer, der gegen eine Kündigung im Konkurs vorgeht, nach

§113 Abs. 2 InsO auch in den Fällen zu beachten, in denen er nicht die Sozialwidrigkeit der Kündigung angreift, sondern sonstige Unwirksamkeitsgründe, z. B. die fehlende Betriebsratsanhörung (§102 BetrVG) oder ein Verstoß gegen das Kündigungsschutzverbot des §613a Abs. 4 BGB, geltend macht.

875 Die Dreiwochenfrist läuft grundsätzlich ab dem Zugang der Kündigung. Eine Ausnahme gilt in den Fällen, in denen die Kündigung der Zustimmung einer Behörde bedarf, z. B. der Hauptfürsorgestelle nach dem Schwerbehindertengesetz. In diesen Fällen läuft die Frist erst ab der Bekanntgabe der behördlichen Entscheidung.

III. Die Änderungskündigung in der Insolvenz

876 Eine typische Folge des Insolvenzverfahrens tritt ein, wenn der Insolvenzverwalter sich entschließt, den Betrieb ganz oder teilweise einzustellen oder in anderer Form fortzuführen. In der Regel ist damit – neben der Freisetzung eines Teils von Arbeitskräften – eine umfassende Umorganisation des Betriebs verbunden. Den Arbeitnehmern müssen damit in der Regel andere Aufgaben zugewiesen werden, als sie im Arbeitsvertrag vereinbart sind.

877 In diesem Zusammenhang stellt sich daher die Frage, wie eine Umorganisation zu erreichen ist, insbesondere wie eine Änderungskündigung im Insolvenzverfahren zu behandeln ist. Da durch die Eröffnung des Insolvenzverfahrens das Direktionsrecht des Arbeitgebers (Insolvenzverwalter) nicht erweitert und andererseits aber die Arbeitnehmer schon nach allgemeinen arbeitsrechtlichen Grundsätzen in Notfällen verpflichtet sind, eine andere als die vereinbarte Tätigkeit zu verrichten (zum Verhältnis zwischen vereinbarter Arbeitsleistung und Direktionsrecht s. BAG vom 21. 5. 1980 – 5 AZR 337/78 – RdA 1980, 287), kann davon ausgegangen werden, daß der Insolvenzverwalter umso eher die Möglichkeit hat, dem Arbeitnehmer eine neue Arbeit zuzuweisen, je weniger exakt die geschuldete Arbeitsleistung im Arbeitsvertrag niedergelegt ist.

878 Erfahrungsgemäß geht es dem Insolvenzverwalter bei Fortführung des Betriebs regelmäßig darum, besonders qualifizierte Arbeitskräfte zu behalten. Gerade bei diesen aber ist dann wiederum regelmäßig die zu erbringende Arbeitsleistung im Arbeitsvertrag exakt formuliert. Will daher der Insolvenzverwalter sein Ziel, einem qualifizierten Arbeitnehmer eine andere Tä-

tigkeit zuzuweisen, erreichen, wird er häufig eine Änderungskündigung aussprechen müssen.

879 Dies kommt insbesondere dann in Betracht, wenn der Insolvenzverwalter Arbeitsbedingungen ändern, z. B. von übertariflichen Löhnen zu tariflichen gelangen oder aber Nebenleistungen wie Gratifikationen, Urlaubsgeld etc. beseitigen möchte.

880 Auszugehen ist davon, daß auch auf Änderungskündigungen im Insolvenzverfahren das Kündigungsschutzgesetz uneingeschränkt Anwendung findet, also die Änderungskündigung darauf überprüft werden kann, ob sie sozial gerechtfertigt ist. Die Überprüfung der Änderungskündigung erleidet bei einer Kündigung im Insolvenzverfahren nach h. M. eine Einschränkung dahingehend, daß angenommen wird, Änderungen von Arbeitsbedingungen seien den Arbeitnehmern im Insolvenzverfahren eher zumutbar als die Beendigung des Arbeitsverhältnisses. Es werden deshalb an die soziale Rechtfertigung der Änderungskündigung geringere Anforderungen als an die das Arbeitsverhältnis beendende Kündigung gestellt.

881 Gleichwohl ist in jedem einzelnen Falle zu prüfen, ob die vom Insolvenzverwalter angestrebte Änderung der Arbeitsbedingungen dem Arbeitnehmer zuzumuten ist. Daß dabei das Ausmaß der angebotenen Änderung im Verhältnis zum bisherigen Arbeitsverhältnis stets eine Rolle spielt, ist selbstverständlich. Man wird dem Arbeitnehmer eher zumuten können, etwa in einer anderen Betriebsabteilung als bisher tätig zu werden, als eine Kürzung des Lohnes hinzunehmen.

IV. Die Massenentlassung

1. Insolvenzspezifische Aspekte der Massenentlassung

882 Häufig führt die Eröffnung des Insolvenzverfahrens dazu, daß der Insolvenzverwalter Massenentlassungen vornehmen muß. § 17 KSchG normiert bei Massenentlassungen eine Anzeigepflicht gegenüber dem Arbeitsamt. Zugleich ist nach § 17 Abs. 2 KSchG der Betriebsrat zu unterrichten. Anzeige- und Unterrichtungspflicht sind auch vom Insolvenzverwalter zu beachten.

Nach § 18 KSchG werden anzeigepflichtige Entlassungen vor Ablauf eines Monats nach Eingang der Anzeige beim Arbeitsamt nur mit Zustimmung des Landesarbeitsamtes wirksam; die Zustimmung kann auch rückwirkend auf den Tag der Antragstellung erteilt werden. Im Einzelfall kann das Landesarbeitsamt bestimmen, daß Entlassungen nicht vor Ablauf von längstens zwei Monaten nach Eingang der Anzeige beim Arbeitsamt wirksam werden.

Auch diese Vorschriften gelten uneingeschränkt im Insolvenzverfahren (vgl. Henckel/Jaeger, KO, § 22 Rz. 35).

2. Die allgemeinen Grundsätze zur Massenentlassung

883 Der in §§ 17–22 KSchG geregelte Schutz will Massenentlassungen nicht verbieten, sondern arbeitsmarktpolitisch insofern mildern, als der Arbeitgeber verpflichtet wird, seine Absicht, eine größere Anzahl von Arbeitnehmern innerhalb kurzer Zeit zu entlassen, dem Arbeitsamt zuvor anzuzeigen. Dieses soll hierdurch die Möglichkeit erhalten, rechtzeitig Maßnahmen zur Vermeidung oder Verzögerung umfangreicher Arbeitslosigkeit einzuleiten.

884 Die Vorschriften des Dritten Abschnitts des KSchG über „Anzeigepflichtige Entlassungen" gelten für Betriebe und Verwaltungen des privaten Rechts sowie für Betriebe, die von einer öffentlichen Verwaltung geführt werden, soweit sie wirtschaftliche Zwecke verfolgen (§ 23 Abs. 2 S. 1 KSchG).

885 Abweichend von § 23 Abs. 1 S. 1 KSchG, der den betrieblichen Geltungsbereich für die Vorschriften des Ersten und Zweiten Abschnitts regelt, wird also nicht der gesamte Bereich des öffentlichen Dienstes, sondern nur dessen wirtschaftliche Zwecke verfolgende Betriebe erfaßt. Das sind die sog. Regiebetriebe (z. B. Gas-, Wasser-, Elektrizitätswerke, Verkehrsbetriebe, Theater, Krankenhäuser) und die in der Form einer juristischen Person geführten Betriebe, sofern diese wirtschaftliche Zwecke verfolgen.

886 Nicht unter den Massenentlassungsschutz fallen folglich alle öffentlichen Betriebe mit Hoheitsverwaltung oder ideeller Zielsetzung (z. B. Schulen, Universitäten, Museen, Forschungsinstitute).

887 Notwendig ist sowohl bei den privaten Betrieben und Verwaltungen wie bei den öffentlichen Betrieben, daß sie in der Regel mehr als 20 Arbeitnehmer beschäftigen. Denn das ist die in § 17 Abs. 1 Nr. 1 KSchG allgemein festgelegte Mindestbeschäftigungszahl.

888 Die Vorschriften über den Massenentlassungsschutz gelten nicht für Seeschiffe und ihre Besatzung (§ 23 Abs. 2 S. 2 KSchG). Die Landbetriebe der Seeschiffahrt (z. B. Werften, Docks) werden ebenso erfaßt, wie Binnenschiffe und Luftfahrzeuge und deren Besatzungen.

889 Nach § 22 Abs. 1 KSchG finden die §§ 17 ff. KSchG ferner keine Anwendung auf Saisonbetriebe und Kampagne-Betriebe sowie bei Entlassungen, die durch diese Eigenart der Betriebe bedingt sind.

890 Saisonbetriebe sind alle Betriebe, in denen zwar das ganze Jahr hindurch gearbeitet wird, aber regelmäßig verstärkt in einer bestimmten Jahreszeit, wobei die periodisch wiederkehrenden Schwankungen des Personalbedarfs witterungs-, absatz- oder standortbedingt sein können. Beispiele sind Steinbrüche, Kies- und Sandgruben, Ziegeleien, Hotels und Gaststätten in Kur- und Erholungsgebieten, nicht jedoch Unternehmen des Baugewerbes.

891 Kampagne-Betriebe sind Betriebe, in denen regelmäßig nur einige Monate im Jahr gearbeitet wird. Zu denken ist etwa an Zuckerfabriken, Gemüse- und Obstkonservenfabriken, Freibäder, Strandhotels und Freizeitzentren.

892 Bedingt durch die Eigenart der Betriebe sind Entlassungen dann, wenn zwischen der Eigenart des Betriebes und der Entlassung ein kausaler Zusammenhang besteht. Das ist stets der Fall bei Massenentlassungen wegen des Endes der Saison oder Kampagne.

893 Dagegen sind Entlassungen während der Saison bzw. Kampagne (z. B. aus strukturellen oder konjunkturellen Gründen) anzeigepflichtig, wenn die Voraussetzungen des § 17 Abs. 1 KSchG erfüllt sind.

894 Der Massenentlassungsschutz gilt grundsätzlich auch für deutsche Arbeitnehmer bei den Stationierungsstreitkräften.

895 Der Massenentlassungsschutz erstreckt sich ohne Rücksicht auf Lebensalter und Betriebszugehörigkeit auf alle Arbeitnehmer einschließlich der Auszubildenden und Volontäre.

896 Nicht als Arbeitnehmer gelten vertretungsberechtigte Organmitglieder juristischer Personen, vertretungsberechtigte Personen und Personengesamtheiten, Geschäftsführer, Betriebsleiter und ähnlich leitende Personen, soweit diese zur selbständigen Einstellung oder Entlassung von Arbeitnehmern berechtigt sind (§ 17 Abs. 5 Nr. 3 KSchG), sowie die arbeitnehmerähnlichen Personen, also beispielsweise Heimarbeiter, freie Mitarbeiter und Handelsvertreter.

897 Der Schutz bezieht sich auf anzeigepflichtige „Entlassungen". Unter Entlassung ist die tatsächliche Beendigung des Arbeitsverhältnisses zu verstehen, die auf eine ordentliche Kündigung durch den Arbeitgeber zurückgeht. Auf den Kündigungsgrund kommt es nicht an.

Dagegen fällt grundsätzlich nicht unter den Begriff der Entlassungen der Fall, daß der Arbeitnehmer aufgrund einer von ihm ausgesprochenen Kündigung ausscheidet. Etwas anders gilt jedoch dann, wenn der Arbeitnehmer deshalb selbst gekündigt hat, weil seiner Kündigung die Erklärung des Arbeitgebers vorausgegangen ist, er werde dem Arbeitnehmer zum gleichen Zeitpunkt kündigen, wenn dieser der Aufforderung nicht nachkomme (BAG vom 6. 12. 1973 – 2 AZR 10/73 – DB 1974, 119). 898

Fristlose Entlassungen werden bei der Berechnung der Mindestzahl der Entlassungen nicht mitgerechnet (§ 17 Abs. 4 S. 2 KSchG). Das Recht des Arbeitgebers zur fristlosen Entlassung bleibt von dem Massenentlassungsschutz unberührt (§ 17 Abs. 4 S. 1 KSchG). 899

Bei Änderungskündigungen kommt es, da nicht die Kündigung, sondern erst die Entlassung anzeigepflichtig ist, auf die Entscheidung des Arbeitnehmers an. Nimmt er das Angebot auf Abschluß eines Vertrages zu geänderten Arbeitsbedingungen an, unterbleibt eine Beendigung des Arbeitsverhältnisses; lehnt er es ab, wird aus der Änderungs- eine Beendigungskündigung und damit eine Entlassung. 900

Der Massenentlassungsschutz des § 17 KSchG gilt nicht für Änderungskündigungen, die von den Arbeitnehmern unter dem Vorbehalt ihrer sozialen Rechtfertigung angenommen werden. 901

Dagegen sind massenhafte Änderungskündigungen, wenn sie infolge Nichtannahme der angebotenen neuen Arbeitsbedingungen durch die Arbeitnehmer zu deren Entlassung führen, anzeigepflichtig.

Zur Vermeidung von Rechtsnachteilen für den Arbeitgeber kann es zweckmäßig sein, die Anzeige bereits unmittelbar nach den Kündigungen zu erstatten. Jedenfalls muß die Anzeige, um wirksam zu werden, vor Beginn der aus den Änderungskündigungen herrührenden Massenentlassungen erstattet werden. Eine Massenentlassung liegt vor, wenn der Arbeitgeber in Betrieben mit in der Regel 902

- mehr als 20 und weniger als 60 Arbeitnehmern mehr als 5 Arbeitnehmer,
- mindestens 60 und weniger als 500 Arbeitnehmern 10 v. H. der im Betrieb regelmäßig beschäftigten Arbeitnehmer oder aber mehr als 25 Arbeitnehmer,
- mindestens 500 Arbeitnehmern, mindestens 30 Arbeitnehmer

innerhalb von 30 Kalendertagen entläßt (§ 17 Abs. 1 Nr. 1–3 KSchG).

903 Steht eine Massenentlassung im Sinne des § 17 Abs. 1 KSchG bevor, hat der Arbeitgeber dem Arbeitsamt, in dessen Bezirk der Betrieb liegt, eine Anzeige zu erstatten (§ 17 Abs. 3 S. 2 KSchG).

904 Die Anzeige bedarf der Schriftform. Sie hat Angaben über den Namen des Arbeitgebers, den Sitz und die Art des Betriebes, die Zahl der in der Regel beschäftigten Arbeitnehmer, die Zahl der zu entlassenden Arbeitnehmer, die Gründe für die Entlassungen und den Zeitraum, in dem die Entlassungen vorgenommen werden sollen, zu enthalten (§ 17 Abs. 3 S. 4 KSchG).

905 Ferner hat der Arbeitgeber dem Arbeitsamt eine Abschrift seiner in § 17 Abs. 2 KSchG näher vorgeschriebenen Mitteilung an den Betriebsrat und dessen Stellungnahme zu den Entlassungen zuzuleiten (§ 17 Abs. 3 S. 1 und 2 KSchG). Liegt letztere nicht vor, so ist die Anzeige nur wirksam, wenn der Arbeitgeber glaubhaft macht, daß er den Betriebsrat mindestens 2 Wochen vor Erstattung der Anzeige unterrichtet hat, und er den Stand seiner – ebenfalls notwendigen – Beratungen mit dem Betriebsrat darlegt (§ 17 Abs. 3 S. 3 KSchG).

906 In der Anzeige braucht nicht gesagt zu werden, ob nur Arbeiter oder Angestellte oder beide Arten von Arbeitnehmern entlassen werden sollen. Erstreckt sich die Anzeige jedoch nur auf eine Art von Arbeitnehmern, darf der Arbeitgeber die andere Art nicht in die Massenentlassungen einbeziehen.

907 Allerdings sollen – im Einvernehmen mit dem Betriebsrat – auch Angaben über den Beruf der zu entlassenden Arbeitnehmer gemacht werden (§ 17 Abs. 3 S. 5 KSchG). Die Anzeige muß vor der tatsächlichen Entlassung erstattet werden. Im Insolvenzfall ist dafür der Insolvenzverwalter zuständig.

Kann der Arbeitgeber die Zahl der notwendigen Entlassungen nicht voraussehen, ist eine vorsorgliche Anzeige möglich; sie kann jederzeit wieder zurückgenommen werden.

908 Die schriftliche Unterrichtung des Betriebsrats durch den Arbeitgeber, die Beratung von Arbeitgeber und Betriebsrat über Entlassungen und deren Folgen (§ 17 Abs. 2 S. 2 KSchG) und die Stellungnahme des Betriebsrats zu den Entlassungen (§ 17 Abs. 3 S. 2 KSchG) entbinden den Arbeitgeber nicht von seiner Verpflichtung gemäß § 102 Abs. 1 BetrVG, den Betriebsrat vor Ausspruch jeder einzelnen Kündigung anzuhören.

909 Da eine Massenentlassung als erhebliche Personalreduzierung eine Betriebsänderung im Sinne von §§ 111 S. 2 Nr. 1, 112a BetrVG darstellen kann, hat der Arbeitgeber auch die Mitbestimmungsrechte des Betriebsrats

nach §§ 111, 112 BetrVG über den Interessenausgleich und Sozialplan zu beachten.

910 Schließlich hat der Arbeitgeber, wenn erkennbare Veränderungen des Betriebs innerhalb der nächsten 12 Monate voraussichtlich zu einer Massenentlassung führen werden, das Landesarbeitsamt unverzüglich zu benachrichtigen.

911 Hat der Arbeitgeber die Anzeige nicht, nicht rechtzeitig, nicht in der gesetzlichen Form oder ohne Stellungnahme des Betriebsrats erstattet, so sind alle anzeigepflichtigen Entlassungen unwirksam. Dies trifft auch auf die Entlassungen zu, die unterhalb der anzeigepflichtigen Zahlen des § 17 Abs. 1 KSchG liegen.

912 Allerdings sind die Kündigungen selbst zunächst wirksam, was bedeutsam sein kann, wenn die Kündigungsfrist länger als die Sperrfrist ist, die Anzeige nachgeholt wird oder das Landesarbeitsamt die Zustimmung rückwirkend erteilt. Läuft hingegen die Kündigungsfrist vor Erstattung der Anzeige ab, kann die Kündigung das Arbeitsverhältnis nicht beenden.

913 Die Rechtsunwirksamkeit der Entlassung tritt indes nicht automatisch ein. Der Arbeitnehmer hat ein Wahlrecht: Er kann die Unwirksamkeit geltend machen oder davon absehen (d. h. die Entlassung hinnehmen).

914 Die Kündigung gegenüber einem Arbeitnehmer, die unter Verletzung der Vorschriften der §§ 17 ff. KSchG geschieht, ist nämlich nur dann unwirksam, wenn sich der gekündigte Arbeitnehmer auf den Gesetzesverstoß gegenüber dem Arbeitgeber beruft.

915 Arbeitnehmer, deren fristgemäße Kündigung aufgrund von groben Treuepflichtverletzungen oder von strafbaren Handlungen gegen den Arbeitgeber erfolgt ist, können sich jedoch auf eine Verletzung der Anzeigepflicht nicht berufen, wenn die gegen sie erhobenen Vorwürfe gerechtfertigt sind.

916 Mit dem Eingang der Anzeige beim Arbeitsamt beginnt eine einmonatige sog. Sperrfrist, vor deren Ablauf anzeigepflichtige Entlassungen nur mit Zustimmung des Landesarbeitsamtes wirksam werden (§ 18 Abs. 1 1. HS KSchG). Das bedeutet, daß die ausgesprochenen Kündigungen zwar wirksam sind, aber ihre das Arbeitsverhältnis beendende Wirkung bis zum Ende der Frist gehemmt ist.

917 Das Landesarbeitsamt kann die Sperrfrist verkürzen, wobei die Zustimmung auch rückwirkend bis zum Tag der Antragstellung erteilt werden kann

(§18 Abs. 1 2. HS KSchG). Eine Verkürzung der Entlassungssperre muß vom Arbeitgeber beantragt werden. Im Falle der Verkürzung endet das Arbeitsverhältnis mit Ablauf der Kündigungsfrist, frühestens jedoch zum Zeitpunkt der Antragstellung.

918 Das Landesarbeitsamt kann im Einzelfall, d. h. bei einer konkreten Anzeige, die Sperrfrist bis zu längstens 2 Monaten nach ihrem Eingang beim Arbeitsamt verlängern (§18 Abs. 2 KSchG). Der Bescheid ergeht innerhalb der normalen Sperrfrist und betrifft dann grds. alle angezeigten Entlassungen.

Nach Ablauf der gesetzlichen, verkürzten oder verlängerten Sperrfrist können die Entlassungen durchgeführt werden, sofern die Kündigungsfristen eingehalten sind und Kündigungsschutzvorschriften nicht entgegenstehen.

V. Die personen- und verhaltensbedingte Kündigung in der Insolvenz

919 Der Insolvenzverwalter kann personen- und verhaltensbedingte Kündigungen unter denselben Voraussetzungen aussprechen, wie außerhalb der Insolvenz.

920 Hinsichtlich der Kündigungsfrist greift ebenfalls die 3-Monatsfrist des §113 Abs. 1 InsO ein, sofern keine kürzere Frist maßgeblich ist.

921 Eine personenbedingte Kündigung kann dann ausgesprochen werden, wenn der **Arbeitnehmer unfähig** oder **nicht mehr geeignet** ist, die geschuldete Arbeitsleistung ganz oder zum Teil zu erbringen, wobei ein Verschulden des Arbeitnehmers nicht vorausgesetzt wird, so daß es einer Abmahnung nicht bedarf.

922 Der personenbedingte Grund, der sich auf die Erfüllung der arbeitsvertraglich bestehenden Pflichten auswirkt, muß zu wirtschaftlichen Auswirkungen im Unternehmen führen und deshalb eine Neubesetzung des Arbeitsplatzes notwendig machen.

923 Unter dem Gesichtspunkt des **Verhältnismäßigkeitsgrundsatzes** ist zu prüfen, ob der Arbeitnehmer nicht auf einem anderen Arbeitsplatz weiterbeschäftigt werden kann, wobei auch die Pflicht zur Durchführung einer zumutbaren Umschulungs- und Fortbildungsmaßnahme besteht. In diesem Zusammenhang hat eine **Interessenabwägung** zwischen dem Weiterbeschäftigungsinteresse und dem Arbeitgeberinteresse an der Kündigung des

Arbeitsverhältnisses zu erfolgen, wobei die Umstände des Einzelfalles zu berücksichtigen sind.

924 In Betracht kommen Kündigungen wegen **fehlender Eignung des Arbeitnehmers** für die vertraglich geschuldete Arbeitsleistung, die **mangelnde fachliche Qualifikation** des Arbeitnehmers, die Kündigung wegen Krankheit (BAG vom 7. 11. 1985 – 2 AZR 657/84 – NZA 1986, 359; BAG vom 16. 2. 1989 – 2 AZR 299/88 – NZA 1989, 923; BAG vom 6. 9. 1989 – 2 AZR 19/89 – NZA 1990, 307; BAG vom 6. 2. 1989 – 2 AZR 118/89 – NZA 1990, 307), und zwar sowohl wegen **häufiger Kurzerkrankungen** (BAG vom 6. 9. 1989 – 2 AZR 224/89 – NZA 1990, 434; BAG vom 16. 2. 1989 – 2 AZR 299/88 – NZA 1989, 923; BAG vom 29. 7. 1993 – 2 AZR 155/93 – NZA 1994, 67; BAG vom 5. 7. 1990 – 2 AZR 154/90 – NZA 1991, 185; BAG vom 14. 1. 1993 – 2 AZR 343/92 – NZA 1994, 309; BAG vom 6. 9. 1989 – 2 AZR 118/89 – NZA 1990, 307) als auch wegen **Langzeiterkrankungen** (BAG vom 25. 11. 1982 – 2 AZR 140/81 – DB 1983, 1042; BAG vom 15. 8. 1984 – 7 AZR 536/82 – DB 1985, 976; BAG vom 28. 2. 1990 – 2 AZR 402/89 – NZA 1990, 727; BAG vom 21. 5. 1992 – 2 AZR 399/91 – NZA 1993, 497), **dauernder Leistungsunfähigkeit** sowie **krankheitsbedingten Leistungsminderungen** (BAG vom 5. 8. 1976 – 3 AZR 110/75 – DB 1976, 2307; BAG vom 5. 7. 1990 – 2 AZR 154/90 – NZA 1991, 185).

925 Die **krankheitsbedingte Kündigung** ist dann sozial gerechtfertigt, wenn eine negative Gesundheitsprognose besteht, die entstandenen und prognostizierten Fehlzeiten zu erheblichen Beeinträchtigungen der betrieblichen Interessen führen und bei der Interessenabwägung festgestellt wird, daß eine erhebliche Beeinträchtigung der betrieblichen Interessen zu einer billigerweise nicht mehr hinzunehmenden Belastung führt.

926 Bei der **verhaltensbedingten Kündigung** des Insolvenzverwalters wird im Rahmen des § 113 InsO die Kündigungsfrist ebenfalls auf 3 Monate zum Monatsende abgekürzt, wenn nicht eine kürzere, gesetzliche oder vertragliche Kündigungsfrist maßgeblich ist.

927 Kündigungsgründe, die eine verhaltensbedingte Kündigung rechtfertigen, sind **Leistungsstörungen, Störungen der betrieblichen Ordnung**, **Störungen im Vertrauensbereich des Arbeitsverhältnisses** und Verletzungen von Nebenpflichten, gegebenenfalls auch der Verdacht des vertragswidrigen Verhaltens, sowie außerdienstliches Verhalten, das auf das Arbeitsverhältnis Auswirkungen zeigt.

928 Eine **verhaltensbedingte Kündigung** kann nur dann ausgesprochen werden, wenn ein rechtswidriger und schuldhafter **Pflichtverstoß des Arbeitnehmers** vorliegt (BAG vom 21. 5. 1992 – 2 AZR 10/92 – DB 1992, 2446), wobei das Bundesarbeitsgericht verlangt, daß der Arbeitnehmer wegen eines solchen Verhaltens abgemahnt werden muß, bevor er aus diesem Grunde gekündigt wird. Eine ohne vorangegangene Abmahnung ausgesprochene Kündigung ist sozialwidrig. Da die verhaltensbedingte Kündigung keinen Sanktionscharakter hat, sondern zukunftsgerichtet ist, ist eine negative Zukunftsprognose erforderlich.

929 Als Pflichtverstöße kommen beispielsweise in Frage:

- die **Verletzung der Anzeigepflicht über Erkrankungen**
  (BAG vom 31. 8. 1989 – 2 AZR 13/89 – NZA 1990, 433; LAG Köln vom 1. 6. 1995 – 5 Sa 250/95 – NZA 1996, 596; BAG vom 16. 8. 1991 – 2 AZR 604/90 – NZA 1993, 17),
- **eigenmächtiger Urlaubsantritt**
  (LAG Hamm vom 25. 6. 1985 – 6 Sa 287/85 – DB 1985, 2516; LAG Frankfurt vom 22. 12. 1983 – 12 Sa 542/83 – DB 1984, 1355; siehe auch LAG Rheinland-Pfalz vom 25. 1. 1991 – 6 Sa 829/90 – NZA 1991, 600),
- Selbstgefährdung durch **Alkoholisierung** bei der Arbeit
  (BAG vom 26. 1. 1995 – 2 AZR 649/94 – BB 1995, 308),
- **Alkoholmißbrauch**
  (BAG vom 26. 1. 1995 – 2 AZR 649/94 – BB 1995, 1089),
- **verspäteter Arbeitsbeginn**
  (LAG München vom 5. 12. 1988 – 8 Sa 272/88 – DB 1989, 283),
- **Stempeln der Stechkarte eines Dritten**
  (LAG Berlin vom 6. 6. 1988 – 9 Sa 26/88 – BB 1988, 158),
- unmäßige und **ehrenrührige Äußerungen über Vorgesetzte**
  (BAG vom 30. 11. 1972 – 2 AZR 79/82 – BB 1973, 428),
- **außerdienstliches Verhalten**
  (BAG vom 24. 9. 1987 – 2 AZR 26/87 – DB 1988, 1757).

930 Unabhängig davon, wie schwerwiegend ein Pflichtenverstoß ist, muß geprüft werden, ob unter Berücksichtigung der Gesamtumstände des Einzelfalles das Interesse des Arbeitgebers an der Beendigung des Arbeitsverhältnisses das des Arbeitnehmers an seiner Fortsetzung überwiegt. Hier sind der Grad des Verschuldens, die Sozialdaten des Arbeitnehmers und die betrieblichen Auswirkungen zu berücksichtigen.

Nach dem **Verhältnismäßigkeitsgrundsatz** kommt eine Kündigung weiter nur dann in Betracht, wenn sie nicht durch mildere Maßnahmen vermieden werden kann, etwa durch Versetzung auf einen anderen Arbeitsplatz oder eine Weiterbeschäftigung zu veränderten Bedingungen. 931

Ein **außerdienstliches Verhalten** kann die Kündigung nur dann rechtfertigen, wenn dadurch das Arbeitsverhältnis konkret gestört wird. Als Beispiel kommen in Betracht die private **Trunkenheitsfahrt durch einen Berufskraftfahrer**, **Sittlichkeitsdelikte von Lehrern und Erziehern** ebenso wie **verbotener Wettbewerb**, wenn der Arbeitnehmer für Dritte im Marktbereich des Arbeitgebers tätig wird. 932

VI. Die außerordentliche Kündigung

Die außerordentliche Kündigung ist auch im Insolvenzverfahren von beiden Seiten unter den Voraussetzungen des §626 BGB möglich. Die Kündigungsmöglichkeit wird durch die Insolvenz nicht erweitert. Insbesondere stellt – wie die Insolvenz überhaupt – die Eröffnung des Insolvenzverfahrens keinen Grund zur fristlosen Kündigung dar. 933

Der **„wichtige Grund"** im Sinne von §626 BGB ist im Insolvenzverfahren kein anderer als außerhalb eines Insolvenzverfahrens. Insbesondere wird durch die Insolvenz ein Grund, den der Arbeitnehmer gesetzt hat, nicht deshalb zu einem „wichtigen Grund" aufgewertet, weil er in einem Insolvenzbetrieb gesetzt wurde. 934

Ob dies allerdings immer in dieser Allgemeinheit gesagt werden kann, muß bezweifelt werden. Nicht zu leugnen ist, daß die Treuepflicht des Arbeitnehmers, der in einem Insolvenzbetrieb weiter beschäftigt wird, zwar nicht gesteigert wird, obwohl die Notwendigkeit zu einer uneingeschränkten Loyalität aber deutlicher hervortritt und für den Betrieb selbst von größerer Wichtigkeit sein kann. Dies aber kann nur im Einzelfall konkret beurteilt werden. 935

Bei solchen Arbeitnehmern, die aufgrund gesetzlicher oder tariflicher Vorschrift unkündbar sind, kann eine außerordentliche Kündigung zulässig sein (BAG vom 20. 3. 1984 – 3 AZR 124/82 – NZA 1985, 121; BAG vom 28. 3. 1985 – 2 AZR 113/84 – NZA 1985, 559; LAG Köln vom 6. 5. 1987 – 9 Sa 1288/86 – NZA 1987, 668). 936

Der Insolvenzverwalter hat für die außerordentliche Kündigung dieselben Formen und Fristen zu wahren, wie der Schuldner. Insbesondere ist er an die Zweiwochenfrist des §626 Abs. 2 BGB gebunden. Den Teil der Frist, der 937 bereits vor Eröffnung des Insolvenzverfahrens abgelaufen ist, muß sich der Insolvenzverwalter anrechnen lassen.

938 Ebenso ist der Insolvenzverwalter gebunden, wenn der Schuldner vor Eröffnung des Insolvenzverfahrens auf das Recht zur fristlosen Kündigung verzichtet hat (vgl. Jaeger/Henckel, KO, §232, Rz. 38).

VII. Der besondere Kündigungsschutz

939 Besondere Probleme bestehen bei einer Kündigung solcher Arbeitnehmergruppen, die unter besonderem Kündigungsschutz stehen.

Unter besonderem Kündigungsschutz stehen Mütter (Mutterschutz), Eltern mit Kleinkindern (Erziehungsurlaub), Schwerbehinderte und weitere besonders Kündigungsgeschützte, wie etwa Wehrdienst- bzw. Zivildienstleistende, nach Ländergesetzgebung Opfer des Nationalsozialismus sowie Abgeordnete des Bundestages und der Länderparlamente etc., ferner Betriebsratsmitglieder und -kandidaten sowie die in einem Berufsausbildungsverhältnis stehenden Personen (Auszubildende).

1. Mutterschutz in der Insolvenz

940 Mutterschutz wird maßgeblich durch den Kündigungsschutz nach §9 Abs. 1 des Mutterschutzgesetzes während der Schwangerschaft und bis zu vier Monate nach der Geburt des Kindes gewährt. Eine entsprechende Regelung trifft § 18 BErzGG für den Zeitraum bis zwei Monate nach Beendigung des Erziehungsurlaubs.

941 Nach §9 Abs. 3 MuSchG kann die für den Arbeitsschutz zuständige oberste Landesbehörde oder die von ihr bestimmte Stelle in besonderen Fällen ausnahmsweise die Kündigung für zulässig erklären.

942 Sinn und Zweck dieser besonderen Kündigungsschutzvorschriften besteht darin, den Eltern für eine bestimmte Zeit den Arbeitsplatz zu erhalten, ihnen die Sorge um den Arbeitsplatz zu nehmen und den Arbeitgeber davon abzuhalten, das Arbeitsverhältnis wegen des mutterschafts- oder erziehungsurlaubsbedingten Arbeitsausfalls zu beenden.

943 Das Kündigungsverbot im Rahmen des Mutterschutzes gilt auch im Insolvenzverfahren. Die Insolvenz ist kein Grund dafür, daß der Schutz entfällt.

944 Aufgrund der insolvenzbedingten Besonderheiten, die u. U. zu einem völligen Wegfall des Arbeitsplatzes des betroffenen Arbeitnehmers führen, z. B.

im Fall der Betriebsstillegung, liegen jedoch regelmäßig die Voraussetzungen für die Zulässigerklärung der Kündigung durch die oberste Landesbehörde gem. § 9 Abs. 3 MuSchG, § 18 BErzGG bzw. der Zustimmung der Hauptfürsorgestelle (§ 15 SchwbG) vor.

945 Der besondere Kündigungsschutz endet nämlich dann, wenn sein eigentlicher Zweck – die Erhaltung des Arbeitsplatzes für eine bestimmte Zeit – nicht mehr erreicht werden kann. Entfällt insolvenzbedingt der Arbeitsplatz des betroffenen Arbeitnehmers wie im Fall der völligen insolvenzbedingten Betriebsstillegung, so entfällt nach dem Sinn und Zweck des Gesetzes auch das Kündigungsverbot. Dies hat zur Folge, daß die Kündigung in den Fällen des § 9 Abs. 3 MuSchG und § 18 BErzGG von der zuständigen obersten Landesbehörde ausnahmsweise für zulässig erklärt werden muß.

2. Der Schwerbehindertenschutz

946 Der Kündigungsschutz für Schwerbehinderte nach §§ 15 ff. des Schwerbehindertengesetzes (SchwbG) ist im Insolvenzverfahren nach Sinn und Zweck des besonderen Kündigungsschutzes zu beurteilen.

947 Auch der besondere Kündigungsschutz für Schwerbehinderte gilt in der Insolvenz, wird also durch die Eröffnung des Insolvenzverfahrens nicht beeinträchtigt.

948 Dies hat zur Folge, daß die Kündigung des Arbeitsverhältnisses eines Schwerbehinderten in der Insolvenz der vorherigen Zustimmung der Hauptfürsorgestelle bedarf.

949 Dabei beträgt die Kündigungsfrist mindestens vier Wochen.

950 Erteilt die Hauptfürsorgestelle die Zustimmung, kann der Insolvenzverwalter die Kündigung nur innerhalb eines Monats nach Zustellung der Zustimmung erklären.

951 Hinsichtlich der Voraussetzungen, die an die Zustimmung zur Kündigung zu stellen sind, trifft die ab 1. 1. 1999 in Kraft tretende Neufassung des § 19 Abs. 3 SchwbG eine spezielle Kündigungsregelung, wonach im eröffneten Insolvenzverfahren über das Vermögen des Arbeitgebers die Hauptfürsorgestelle verpflichtet wird, ihre Zustimmung zu erteilen, wenn

- der Schwerbehinderte in einem Interessenausgleich namentlich als einer der zu entlassenden Arbeitnehmer bezeichnet ist (§ 125 InsO),

- die Schwerbehindertenvertretung beim Zustandekommen des Interessenausgleichs gemäß §25 Abs. 2 SchwbG beteiligt worden ist,
- der Anteil der nach dem Interessenausgleich zu entlassenden Schwerbehinderten, gemessen an der Zahl der Schwerbehinderten, nicht größer ist als der Anteil der zu entlassenden übrigen Arbeitnehmer, gemessen an der Zahl der Beschäftigten übrigen Arbeitnehmer, und
- die Gesamtzahl der Schwerbehinderten, die nach dem Interessenausgleich bei dem Arbeitgeber verbleiben sollen, zur Erfüllung der Verpflichtung nach §5 SchwbG ausreicht.

952 Der Insolvenzverwalter hat vor der Kündigung den Betriebsrat und den Vertrauensmann der Schwerbehinderten (§25 Abs. 2 SchwbG) zu hören.

953 Unterläßt der Insolvenzverwalter die Anhörung des Vertrauensmannes, macht dies die Kündigung nicht unwirksam, der Insolvenzverwalter begeht jedoch eine Ordnungswidrigkeit nach §68 Abs. 1 Nr. 8 SchwbG.

3. Der Schutz der Wehrdienstleistenden

954 Die für den Mutter- und Schwerbehindertenkündigungsschutz entwickelten Grundsätze sind auch auf die Arbeitsverhältnisse solcher Arbeitnehmer anzuwenden, die nach gesetzlicher Vorschrift ebenfalls unter besonderem Kündigungsschutz stehen.

955 Dies sind in erster Linie die Wehr- und Zivildienstleistenden, aber auch die anerkannten Kriegsdienstverweigerer, die zu Wehrübungen Einberufenen sowie schließlich die aufgrund von Landesgesetzen unter besonderem Kündigungsschutz stehenden Opfer des Nationalsozialismus.

956 Auch der Kündigungsschutz dieser Personen ist „insolvenzfest“, muß also vom Insolvenzverwalter beachtet werden. Allerdings können auch diese Arbeitsverhältnisse durch ordentliche Kündigungen beendet werden, wenn der Schutzzweck der jeweiligen Kündigungsschutznorm entfällt, insbesondere also dann, wenn der Arbeitsplatz, um dessen Erhaltung es geht, insolvenzbedingt entfällt.

4. Der Abgeordnetenschutz

957 Ob sich der Kündigungsschutz der Abgeordneten des Bundes und der Länder uneingeschränkt in der Insolvenz durchsetzt, ist zweifelhaft. Denn nach den einschlägigen Vorschriften ist das Arbeitsverhältnis eines Abgeordneten bis zum Ablauf eines Jahres nach Beendigung des Mandats durch ordentli-

che Kündigung unkündbar, im übrigen nur durch außerordentliche Kündigung auflösbar. Dieser weitreichende, ausnahmslose Kündigungsschutz widerspricht ersichtlich dem Insolvenzzweck.

958 Die Beendigung von Abgeordnetenarbeitsverhältnissen im Insolvenzverfahren ist deshalb ebenso wie bei den anderen besonderen kündigungsgeschützten Arbeitsverhältnissen danach zu beurteilen, ob der Sinn und Zweck der Schutzvorschrift in der Insolvenz überhaupt noch verwirklicht werden kann.

959 Ist dies – wie bei der insolvenzbedingten Betriebsstillegung – nicht der Fall, wird man dem Insolvenzverwalter ein Kündigungsrecht einräumen müssen. Dies kann aber nicht das nach der Schutznorm zugelassene fristlose Kündigungsrecht sein, weil sich damit der vom Gesetzgeber gewollte besondere Kündigungsschutz in der Insolvenz gegenüber den übrigen Arbeitnehmern, die nur unter Einhaltung der gesetzlichen Frist gekündigt werden können, verschlechtert, was nach dem Gesetz nicht gewollt ist. Es ist deshalb unter entsprechender Anwendung der Vorschriften über die Fristen für ordentliche Kündigungen anzunehmen, daß der Insolvenzverwalter Abgeordnetenarbeitsverhältnisse nach Wegfall des Schutzzweckes unter Einhaltung der 3-monatigen Kündigungsfrist des § 133 Abs. 1 InsO kündigen kann.

5. Der Schutz der Betriebsratsmitglieder

960 Besondere Bedeutung kommt dem Kündigungsschutz von Betriebsratsmitgliedern im Insolvenzverfahren zu. Dies gilt auch für die Personen, deren Kündigungsschutz gewählten Betriebsratsmitgliedern gleichgestellt ist, also z. B. für die Kandidaten einer Wahl zum Betriebsrat.

961 Der Kündigungsschutz im Rahmen der Betriebsverfassung findet auch im Insolvenzverfahren Anwendung.

962 Der Insolvenzverwalter hat bei der Kündigung von Betriebsratsmitgliedern und den Betriebsratsmitgliedern gleichgestellten Personen § 15 KSchG zu beachten. Danach ist das Arbeitsverhältnis eines Betriebsrats – ebenso eines Jugendvertreters, eines Bordvertreters oder eines Seebetriebsrates – nur ordentlich kündbar, wenn der Arbeitsplatz infolge Betriebsstillegung oder Teilbetriebsstillegung und wegen fehlender anderweitiger Beschäftigungsmöglichkeit entfällt (§ 15 Abs. 3 und 4 KSchG).

963 Die Kündigung ist auch erst auf den Zeitpunkt zulässig, in welchem der Arbeitsplatz tatsächlich entfällt. Dies bedeutet, daß die Kündigung eines Be-

triebsratsmitgliedes auf den voraussichtlichen Termin der Betriebsstillegung, die sich dann verzögert, erst dann wirksam wird, wenn der Betrieb tatsächlich stillgelegt ist.

6. Der Schutz der Auszubildenden

964 Besondere Schwierigkeiten macht die Kündigung von Ausbildungsverhältnissen in der Insolvenz.

965 Das Ausbildungsverhältnis ist nach § 15 Abs. 1 des Berufsbildungsgesetzes nur während der ein- bis dreimonatigen Probezeit ohne Einhaltung einer Kündigungsfrist kündbar.

966 Nach Ablauf der Probezeit kann das Ausbildungsverhältnis nach § 15 Abs. 2 Nr. 1 des Berufsbildungsgesetzes nur aus wichtigem Grund fristlos gekündigt werden. Eine ordentliche Kündigung ist nicht mehr möglich.

VIII. Die Rechtsfolgen der insolvenzbedingten Kündigungen

967 Kündigt der Insolvenzverwalter das Arbeitsverhältnis nach Eröffnung des Insolvenzverfahrens, steht dem Arbeitnehmer nach § 113 Abs. 1 S. 3 InsO ein Anspruch auf Ersatz des ihm durch die Aufhebung des Arbeitsverhältnisses entstehenden Schadens zu.

968 Der Schadensersatzanspruch richtet sich – anders als bei § 615 BGB – auf Ersatz des Schadens, der dem Arbeitnehmer durch die vorzeitige Beendigung des Arbeitsverhältnisses entsteht.

969 Ersetzt werden muß der Schaden, der dadurch entsteht, daß die Kündigung nach § 113 Abs. 1 InsO früher wirksam wird als zu dem Zeitpunkt, zu welchem sie nach vertraglicher Vereinbarung, Betriebsvereinbarung oder Tarifvertrag hätte wirksam werden können.

970 Der Schaden kann in dem Ausfall von Arbeitsentgelt für die Zeitspanne bestehen, die zwischen dem Ablauf der gesetzlichen Kündigungsfrist und dem Ablauf einer vertraglich bzw. tarifvertraglich längeren Kündigungsfrist liegt.

971 Dies gilt auch für den in dieser Zeitspanne eintretenden Ausfall aller übrigen, vom Schuldner versprochenen Leistungen aus dem Arbeitsverhältnis, also insbesondere Naturalleistungen etc.

972 Ein Schaden kann auch darin bestehen, daß eine Anwartschaft auf betriebliche Altersversorgung nicht mehr erstarken kann. Allerdings wird man die-

sen Schaden nur dann annehmen können, wenn die Anwartschaft in dem Zeitraum zwischen Ablauf der gesetzlichen und der vertraglich oder tarifvertraglich längeren Kündigungsfrist unverfallbar geworden wäre.

973 Der Arbeitnehmer muß sich im Rahmen von §254 BGB ein Mitverschulden zurechnen lassen, wenn er sich nicht ausreichend darum bemüht, seine Arbeitskraft anderweitig einzusetzen und damit den Schaden zu mindern. Dabei wird man den Arbeitnehmer nicht für verpflichtet erachten, jede sich ihm bietende Arbeitsmöglichkeit annehmen zu müssen. Vielmehr ist er nur verpflichtet, eine ihm zumutbare Tätigkeit wieder aufzunehmen.

974 Ob ein Schadensersatzanspruch entsteht, zeigt sich oft erst später.

975 Trifft den Arbeitnehmer aus dem Arbeitsvertrag ein nachvertragliches Wettbewerbsverbot, so entfällt dieses Wahlrecht des Insolvenzverwalters nach §103 InsO.

976 Das Wettbewerbsverbot kann aber auch nach §75 Abs. 2 HGB entfallen, wonach ein Wettbewerbsverbot unwirksam wird, wenn der „Prinzipal“ das Dienstverhältnis kündigt.

Voraussetzung für den Fortbestand der Wettbewerbsabrede ist, daß der Insolvenzbetrieb fortgesetzt wird. Erfolgt die Stillegung, ist ein Wettbewerb nicht mehr denkbar. Der Arbeitnehmer wird frei; der Anspruch auf Karenzentschädigung ist grundsätzlich nach §324 Abs. 1 BGB weiter gegeben.

977 Bei Fortführung des Insolvenzbetriebes und Kündigung des Arbeitsverhältnisses kann sich der Arbeitnehmer von dem Wettbewerbsverbot dadurch befreien, daß er schriftlich nach der Kündigung erklärt, er erachte sich an die Vereinbarung nicht mehr gebunden. Dies folgt aus §75 Abs. 2 i. V. m. Abs. 1 HGB.

978 Erklärt sich daraufhin der Insolvenzverwalter nicht bereit, die Karenzentschädigung zu zahlen, erlischt das Wettbewerbsverbot.

979 Gibt der Arbeitnehmer diese Erklärung nicht ab oder kündigt er das Arbeitsverhältnis, so hat der Insolvenzverwalter nach §103 InsO die Möglichkeit, Ablehnung oder Eintritt zu wählen. Lehnt er ab, entfällt auch für den Arbeitnehmer das Wettbewerbsverbot. An die Stelle der Karenzentschädigung tritt ein Schadensersatzanspruch nach §103 Abs. 2 InsO, der lediglich einfache Insolvenzforderung ist.

980 Wählt der Insolvenzverwalter Erfüllung, ist der Anspruch auf Karenzentschädigung als Masseverbindlichkeit im Sinne des §55 Abs. 1 Nr. 2 InsO

gegeben. Erlangt der Arbeitnehmer aus der Masse keine Befriedigung, steht ihm ein Recht zur fristlosen Kündigung des Wettbewerbsverbotes zu.

981 Nach Beendigung des Arbeitsverhältnisses hat der Arbeitnehmer Anspruch auf Erteilung eines Zeugnisses über seine Leistungen (§630 BGB).

Der Anspruch richtet sich gegen den Schuldner, sofern der Arbeitnehmer bereits vor Verfahrenseröffnung ausgeschieden ist. Der Anspruch auf Zeugniserteilung kann in diesen Fällen auch nach Eröffnung des Insolvenzverfahrens gegen den Schuldner im Klagewege geltend gemacht werden.

982 Hat der Arbeitnehmer längere Zeit nach Insolvenzeröffnung noch für den Betrieb gearbeitet, so ist der Insolvenzverwalter verpflichtet, ein Zeugnis über die Leistungen in dieser Zeit zu erteilen.

IX. Die Kündigung durch den Arbeitnehmer

983 Der Arbeitnehmer kann eine ordentliche Kündigung nach §113 Abs. 1 InsO – ebenso wie der Insolvenzverwalter – unter Einhaltung der 3-Monatsfrist oder einer vertraglich bzw. tarifvertraglich vereinbarten kürzeren Frist aussprechen. Ein Schadensersatzanspruch entsteht dadurch weder für ihn selbst noch für den Insolvenzverwalter oder für einen sonstigen Beteiligten.

984 In dieser Zeit kann der Urlaubsanspruch eines Arbeitnehmers auch dadurch erfüllt werden, daß der Arbeitgeber den Arbeitnehmer bis zur Beendigung des Arbeitsverhältnisses unter Anrechnung auf den Urlaubsanspruch von der Arbeit freistellt. Daran ändert sich nichts, wenn dies zugleich auch zur Arbeitsvermittlung durch das Arbeitsamt geschieht. Allerdings ist die Zahlung von Urlaubsentgelt vor Urlaubsbeginn nicht Voraussetzung für die Wirksamkeit der Urlaubsgewährung (im Anschluß an BAG vom 1. 12. 1983 – 6 AZR 299/80 – NZA 1984, 194; BAG vom 18. 12. 1986 – 8 AZR 481/84 – NZA 1987, 633).

985 Ein Auszubildender ist auch im Insolvenzverfahren an die Beschränkung des §15 Abs. 2 Nr. 2 des Berufsausbildungsgesetzes gebunden. Er kann in der Regel nur außerordentlich kündigen. Bei Wegfall einer sinnvollen Ausbildungsmöglichkeit ist ein wichtiger Grund gegeben.

986 So wie dem Insolvenzverwalter steht auch dem Arbeitnehmer wegen des Insolvenzverfahrens kein außerordentliches Kündigungsrecht zu. Der Arbeitnehmer kann nicht mit der Begründung kündigen, über das Vermögen seines Arbeitgebers sei das Insolvenzverfahren eröffnet worden.

987 Ist allerdings zu befürchten – was für den Arbeitnehmer in der Regel nicht zu übersehen ist –, daß die Insolvenzmasse nicht einmal ausreicht, um die Ansprüche auf Arbeitsentgelt abzudecken, mit einem Ausfall also sicher zu rechnen ist, wird man dem Arbeitnehmer ein außerordentliches Kündigungsrecht zubilligen, da dies einen wichtigen Grund im Sinne von §626 BGB darstellt.

988 Allerdings ist eine außerordentliche Kündigung nicht schon deswegen gegeben, weil der Arbeitgeber, also der Schuldner, die Eröffnung des Insolvenzverfahrens verschuldet hat.

989 Da der Arbeitgeber aus dem Arbeitsverhältnis dem Arbeitnehmer den Fortbestand seines Betriebes nicht schuldet, liegt in der Eröffnung des Konkursverfahrens keine Verletzung arbeitsvertraglicher Pflichten des Arbeitgebers.

990 Dem Arbeitnehmer kann jedoch ein Schadensersatzanspruch aus §628 Abs. 2 BGB zustehen, wenn nämlich der Arbeitgeber – Schuldner – die Insolvenz verschuldet hat.

991 Diesem Anspruch kommt ebenfalls nur geringe praktische Bedeutung zu, weil er nach einhelliger Auffassung sowohl für die Zeit vor als auch nach Eröffnung des Insolvenzverfahrens nur eine Insolvenzforderung nach §38 InsO bietet (§113 Abs. 1 S. 3 InsO entsprechend; Jaeger/Henckel, KO, §22 Rz. 42; BAG vom 13. 8. 1980 – 5 AZR 588/78 – ZIP 1980, 1067; a. A. KR-Weigand, §22 KO, Rz. 37).

992 Erwägenswert ist die Frage, ob dem Arbeitnehmer unter besonderen Umständen ein Freistellungsanspruch zuzubilligen ist, nämlich ein Anspruch gegen den Insolvenzverwalter auf sofortige Beendigung des Arbeitsverhältnisses wegen des Insolvenzverfahrens.

993 Ein solcher Anspruch kann nur dann gegeben sein, wenn ohnehin Personal abgebaut werden muß, was in der Regel der Fall sein wird; darüber hinaus dann, wenn der Insolvenzverwalter kein besonderes Interesse an der Weiterbeschäftigung des Arbeitnehmers hat und – bei etwa beabsichtigter Fortführung des Betriebs – andere Arbeitnehmer bereit sind, im Betrieb zu bleiben, um die Arbeit des ausscheidungswilligen Arbeitnehmers zu übernehmen. Praktisch wird ein solcher Anspruch kaum bedeutsam sein, denn der Insolvenzverwalter, der gerade den ausscheidungswilligen Arbeitnehmer entbehren kann – und nur unter dieser Voraussetzung soll ja ein derartiger Anspruch gegeben sein –, wird froh sein, im Einverständnis mit dem Arbeit-

nehmer, zu einer sofortigen Beendigung des Arbeitsverhältnisses zu kommen.

X. Die Wirkung der Verfahrenseröffnung auf die kollektivrechtlichen Ansprüche

994 Eine weitere Folge des Grundsatzes, daß das Arbeitsverhältnis über die Eröffnung des Konkursverfahrens hinaus fortbesteht, ist die gleichfalls bestehenbleibende Tarifbindung des Insolvenzverwalters. An einen vor Verfahrenseröffnung abgeschlossenen Tarifvertrag ist der Insolvenzverwalter – wie der Schuldner – gebunden.

995 Dabei kommt es nicht darauf an, ob der Insolvenzverwalter die Arbeitnehmer weiter in der bisherigen betriebsüblichen Weise oder nur noch mit Abwicklungsarbeiten beschäftigt (BAG vom 28. 1. 1987 – 4 AZR 150/86 – NZA 1987, 455).

XI. Die Wirkungen der Verfahrenseröffnung auf Betriebsvereinbarungen

996 Die Verfahrenseröffnung hat keinen Einfluß auf Ansprüche, die sich aus einer Betriebsvereinbarung ergeben. Unbeschadet des Insolvenzverfahrens bleiben Betriebsvereinbarungen bestehen.

997 Der Insolvenzverwalter kann eine Betriebsvereinbarung nach allgemeinen Grundsätzen, also nach § 77 Abs. 5 BetrVG, unter Einhaltung einer Frist von 3 Monaten aufkündigen, wenn nichts anderes vereinbart ist.

998 Sofern in Betriebsvereinbarungen Leistungen vorgesehen sind, welche die Insolvenzmasse belasten, sollen nach § 120 InsO der Insolvenzverwalter und der Betriebsrat über eine einvernehmliche Herabsetzung der Leistungen beraten. Diese Betriebsvereinbarungen können auch dann mit einer Frist von 3 Monaten gekündigt werden, wenn eine längere Frist vereinbart worden ist.

999 Hintergrund dieser Regelung ist der Umstand, daß Betriebsvereinbarungen ein insolventes Unternehmen mit erheblichen Verbindlichkeiten belasten können. Im Insolvenzverfahren soll es möglich sein, das Unternehmen kurzfristig von derartigen Verbindlichkeiten zu entlasten und zwar unabhängig davon, ob der Betrieb stillgelegt oder im Rahmen des bisherigen Unternehmens weitergeführt oder an einen Dritten veräußert werden soll.

1000 Da bestehende Betriebsvereinbarungen gemäß § 613a Abs. 1 S. 2 BGB im Falle der Betriebsveräußerung auch für den Erwerber des Betriebes verbindlich sind, ist es zur Erleichterung einer Sanierung und zur Erleichterung einer Betriebsveräußerung unabdingbar, die belastenden Betriebsvereinbarungen kurzfristig aufzuheben.

1001 Unberührt bleibt das Recht, eine Betriebsvereinbarung aus wichtigem Grund ohne Einhaltung einer Kündigungsfrist zu kündigen (BAG vom 28. 3. 1985 – 2 AZR 113/84 – NZA 1985, 559). Dem Insolvenzverwalter steht jedoch ein Recht, wegen des Insolvenzverfahrens eine Betriebsvereinbarung außerordentlich zu kündigen, nicht zu. Zwar wird nach allgemeinen Grundsätzen ein außerordentliches Kündigungsrecht bei Unzumutbarkeit des Festhaltens an der Betriebsvereinbarung gewährt, ein derartiger wichtiger Grund kann aber in der Konkurseröffnung in Bezug auf Betriebsvereinbarungen ebensowenig erblickt werden, wie die Konkurseröffnung für sich keinen wichtigen Grund zur außerordentlichen Kündigung von Arbeitsverhältnissen darstellt.

1002 Auch ein Sozialplan, den der Schuldner mit dem Betriebsrat vor der Eröffnung des Verfahrens unabhängig oder wegen der Krise des Unternehmens, abgeschlossen hat, kommt gemäß § 112 BetrVG als Betriebsvereinbarung zustande, so daß der Insolvenzverwalter die belastende Betriebsvereinbarung gemäß § 120 InsO mit einer Frist von 3 Monaten kündigen kann.

1003 Darüber hinaus kann die Betriebsvereinbarung der Insolvenzanfechtung unterliegen (LAG München vom 5. 9. 1986 – 3 Sa 446/86 – BB 1987, 194) oder es können die Grundsätze über den Wegfall bzw. die Veränderung der Geschäftsgrundlage eingreifen.

1004 Die Durchbrechung des Grundsatzes, daß die Verfahrenseröffnung ohne Einfluß auf die Wirksamkeit von Betriebsvereinbarungen bleibt, weil anerkanntermaßen sie auch auf den Bestand und den Inhalt des Arbeitsverhältnisses selbst nicht einwirkt, kann im Rahmen einer sachgemäßen Interessenabwägung hingenommen werden, weil es dem Betriebsrat unbenommen bleibt, mit dem Insolvenzverwalter eine neue Betriebsvereinbarung abzuschließen, an deren Zustandekommen der Insolvenzverwalter gegebenenfalls mitzuwirken verpflichtet ist. Im Rahmen einer neuen Betriebsvereinbarung können die Interessen der Arbeitnehmer sodann unter Berücksichtigung der Insolvenzsituation des Unternehmens zur Geltung kommen.

XII. Die Berechtigung zum Arbeitskampf in der Insolvenz

1005 Die Verfahrenseröffnung bewirkt auch keine Einschränkung der Rechte zum Arbeitskampf. Liegen die allgemeinen arbeitsrechtlichen Voraussetzungen für einen Streik vor, können die Arbeitnehmer gegenüber dem Insolvenzverwalter ihr Streikrecht ausüben. Andererseits stehen jedoch auch dem Insolvenzverwalter die dem Arbeitgeber zustehenden Arbeitskampfrechte zu, insbesondere das Recht zur Aussperrung. In der Regel wird aber ein Arbeitskampf gegen ein Insolvenzunternehmen wenig Erfolg versprechen, weil die Arbeitsniederlegung in der Insolvenzsituation regelmäßig deshalb als Druckmittel ausfällt, weil dem Schuldner bzw. dem Insolvenzverwalter durch den Arbeitskampf Lohnkosten erspart werden.

XIII. Die insolvenzrechtliche Anfechtung des Arbeitsverhältnisses

1006 Infolge der Verfahrenseröffnung untersteht der Arbeitsvertrag, wie alle anderen Rechtsgeschäfte und Rechtshandlungen des Schuldners auch, der konkursrechtlichen Anfechtung nach den §§ 129 ff. InsO.

Bei Vorliegen der Anfechtungsvoraussetzungen kann der Insolvenzverwalter einen Arbeitsvertrag oder auch einzelne Klauseln – in der Regel wird es sich um Klauseln finanzieller Begünstigung des Arbeitnehmers handeln – zu Fall bringen.

In Betracht kommt die Insolvenzanfechtung bei Absprachen des Schuldners mit seiner Ehefrau, seinen Söhnen oder anderen nahen Verwandten, aber auch mit Arbeitnehmern, denen gegenüber er sich verpflichtet fühlt oder auch tatsächlich ist.

XIV. Interessenausgleich in der Insolvenz

1007 Sofern der Insolvenzverwalter Betriebsänderungen i. S. d. § 111 BetrVG plant, hat er zusätzlich das in § 111 ff. BetrVG vorgesehene Verfahren über den Interessenausgleich und Sozialplan zu beachten.

1008 Diesbezüglich enthalten die §§ 121 ff. InsO jedoch einige Sonderregelungen.

1009 Der Insolvenzverwalter hat den Interessenausgleich zunächst – wie außerhalb der Insolvenz – im betrieblichen Rahmen im Verhandlungsweg mit dem Betriebsrat zu versuchen.

Scheitert die innerbetriebliche Einigung, so stehen den Betriebsparteien in der Insolvenz zwei parallele Wege zur Erreichung des Interessenausgleichs zur Verfügung: 1010

Zum einen besteht die betriebsverfassungsrechtliche Möglichkeit, die Verhandlungen über den Interessenausgleich nach Maßgabe der §§112, 113 BetrVG über ein Verfahren vor der Einigungsstelle weiterzuverfolgen. 1011

Zum anderen eröffnet §122 InsO dem Insolvenzverwalter die insolvenzspezifische Möglichkeit, im Wege des arbeitsgerichtlichen Beschlußverfahrens die Zustimmung des Arbeitsgerichtes zu der beabsichtigten Betriebsänderung zu erlangen. 1012

Es empfiehlt sich für den Verwalter beide Verfahren parallel einzuleiten, da er ansonsten riskiert, daß im Fall einer ablehnenden Entscheidung des Arbeitsgerichtes im Zustimmungsverfahren viel Zeit dadurch verloren geht, daß das Verfahren vor der Einigungsstelle erst eingeleitet werden muß. 1013

1. Verfahren vor der Einigungsstelle

Folgt man der betriebsverfassungsrechtlichen Vorgehensweise, so kann der Insolvenzverwalter die Betriebsänderung im Sinne des §111 BetrVG erst durchführen, wenn ein Interessenausgleich zustande gekommen ist oder das für den Versuch einer Einigung über den Interessenausgleich vorgesehene Verfahren bis zur Einigungsstelle voll ausgeschöpft wurde. Wird die Betriebsänderung vorher durchgeführt, so entstehen Ansprüche der Arbeitnehmer auf Nachteilsausgleich (§113 Abs. 3BetrVG). 1014

Dies gilt nach der Rechtsprechung des BAG auch dann, wenn die Betriebsänderung im Insolvenzverfahren stattfindet und wenn sie die notwendige Folge einer wirtschaftlichen Zwangslage ist (BAG vom 18. 12. 1984 – 1 AZR 176/82 – ZIP 1985, 633; BAG vom 9. 7. 1985 – 1 AZR 323/83 – WM 1986, 299). 1015

Um das Interessenausgleichsverfahren, das durch den Betriebsrat häufig bereits in der Informationsphase zeitlich gestreckt wird, zu beschleunigen, hat der Gesetzgeber in §121 InsO bestimmt, daß im Insolvenzverfahren über das Vermögen des Unternehmers der Vermittlungsversuch des Präsidenten des Landesarbeitsamtes nur dann erfolgen muß, wenn Insolvenzverwalter und Betriebsrat gemeinsam um eine solche Vermittlung ersuchen. In den übrigen Fällen können sich die Betriebsparteien direkt an die Einigungsstelle wenden. 1016

1017 Eine weitere Beschleunigungsvorschrift, die durch das Arbeitsrechtliche Beschäftigungsförderungsgesetz eingefügt wurde, fand sich in §113 Abs. 3 S. 2 und 3 BetrVG.

1018 Diese Regelung bestimmte, daß der Unternehmer, also in der Insolvenz der Insolvenzverwalter, den Interessenausgleich in ausreichendem Maße versucht hat, wenn er den Betriebsrat gemäß §111 S. 1 BetrVG beteiligt hat und nicht innerhalb von 2 Monaten nach Beginn der Beratung oder schriftlicher Aufforderung zur Aufnahme der Beratungen ein Interessenausgleich nach Maßgabe des §112 Abs. 2 und 3 BetrVG zustande gekommen war. Wurde die Einigungsstelle rechtzeitig angerufen, so endete die Frist in jedem Fall erst einen Monat nach der Anrufung, auch wenn dadurch die Anrufungsfrist von 2 Monaten überschritten wurde.

1019 Durch das Gesetz zu Korrekturen in der Sozialversicherung und zur Sicherung der Arbeitnehmerrechte vom 19. 12. 1998 (BGBl. I S. 3843) ist diese Zeitbegrenzung mit Wirkung vom 1. 1. 1999 wieder entfallen. Danach kann das Verfahren vor der Einigungsstelle zwar noch weitergeführt werden, der Insolvenzverwalter kann die geplante Betriebsänderung jedoch durchführen, ohne daß ihn die Sanktion des Nachteilsausgleichs nach §113 BetrVG trifft.

2. Beschlußverfahren vor dem Arbeitsgericht nach §122 InsO

1020 Die Folgen des Nachteilsausgleichs treten in der Insolvenz aber ausnahmsweise dann nicht ein, wenn der Insolvenzverwalter die Zustimmung des Arbeitsgerichtes zur Durchführung der Betriebsänderung ohne ein vorheriges Interessenausgleichsverfahren im Wege des Beschlußverfahrens nach §122 InsO erlangt hat. §122 InsO enthält insofern also eine Spezialregelung im Verhältnis zu §§112, 113 Abs. 3 BetrVG.

1021 Das Beschlußverfahren wird eingeleitet durch einen schriftlichen Antrag des Insolvenzverwalters oder durch die mündliche Erklärung vor der Geschäftsstelle zur Niederschrift.

1022 Der Antrag des Verwalters ist gemäß §122 Abs. 1 InsO erst nach Verstreichen einer Drei-Wochenfrist seit Verhandlungsbeginn mit dem Betriebsrat bzw. schriftlicher Aufforderung zur Aufnahme der Verhandlungen zulässig. Hintergrund dieser Regelung ist der Umstand, daß dem Betriebsrat dadurch eine Reaktionszeit zur Wahrnehmung seiner betriebsverfassungsrechtlichen Pflichten eingeräumt werden soll.

Der Antrag auf Zustimmung, daß eine näher bezeichnete Betriebsänderung ohne vorheriges Anrufen der Einigungsstelle bzw. ohne vorherigen Ermittlungsversuch des Präsidenten des LAA durchgeführt werden kann, stellt einen Gestaltungsantrag dar. 1023

Der Antrag ist nur zulässig, wenn der Insolvenzverwalter die Betriebsänderung noch nicht durchgeführt hat, da ansonsten das erforderliche Rechtsschutzinteresse für die begehrte Entscheidung fehlt (vgl. BAG vom 29. 7. 1982 – 6 ABR 51/79 – AP Nr. 5 zu § 83 ArbGG 1979; BAG vom 13. 3. 1991 – 7 ABR 5/90 – AP Nr. 20 zu § 19 BetrVG 1972). 1024

Das Beschlußverfahren nach § 122 InsO steht unter der Beschleunigungsmaxime des § 61a Abs. 3 – 6 ArbGG (§ 122 Abs. 2 S. 3 InsO). Bei seiner Entscheidung hat das Arbeitsgericht die wirtschaftliche Lage des Unternehmens und die sozialen Belange der Arbeitnehmer gegeneinander abzuwägen (§ 122 Abs. 2 S. 1 InsO). 1025

Gegen den Beschluß des Arbeitsgerichts findet die Beschwerde an das LAG nicht statt (§ 122 Abs. 3 S. 1 InsO). Das Arbeitsgericht kann aber die Rechtsbeschwerde unter den Voraussetzungen des § 72 Abs. 2 und 3 ArbGG zum BAG zulassen. Die Rechtsbeschwerde ist innerhalb eines Monats nach Zustellung der vollständigen Entscheidung des Arbeitsgerichts beim BAG einzulegen und zu begründen (§ 122 Abs. 3 S. 2 InsO). 1026

Gibt das Arbeitsgericht dem Antrag des Insolvenzverwalters statt, so kann er die Betriebsänderung durchführen, ohne ein möglicherweise parallel angestrengtes Interessenausgleichsverfahren nach § 112 BetrVG zu Ende bringen zu müssen. 1027

Mißachtet der Insolvenzverwalter die betriebsverfassungsrechtlichen Mitbestimmungs- und Mitwirkungsrechte des Betriebsrates, so steht dem Betriebsrat dennoch kein im Wege der einstweiligen Verfügung durchsetzbarer Unterlassungsanspruch zu. 1028

In diesem Fall setzt er sich lediglich den individualrechtlich gestalteten Nachteilsausgleichsansprüchen der Arbeitnehmer aus, während der Gesetzgeber dem Betriebsrat keine Sanktionsmöglichkeiten einräumt (ArbG Braunschweig vom 15. 6. 1982 – 5 BvGa 5/82 – DB 1983, 239; LAG Frankfurt/M. vom 21. 9. 1982 – 4 TaBV Ga 94/82 – DB 1983, 613; LAG Düsseldorf vom 14. 11. 1983 – 12 TaBV 88/83 – DB 1984, 511; LAG Baden-Württemberg vom 28. 8. 1985 – 2 TaBV 8/85 – DB 1986, 805; Eich, Einstweilige Verfügung auf Unterlassung der Betriebsänderung, DB 1983, 657; Hess/Weis, Unzulässigkeit betriebsbedingter Kündigungen wegen Betriebsänderungen im Konkurs, InVo 1997, 210; **a. A.** ArbG Hannover vom 4. 2. 1997 – 10 BvGa 1/97 – ZIP 1997, 474; ArbG Kaiserslautern vom 19. 12. 1996 – 7 BvGa 2493/96 – AiB 1997, 1997; LAG Hamburg vom 13. 11. 1981 – 6 TaBV 9/81 – DB 1982, 1522; vom 8. 6. 1983 – 6 TaBV 9/83 – DB 1983, 2369; vom 5. 2. 1986 – 4 TaBV 12/85 – DB 1986, 598; ArbG Frankfurt/M. vom 2. 9. 1982 – 4 BvGa 28/82 – DB 1983, 239).

XV. Nachteilsausgleich

1029 Sofern der Insolvenzverwalter die Betriebsänderung unter Mißachtung der Mitbestimmungsrechte des Betriebsrates durchführt, d. h. ohne den Interessenausgleich nach Maßgabe des § 112 BetrVG versucht zu haben bzw. ohne einen Beschluß des Arbeitsgerichtes gemäß § 122 InsO erlangt zu haben, treten die Rechtsfolgen des § 113 Abs. 3 S. 1 BetrVG ein. Danach hat der Verwalter den Arbeitnehmern die Nachteile, die sie infolge der Maßnahme erlitten haben, für die Dauer von maximal 12 Monaten auszugleichen.

XVI. Sozialplan in der Insolvenz (§§ 123, 124 InsO)

1030 § 123 InsO regelt das zulässige Sozialplanvolumen in der Insolvenz. Der Sozialplan darf sich auf max. 2 1/2-Monatsverdienste der von der Entlassung betroffenen Arbeitnehmer beziehen. Darüber hinaus darf für die Befriedigung der Sozialplanforderungen – welche Masseverbindlichkeiten darstellen – max. 1/3 der Masse verwendet werden, die ohne einen Sozialplan für die Verteilung an die Insolvenzgläubiger zur Verfügung stünde.

1031 Bei Überschreiten dieser Grenze sind die Sozialplanforderungen anteilig zu kürzen.

1032 Zwangsvollstreckung in die Masse wegen Sozialplanforderungen sind gem. § 123 Abs. 3 InsO unzulässig.

1033 Sozialpläne, die innerhalb der letzten 3 Monate vor der Verfahrenseröffnung aufgestellt wurden, können nach Maßgabe des § 124 InsO sowohl vom Insolvenzverwalter als auch vom Betriebsrat widerrufen werden.

1034 Bereits erhaltene Leistungen aus dem Sozialplan können in diesem Fall jedoch nicht zurückverlangt werden. Bei der Berücksichtigung der Arbeitnehmer, denen aus dem früheren Sozialplan Leistungen zustanden, können jedoch die bereits erhaltenen Leistungen abgesetzt werden.

XVII. Interessenausgleich und Kündigungsschutz

Gem. § 125 InsO können die Betriebspartner in einem Interessenausgleich auch eine namentliche Liste der zu kündigenden Arbeitnehmer aufstellen. 1035

Im Rahmen der Kündigungsschutzklage tritt in diesem Fall gem. § 125 Abs. 1 Nr. 1 InsO eine gesetzliche Vermutung dahingehend ein, daß dringende betriebliche Erfordernisse die Kündigung des Arbeitsverhältnisses bedingen. 1036

Darüber hinaus ist die Sozialauswahl nur im Hinblick auf grobe Fehlerhaftigkeit hinsichtlich der 3 sozialen Grunddaten (Dauer der Betriebszugehörigkeit, Lebensalter, Unterhaltspflichten) überprüfbar. 1037

XVIII. Beschlußverfahren zum Kündigungsschutz

§ 126 InsO eröffnet dem Insolvenzverwalter unter bestimmten Voraussetzungen die Möglichkeit, einen Personalabbau in einem einheitlichen Verfahren vor dem Arbeitsgericht im Hinblick auf die in § 1 KSchG genannten dringenden betrieblichen Erfordernisse und die soziale Rechtfertigung überprüfen zu lassen. Die Sozialauswahl der Arbeitnehmer ist hierbei auf die sozialen Grunddaten (Dauer der Betriebszugehörigkeit, Lebensalter und Unterhaltspflichten) beschränkt. 1038

Das Verfahren nach § 126 InsO ist nur in den Fällen zulässig, in denen kein Betriebsrat vorhanden ist oder in denen nicht innerhalb von drei Wochen eine Einigung mit dem Betriebsrat über einen Interessenausgleich nach Maßgabe des § 125 InsO erzielt wurde. 1039

Der Feststellungsantrag des Insolvenzverwalters an das Arbeitsgericht geht dahin, die Voraussetzungen der betriebsbedingten Kündigung namentlich bezeichneter Arbeitnehmer im Beschlußverfahren festzustellen. Sofern der Insolvenzverwalter im Verfahren nach § 126 InsO eine alphabetisch sortierte Liste der zu kündigenden Arbeitnehmer einreicht, erklärt das Arbeitsgericht bei Vorliegen der Voraussetzungen die Kündigungen der aufgeführten Arbeitnehmer insgesamt für zulässig, ohne eine Rangfolge der Arbeitnehmer im Hinblick auf ihre jeweilige soziale Schutzwürdigkeit aufzustellen. Bei späterem Freiwerden einzelner Arbeitsplätze durch Eigenkündigungen oder Aufhebungsverträge nicht beteiligter Arbeitnehmer kann so das Problem entstehen, daß die von der Entlassung betroffenen Arbeitnehmer dem Beschluß des Arbeitsgerichtes ihre Ansprüche auf die freigewordenen Arbeits- 1040 plätze entgegensetzen (vgl. Grunsky, Probleme des Beschlußverfahrens nach § 126 InsO, in Festschrift für Gerhard Lüke, 1997, S. 191, 193).

1041 Um dies zu vermeiden, ist es sachdienlich, daß der Insolvenzverwalter die Liste der von der Entlassung betroffenen Arbeitnehmer bereits nach der Rangfolge der sozialen Schutzwürdigkeit sortiert. Bei späterem Freiwerden einzelner Arbeitsplätze führt dies dazu, daß nur die auf den besten Rangplätzen stehenden Arbeitnehmer gegen die Kündigung wegen wesentlicher Veränderung der Sachlage nach Schluß der letzten mündlichen Verhandlung vorgehen können (§ 127 Abs. 1 S. 2 InsO).

1042 Das in § 126 InsO geregelte Beschlußverfahren leidet unter dem Nachteil, daß infolge der hohen Beteiligtenzahl – beteiligt sind alle von der Kündigung betroffenen Arbeitnehmer, d. h. unter Umständen mehrere Hunderte oder Tausende Arbeitnehmer – die räumlichen Kapazitäten der Arbeitsgerichte gesprengt werden. Hinzu kommt der Umstand, daß alle betroffenen Arbeitnehmer angehört werden müssen, so daß allein die Anhörung in der Regel eine geraume Zeit in Anspruch nehmen wird, so daß eine schnelle Erledigung des Beschlußverfahrens trotz der in §§ 126 Abs. 2 S. 2, 122 Abs. 2 S. 3 InsO i. V. m. § 61a Abs. 3 – 6 ArbGG normierten Vorrangigkeit des Verfahrens nicht möglich sein wird.

1043 Gegen den Beschluß des Arbeitsgerichts findet die Beschwerde an das Landesarbeitsgericht nicht statt. Die Rechtsbeschwerde an das Bundesarbeitsgericht findet nur dann statt, wenn sie in dem Beschluß des Arbeitsgerichts zugelassen wird. Sie ist innerhalb einer Ausschlußfrist von einem Monat beim Bundesarbeitsgericht einzulegen und zu begründen.

1044 Da in dem erstinstanzlichen Beschlußverfahren nach § 126 InsO keine Kostenerstattung für außergerichtliche Kosten stattfindet, bietet das Verfahren dem Insolvenzverwalter immerhin die Möglichkeit, auf kostengünstigere Art und Weise als in arbeitsgerichtlichen Einzelverfahren eine einheitliche Klärung der betriebsbedingten Kündigungen zu erreichen.

1045 Die Kostenerstattung im Verfahren über die Rechtsbeschwerde vor dem Bundesarbeitsgericht richtet sich demgegenüber nach den allgemeinen Vorschriften der ZPO.

XIX. Individualkündigungsschutz

1046 § 127 InsO regelt die individualrechtlichen Folgen des Beschlußverfahrens nach § 126 InsO für die beteiligten Arbeitnehmer. Im Falle einer Kündigungsschutzklage entfaltet die rechtskräftige Entscheidung des Arbeitsgerichtsverfahren nach § 126 InsO bindende Wirkung für die Parteien.

1047 Die Bindungswirkung erfaßt nur die vom Arbeitsgericht geprüften Faktoren, d. h. die dringenden betrieblichen Erfordernisse der Kündigung und die ordnungsgemäße Durchführung der Sozialauswahl.

1048 Die Bindungswirkung entfällt, soweit sich die Sachlage nach Schluß der letzten mündlichen Verhandlung wesentlich geändert hat (s. o.).

1049 Gemäß § 127 Abs. 2 InsO sind Kündigungsschutzklagen, die bereits vor Rechtskraft des Beschlusses nach § 126 InsO anhängig wurden, bis zu diesem Zeitpunkt auf Antrag des Verwalters auszusetzen.

1050 Sinn dieser Regelung ist es, eine einheitliche Entscheidung des Arbeitsgerichts über die Kündigung herbeizuführen.

XX. Betriebsveräußerung in der Insolvenz

1051 § 128 InsO bezweckt eine Abmilderung des aus § 613 a BGB resultierenden Übergangs der Arbeitsverhältnisse im Fall der Betriebsveräußerung. Bei Betriebsveräußerungen ist es häufig unumgänglich, den Betrieb auf die Erfordernisse des Erwerbers umzustellen, wodurch regelmäßig eine Reihe von Arbeitsplätzen wegfallen.

1052 § 128 InsO ermöglicht dem Insolvenzverwalter die einheitliche Klärung der Kündigungsschutzstreitigkeiten nach Maßgabe der §§ 125 bis 127 InsO bereits vor Betriebsveräußerung.

1053 Durch Urteil vom 26. 5. 1983 (ZIP 1983, 1377) hat das BAG klargestellt, daß auch bei einer Betriebsveräußerung in der Insolvenz Bestandsschutz nach § 613a Abs. 1 und 4 BGB zugunsten der Arbeitnehmer eingreift.

1054 Führt der Insolvenzverwalter den Betrieb fort und nimmt er eine angebotene Arbeitsleistung eines Arbeitnehmers nicht an, so haftet der Erwerber, der den Betrieb vom Insolvenzverwalter übernimmt, nach § 613a Abs. 1 BGB auch für die bis zum Betriebsübergang entstandenen Ansprüche des Arbeitnehmers nach § 615 BGB, § 55 Abs. 1 Nr. 2 InsO.

1055 Allein die Möglichkeit einer Benachteiligung anderer Massegläubiger nach § 55 InsO rechtfertigt es nicht, § 613a BGB generell haftungsrechtlich auch hinsichtlich der Masseverbindlichkeiten einschränkend auszulegen (BAG vom 26. 8. 1986 – 3 AZR 98/85 – NZA 1987, 450). Zur weiteren Auslegung des §613a BGB siehe auch LAG Köln vom 13. 6. 1989 – 4 Sa 157/89 – ZIP 1989, 1139.

1056 Der bisherige Arbeitgeber scheidet mit dem Übergang des Betriebes aus den Arbeitsverhältnissen aus. Er wird jedoch nicht von jeglicher Haftung frei.

1057 Der bisherige Betriebsinhaber, im Falle des Insolvenzverfahrens der Insolvenzverwalter, haftet allein und zeitlich unbeschränkt für rückständige Forderungen aus den im Zeitpunkt des Betriebsübergangs bereits beendeten Arbeitsverhältnissen, d. h. daß z. B. bei einer Betriebsveräußerung die Versorgungslasten der bereits ausgeschiedenen Arbeitnehmer (Renten und unverfallbare Anwartschaften) nicht auf den Betriebserwerber übergehen.

1058 Hierzu gehören insbesondere Forderungen der Arbeitnehmer auf rückständige Löhne, Nebenleistungen, unverfallbare Versorgungsanwartschaften und Ruhegelder bereits im Ruhestand lebender Arbeitnehmer.

1059 Der Ausschluß der Haftung des neuen Inhabers eines Betriebes nach §613a Abs. 1 BGB für bei Verfahrenseröffnung bereits entstandene Ansprüche von Arbeitnehmern, die im Insolvenzverfahren gegen den bisherigen Arbeitgeber zu verfolgen sind, hängt nicht davon ab, ob die Insolvenzmasse zur Befriedigung ausreicht oder ob die Forderungen anderweitig gesichert sind (im Anschluß an BAG vom 12. 9. 1984 – 1 AZR 342/83 – NZA 1985, 393; BAG vom 13. 11. 1986 – 2 AZR 771/85 – NZA 1987, 458).

1060 Der ursprüngliche Betriebsinhaber, im Insolvenzverfahren der Insolvenzverwalter, haftet zeitlich unbeschränkt als Schuldner neben dem neuen Betriebsinhaber für solche Ansprüche, die vor dem Betriebsübergang entstanden und fällig geworden sind.

1061 Der bisherige Betriebsinhaber bzw. der Insolvenzverwalter haftet zeitlich beschränkt auf 1 Jahr neben dem neuen Betriebsinhaber als Schuldner für solche Ansprüche, die vor dem Betriebsübergang entstanden sind, aber erst innerhalb eines Jahres nach dem Betriebsübergang fällig werden.

1062 Soweit die Ansprüche der Arbeitnehmer nach dem Betriebsübergang entstanden und fällig geworden sind, haftet der bisherige Betriebsinhaber bzw. der Insolvenzverwalter überhaupt nicht.

XXI. Die Neueinstellung von Arbeitnehmern

1063 Im Rahmen der Erörterung zu den Auswirkungen der Verfahrenseröffnung auf den Bestand der Arbeitsverhältnisse ist zu erwähnen, daß der Insolvenzverwalter aufgrund seiner Verwaltungs- und Verfügungsbefugnis auch befugt ist, neue Arbeitsverhältnisse zu begründen.

1064 Daß diese Möglichkeit nicht nur theoretische Bedeutung hat, ergibt sich daraus, daß der Insolvenzverwalter gemäß § 158 InsO grundsätzlich verpflichtet ist, das Unternehmen zumindest bis zum Berichtstermin fortzuführen und deshalb gezwungen ist, bereits freigewordene Arbeitsplätze abgewanderter Arbeitnehmer zu besetzen. Darüber hinaus kann die Notwendigkeit bestehen, nach einer Umorganisation des Betriebes qualifizierte Arbeitnehmer etwa in der Verwaltung einzusetzen, die bisher nicht vorhanden sind.

1065 Der Insolvenzverwalter wird bei der Erwägung, ob neue Arbeitsverhältnisse begründet werden sollen, stets die Interessen der Insolvenzgläubiger zu berücksichtigen haben.

1066 Hierbei bietet sich an, befristete Arbeitsverträge abzuschließen, bei denen der von der Rechtsprechung für die Wirksamkeit befristeter Arbeitsverträge geforderte sachliche Grund darin gesehen werden kann, daß der Betrieb selbst nur noch für eine bestimmte Zeit – etwa zur Abwicklung größerer, für die Masse lukrativer Aufträge aufrechterhalten werden soll und kann.

XXII. Insolvenzgeld

1067 Die im SGB III enthaltenen Vorschriften über das Insolvenzgeld ersetzen im Geltungsbereich der InsO die Regelungen über das Konkursausfallgeld (§ 141a ff. AFG).

1068 Anders als nach bisherigem Recht, wonach im Falle eines Vergleiches nach der Vergleichsordnung kein Insolvenzausfallgeldzeitpunkt gegeben war, können die Arbeitnehmer nach der InsO auch dann Insolvenzgeld erlangen, wenn ein Insolvenzplan zustandekommt, da die InsO von einem einheitlichen Insolvenzzeitpunkt ausgeht.

1069 Das Insolvenzgeld sichert die Arbeitnehmerlohnforderungen für die letzten 3 Monate vor Verfahrenseröffnung.

1070 Im Falle der Einsetzung eines vorläufigen Insolvenzverwalters mit Verwaltungs- und Verfügungsbefugnis werden im Fall der Inanspruchnahme von Insolvenzgeld gem. § 55 Abs. 2 S. 3 InsO Masseverbindlichkeiten begründet, sofern keine Freistellung der Arbeitnehmer erfolgt. Diese Masseverbindlichkeiten gehen auf die Bundesanstalt für Arbeit über, ohne daß eine Herabstufung, wie im bisherigen §59 Abs. 2 KO vorgesehen, stattfindet.

1071 Bei der Weiterbeschäftigung der Arbeitnehmer durch einen vorläufigen Insolvenzverwalter ohne Verwaltungs- und Verfügungsbefugnis entstehen hingegen einfache Insolvenzforderungen.

1072 Träger der Insolvenzgeldversicherung ist die Bundesanstalt für Arbeit, die über die zuständigen Arbeitsämter tätig wird. Die Mittel für die Insolvenzgeldzahlungen werden nach Vorlage durch die Bundesanstalt für Arbeit im Umlageverfahren durch die Berufsgenossenschaften (§360 SGB III) aufgebracht, die wiederum die Beiträge auf ihre Mitglieder umlegt und zusammen mit den Beiträgen zur gesetzlichen Unfallversicherung einziehen (§§358 ff. SGB III). Die Mittel für diese Versicherung sind damit letztlich von den Arbeitgebern aufzubringen.

1. Anspruchsvoraussetzungen

1073 Anspruch auf Insolvenzgeld hat ein Arbeitnehmer, wenn er

- bei Eröffnung des Insolvenzverfahrens oder
- bei Abweisung eines Antrages auf Eröffnung des Insolvenzverfahrens mangels Masse oder
- bei vollständiger Beendigung der Betriebstätigkeit, wenn ein Insolvenzantrag nicht gestellt worden ist und ein Insolvenzverfahren offensichtlich mangels Masse nicht in Betracht kommt,

für die letzten dem Insolvenzfall vorausgehenden drei Monate des Arbeitsverhältnisses einen Anspruch auf Arbeitsentgelt hat, den der Arbeitgeber nicht erfüllt hat (vgl. Hess, GK SGB III, §183 Rz. 3 ff.). Mehrere Insolvenzzeitpunkte können im Einzelfall konkurrieren. Für die Berechnung des Insolvenzgeldzeitraumes ist der erste Insolvenzzeitpunkt maßgeblich.

2. Begriff des Arbeitnehmers

1074 Im Rahmen des SGB III gilt der arbeitsrechtliche Arbeitnehmerbegriff, d. h. Arbeitnehmer sind nach den allgemeinen Grundsätzen des Arbeitsvertragsrechts alle Personen, die sich aufgrund eines privatrechtlichen Vertrages gegenüber einem Dritten (Arbeitgeber) zur Leistung von Diensten in persönlich abhängiger Stellung gegen Entgelt verpflichtet haben.

Zu den Arbeitnehmern gehören demnach alle Arbeiter und Angestellte, auch die nebenberuflich tätigen Arbeitnehmer, wie Werkstudenten, Reinigungspersonal und die Hausgehilfinnen.

3. Begriff des Arbeitsentgelts

1075 Der Begriff des Arbeitsentgelts ist umfassend und erfaßt alle Arten von Bezügen aus dem Arbeitsverhältnis, und zwar unabhängig davon, ob es sich um lohnsteuerpflichtige oder sozialversicherungspflichtige Bezüge handelt. Zum Arbeitsentgelt gehören alle Arten der vertragsmäßigen Dienstvergütung, wie Lohn (Zeit, Akkord, Prämienlohn, Überstundenvergütung, Sonn- und Feiertags- sowie Nachtarbeitszuschläge), Gehalt, Honorar, Diäten, Tantiemen, Provisionen (Gewinnanteile), Umsatzbeteiligung, Entgeltfortzahlungen im Krankheitsfalle, vermögenswirksame Leistungen, Urlaubsentgelte, Kilometergeld für die Benutzung eines eigenen PKW bei Geschäftsfahrten und dergleichen.

1076 Durch das Insolvenzgeld sind auch die rückständigen Ansprüche der Sozialversicherungsträger (Pflichtbeiträge zur gesetzlichen Krankenversicherung und zur gesetzlichen Rentenversicherung sowie die Beiträge zur Bundesanstalt für Arbeit) für die letzten drei Monate des Arbeitsverhältnisses gesichert (vgl. § 208 SGB III).

4. Höhe des Insolvenzgeldes

1077 Gemäß § 185 SGB III ist für die Höhe des Insolvenzausfallgeldes das Nettoarbeitsentgelt maßgeblich. Von dem Bruttoarbeitsentgelt sind die gesetzlichen Abzüge wie die Lohnsteuer, Ergänzungsabgabe, Kirchensteuer sowie Beiträge zur Bundesanstalt für Arbeit und die Arbeitnehmeranteile zu den Sozialversicherungsbeiträgen im Falle der Pflichtmitgliedschaft abzusetzen.

5. Antrag auf Insolvenzgeld

1078 Das Insolvenzgeld wird von dem zuständigen Arbeitsamt auf Antrag gewährt, der grundsätzlich innerhalb einer Ausschlußfrist von 2 Monaten nach Verfahrenseröffnung bzw. der der Eröffnung des Insolvenzverfahrens gleichgestellten Tatbestände von dem Berechtigten gestellt werden muß (vgl. § 324 Abs. 3 SGB III).

1079 Im Falle der Verfahrenseröffnung beginnt die Ausschlußfrist in dem Zeitpunkt, in dem der Richter den Beschluß über die Eröffnung des Insolvenzverfahrens unterzeichnet.

1080 Ist die Eröffnung des Insolvenzverfahrens mangels Masse abgelehnt worden, so beginnt die Ausschlußfrist des § 324 Abs. 3 SGB III ohne Rücksicht auf die Kenntnis des Arbeitnehmers von dem Insolvenzabweisungsbeschluß. Sofern der Arbeitnehmer die Ausschlußfrist unvertretbar versäumt hat, steht ihm die Nachfrist des § 324 Abs. 3 S. 2 SGB zur Verfügung (vgl. Hess/Wagner, GK-SGB III § 324 Rz. 30).

1081 Im Falle der Verfahrenseröffnung bzw. im Falle der der Verfahrenseröffnung gleichgestellten Insolvenzzeitpunkte hat der Insolvenzverwalter auf Verlangen des Arbeitsamtes unter Verwendung des von der Bundesanstalt für Arbeit vorgesehenen Vordrucks für jeden Arbeitnehmer, für den ein Anspruch auf Insolvenzgeld in Betracht kommt, eine Bescheinigung über die Höhe des Arbeitsentgelts im Insolvenzzeitraum, die Höhe der gesetzlichen Abzüge, die im Insolvenzgeldzeitraum bewirkten Entgeltleistungen sowie Angaben über etwaige Pfändungen, Verpfändungen sowie Abtretungen von Lohnforderungen auszustellen (§ 314 SGB III).

1082 Damit das Arbeitsamt rasch über den Insolvenzgeldantrag möglicherweise nach Vorschußgewährung (§ 186 SGB III) entscheiden kann, sind der Arbeitgeber, der Insolvenzverwalter, die Arbeitnehmer sowie Personen, die Einblick in die Lohnunterlagen hatten, verpflichtet, den Arbeitnehmern die erforderlichen Auskünfte zu erteilen (§ 316 SGB III). Im Hinblick auf die Bescheinigungspflicht des Insolvenzverwalters sind alle Personen, die Kenntnisse über die Arbeitsentgeltunterlagen haben, dem Insolvenzverwalter auskunftsverpflichtet (§ 316 SGB III).

1083 Auf Verlangen des Arbeitsamtes ist der Insolvenzverwalter auch verpflichtet, das Insolvenzgeld zu errechnen und auszuzahlen (§ 320 Abs. 2 SGB III).

6. Anspruchsübergang auf die Bundesanstalt für Arbeit

1084 Da durch die Zahlung des Insolvenzgeldes weder die Arbeitnehmer noch die Insolvenzmasse bereichert werden sollen und auch keine Entlastung des insolventen Arbeitgebers entstehen darf, normiert § 187 SGB III, daß mit der Stellung des Anspruchs auf Insolvenzgeld die Ansprüche des Arbeitnehmers auf Arbeitsentgelt auf die Bundesanstalt für Arbeit übergehen.

1085 Soweit die Bundesanstalt für Arbeit auf die rückständigen Sozialversicherungsbeiträge Insolvenzgeld gezahlt hat, gehen die Beitragsansprüche nicht auf die Bundesanstalt für Arbeit über. Die Beitragsforderungen sind nunmehr von der Einzugsstelle weiterzuverfolgen.

L. Rechnungslegungspflichten in der Insolvenz

I. Allgemeines

1086 Durch die Eröffnung des Insolvenzverfahrens wird die Pflicht zur Erfüllung der handels- und steuerrechtlichen Buchführung grundsätzlich nicht berührt. Neben den in § 155 InsO genannten steuer- und handelsrechtlichen Buchführungspflichten, normieren die §§ 151 ff., 66 InsO spezielle insolvenzrechtliche Rechungslegungspflichten.

II. Insolvenzrechtliche Rechnungslegungspflichten

1087 Insolvenzrechtliche Rechnungslegungsvorschriften ergeben sich in erster Linie aus

- § 151 InsO: Aufzeichnung und Bewertung der Massegegenstände
- § 152 InsO: Gläubigerverzeichnis (bisher Passivseite der Konkursbilanz)
- § 153 InsO: Vermögensübersicht (entspricht der bisherigen Konkursbilanz)
- § 66 InsO: Schlußrechnung.

S. dazu im einzelnen oben Rz. 498 ff.

III. Handelsrechtliche Buchführungsverpflichtung

1. Grundsatz

1088 Der Insolvenzverwalter ist handelsrechtlich verpflichtet, unter Beachtung der Grundsätze ordnungsgemäßer Buchführung Bücher zu führen und Jahresabschlüsse zu erstellen. Dieses ergibt sich aus § 155 Abs. 1 InsO i. V. m. §§ 238 ff. HGB, wonach jeder Kaufmann verpflichtet ist, Bücher zu führen und aus diesen seine Handelsgeschäfte und die Lage seines Vermögens nach den Grundsätzen ordnungsgemäßer Buchführung ersichtlich zu machen und zum Schluß eines jeden Geschäftsjahres einen das Verhältnis seines Vermögens und seiner Schulden darstellenden Abschluß aufzustellen.

1089 Die handelsrechtliche Bilanzierungspflicht von Kapitalgesellschaften wird für den Abwicklungszeitraum in § 270 AktG und § 71 Abs. 1–3 GmbHG modifiziert (Kuhn/Uhlenbruck, KO, § 60 Rz. 46 m; Klasmeyer/Kübler, DB 1978, 369; BGH vom 29. 5. 1979 – VI ZR 104/ 78 – ZIP 1980, 25). Für Personenhandelsgesellschaften wird in §§ 154, 161 HGB die handelsrechtliche Bilanzierungspflicht nach §§ 238 ff. HGB im Hinblick auf den **Bilanzie-**

rungszeitpunkt ergänzt. Der Insolvenzverwalter ist deshalb verpflichtet, während des Insolvenzzeitraums die bisherigen Handelsbilanzen fortzuführen.

1090 Hintergrund der fortbestehenden Buchführungs- und Bilanzierungspflicht ist der Umstand, daß mit der Verfahrenseröffnung die Kaufmannseigenschaft des Schuldners nicht entfällt (vgl. Klasmeyer/Kübler, DB 1978, 370 m. w. N.). Dies gilt nicht nur für den Fall der Betriebsfortführung, sondern auch für den Fall der Schließung des Geschäftsbetriebes. Die insolvenzbedingte Abwicklung des Unternehmens bleibt weiterhin Gewerbebetrieb, da die Absicht der bestmöglichen Verwertung des vorhandenen Vermögens eine Gewinnerzielungsabsicht darstellt (Pelka/Niemann, Praxis der Rechnungslegung im Insolvenzverfahren, RWS-Skript 83, 1986, S. 3).

1091 § 155 InsO stellt klar, daß diese Pflichten in Hinblick auf die Insolvenzmasse durch den Insolvenzverwalter zu erfüllen sind (dies ergibt sich jedoch bereits aus dem Übergang der Verwaltungs- und Verfügungsbefugnis gemäß § 80 InsO). Dies war bereits im Geltungsbereich der KO anerkannte Rechtspraxis.

1092 Der Insolvenzverwalter ist daher wie jeder Kaufmann verpflichtet, Bücher zu führen (vgl. dazu auch Onusseit/Kunz, Steuern in der Insolvenz, 1994, S. 48 ff.). Insolvenzbedingte Abweichungen der Buchführungspflichten erfassen die Absätze 2 und 3 des § 155 InsO, um den Besonderheiten des Insolvenzverfahrens gerecht zu werden.

1093 § 155 Abs. 2 InsO verlängert die gesetzlichen Fristen zur Aufstellung von Jahresabschlüssen bzw. zur Erstellung der Eröffnungsbilanz dahingehend, daß die Zeit bis zum Berichtstermin in die gesetzlichen Fristen nicht eingerechnet wird.

1094 § 155 Abs. 3 S. 1 InsO modifiziert die Vorschrift des § 318 HGB dahingehend, daß die Bestellung des Abschlußprüfers ausschließlich durch das Registergericht auf Antrag des Insolvenzverwalters erfolgt. Ist für das Geschäftsjahr vor der Eröffnung des Insolvenzverfahrens bereits ein Abschlußprüfer bestellt, so wird die Wirksamkeit nicht berührt. Aus dem Umkehrschluß läßt sich ableiten, daß in den Fällen, in denen für das Geschäftsjahr vor der Eröffnung des Insolvenzverfahrens kein Abschlußprüfer bestellt ist, er vom Registergericht zu bestimmen ist. Das gilt auch für die Schlußbilanz der werbenden Gesellschaft.

1095 Die Geltung der handelsrechtlichen Vorschriften für den Schuldner hat zur Folge, daß sich die Buchführungs- und Bilanzierungspflicht des Insolvenzverwalters während der Verfahrensabwicklung **ändern** kann.

1096 Erreicht der Geschäftsbetrieb des Schuldners einen Umfang, der seine **Kaufmannseigenschaft entfallen** läßt, so entfällt auch die Buchführungs- und Rechnungslegungspflicht.

1097 Hinsichtlich der **Kapitalgesellschaften** bleibt der Insolvenzverwalter bis zum Abschluß der Liquidation voll buchführungs- und bilanzierungspflichtig. Im Falle der Betriebsfortführung reicht die Fortführung einer Buchhaltung aus; der Insolvenzverwalter muß jedoch auf Verlangen des Gerichts das auf die Betriebsfortführung entfallende Ergebnis nachvollziehbar darstellen (Kuhn/Uhlenbruck, KO, § 6 Rz. 46 m).

1098 Die handelsrechtliche Pflicht zur Buchführung und Bilanzierung ist **unabhängig vom Massebestand** und besteht sowohl für die Zeit **vor** Insolvenzeröffnung als auch für die Zeit danach. Sie hat nur dort ihre **Grenzen**, wo Mängel hinsichtlich der Buchführungs- und Jahresabschlüsse vorliegen, die der Insolvenzverwalter weder kennen noch beheben kann.

1099 Liegt eine **grob fehlerhafte Buchführung** vor, und ist es mit zumutbaren Mitteln nicht mehr möglich, eine richtige Bilanz nebst Gewinn- und Verlustrechnung für den jeweiligen Veranlagungszeitraum aufzustellen, so hat der Insolvenzverwalter ab Verfahrenseröffnung eine ordnungsgemäße Buchführung einzurichten und aufrechtzuerhalten.

1100 Kommt der Insolvenzverwalter seinen insolvenz- und handelsrechtlichen Pflichten schuldhaft nicht nach, so **haftet** er bei Verschulden für einen entstehenden Schaden der Beteiligten nach § 60 InsO. Das Insolvenzgericht kann zudem in Ausübung seiner nach § 58 InsO bestehenden Aufsichtspflicht ein **Zwangsgeld** gem. § 58 Abs. 2 InsO festsetzen (Kuhn/Uhlenbruck, KO, § 6 Rz. 460; Klasmeyer/Kübler, DB 1978, 373).

1101 Voraussetzung für die **persönliche Haftung** des Verwalters ist, daß der entstandene Schaden sich adäquat auf ein bestimmtes Verhalten des Verwalters zurückführen läßt und daß der Verwalter durch sein Verhalten schuldhaft eine sich aus der InsO ergebende, insolvenzspezifische Pflicht gegenüber dem Geschädigten verletzt hat (vgl. zur GesO: Hess/Binz/Wienberg, GesO a. a. O., § 8 Rz. 178; vgl. auch zur KO: BGH vom 4. 12. 1986 – IX ZR 47/86 – NJW 1987, 844; BGH vom 14. 4. 1987 – IX ZR 260/86 – BGHZ 100, 346; s. auch Karsten Schmidt, ZIP 1980, 7 ff.). Derartige Pflichten hat der Verwalter gegenüber dem Schuldner, den Gläubigern sowie gegenüber Aus- und Absonderungsberechtigten.

1102 Die Haftung des Verwalters gegenüber den einzelnen Beteiligten ergibt sich nicht aus einem gesetzlichen Schuldverhältnis (so aber Jaeger/Weber, KO, § 82 Rz. 3, § 78 Rz. 5 b; BGH vom 17. 1. 1985 – IX ZR 59/84 – MDR 1985,

687, NJW 1985, 1161), sondern ist als **Amtsverwalterhaftung** deliktischer Natur (vgl. Karsten Schmidt, KTS 1976, 191, 203; Haug, ZIP 1984, 773, 776 f.), da eine Sonderrechtsverbindung zwischen dem Verwalter und den Beteiligten nicht besteht.

1103 Es ist zu beachten, daß die Rechnungslegungspflicht des Insolvenzverwalters (§§ 66, 151 ff. InsO) nicht die Buchführungspflicht nach Handels- und Steuerrecht ersetzt.

1104 Mängel der Buchführung, die der Insolvenzverwalter verschuldet hat, muß sich der Schuldner zurechnen lassen.

2. Bilanz

1105 Die handelsrechtliche Rechnungslegung für Gesellschaften, die sich in Abwicklung befinden, ist für die AG, KG a. A. und die GmbH in § 270 AktG, 71 Abs. 1 – 3 GmbHG geregelt.

1106 Danach sind in entsprechender Anwendung der Vorschriften über den Jahresabschluß

- eine **Abwicklungs-Eröffnungsbilanz**,
- laufende **Insolvenz-Jahresabschlüsse** sowie
- eine **Schlußrechnung** zu erstellen.

1107 Außerdem ist nach h. M. auf den Tag vor Beginn der Abwicklung eine **Schlußbilanz der werbenden Kapitalgesellschaft für das Rumpfgeschäftsjahr** zwischen dem Beginn des letzten Geschäftsjahres und dem Tag der Verfahrenseröffnung aufzustellen (vgl. BFH vom 17. 7. 1974 – I R 233/71 – BStBl II, 1974, 692; Kölner Kommentar, § 270 AktG Anm. 16; Hachenburg/Hohner, GmbHG § 71 Rz. 7).

1108 Für **Einzelkaufleute** gelten die §§ 238 ff. HGB, so daß sie für die laufenden handelsrechtlichen Jahresabschlüsse Geltung beanspruchen.

1109 Für **Personenhandelsgesellschaften** sehen §§ 154, 161 HGB die Erstellung einer Abwicklungs-Eröffnungsbilanz und einer Abwicklungs-Schlußbilanz vor. Weitere Einzelheiten sind – abweichend zu den Kapitalgesellschaften – nicht gesetzlich geregelt. Streitig war bislang, ob laufende Abwicklungsbilanzen zu erstellen sind (vgl. auch Sarx, Beck'scher Bilanzkommentar, Anh. 3 Anm. 282).

1110 Bis zum Inkrafttreten des Bilanzrichtlinien-Gesetzes aus dem Jahr 1985 und der damit verbundenen Änderung der §§ 71 Abs. 1–3 GmbHG, § 270 AktG war das Verhältnis zwischen der Abwicklungsrechnungslegung und den

Handelsbilanzen nicht abschließend geklärt. Insbesondere war nicht geregelt, ob neben den Abwicklungsbilanzen auch herkömmliche Handelsbilanzen aufzustellen sind. Durch die Neuregelung in §71 Abs. 1–3 GmbHG, §270 AktG, die eine entsprechende Anwendung der Vorschriften über den handelsrechtlichen Jahresabschluß fordern und die im übrigen den Besonderheiten der Liquidation ausreichend Rechnung tragen, wird jedoch erkennbar, daß die Abwicklungs-Rechnungslegung die handelsrechtliche Rechnungslegung der werbenden Gesellschaft ersetzt.

1111 Für **Personenhandelsgesellschaften** gilt entsprechendes. Für sie erfordert die nach §§154, 161 HGB geforderte Abwicklungs-Rechnungslegung die Erstellung einer Abwicklungs-Eröffnungs- und einer Schlußbilanz. Auf diese Bilanzen sind wie bei Kapitalgesellschaften die handelsrechtlichen Vorschriften über den Jahresabschluß entsprechend anzuwenden (**a. A.** Baumbach/Duden/Hopt, HGB, §154 Anm. 2 a; Sarx, Beck'scher Bilanzkommentar, Anh. 3 Anm. 279 ff., die in §§154, 161 HGB die Pflicht zur Erstellung einer Vermögensbilanz sehen).

1112 Aus §§154, 161 HGB kann nach der Änderung des HGB im Jahre 1985 nicht die Notwendigkeit zur Erstellung einer Vermögensbilanz abgeleitet werden. Dies ergibt sich zum einen aus der Änderung von §71 Abs. 1–3 GmbHG, die deutlich macht, daß die Abwicklungs-, Eröffnungs- und Schlußbilanz nach handelsrechtlichen Vorschriften zu erstellen sind. Dabei ist es unerheblich, daß eine entsprechende Änderung in §§154, 161 HGB nicht aufgenommen wurde. Insoweit bedurfte es keiner Änderung, da Personenhandelsgesellschaften nicht die bei der Rechnungslegung von Kapitalgesellschaften geregelten Besonderheiten (Anhang, Offenlegung, Prüfungspflicht etc.) ausweisen.

1113 Die Anwendung der handelsrechtlichen Vorschriften auf die Abwicklungs-Rechnungslegung ergibt sich auch daraus, daß mit Beginn der Abwicklung ein neues Geschäfts- oder Rumpfgeschäftsjahr beginnt, da sich der Geschäftszweck geändert hat.

1114 Somit sind folgende Bilanzen zu unterscheiden und nach den jeweiligen Stichtagen aufzustellen:

	Einzelkaufmann	Personenhandels-gesellschaft	Kapitalgesellschaften
Schlußbilanz des werbenden Unternehmens		Bilanz, Gewinn- u. Verlustrechnung, §246 HGB	Bilanz, Gewinn- u. Verlustrechnung, Anhang, Lagebericht §§242, 264 HGB

	Einzelkaufmann	Personenhandelsgesellschaft	Kapitalgesellschaften
Abwicklungs- und Eröffnungsbilanz		Bilanz §§154, 161, 242 HGB	Bilanz, Erläuterungsbericht §270 Abs. 1 AktG; §71 Abs. 1 GmbHG i. V. m. §§242, 264 HGB; §155 Abs. 2 InsO
Laufende Abwicklungsabschlüsse	Bilanz, Gewinn- und Verlustrechnung, §242 HGB	Bilanz, Gewinn- und Verlustrechnung, §242 HGB	Bilanz, Gewinn- und Verlustrechnung, Anhang, Lagebericht §§270 Abs. 1 AktG, §71 Abs. 1 GmbHG i. V. m. §§242, 264 HGB
Schlußrechnung		Bilanz, Gewinn- und Verlustrechnung §§154, 161HGB	Bilanz, Gewinn- und Verlustrechnung, §273 AktG
Abwicklungsschlußbericht	Bilanz, Gewinn- und Verlustrechnung, §242 HGB	Bilanz, Gewinn- und Verlustrechnung, §242 HGB	Bilanz, Gewinn- und Verlustrechnung, Anhang, Lagebericht §§270 Abs. 1 AktG, §71 Abs. 1 GmbHG i. V. m. §§242, 264 HGB

3. Inventur

1115 Die vorstehenden Bilanzen werden aus der Inventur, den Bestandsverzeichnissen hinsichtlich der Grundstücke, Forderungen, Schulden, der liquiden Mittel und der sonstigen Vermögensgegenständen, zu deren Aufstellung der Kaufmann zu Beginn des Handelsgewerbes und fortlaufend jährlich verpflichtet ist (§240 HGB), abgeleitet. Zu den Grundsätzen, wie die Bestandsverzeichnisse (Inventare) durch die Aufnahme der Aktiven und Passiven (Inventur) zu erstellen sind, vgl. Budde-Kunz, Beck'scher Bilanzkommentar, §§240, 241 HGB.

4. Grundsätze ordnungsmäßiger Buchführung (GoB)

1116 Bei der Aufstellung des handelsrechtlichen Jahresabschlusses sind außer den Bewertungs- und Gliederungsvorschriften die Grundsätze ordnungsmäßiger Buchführung (GoB) zu beachten (§243 Abs. 1 HGB). Die GoB für alle Kaufleute normiert, und zwar im einzelnen wie folgt:

- **Stichtagsprinzip** (§242 Abs. 1 und 2 HGB),
- **persönliche Zuordnung** seines Vermögens und seiner Schulden (§242 Abs. 1 HGB),
- **Klarheit und Übersichtlichkeit** (§§243 Abs. 2, 247 Abs. 1 HGB),
- **Vollständigkeit** (§246 Abs. 1 HGB),
- **Verrechnungsverbot** (§246 Abs. 1 HGB),
- Kontinuität
- **Bilanzidentität** (§252 Abs. 1 Nr. 1 HGB)
- **Bewertungsstetigkeit** (§252 Abs. 1 Nr. 6 HGB),
- **Going-Concern Prinzip** (§252 Abs. 1 Nr. 2 HGB),
- **Prinzip der Einzelbewertung** (§252 Abs. 1 Nr. 3 HGB),
- Grundsatz der Vorsicht
- **Imparitätsprinzip** (§252 Abs. 1 Nr. 4 1. Hs. HGB),
- **Niederstwertprinzip** (§253 Abs. 1–3 HGB),
- **Realisationsprinzip** (§252 Abs. 1 Nr. 4 2. Hs. HGB),
- **periodengerechte Zuordnung** von Aufwendungen und Erträgen (§252 Abs. 1 Nr. 5 HGB).

1117 Für **Kapitalgesellschaften** werden diese Grundsätze zum Teil noch ergänzt:

- **Klarheit und Übersichtlichkeit**: Gliederungsvorschriften für den Jahresabschluß (§§265, 266, 275, 277 HGB),
- **Grundsatz der Vorsicht:** spezielle Bewertungsregeln (§§279–282 HGB); vgl. Budde-Raff, Beck'scher Bilanzkommentar, §243 HGB, Rz. 319.

1118 Die GoB **konkretisieren** die im HGB normierten Einzelvorschriften, wenn für einen Sachverhalt, der bei der Aufstellung von Jahresabschlüssen zu berücksichtigen ist, keine anwendbare gesetzliche Einzelvorschrift vorhanden ist.

1119 Diese Funktion ist von nicht unerheblicher Bedeutung, da die überwiegende Zahl der gesetzlichen Einzelvorschriften konkretisierungsbedürftig ist und eine Vielzahl von Sachverhalten nicht explizit im HGB geregelt wird, z. B.

- **Ansatzvorschriften:**
  - Definition von Vermögensgegenständen, Schulden und Rechnungsabgrenzungsposten, soweit im Gesetz nicht festgelegt (§§246 Abs. 1, 250 HGB)
  - Konkretisierung der einzelnen Rückstellungsarten und Haftungsverhältnisse (§§249, 251 HGB)
- **Bewertungsvorschriften:**

- Bewertung von Rückstellungen (§ 253 Abs. 1 HGB)
- Festlegung sämtlicher Aufwandsarten, die Bestandteile der Anschaffungs- und Herstellungskosten sind (§ 255 Abs. 1–3 HGB)
- Schätzung von Nutzungsdauer und Wahl der Abschreibungsmethoden beim abnutzbaren Anlagevermögen und Geschäfts- oder Firmenwert (§§ 253 Abs. 2, 255 Abs. 4 HGB)
- Berechnung des niedrigeren, am Abschlußstichtag beizulegenden Wertes von Abschreibungen aufgrund von Wertschwankungen in der nächsten Zukunft (§ 253 Abs. 2 und 3 HGB)
- Anwendung von Bewertungsvereinfachungen (§ 256 HGB)

- **Ausweisvorschriften:**
  - Gebot der Klarheit (§ 243 Abs. 2 HGB)
  - Aufstellungsfrist (§ 243 Abs. 3 HGB)
  - gesonderter Ausweis einzelner Posten und deren hinreichende Untergliederung (§ 247 Abs. 2 HGB)
  - Zuordnung von Vermögensgegenständen zum Anlage- und Umlaufvermögen (§ 247 Abs. 2 HGB)
  - Erläuterungen von Bilanz und Gewinn- und Verlustrechnung im Anhang (§ 284 HGB)
  - sonstige Pflichtangaben im Anhang (§ 284 HGB)
  - Angaben im Lagebericht (§ 289 HGB).

5. Insolvenzbedingte Modifikationen im Rahmen der GoB

1120 Für die Rechnungslegung im Insolvenzverfahren ergeben sich gegenüber der Bilanzierung bei werbenden Unternehmen verschiedene Modifikationen bei der Anwendung der GoB.

5.1 Stichtagsprinzip (§ 242 Abs. 1 und 2 HGB)

1121 Für Abwicklungsbilanzen bilden § 71 Abs. 1 GmbHG, § 270 Abs. 1 AktG, §§ 154, 161 HGB eine Sonderregelung zu § 242 Abs. 1 HGB. Für den Stichtag vor Beginn der Abwicklung ist eine Schlußbilanz der werbenden Gesellschaft zu erstellen, wobei sich in der Regel ein Rumpfgeschäftsjahr ergibt. Für den Beginn der Abwicklung sind eine Abwicklungs-Eröffnungsbilanz sowie Abwicklungs-Jahresabschlüsse zu erstellen.

5.2 Vollständigkeitsprinzip (§ 246 Abs. 1 HGB)

1122 Die Beachtung des Prinzips der Vollständigkeit ist bei Jahresabschlüssen von besonderer Bedeutung, da der Insolvenzverwalter aufgrund des Zustandes des Rechnungswesens häufig keinen Überblick über das gesamte Betriebsvermögen erhält. Darüber hinaus besteht während der Abwicklung von insolventen Unternehmen die Gefahr, daß die zu führenden Bücher nicht in der erforderlichen Weise fortgeschrieben werden.

5.3 Bilanzidentität (§ 252 Abs. 1 Nr. 1 HGB)

1123 Für die Erstellung der Abwicklungs-Eröffnungsbilanz bei Kapitalgesellschaften wird die Auffassung vertreten, der Grundsatz der Bilanzidentität gelte nur für das zu bewertende Mengengerüst, die Wertansätze könnten hingegen von denjenigen der Schlußbilanz der werbenden Gesellschaft abweichen (z. B. infolge Zuschreibungen beim Anlagevermögen, Höherbewertungen der Vorräte durch Einbeziehung der Fremdkapitalzinsen in die Herstellungskosten etc.; vgl. Sarx, Beck'scher Bilanzkommentar, Anh. 3 Anm. 215).

1124 Dieser Auffassung kann nicht gefolgt werden, da sie zur Folge hat, daß handelsrechtlich Erfolgsbestandteile nicht ausgewiesen werden. Die Beachtung der **Bilanzidentität** ist daher **auch bei einer Abwicklungs-Eröffnungsbilanz** erforderlich. Eventuelle Neubewertungen sollten unmittelbar nach Erstellung der Abwicklungs-Eröffnungsbilanz erfolgen, sofern sie nicht bereits in der Schlußbilanz der werbenden Gesellschaft vorzunehmen sind.

5.4 Bewertungsstetigkeit (§ 252 Abs. 1 Nr. 6 HGB)

1125 Für den Fall der Erstellung von Abwicklungsbilanzen ist der Grundsatz der Bewertungsstetigkeit nicht zwingend. Die unterschiedlichen Gegebenheiten einer Abwicklung machen es regelmäßig erforderlich, die auf den vorhergehenden Jahresabschluß angewandten Bewertungsmethoden zu ändern.

5.5 Going-Concern Prinzip (§ 252 Abs. 1 Nr. 2 HGB)

1126 Die gesetzliche Unterstellung des Going-Concern gilt nur, soweit eine Unternehmensfortführung beabsichtigt ist. In der Praxis hat dies in der Insolvenz überall dort Auswirkungen, wo sich die Going Concern Prämisse in gesetzlichen Bewertungsregelungen konkretisiert hat:

- Die **Bewertung der Vermögensgegenstände** erfolgt nicht mehr auf der Basis der historischen Anschaffungs- oder Herstellungskosten, sondern nur auf der Basis von Verkehrs- oder Liquidationswerten; Bewertungsobergrenze bilden weiterhin die Anschaffungs- oder Herstellungskosten.

- Der **Verbleib langlebiger Vermögensgegenstände im Unternehmen** wird nicht mehr bis zum Ende der voraussichtlichen Nutzungsdauer unterstellt; die Anschaffungs- und Herstellungskosten können auf die verbleibende Restnutzungsdauer periodisiert werden.
- **Aufwendungen für die Ingangsetzung des Geschäftsbetriebs** und dessen Erweiterung dürfen, soweit sie nicht alsVermögensgegenstand bilanzierungsfähig sind, nicht als Bilanzierungshilfe aktiviert werden.
- Bei der **Bilanzierung des Umlaufvermögens** nach dem Niederstwertprinzip (§252 Abs. 3 HGB) ist nicht von der planmäßigen Verwertung der Vermögensgegenstände im Rahmen der normalen Unternehmenstätigkeit, sondern von der Zerschlagung des Unternehmens auszugehen.
- Die mit der Liquidation verbundenen spezifischen Verbindlichkeiten und Rückstellungen (z. B. aufgrund eines Sozialplanes) sind zu bilanzieren.

1127 Das **Going-Concern Prinzip** gilt im Insolvenzverfahren lediglich insoweit, als beabsichtigt ist, den Betrieb ganz oder teilweise fortzuführen oder zu veräußern, da nur dann die **Fortsetzung der Unternehmenstätigkeit** anzunehmen ist.

5.6 Prinzip der Einzelbewertung (§252 Abs. 1 Nr. 3 HGB)

1128 Es stellt sich die Frage, ob sich, außerhalb von den gesetzlich vorgesehenen Vereinfachungsmöglichkeiten, die im Insolvenzverfahren selten anzutreffen sind (Verbrauchsfolgeverfahren, Gruppen- und Festbewertung), bei mangelndem Identitätsnachweis von Gegenständen des Umlaufvermögens weitere **Vereinfachungsmöglichkeiten** in der Praxis ergeben.

1129 In diesem Zusammenhang ist es von Bedeutung, daß die Einzelbewertung sich nicht an einer rein gegenständlichen Betrachtungsweise oder einer rein zivilrechtlichen Betrachtung ausrichtet; vielmehr ist der betriebliche Nutzungs- und Funktionszusammenhang, in den ein Vermögensgegenstand gestellt ist, entscheidendes Kriterium für die Bestimmung der Bewertungseinheit (BFH vom 26. 11. 1973 – GrS 5/71 – NJW 1974, 1118).

1130 Unter diesem Gesichtspunkt ist es gerechtfertigt, in Insolvenzverfahren auch **einzelne Gruppen von Vermögensgegenständen** als **Bewertungseinheit** anzusehen, sofern diese nur als Einheit verkauft werden können. Sie bilden im Hinblick auf das geänderte Unternehmensziel – Liquidation der Gesellschaft – eine Einheit, ohne daß eine streng am Gegenständlichen ausgerichtete Bildung von Bewertungseinheiten erforderlich wäre.

5.7 Formalaufbau von Bilanzen sowie GuV Rechnung

1131 Bei der **formalen Gestaltung** von Jahresabschlüssen hat der Insolvenzverwalter unterschiedlichen Spielraum. Auch in der Insolvenz muß der Verwalter anstelle des insolvent gewordenen Vollkaufmanns die Vorschriften über die Handelsbücher (§§238–263 HGB) beachten. Für **Einzelunternehmen und Personenhandelsgesellschaften** braucht der Verwalter außer den allgemeinen Ansatzvorschriften gemäß §§246 – 251 HGB **keine bestimmte Gliederung** für die Bilanz sowie für die Gewinn- und Verlustrechnung einzuhalten. Es ist ihm daher ohne weiteres möglich, Bestände sowie Aufwendungen und Erträge in einer für die Verfahrensabwicklung gewünschten Form darzustellen.

1132 Anderes gilt für die **Kapitalgesellschaften**. Für die Aufstellung des Jahresabschlusses muß der Verwalter, die **Gliederungsvorschriften** für Bilanzen (§266 HGB) sowie für Gewinn- und Verlustrechnung (§275 HGB) berücksichtigen. Es ist zumindest fraglich, ob diese Vorschriften für in der Insolvenz befindliche Unternehmen abweichende Gliederungen zulassen.

1133 Angebracht und möglich erscheint es aber, **insolvenzrechtliche Anpassungen** bestimmter Positionen vorzunehmen. So ist z. B. die Unterteilung der Vermögenspositionen in freie Masse und Sicherungsgut sowie der Verbindlichkeiten in gesicherte und ungesicherte Schulden möglich. Damit ist nicht gesagt, daß auch die zu veröffentlichende Bilanz diese Unterteilungen ausweisen muß.

6. Vervollständigung von Buchführung und Bilanz

1134 In der Praxis ist das vom Verwalter vorgefundene Rechnungswesen vielfach unvollständig und insoweit nicht geeignet, um aus ihm Bilanzen zu entwikkeln. In diesen Fällen muß der Insolvenzverwalter versuchen die **fehlenden Buchungen** nachzuholen, um zu einer Bilanz zu gelangen. Ist dieses nicht möglich, so muß er unter weitgehender Verwendung der vorhandenen Buchungsunterlagen eine **Handelsbilanz außerhalb der Buchführung** aufstellen. Da die Handelsbilanz Ausgangspunkt für die Aufstellung der eigentlichen Insolvenzbilanz ist, kann auf die Aufstellung nicht verzichtet werden.

7. Ansatzvorschriften für die Handelsbilanzen

1135 Bei der Erstellung von **Handelsbilanzen** gelten auch in der Insolvenz die Ansatzvorschriften der §§246 – 251 HGB. Die insoweit für Kapitalgesellschaften in §71 Abs. 1–3 GmbHG, §270 AktG geforderte entsprechende Anwendung dieser Vorschriften führt nicht dazu, daß einzelne Ansatzvorschriften nicht zur Anwendung gelangen. Bei Anwendung der Ansatzvorschriften ergeben sich in der Insolvenzphase verschiedene Modifikationen.

7.1 Anlagevermögen

1136 Anlagevermögen sind nach Maßgabe des §247 Abs. 2 HGB die **Vermögensgegenstände, die dauernd dem Geschäftsbetrieb dienen**, d. h. daß bei einer **Geschäftsfortführung** das in der Schlußbilanz der werbenden Gesellschaft ausgewiesene Anlagevermögen weiterhin als solches anzusehen ist. Wird das Geschäft indessen **nicht fortgeführt**, müssen Vermögensgegenstände des Anlagevermögens in das **Umlaufvermögen umgegliedert** werden, soweit die Veräußerung innerhalb eines übersehbaren Zeitraums beabsichtigt ist. Dies ergibt sich zum einen aus der Definition in §247 HGB, zum anderen wird dies für Kapitalgesellschaften ausdrücklich in §71 Abs. 2 S. 3 GmbHG, §270 Abs. 2 S. 3 AktG noch einmal klargestellt. Da die übersehbare Zeit nicht gesetzlich definiert ist, bedarf sie der Auslegung. Als übersehbar i. S. dieser Bestimmung wird in der Regel ein Zeitraum von 2 Jahren nach dem Stichtag des Abwicklungsbeginnes angenommen (Sarx, Beck'scher Bilanzkommentar, Anh. 3 Anm. 226).

7.2 Aktivierungsverbote

1137 Für die Erstellung der Handelsbilanzen gilt das Aktivierungsverbot von immateriellen Vermögensgegenständen, die nicht entgeltlich erworben wurden (§248 Abs. 2 HGB). Dies bedeutet eine Änderung gegenüber der bisherigen Rechtslage. Bisher wurde davon ausgegangen, daß auch originäre immaterielle Anlagewerte, im Extremfall auch ein Firmenwert, in einer Abwicklungsbilanz angesetzt werden können (Sarx, Beck'scher Bilanzkommentar, Anh. 3 Anm. 209).

7.3 Sonderposten

1138 Sonderposten mit Rücklageanteil sind gem. §247 Abs. 3 HGB gesondert auszuweisen, solange sie nach den zugrunde liegenden steuerrechtlichen Vorschriften fortgeführt werden.

7.4 Rückstellungen

1139 Die Rückstellungsbildung erfolgt nach §249 HGB. Es gilt das Passivierungsverbot nach §249 Abs. 3 HGB, wonach in der Handelsbilanz andere Rückstellungen als die in §249 Abs. 1 und 2 HGB bezeichneten nicht gebildet werden dürfen. Hiervon werden die Rückstellungen für zukünftige Abwicklungsposten betroffen. In der Handelsbilanz dürfen daher Rückstellungen für Steuerverpflichtungen oder für sonstige Aufwendungen nur passiviert werden, wenn sie nach §249 Abs. 1 HGB passivierungspflichtig oder mit Wahlrecht passivierungsfähig sind. Voraussetzung ist daher immer, daß die rechtlichen Verpflichtungen entweder vorher entstanden oder zumindest wirtschaftlich verursacht sind. Auch diese Regelung widerspricht der überwiegenden bisherigen Bilanzierungspraxis in Insolvenzverfahren. Nach bisherigem Recht wurde die Auffassung vertreten, daß in handelsrechtlichen Insolvenzbilanzen möglichst auch die Rückstellungen für Steuerverpflichtungen oder Abwicklungskosten voll dotiert werden sollten, soweit diese Kosten nicht durch zukünftig zu erwartende Erträge gedeckt werden.

1140 Bei künftiger Verursachung von Verbindlichkeiten, z. B. bei Schadensersatzansprüchen wegen (künftiger) Erfüllungsablehnung nach § 103 InsO, kann demnach erst in späteren Wirtschaftsjahren eine Passivierung erfolgen.

1141 In Zukunft anfallende Masseschulden und Massekosten, mit denen bei Insolvenzeröffnung gerechnet wird, sind nicht rückstellungsfähig. Die erwarteten Abfindungszahlungen an die ausscheidenden Arbeitnehmer aus einem Sozialplan, aus einem Interessenausgleich oder einem Nachteilsausgleich i. S. d. §§ 111 – 113 BetrVG sind aber schon vor Aufstellung entsprechender Pläne zu passivieren, da bei Insolvenzverfahren ernsthaft mit sozialplanpflichtigen Betriebsänderungen zu rechnen ist (WP-Handbuch 1985/86, Bd. II S. 57).

1142 Solche Rückstellungen sind spätestens dann zu bilden, wenn entsprechende Beschlüsse vorliegen und die Unterrichtung des Betriebsrats bevorsteht. Soweit die Höhe dieser Ansprüche noch nicht feststeht, müssen sie unter Berücksichtigung des Vorsichtsprinzips geschätzt werden.

1143 Zu Pensionsverpflichtungen (laufende Pensionen und Anwartschaften) gilt weiterhin das Passivierungswahlrecht und die Passivierungspflicht nach § 249 HGB unter Berücksichtigung von Art. 28 EGHGB. Das bedeutet, daß für Altzusagen das bisherige Passivierungswahlrecht fortgilt und für Neuzusagen von der uneingeschränkten Passivierungspflicht auszugehen ist.

1144 Soweit eine Pensionszusage unverfallbar und damit insolvenzgesichert ist, besteht eine Passivierungspflicht hinsichtlich der beanspruchbaren Ausgleichszahlung. Eine Kürzung oder Einstellung der Arbeitnehmeransprüche kommt in diesem Fall nicht in Betracht, da den Arbeitnehmern gegenüber den übrigen Gläubigern nach ständiger Rechtsprechung des BAG kein Sonderopfer abverlangt werden kann (Kuhn/Uhlenbruck, KO, § 22 Rz. 30 m. w. N.).

1145 Bei der Passivierung von Steuerrückstellungen oder Steuerverbindlichkeiten ist zu prüfen, ob in Vorjahren zu günstige Ergebnisse ausgewiesen wurden. Durch Änderungen der Vorjahresbilanzen können möglicherweise die Steuerverbindlichkeiten reduziert werden.

7.5 Rechnungsabgrenzungsposten

1146 Unverändert sind auch in Insolvenzverfahren Rechnungsabgrenzungsposten in die Handelsbilanzen einzustellen und fortzuführen. Eine Neubildung wird während der Abwicklung seltener in Frage kommen, auch wenn sie insoweit weiterhin möglich ist.

7.6 Haftungsverhältnisse

1147 Auch die Haftungsverhältnisse sind in Handelsbilanzen, die in Insolvenzverfahren erstellt werden, zu vermerken (§251 HGB).

8. Bewertungsvorschriften

1148 Wie schon ausgeführt, gelten die als GoB normierten allgemeinen Bewertungsvorschriften auch in Insolvenzverfahren.

8.1 Anlagevermögen

1149 Das Anlagevermögen ist, soweit es in der Handelsbilanz in Insolvenzverfahren fortzuführen ist, weiterhin gem. §253 Abs. 2 HGB mit den Anschaffungs- oder Herstellungskosten zu bewerten, vermindert um planmäßige bzw. um außerplanmäßige Abschreibungen.

1150 Das für Kapitalgesellschaften geltende **Wertaufholungsgebot** hat insoweit besondere Bedeutung, als die Wertaufholungsausnahme nach §280 Abs. 2 HGB in Insolvenzverfahren selten eingreift. Sie kommt solange nicht in Frage, wie der Abwicklungszeitraum als zusammengefaßter Besteuerungszeitraum von Beginn bis zum Ende der Abwicklung gilt (§11 Abs. 1 S. 2 KStG). Für diesen Besteuerungszeitraum gilt auch nicht die umgekehrte Maßgeblichkeit nach §6 Abs. 3 EStG mit der Folge, daß in den Handelsbilanzen auch Zuschreibungen steuerunschädlich vorgenommen werden können (Sarx, Beck'scher Bilanzkommentar, Anh. 3 Anm. 220).

1151 Bei Ansatz der planmäßigen Abschreibungen ist davon auszugehen, daß die Wertansätze des Anlagevermögens nach §253 Abs. 2 S. 3 HGB auf die Abwicklungsjahre zu verteilen sind, in denen der Vermögensgegenstand voraussichtlich noch in der Abwicklung genutzt werden kann. Der danach verbleibende Restwert darf nicht höher liegen als der voraussichtliche Veräußerungserlös für die Gegenstände.

8.2 Umlaufvermögen

1152 Die Bewertungsmaßstäbe des Umlaufvermögens sind Anschaffungs- oder Herstellungskosten oder der niedrigere Zeitwert nach §253 Abs. 3 S. 1 und

2 HGB. Da der Zweck der Abwicklung die Versilberung des Vermögens ist, muß die Bewertung auf den Absatzmarkt abgestellt sein. Maßgebend ist daher der mögliche Verkaufserlös abzüglich noch anfallender Kosten, soweit die Anschaffungs- oder Herstellungskosten die Obergrenze bilden .

1153 Soweit bei der werbenden Gesellschaft als Anlagevermögen ausgewiesene Gegenstände aufgrund der Ansatzvorschriften ins Umlaufvermögen umzugliedern sind, besteht keine Bindung an die bisherigen Buchwerte im Anlagevermögen. Es hat vielmehr eine Neubewertung unter Berücksichtigung der für das Umlaufvermögen geltenden Bewertungsmaßstäbe zu erfolgen.

8.3 Rückstellungen

1154 Bei der Bewertung der Rückstellungen ergeben sich keine Unterschiede. Sie sind nach §253 Abs. 1 S. 2 HGB mit dem Betrag anzusetzen, der nach vernünftiger kaufmännischer Beurteilung notwendig ist.

8.4 Verbindlichkeiten

1155 Verbindlichkeiten sind in den Handelsbilanzen von Insolvenzunternehmen nach §253 Abs. 1 S. 2 HGB mit ihrem Rückstellungsbetrag, Rentenverpflichtungen, für die eine Gegenleistung nicht mehr zu erwarten ist, mit dem Barwert anzusetzen.

9. Gliederungsvorschriften

1156 Für Kapitalgesellschaften gelten die detaillierten Gliederungsvorschriften der §§265 ff. HGB. Der Umfang der Einzelangaben bei der Gliederung hängt für die einzelnen Kapitalgesellschaften von ihrer Größe ab.

1157 Nach §267 HGB sind 3 Größenkategorien zu unterscheiden:

Kleine Kapitalgesellschaften:

Bilanzsumme: kleiner als DM 3,9 Mio.
Umsatz: kleiner/gleich DM 8,0 Mio.
Arbeitnehmer:
(Jahresdurchschnitt) kleiner/gleich 50.

Kleine Kapitalgesellschaften sind solche, die mindestens 2 der vorgenannten Merkmale nicht überschreiten.

Mittelgroße Kapitalgesellschaften:

Bilanzsumme: größer als DM 3,9 Mio.
kleiner/gleich DM 15,5 Mio.

Umsatz:	größer als DM 8,0 Mio. kleiner/gleich DM 32,0 Mio.
Arbeitnehmer: (Jahresdurchschnitt)	mehr als 50 weniger/gleich 250.

Mittelgroße Kapitalgesellschaften sind solche, die mindestens 2 der für kleine Kapitalgesellschaften bezeichneten Merkmale überschreiten und jeweils mindestens 2 oder 3 zuvor genannte Merkmale nicht überschreiten.

Große Kapitalgesellschaften:

Bilanzsumme:	größer als DM 15,5 Mio.
Umsatz:	größer als DM 32,0 Mio.
Arbeitnehmer: (Jahresdurchschnitt)	mehr als 250.

Große Kapitalgesellschaften sind solche, die mindestens 2 der vorgenannten Merkmale überschreiten.

1158 Die Gliederungsvorschriften für große und mittelgroße Kapitalgesellschaften gelten nur, wenn sie von der Kapitalgesellschaft an den Abschlußstichtagen von 2 aufeinanderfolgenden Geschäftsjahren über- bzw. unterschritten wurden (zu den Gliederungsanforderungen vgl. im einzelnen § 266 HGB sowie Beck'sches Steuerberater-Handbuch, 1986, Teil B Rz. 89 ff.).

1159 Die nach § 71 Abs. 1–3 GmbHG, § 270 AktG gebotene entsprechende Anwendung dieser Vorschriften gestattet nicht, auf die Angabe der Vorjahresziffern zu verzichten. Auch die Darstellung des Anlagespiegels ist fortzuführen, wobei insbesondere die Anlageabgänge von Bedeutung sind.

1160 Alle **anderen Kaufleute** sind an **keine bestimmte Gliederung** gebunden. Es gilt vielmehr § 247 HGB, wonach in der Bilanz das Anlage- und Umlaufvermögen, das Eigenkapital und die Schulden sowie die Rechnungsabgrenzungsposten auszuweisen und hinreichend aufzugliedern sind.

1161 Anhaltspunkte für eine hinreichende Aufgliederung der Bilanz lassen sich aus den Gliederungsvorschriften für kleine Kapitalgesellschaften entnehmen. Aus Vereinfachungsgründen empfiehlt es sich, zumindest diese Gliederungsvorschriften auch außerhalb von Kapitalgesellschaften anzuwenden.

10. Schlußbilanz der werbenden Gesellschaft

1162 Die Erstellung einer Schlußbilanz für das werbende Unternehmen ist bei Einzelkaufleuten und Personenhandelsgesellschaften nicht vorgeschrieben; es besteht jedoch handelsrechtlich für Personenhandels- und Kapitalgesellschaften die Pflicht zur Erstellung einer Abwicklungs-Eröffnungsbilanz, die nach dem Grundsatz der Bilanzidentität mit der Schlußbilanz der werbenden Gesellschaft oder Unternehmens identisch ist und daher automatisch auch zu einer Schlußbilanz der werbenden Gesellschaft auf den Stichtag vor Beginn der Abwicklung führt (für Kapitalgesellschaften vgl. BFH vom 17. 7. 1974 – I R 233/71 – DB 1974, 1990; Hachenburg/Hohner, GmbHG, §71 Rz. 79).

1163 Die Schlußbilanz der werbenden Gesellschaft erfaßt das Rumpfgeschäftsjahr zwischen Beginn des letzten Geschäftsjahres und dem Tag der Auflösung. §155 Abs. 2 InsO stellt ausdrücklich klar, daß mit der Insolvenzeröffnung ein neues Geschäftsjahr beginnt.

1164 Bei der Aufstellung der Schlußbilanz der werbenden Gesellschaft sind die normalen Bewertungsgrundsätze anzuwenden, die auch für die Jahresabschlüsse der werbenden Gesellschaft Anwendung finden (vgl. Rowedder/Rasner, GmbHG, §71 Rz. 13; Weitbrecht in Münchner Handbuch des Gesellschaftsrechts, §64 Rz. 28). Es ist aber darauf zu achten, daß mit Ausnahme für den Fall der Betriebsfortführung im Regelfall das Going-Concern-Prinzip nicht mehr gilt. Es sind dann Neubewertungen erforderlich, die das Ergebnis des Geschäftsjahres bzw. Rumpfgeschäftsjahres betreffen, das mit der Verfahrenseröffnung endet. Eine Besonderheit zeigt sich bezüglich der Schlußbilanz auch dahingehend, daß eine Gewinnausschüttung nicht mehr zulässig ist (vgl. §73 GmbHG).

1165 Die Schlußbilanz der werbenden Gesellschaft besteht aus folgenden Bestandteilen:

- Gewinn- und Verlustrechnung
- Anhang
- Lagebericht.

1166 Hinsichtlich der Fristen für die Aufstellung ist §155 Abs. 2 InsO zu beachten (s. u. Rz. 1169).

11. Abwicklungs-Eröffnungsbilanz

1167 Die Erstellung einer Abwicklungs-Eröffnungsbilanz ist für Einzelkaufleute nicht vorgeschrieben. Für Personenhandelsgesellschaften ergibt sich die

Pflicht zur Erstellung einer Abwicklungs-Eröffnungsbilanz nach den handelsrechtlichen Rechnungslegungsvorschriften aus §§154, 161 HGB. Bei Kapitalgesellschaften ergibt sich die handelsrechtliche Verpflichtung zur Erstellung einer Abwicklungs-Eröffnungsbilanz nach handelsrechtlichen Grundsätzen aus §71 Abs. 1–3 GmbHG, §270 AktG. Sie stellt eine Fortsetzung der Schlußbilanz der werbenden Gesellschaft dar, die den Normen der Gewinnermittlungsbilanz einer werbenden Gesellschaft zu entsprechen hat.

1168 In Insolvenzverfahren muß – soweit eine handelsrechtliche Buchführung geboten ist – für Kapitalgesellschaften eine Abwicklungs-Eröffnungsbilanz nach §71 Abs. 1–3 GmbHG, §270 AktG erstellt werden, und zwar neben der als Vermögensbilanz fungierenden Insolvenzeröffnungsbilanz gem. §153 InsO.

1169 Die für die Aufstellung der Abwicklungs-Eröffnungsbilanz geltenden Fristen (§264 Abs. 1 S. 2, §325 Abs. 1 S. 1, §336 Abs. 1 S. 2 HGB, §5 Abs. 1 S. 1 Publizitätsgesetz, §§140, 141 AO 1997, die für die Abwicklungs-Eröffnungsbilanz entsprechend gelten) werden gemäß §155 Abs. 2 InsO um die Zeit bis zum Berichtstermin (d. h. um 6 Wochen bis maximal 3 Monate) verlängert, um dem Insolvenzverwalter Zeit zu geben, zunächst die insolvenzrechtlichen Bilanzen und Verzeichnisse zu erstellen.

1170 Bei **Kapitalgesellschaften** sind daneben die folgenden **Modifikationen** angebracht:

11.1 Ausstehende Einlagen

1171 Ausstehende Einlagen auf das gezeichnete Kapital sind in der Abwicklungs-Eröffnungsbilanz auf der Aktivseite vor dem Anlagevermögen gesondert auszuweisen, wobei die bereits eingeforderten Einlagen zu vermerken sind (§272 Abs. 1 S. 2 HGB). Von der Saldierungsmöglichkeit nach §272 Abs. 1 S. 3 für die nicht eingeforderten Einlagen mit dem gezeichneten Kapital kann nur Gebrauch gemacht werden, wenn damit zu rechnen ist, daß diese Einlagen bis zum Ende der Abwicklung nicht mehr eingefordert werden. Insoweit ist allerdings ein Vermerk nicht eingeforderter ausstehender Einlagen notwendig (Sarx, Beck'scher Bilanzkommentar, Anh. 3 Anm. 246).

11.2 Eigene Anteile

1172 Eigene Anteile stellen in der Abwicklungs-Eröffnungsbilanz nur noch einen Korrekturposten zum Abwicklungskapital dar und sind nicht mehr selbständig bilanzierungsfähig. Sie werden im Abwicklungskapital saldiert, ggf. mit einem Ausweis in der Vorspalte (Sarx, Beck'scher Bilanzkommentar, Anh. 3 Anm. 247).

11.3 Abwicklungskapital

1173 Positives Kapital wird in Bilanzen insolventer Unternehmen i. d. R. nicht ausgewiesen. Sollte dies ausnahmsweise dennoch erforderlich sein, erfordert die nach §270 AktG, §71 Abs. 1–3 GmbHG vorgeschriebene entsprechende Anwendung der Vorschriften über den Jahresabschluß eine abweichende Form und Bezeichnung des Kapitalausweises. Statt der Bezeichnung Eigenkapital kann die Bezeichnung Abwicklungskapital gewählt werden. Hierunter sind das gezeichnete Kapital, die Kapitalrücklage, die Gewinnrücklage und die übrigen Posten, soweit vorhanden, zusammenzufassen. Gleichzeitig sind eigene Anteile und nicht mehr einzufordernde ausstehende Einlagen zu kürzen. Statt der Bezeichnung Abwicklungskapital kann auch die Bezeichnung Abwicklungsvermögen oder Reinvermögen gewählt werden. Die Zusammenfassung empfiehlt sich, da bei der Rechnungslegung von insolventen Unternehmen lediglich die Ermittlung des Abwicklungsvermögens im Vordergrund steht.

1174 Übersteigen die Schulden das Aktivvermögen, ist auf der Aktivseite ein nichtgedeckter Fehlbetrag entsprechend §268 Abs. 3 HGB auszuweisen (Sarx, Beck'scher Bilanzkommentar, Anh. 3 Anm. 248 ff.).

1175 Für Personenhandelsgesellschaften bestehen keine vergleichbaren Vorschriften. Kennzeichnend ist insoweit, daß variable Kosten geführt werden, d. h. daß das Kapital von Jahr zu Jahr schwankt. Daneben werden häufig auch in Anlehnung an die Bilanzierung von Kapitalgesellschaften feste Kapitalkonten geführt. Maßgebend ist insoweit der Gesellschaftsvertrag. Es empfiehlt sich, auch in der handelsrechtlichen Abwicklungs-Eröffnungsbilanz von Personenhandelsgesellschaften das Abwicklungskapital getrennt nach festen und variablen Kapitalkonten auszuweisen. Sind feste Kapitalteile vereinbart, ist es notwendig, den Charakter der sonstigen Gesellschafterkonten zu bestimmen. Negative variable Kapitalkonten führen bei einer OHG zu der Besonderheit, daß der Gesellschafter verpflichtet ist, den negativen Kapitalanteil gegenüber seinen Mitgesellschaftern auszugleichen.

1176 Für Kommanditisten ist ein negatives Kapitalkonto im Hinblick auf eine Nachschußpflicht ohne bilanzielle Bedeutung, soweit der Kommanditist seine Hafteinlage in die Gesellschaft geleistet hat. Der negative Kapitalanteil stellt dann keine Verbindlichkeit des Kommanditisten dar, sondern lediglich einen Erinnerungsposten in der Bilanz. Wurde indessen die Hafteinlage nicht geleistet oder durch Entnahmen wieder reduziert, sind insoweit Forderungen gegenüber dem Kommanditisten auszuweisen. Das negative Kapitalkonto hat jedoch sowohl für den Kommanditisten als auch für den Komplementär zu demjenigen Zeitpunkt eine materielle Bedeutung, zu dem feststeht, daß ein Ausgleich des negativen Kapitalkontos mit künftigen Gewinnanteilen des Kommanditisten nicht mehr in Frage kommt. Zu diesem Zeitpunkt fällt das negative Kapitalkonto weg mit der Folge, daß der Kommanditist einen laufenden Gewinn in Höhe des Kapitalkontos erzielt und der Komplementär in entsprechender Höhe einen Verlust.

12. Abwicklungs-Jahresabschlüsse

1177 Für Einzelkaufleute und Personenhandelsgesellschaften ergibt sich die handelsrechtliche Verpflichtung zur Erstellung laufender Abwicklungs-Jahresabschlüsse aus §§238 ff. HGB. Für Kapitalgesellschaften ergibt sich diese Verpflichtung aus §270 AktG, §71 Abs. 1–3 GmbHG. Mit dieser Rechnungslegung soll über den Fortgang der Abwicklung während des abgelaufenen Abwicklungs-Geschäftsjahres und über den Stand des Vermögens und der Schulden im Rahmen der geltenden Bewertungsbestimmungen informiert werden. Die handelsrechtlich gebotenen laufenden Abwicklungs-Jahresabschlüsse sind aufgrund der entsprechenden Anwendung der §§238 ff. HGB für Einzelunternehmen und Personenhandelsgesellschaften und – zusätzlich der §§264 ff. HGB – für Kapitalgesellschaften keine reinen Vermögensbilanzen.

1178 Das Geschäftsjahr, auf dessen Ende die laufenden Abwicklungs-Jahresabschlüsse zu erstellen sind, richtet sich nach §240 Abs. 2 S. 2 HGB, d. h. es darf 12 Monate nicht überschreiten.

1179 Gemäß §155 Abs. 2 InsO beginnt mit dem Tag der Verfahrenseröffnung ein neues Geschäftsjahr, auf das eine Abwicklungs-Eröffnungsbilanz zu erstellen ist, so daß ein Jahr später der erste laufende Abwicklungs-Jahresabschluß vorgelegt werden muß.

13. Gewinn- und Verlustrechnung

1180 Für die handelsrechtlich in Betracht kommenden Bilanzen, die ein Rumpfgeschäftsjahr oder Geschäftsjahr beenden, gelten die Vorschriften der §§242 ff., 265, 275–277 HGB entsprechend. Das bedeutet, daß lediglich für die Abwicklungs-Eröffnungsbilanz eine Gewinn- und Verlustrechnung nicht zu erstellen ist. Für die **Schlußbilanz des werbenden Unternehmens** ist hingegen ebenso wie für die laufenden Abwicklungsbilanzen und die **Schlußrechnung** eine Gewinn- und Verlustrechnung zu erstellen. Für **Einzelkaufleute und Personenhandelsgesellschaften** ist nach §242 Abs. 2 HGB eine Gegenüberstellung der Aufwendungen und Erträge des Geschäftsjahres aufzustellen. Eine ordnungsgemäße Rechenschaftslegung erfordert insoweit eine ausreichende Gliederung der Gewinn- und Verlustrechnung.

Besondere Fragen wirft hierbei der Ausweis von Aufwendungen und Erträgen aus Rechtsbeziehungen zwischen der Gesellschaft und dem Gesellschafter auf. Werden diese nicht bei der Ermittlung des Jahresergebnisses im Bereich der einzelnen Ertrags- oder Kostenarten gezeigt, sollte ein entsprechender Vermerk bei den betreffenden Ertrags- und Kostenarten angebracht werden. Dies gilt z. B. für Arbeitsverhältnisse, die der Insolvenzverwalter mit dem Schuldner begründet, oder für ähnliche Rechtsbeziehungen mit den Gesellschaftern. 1181

Die für **Kapitalgesellschaften** vorgesehenen **Gliederungsvorschriften** der §§265, 275–277 HGB sind auf werbende Unternehmen abgestellt. Sie variieren je nachdem, welches Größenkriterium die Kapitalgesellschaft aufweist. Im Bereich der **Abwicklung** ist es im Regelfall erforderlich, den Besonderheiten der Abwicklung durch eine **erweiterte Gliederung** Rechnung zu tragen, z. B. durch Hervorhebung der Kosten der Abwicklung (Löhne und Gehälter, Sachaufwendungen, Aufwendungen zur Auflösung bestehender Verträge, Verluste aus dem Abgang von Gegenständen des Anlagevermögens). 1182

Soweit der bisherige Betrieb fortgeführt wurde, sollten in der Gewinn- und Verlustrechnung das unmittelbare Abwicklungsergebnis sowie das Ergebnis aus der Betriebsfortführung getrennt ausgewiesen werden (Sarx, Beck'scher Bilanzkommentar, Anh. 3 Anm. 237). 1183

14. Anhang, Erläuterungsbericht

Die Erstellung eines Anhanges oder eines Erläuterungsberichtes ist für die handelsrechtlich gebotenen Abwicklungsbilanzen bei **Einzelunternehmen oder Personenhandelsgesellschaften** nicht erforderlich. 1184

Für die **Schlußbilanz der werbenden Kapitalgesellschaft** ist wie für jeden Jahresabschluß die Erstellung eines Anhangs erforderlich, da es sich insoweit um den Jahresabschluß eines Rumpfwirtschaftsjahres handelt. Besonderheiten gelten insoweit nicht; es sind je nach Größenkriterien der Kapitalgesellschaft unterschiedliche Angaben zu machen (Beck'sches Steuerberater-Handbuch, 1986, Teil B Rz. 1975). 1185

Für die **Abwicklungs-Eröffnungsbilanz einer Kapitalgesellschaft** ist die Erstellung eines Anhangs nicht erforderlich. Die Abwickler haben vielmehr nach §270 Abs. 1 AktG bzw. §71 Abs. 1 GmbHG einen die Abwicklungs-Eröffnungsbilanz erläuternden Bericht aufzustellen. Für die AG/KG a. A. 1186 bestand diese Verpflichtung bereits vor Inkrafttreten des Bilanzrichtlinien-Gesetzes. Für die GmbH wurde die Verpflichtung zur Erstellung eines solchen Erläuterungsberichtes in das HGB mit dem Bilanzrichtlinien-Gesetz neu aufgenommen.

1187 In dem Erläuterungsbericht sind die **Bilanzierungs- und Bewertungsgrundsätze** darzustellen, die bei der Erstellung der Abwicklungs-Eröffnungsbilanz angewandt wurden. Soweit **Neubewertungen** – z. B. infolge des Wegfalls des Going-Concern-Prinzips – bis zu den Anschaffungskosten vorgenommen wurden, sind **zusätzliche Angaben** zu machen, inwieweit mögliche Veräußerungserlöse über diesen Anschaffungskosten liegen.

1188 Außerdem sind **Ausführungen zu den Abwicklungskonten** erforderlich, die in der Abwicklungs-Eröffnungsbilanz noch nicht bilanziert werden können, da sie wirtschaftlich noch nicht verursacht wurden.

1189 In der Praxis empfiehlt es sich, den **Anhang** für die Schlußbilanz der werbenden Kapitalgesellschaft und den Erläuterungsbericht für die Abwicklungs-Eröffnungsbilanz **zusammenzufassen**, sofern nicht im Einzelfall unternehmenspolitische Gründe eine getrennte Berichterstattung sinnvoll erscheinen lassen. Außerdem ist auch eine Zusammenfassung des Erläuterungsberichts mit der Abwicklungs-Eröffnungsbilanz sowie des Lageberichts mit der Schlußbilanz der werbenden Gesellschaft möglich (Sarx, Beck'scher Bilanzkommentar, Anh. 3 Anm. 251 ff.).

1190 Für die **laufenden Abwicklungs-Jahresabschlüsse** ist bei Kapitalgesellschaften in entsprechender Anwendung der §§ 284–288 HGB ein Anhang zu erstellen. Er hat die nach §§ 284–288 HGB sowie nach den ergänzenden Einzelvorschriften erforderlichen Angaben zu enthalten, soweit sie nicht durch die Zwecksetzung der Abwicklung gegenstandslos geworden sind. Auch insoweit ist zu berücksichtigen, daß die Berichterstattung je nach dem Größenkriterium der Kapitalgesellschaft unterschiedlich ist (hierzu im einzelnen Beck'sches Steuerberater-Handbuch, 1986, Teil B Rz. 1975 ff.).

1191 Die Besonderheiten des Anhangs einer in Abwicklung befindlichen Kapitalgesellschaft ergeben sich aus den besonderen Bewertungsfragen während der Abwicklung.

1192 Bei der allgemeinen Erläuterung der Bilanzierungs- und Bewertungsmethoden gewinnen folgende Angaben und Erläuterungen eine besondere Bedeutung:

- Angaben zur Bewertung der bisher als Anlagevermögen ausgewiesenen Vermögensgegenstände, die in den laufenden Abwicklungsbilanzen in das Umlaufvermögen umgegliedert wurden;

- Angaben, inwieweit eine evtl. Betriebs- oder Teilbetriebsfortführung praktiziert und das Going-Concern-Prinzip (§252 Abs. 1 Nr. 2 HGB) angewandt wurde;
- Angaben darüber, ob und inwieweit von dem Grundsatz der Bewertungsstetigkeit abgewichen wurde; dies gilt z. B. für den Fall der Änderung der Abschreibungsdauer etc.;
- Angaben und Erläuterungen, wenn Beträge einzelner Abschlußposten nicht mit den Angaben des Vorjahres vergleichbar sind (§265 Abs. 2 S. 2 HGB);
- zusätzliche Angaben, soweit der Jahresabschluß wegen der besonderen Umstände der Insolvenz ein den tatsächlichen Verhältnissen entsprechendes Bild der Vermögens-, Finanz- und Ertragslage nicht vermittelt (§264 Abs. 2 HGB). Insoweit empfiehlt es sich, handelsbilanziell noch nicht realisierbare stille Reserven aufzuzeigen und handelsbilanziell noch nicht zu passivierende Verbindlichkeiten zu erläutern.

1193 Im Anhang sind die **einzelnen Posten** der Bilanz zu **erläutern**. Hierbei gewinnen bei Insolvenzverfahren besondere Bedeutung:

- Erläuterungen von Beträgen mit einem größeren Umfang, die für Verbindlichkeiten ausgewiesen werden, die erst nach dem Abschlußstichtag rechtlich entstehen (§268 Abs. 5 HGB).
- Erläuterung und Angabe der Bilanzierungshilfe für aktivische latente Steuern sowie der Rückstellung für passivische latente Steuern.
- Angabe und Erläuterung von Rückstellungen, die in der Bilanz unter dem Posten, „sonstige Rückstellungen“ nicht gesondert ausgewiesen werden (§285 Nr. 12 HGB).
- Angaben des Betrages der gesicherten Verbindlichkeiten unter Angabe von Art und Form der Sicherheiten, und zwar als Gesamtbetrag der entsprechenden Verbindlichkeiten und für jeden Posten der Verbindlichkeiten nach dem vorgeschriebenen Gliederungsschema (§285 Nr. 1 b, 2 HGB).

1194 Bei der Erläuterung der **Einzelposten der Gewinn- und Verlustrechnung** gewinnen im Insolvenzverfahren eine besondere Bedeutung:

- die Angabe des Betrages der außerplanmäßigen Abschreibungen nach §253 Abs. 2 S. 3, Abs. 3 S. 3 HGB (vgl. §277 Abs. 3 HGB);
- die Erläuterungen der außerordentlichen Aufwendungen und Erträge hinsichtlich ihres Betrages und ihrer Art;
- die Angabe, in welchem Umfang die Ertragssteuern auf das außerordentliche und ordentliche Ergebnis entfallen (§285 Nr. 6 HGB).

1195 Ebenso wie für die laufenden Jahre des Abwicklungszeitraumes Jahresabschlüsse – und damit bei Kapitalgesellschaften jeweils ein Anhang – zu erstellen sind, muß auch für die Schlußbilanz ein Anhang erstellt werden, der über die Werte der Schlußbilanz sowie die Vorgänge im letzten Wirtschaftsjahr bzw. Rumpfwirtschaftsjahr berichtet. Soweit neben der Schlußbilanz eine Schlußrechnung erstellt wird (vgl. § 273 Abs. 1 AktG), ist für die Schlußrechnung weder ein Erläuterungsbericht wie bei der Abwicklungs-Eröffnungsbilanz noch ein Anhang erforderlich.

15. Lagebericht

1196 Für Einzelkaufleute und Personenhandelsgesellschaften ist die Erstellung eines Lageberichts gesetzlich nicht vorgesehen. Bei Kapitalgesellschaften ist hingegen sowohl für die Schlußbilanz der werbenden Gesellschaft als auch für die laufenden Abwicklungsbilanzen in entsprechender Anwendung von § 289 HGB die Erstellung eines Lageberichts geboten. Lediglich bei Erstellung der Abwicklungseröffnungsbilanz bedarf es keines Lageberichts, sondern nur des in § 270 AktG, § 71 Abs. 1–3 GmbHG genannten Erläuterungsberichtes. Das Erfordernis eines Lageberichtes bei Kapitalgesellschaften ergibt sich auch für die Abwicklungs-Schlußbilanz, da es sich insoweit um den Abschluß für das letzte Wirtschaftsjahr bzw. Rumpfwirtschaftsjahr handelt. Soweit neben der Abwicklungs-Schlußbilanz auch eine Schlußrechnung erstellt wird (§ 273 Abs. 1 AktG), ist für die Schlußrechnung ein Lagebericht nicht vorgeschrieben.

1197 Die in § 289 Abs. 1 HGB geforderte Darstellung des Geschäftsverlaufs und der Lage der Kapitalgesellschaft muß sich im wesentlichen auf die Berichterstattung über den Fortbestand der Abwicklung erstrecken. Dabei sind auch Aussagen über die noch zu erzielenden Veräußerungserlöse bei den jeweils noch zu versilbernden Gegenständen erforderlich. Soweit § 289 Abs. 2 HGB verlangt, daß auf Vorgänge von besonderer Bedeutung einzugehen ist, die nach dem Schluß des Geschäftsjahres eingetreten sind, muß sich die Berichterstattung darauf erstrecken, welche Vorgänge den weiteren Verlauf der Abwicklung positiv oder negativ beeinflussen. Die Berichterstattung über die voraussichtliche Entwicklung der Gesellschaft (§ 289 Abs. 2 Nr. 2 HGB) erstreckt sich auf die voraussichtliche weitere Abwicklung und ihre Beendigung.

1198 Hinsichtlich der in § 289 Abs. 2 Nr. 3 HGB geforderten weiteren Angaben zu dem Bereich Forschung und Entwicklung, erübrigt sich in Insolvenzverfahren eine besondere Berichterstattung, da im Regelfall Forschungs- und Entwicklungsmaßnahmen nicht mehr vorgenommen werden.

16. Prüfung von Jahresabschlüssen

1199 Die in Betracht kommenden Abschlüsse von **Einzelunternehmen und Personenhandelsgesellschaften** fallen grundsätzlich **nicht** unter die Prüfungspflicht. Demgegenüber unterliegen bei **mittelgroßen und großen Kapitalgesellschaften** sowohl der letzte Jahresabschluß der werbenden Gesellschaft als auch die Abwicklungs-Eröffnungsbilanz und die laufenden Abwicklungs-Jahresabschlüsse der Prüfung gem. §§316 – 324 HGB. Dies gilt auch für den letzten Jahresabschluß im Abwicklungszeitraum, nicht jedoch für die Schlußrechnung, die nach §273 Abs. 1 AktG zu erstellen ist. Bei der Prüfung der Abwicklungs-Eröffnungsbilanz erstreckt sich die Prüfungspflicht auch auf den Erläuterungsbericht.

1200 Soweit das Insolvenzgericht verpflichtet ist, die Schlußrechnung noch auf ihre rechnerische und inhaltliche Richtigkeit hin zu prüfen (Beck'sches Steuerberater-Handbuch, 1986, Teil N Rz. 208), handelt es sich nicht um eine Spezialvorschrift zu den handelsrechtlichen Prüfungsvorschriften (§71 Abs. 1–3 GmbHG, §270 AktG verweisen für Abwicklungsbilanzen und damit auch für die Rechnungslegung in Insolvenzverfahren auf §§316–324 HGB, die neben der Prüfung der insolvenzrechtlichen Rechnungslegung eine Prüfung der handelsrechtlichen Abschlüsse erfordern).

1201 §155 Abs. 3 InsO modifiziert die Regelung des §318 HGB, wonach der Abschlußprüfer grundsätzlich von den Gesellschaftern gewählt wird, dahingehend, daß der **Abschlußprüfer** nur **vom Registergericht auf Antrag des Insolvenzverwalters bestellt** wird. Die Wahl durch die Gesellschafter erschien dem Gesetzgeber wegen der wirtschaftlichen Bedeutung der Bestellung eines Abschlußprüfers (Kosten von mindestens DM 20.000) nicht mehr angemessen (vgl. Begr. RegE).

1202 Etwas anders gilt, wenn bereits **vor Verfahrenseröffnung** ein **Abschlußprüfer bestellt** war. Dessen Auftrag erlischt nicht gemäß §116 InsO mit der Verfahrenseröffnung, sondern besteht fort (§155 Abs. 3 S. 2 InsO) .

1203 Der Kreis der möglichen Abschlußprüfer ergibt sich aus §319 HGB. Danach können **Wirtschaftsprüfer** und **Wirtschaftsprüfungsgesellschaften** jederzeit Abschlußprüfer sein. Abschlußprüfer von Jahresabschlüssen und Lageberichten mittelgroßer Gesellschaften mit beschränkter Haftung können stattdessen auch **vereidigte Buchprüfer** und **Buchprüfungsgesellschaften** sein. Zu den Ausschlußgründen für die Tätigkeit als Abschlußprüfer vgl. §319 Abs. 2 HGB.

1204 Das **Registergericht** kann nach §270 Abs. 3 AktG bzw. §71 Abs. 3 GmbHG von der Abschlußprüfung **befreien**, wenn die Verhältnisse der Gesellschaft so überschaubar sind, daß eine Prüfung im Interesse der Gläubiger und Aktionäre nicht geboten erscheint.

1205 Diese Befreiungsmöglichkeit betrifft sowohl die Prüfung der Abwicklungs-Eröffnungsbilanz und des erläuternden Berichts als auch die Prüfung der laufenden Abwicklungs-Jahresabschlüsse und der Schlußbilanz für das letzte Wirtschaftsjahr bzw. Rumpfwirtschaftsjahr. Das Gericht hat dabei im einzelnen zu entscheiden, wann die Verhältnisse der Gesellschaft überschaubar sind. Bei großen Kapitalgesellschaften wird die Vermögens- und Kapitalstruktur entscheidend sein (Sarx, Beck'scher Bilanzkommentar, Anh. 3 Anm. 264). Die **Befreiungsmöglichkeit** gilt allerdings **nicht** für den letzten Jahresabschluß der werbenden Gesellschaft.

17. Offenlegung von Jahresabschlüssen

1206 Die in Betracht kommenden Abschlüsse von **Einzelunternehmen und Personenhandelsgesellschaften** sind grundsätzlich **nicht** offenlegungspflichtig. Für die Offenlegung der Abwicklungs-Eröffnungsbilanz und der laufenden Abwicklungs-Jahresabschlüsse einschließlich der Schlußbilanzen von **Kapitalgesellschaften** gelten die Regelungen der §§325 – 329 HGB (zur Offenlegungspflicht bei kleinen, mittelgroßen und großen Kapitalgesellschaften siehe das Schema bei Pelka/Niemann, a. a. O., S. 76 ff).

IV. Steuerrechtliche Buchführungsverpflichtung

1. Allgemeines

1207 Die steuerliche **Buchführungspflicht** des Insolvenzverwalters hinsichtlich des insolvenzbefangenen Vermögens ergibt sich aus §140 AO i. V. m. §238 HGB bzw. aus §141 AO (Tipke/Kruse, §34 AO Rz. 14; vgl. auch Kuhn/Uhlenbruck, KO, §6 Rz. 46 d; BFH vom 8. 6. 1972 – IV R 129/66 – BStBl II, 1972, 784; OLG Köln vom 20. 12. 1979 – 12 U 170/78 – ZIP 1980, 94 m. Anm. Niemann). §140 AO macht die zahlreichen außersteuerlichen Buchführungs- und Aufzeichnungspflichten für das Steuerrecht nutzbar (**abgeleitete Buchführungspflichten**).

1208 Die wichtigsten außersteuerlichen Buchführungsvorschriften finden sich im **Bilanzrichtlinien-Gesetz,** das alle wesentlichen Rechnungslegungsvorschriften aus dem Aktiengesetz, dem GmbH-Gesetz, dem Genossenschafts-Gesetz und dem Handelsgesetzbuch im 3. Buch des Handelsgesetzbuches zusammenfaßt. Seit Inkrafttreten des Bilanzrichtlinien-Gesetzes sind nur die besonderen Rechnungslegungsvorschriften für Personenhandelsgesellschaften und Einzelkaufleute, die nach ihrer Größe unter das Publizitätsgesetz fallen, weiterhin außerhalb des HGB geregelt.

1209 § 141 AO gilt gegenüber § 140 AO nur subsidiär. § 141 AO normiert originäre steuerrechtliche Buchführungs- und Aufzeichnungspflichten. Die Buchführungspflicht nach § 141 AO knüpft an das Vorliegen bestimmter Merkmale (Umsätze, Betriebsvermögen, Gewinn) an.

1210 Unberührt von den Buchführungspflichten nach §§ 140, 141 AO bleiben Aufzeichnungspflichten aus anderen Gesetzen (z. B. § 22 UStG).

2. Steuererklärungspflicht des Insolvenzverwalters

1211 Nach § 34 Abs. 3 AO obliegen dem **Insolvenzverwalter** die **steuerrechtlichen Pflichten des Schuldners**, soweit sie zum Verwaltungsbereich der Insolvenzmasse gehören. Etwas anderes gilt nur im Fall der **Eigenverwaltung unter der Aufsicht eines Sachwalters** (§§ 270 ff. InsO), sofern der Schuldner nicht in seiner Verwaltungs- und Verfügungsbefugnis beschränkt wurde (vgl. § 277 InsO). In diesem Fall sind die steuerrechtlichen Pflichten auch nach Verfahrenseröffnung weiterhin durch den **Schuldner** zu erfüllen.

1212 Diese **Primärpflichten des Insolvenzverwalters enden** mit der Beendigung des Amtes, auch soweit sie während des Insolvenzverfahrens entstanden und nicht erfüllt worden sind (BGH vom 8. 8. 1995 – VII ZR 25/94 – ZIP 1996, 430); **danach** können ihn lediglich noch sekundäre Pflichten treffen, etwa eine **Auskunftspflicht**, dies aber nur insoweit, als der Insolvenzverwalter die Auskunft ohne weiteren Zeitaufwand aus der Erinnerung heraus zu erteilen vermag. Nachforschungen anhand noch vorhandener Unterlagen können ihm allenfalls dann zumutbar sein, wenn die Erfüllung des Auskunftsbegehrens sich bis zur Verfahrenseinstellung hinausgezögert hatte (OLG Köln vom 14. 7. 1982 – 2 U 20/82 – ZIP 1982, 1107).

1213 Die steuerlichen Pflichten ergeben sich im einzelnen aus den §§ 90, 93 ff., 117 ff. 140 f., 149 ff. AO sowie aus § 22 UStG. Dabei handelt es sich um

- **Steuererklärungspflichten**,
- **Buchführungs- und Aufzeichnungspflichten** sowie
- **Auskunfts-, Anzeige- und Nachweispflichten**.

1214 Die **insolvenzrechtlichen** Buchführungs- und Aufzeichnungspflichten, insbesondere § 153 InsO, wonach der Insolvenzverwalter eine Insolvenzeröffnungsbilanz aufzustellen hat, und die Verpflichtung zur Schlußrechungslegung nach § 66 InsO treten dabei **neben** die steuerlichen und handelsrechtlichen (s. o.) Buchführungs- und Bilanzierungspflichten (h. M. vgl. Frotscher,

a. a. O., S. 34; Kilger/K. Schmidt, KO/VglO/GesO, zu § 124 KO Anm. 1; Schlegelberger, HGB, zu § 38 Anm. 4; König, ZIP 1988, 1003; Kilger/Nitze, ZIP 1988, 957; a. M. Fichtelmann, FR 1972, 538; KTS 1973, 145).

1215 Der Insolvenzverwalter hat insoweit für die Festsetzung der vor oder infolge der Verfahrenseröffnung entstandenen Steuern

- **alle notwendigen Steuererklärungen** abzugeben (BFH vom 10. 10. 1951 – IV 144/51 V – BStBl III 1951, 212; BGH vom 29. 5. 1979 – VI ZR 104/78 – WM 1979, 755; Frotscher, a. a. O. S. 35; Geist a. a. O. Rz. 167; Kuhn/Uhlenbruck, KO zu § 6 Anm. 46 m; Maus, a. a. O. S. 33 ff.),
- bei der **Ermittlung des Sachverhalts** mitzuwirken,
- **Auskünfte** zu erteilen,
- **Urkunden vorzulegen** usw.

1216 So hat z. B. eine **GmbH** regelmäßig die nachfolgenden Erklärungen abzugeben:

- die **Körperschaftssteuererklärung**; zu dieser Erklärung gehören der vollständige handelsrechtliche Jahresabschluß, ein Lagebericht sowie – je nach Unternehmensgröße – ein Prüfungsbericht
- die **Umsatzsteuererklärung**
- die **Gewerbesteuererklärung**
- die **Erklärung zur Feststellung der Teilbeträge des verwendbaren Eigenkapitals**
- die **Erklärung zur Feststellung des Einheitswertes des Betriebsvermögens** sowie
- die **Erklärung zur Feststellung des gemeinen Wertes der GmbH-Anteile**.

1217 Es genügt dabei nicht, wenn das Finanzamt über die steuerlich relevanten Daten informiert wird. Vielmehr sind Steuererklärungen stets auf **Vordrukken** abzugeben, die den amtlichen Mustern entsprechen (§ 150 AO).

1218 Neben den Jahressteuererklärungen muß ein Unternehmen zudem regelmäßig **Steueranmeldungen** abgeben, das heißt Erklärungen, in denen der Pflichtige die Steuer selbst berechnet. Hier unterscheidet das Steuerrecht zwischen

- der **Umsatzsteuervoranmeldung**
- der **Lohnsteueranmeldung** und
- der **Kapitalertragsteueranmeldung**.

1219 Steueranmeldungen müssen spätestens zehn Tage nach Ablauf des Anmeldungszeitraumes beim Finanzamt vorliegen.

Anmeldungszeitraum für die Lohnsteuer ist gemäß § 41a Abs. 2 EStG 1220

- das **Kalenderjahr**, sofern die abzuführende Lohnsteuer für das vorangegangene Kalenderjahr nicht mehr als 1200 DM betragen hat,
- das **Kalendervierteljahr**, wenn die Vorjahreslohnsteuer zwischen 1200 und 6000 DM gelegen hat, und
- der **Kalendermonat**, wenn im Vorjahr der Betrag von 6000 DM überschritten worden ist.

Für die Umsatzsteuer gelten folgende Grenzen: 1221

- jährliche Abgabe, sofern die abzuführende Umsatzsteuer für das Vorjahr nicht mehr als 1000 DM betragen hat,
- vierteljährliche Abgabe, wenn die betreffende Summe zwischen 1000 und 12000 DM betrug.

Die Verpflichtung des Insolvenzverwalters zur Abgabe von Steuererklärungen hängt nicht davon ab, ob die erforderlichen **Steuerberatungskosten** durch die Insolvenzmasse gedeckt sind; gegebenenfalls muß der Insolvenzverwalter die Steuererklärung **selbst** anfertigen (BFH vom 23. 8. 1994 – VII R 143/92 – ZIP 1994, 1969). 1222

Die öffentlich-rechtliche Pflicht greift selbst dann durch, wenn bei Beauftragung eines Steuerberaters die dafür erforderlichen Kosten nicht mehr durch die Masse gedeckt sind. 1223

Zur **Begründung** wird auf die **Berufsqualifikation** des Insolvenzverwalters abgestellt. Da dieser Personenkreis regelmäßig in der Lage ist, aufgrund eigenen Könnens die geforderten Steuererklärungen anzufertigen, komme es auf die Massearmut nicht an, weil es dem Insolvenzverwalter zuzumuten sei, diese Arbeit selbst auszuführen. 1224

Fest steht jedenfalls, daß es unzulässig ist, sich allein dem Finanzamt gegenüber von vornherein auf Massearmut zu berufen. Erst wenn sich ergibt, daß es ein – zulässigerweise – beauftragter Steuerberater im Hinblick auf die bekanntgegebene Massearmut ablehnt, tätig zu werden, kann die Anforderung von Steuererklärungen ein unzumutbares Verlangen darstellen (Braun, EWiR § 6 KO 1/95, 165; siehe auch eingehend Onusseit, ZIP 1995, 1798 ff.). 1225

Folglich ist der Insolvenzverwalter auch verpflichtet, vom Schuldner bereits abgegebene **Steuerklärungen** zu **berichtigen** (Tipke/Kruse, AO/FGO, § 34 Rz. 14; Kuhn/Uhlenbruck, KO, § 6 Rz. 46 d; Onusseit/Kunz, a. a. O., S. 8 ff.), und diejenigen Erklärungen abzugeben, die er bei Eröffnung des Verfahrens unerledigt vorfindet (Weiss, FR 1992, 255, 256 m. w. N.). 1226

1227 Ferner ist er mit der Übernahme seines Amtes nicht nur den Steuerbehörden, sondern auch **dem Schuldner gegenüber verpflichtet**, für die ordnungsgemäße Erfüllung der steuerlichen Buchführungs- und Steuererklärungspflichten zu sorgen. Dies gilt grundsätzlich auch, soweit solche Buchführungsverpflichtungen wegen Steuertatbeständen vor der Insolvenzeröffnung in Frage stehen, die der Schuldner nicht mehr erfüllen kann, weil der Insolvenzverwalter die Geschäftsbücher mit Verfahrenseröffnung in Besitz genommen hat (BGH vom 29. 5. 1979 – VI ZR 104/78 – WM 1979, 755).

1228 Die Frage, ob der Insolvenzverwalter zur Abgabe von **Erklärungen für die einheitliche und gesonderte Gewinnfeststellung** verpflichtet ist, ist in Rechtsprechung und Literatur **umstritten (bejahend** BGH vom 1. 12. 1982 – VIII ZR 206/81 – WM 1983, 30; FG Nürnberg vom 19. 2. 1980 – V 45/80 – ZIP 1980, 803 – im Anschluß an BFH vom 8. 6. 1972 – IV R 129/66 – DB 1972, 1852; Maus, a. a. O. S. 34; Klasmeyer/Kübler, BB 1978, 369, 372; Klein/Orlopp, AO, § 34 Anm. 5; Frotscher, a. a. O., S. 35, unter Hinweis darauf, daß es sich bei der Abgabe der Feststellungserklärung um die Erfüllung einer öffentlichrechtlichen Pflicht handle, die dem Insolvenzverwalter durch § 181 Abs. 2 Nr. 4 AO auferlegt wurde, und die er der Finanzbehörde gegenüber zu erfüllen habe; **verneinend:** BFH vom 23. 8. 1994 – VII R 143/92 – ZIP 1994, 1969; Kuhn/Uhlenbruck, KO, § 6 Rz. 46 k; Kilger/K. Schmidt, KO/VglO/GesO, § 6 KO, 11 und § 82 KO, 3 a; Schlücking, BB 1982, 917, 921; Onusseit/Kunz, a. a. O. S. 9 f., Schwarz, AO, § 34 Rz. 18 a. E.; Tipke/Kruse, AO/FGO, § 34 Rz. 14 und § 180 Rz. 21; jeweils im Anschluß an BFH vom 21. 6. 1979 – IV R 131/74 – BB 1979, 1756 mit kritischen Anm. von Fichtelmann, INF. 1980, 228; BFH vom 12. 11. 1992 – IV B 83/91 – ZIP 1993, 374).

1229 Nach Auffassung des BFH besteht jedenfalls kein Anspruch eines Komplementärs gegen das Finanzamt auf Erzwingung der Erklärung zur einheitlichen und gesonderten Gewinnfeststellung gegenüber dem Insolvenzverwalter (BFH vom 12. 11. 1992 – IV B 83/91 – ZIP 1993, 374).

1230 Das FG Schleswig Holstein (vom 24. 4. 1991 – III 57/91 – ZIP 1991, 1609) verneint die Erklärungspflicht des Insolvenzverwalters selbst dann, wenn er sich gegenüber den Gesellschaftern dazu bereit erklärt hat. Zu Recht weist das FG darauf hin, daß die Gesellschaft hinsichtlich der **insolvenzfreien** Angelegenheiten in ihrem Verwaltungs- und Vertretungsrecht nicht beschränkt wird. Insoweit bleibt sie als Liquidationsgesellschaft bestehen und wird von den Liquidatoren, in der Regel den Gesellschaftern (§§ 145, 146 Abs. 1 HGB), vertreten (BFH vom 21. 6. 1979 – IV R 131/74 – BB 1979, 1756; Fichtelmann, INF. 1980, 228; BFH vom 23. 8. 1994 – VII R 143/92 –

ZIP 1994, 1969). Zu den insolvenzfreien Angelegenheiten einer Gesellschaft gehört auch die Durchführung der einheitlichen Gewinnfeststellung (§§ 179 ff. AO); denn die Folgen der Gewinnfeststellung berühren **nicht** den nach Insolvenzrecht abzuwickelnden **Vermögensbereich der Personengesellschaft**; sie betreffen vielmehr die **Gesellschafter persönlich** (BFH vom 13. 7. 1967 – IV 191/63 – DB 1968, 382 und vom 21. 6. 1979 – IV R 131/74 – BB 1979, 1756).

1231 Aus diesen Gründen ist auch der **Insolvenzverwalter nicht** verpflichtet, die **einheitliche und gesonderte Gewinnfeststellung** abzugeben. Denn seine steuerlichen Pflichten bestehen nur, soweit seine Verwaltung reicht (§ 34 Abs. 3 AO). Abgabepflichtig sind vielmehr die Liquidatoren der Personengesellschaft (BFH vom 23. 8. 1994 – VII R 143/92 – ZIP 1994, 1969).

1232 Kommt der Insolvenzverwalter seiner Verpflichtung zur Abgabe der Steuererklärung nicht nach, so sind **Zwangsmaßnahmen** nach den §§ 328, 329, 332, 333 AO gegen ihn zulässig, und zwar selbst dann, wenn das Verfahren masselos ist (BFH vom 8. 8. 1995 – VII ZR 25/94 – ZIP 1996, 430, kritisch Fahnster, EWiR § 6 KO 1/96, 411). Jedoch können Zwangsgeldandrohung sowie Festsetzungsbescheid immer nur **gegen den Insolvenzverwalter persönlich** ergehen und richten sich nicht gegen die Masse, da der Insolvenzverwalter dafür zu sorgen hat, daß die Steuern aus der Masse entrichtet werden (vgl. § 34 Abs. 1 S. 2, Abs. 3 AO 1977; vgl. Jaeger/Henckel, KO, § 6 Rz. 142).

3. Berichtigung von Steuererklärungen

1233 Die Steuererklärungspflicht gilt **auch für die Zeit vor Eröffnung des Insolvenzverfahrens,** soweit der Schuldner noch keine Steuererklärungen abgegeben hat (vgl. BFH vom 15. 6. 1961 – VII 126/59 – DB 1963, Beil. 4, Heft 10 Nr. 634; Rosenau KTS 1972, 130; Kuhn/Uhlenbruck, KO, § 6 Rz. 46d m. w. N.). Erkennt ein Insolvenzverwalter daher während des Verfahrens, daß der Schuldner für die Zeit vor Eröffnung des Insolvenzverfahrens keine, eine **unrichtige oder unvollständige Steuererklärung** abgegeben hat, so ist er verpflichtet, die unrichtige oder unvollständige Steuererklärung zu berichtigen (vgl. Frotscher, a. a. O. S. 38). Dies ergibt sich aus dem Umstand, daß der Insolvenzverwalter bei der Verwaltung der Masse die Stellung einnimmt, die der Schuldner vor Eröffnung des Insolvenzverfahrens innehatte (Frotscher, a. a. O. S. 39; BFH vom 15. 6. 1961 – VII 126/59 – HFR 1961, 277; Klasmeyer/Kübler, BB 1978, 369; Techner, NJW 1968, 688; Tipke/Kruse, RAO § 165 e Anm. 1 c; a. M. RFH vom 4. 12. 1933 – Gr. S. D 7/33 – RFHE 35, 41, 50; Becker/Riewald/Koch, RAO zu § 165 e Anm. 3;

Hübschmann/Hepp/Spitaler, RAO zu § 165e Anm. 3; Geist a. a. O. Rz 170). Da der Schuldner keinen Zugang zu den Unterlagen mehr hat, kann er seiner steuerrechtlichen Berichtigungspflicht nicht mehr nachkommen.

4. Umsatzsteuerliche Pflichten

1234 Die **Unternehmereigenschaft des Schuldners** bleibt auch nach der Eröffnung des Insolvenzverfahrens bestehen. Sie geht hinsichtlich der Masse insoweit nicht auf die Masse selbst oder auf den Insolvenzverwalter über (vgl. Onusseit/Kunz, a. a. O. S. 2 ff.; BFH vom 2. 2. 1978 – V R 128/76 – NJW 1978, 2264; BFH vom 20. 2. 1986 – V R 16/81 – NJW 1986, 2970). Andererseits hat der **Insolvenzverwalter**, da er über die Masse verwaltungs- und verfügungsberechtigt ist, die **umsatzsteuerlichen Pflichten**, insbesondere die Erklärungs- und Aufzeichnungspflichten – auch für den Zeitraum vor Eröffnung des Insolvenzverfahrens – zu erfüllen.

1235 Der **Insolvenzverwalter** ist berechtigt und verpflichtet, über die von ihm für das Unternehmen des Schuldners erbrachte Leistung eine **Rechnung mit gesondertem Vorsteuerausweis** nach § 14 Abs. 1 UStG zu erteilen. Er hat seine Vergütung (§ 63 InsO) gegenüber der Masse unter gesonderter Inrechnungstellung der auf die Vergütung entfallenden und von ihm geschuldeten Umsatzsteuer abzurechnen.

1236 Diese Art der Abrechnung ist Voraussetzung dafür, daß der Verwalter für die **Masse** in Höhe der in Rechnung gestellten Umsatzsteuer einen **Vorsteuerabzugsanspruch gegenüber dem Finanzamt** geltend machen kann (FG Niedersachsen vom 23. 10. 1980 – V 375/79 – ZIP 1981, 1266; Weinkauf, ZIP 1985, 662).

M. Steuern in der Insolvenz

1237 Die Einordnung der Steuerforderungen im Insolvenzverfahren ist wie nach bisherigem Recht davon abhängig, zu welchem Zeitpunkt die Steuerforderung begründet wurde. Die entscheidende Neuregelung der Insolvenzordnung für den Fiskalgläubiger stellt die Abschaffung des bisher in §61 Nr. 2 KO, enthaltenen Steuervorrechts dar. Hieraus ergeben sich für den Steuergläubiger insofern Konsequenzen, als die Beschaffung von Sicherheiten auch für die Finanzämter erforderlich werden wird.

I. Die vor Eröffnung des Insolvenzverfahrens begründeten Steuerforderungen

1238 Insolvenzforderungen des Finanzamtes sind solche Forderungen, die im Zeitpunkt der Verfahrenseröffnung i. S. d. §38 InsO begründet waren. Ausnahmen von diesem Grundsatz ergeben sich dann, wenn ein vorläufiger Insolvenzverwalter mit Verwaltungs- und Verfügungsbefugnis bestellt war.

1239 **Begründet** i. S. v. §38 InsO ist eine Steuerforderung, wenn der Rechtsgrund ihrer Entstehung im Augenblick der Verfahrenseröffnung bereits gelegt war, der schuldrechtliche Tatbestand, der die Grundlage des Steueranspruchs bildet, zu diesem Zeitpunkt bereits vollständig gegeben, also abgeschlossen war.

1240 Das Begründetsein der Steuerforderung bedeutet **nicht**, daß sie zu diesem Zeitpunkt **bereits durchsetzbar** in Form einer fälligen Forderung bestanden haben muß. Ausreichend ist, wenn der den Steueranspruch sachlich rechtlich begründende Tatbestand bei Verfahrenseröffnung gegeben, war. Das Begründetsein einer Steuerforderung ist vielmehr von ihrer Entstehung und ihrer Fälligkeit zu unterscheiden.

1241 So kann eine Steuerforderung i. S. d. §38 InsO begründet sein, bevor sie im steuerrechtlichen Sinne (§38 AO) entstanden ist. Dies gilt insbesondere für Steuerforderungen, die wie die Einkommensteuer (§36 Abs. 1 EStG), die Umsatzsteuer (§13 Abs. 1 UStG), die Gewerbesteuer (§18 GewStG), die Grundsteuer (§9 Abs. 2 GrStG) sowie die Erbschaftsteuer (§9 Abs. 1 ErbStG) an den Ablauf eines bestimmten Zeitraumes, z. B. des Veranlagungs- oder des Voranmeldungszeitraumes gebunden sind.

1242 Das Begründetsein einer Steuerforderung ist von der Fälligkeit zu unterscheiden. **Fällig** werden (§220 AO) kann eine Steuerforderung erst, nachdem sie entstanden ist. Insofern reicht es nicht aus, daß sie bereits im Sinne des §38 InsO begründet ist (zum Zeitpunkt der Begründung von Steuerforderungen vgl. auch BFH vom 29. 9. 1970 – II B 22/70 – KTS 1971, 111, 115 f., BB 1978, 187; Kilger/K. Schmitt, KO/VglO/GesO, §3 KO, 44; BFH vom 28. 7. 1983 – V S 8/81 – KTS 1983, 596).

1243 Bestimmte Forderungen können gemäß §39 InsO im Insolvenzverfahren nur als **nachrangige Forderungen** geltend gemacht werden. Hierzu gehören die seit Eröffnung des Insolvenzverfahrens laufenden Zinsen, Geldstrafen und -bußen sowie das Zwangsgeld i. S. d. §329 AO, nicht aber Säumnis- und Verspätungszuschläge. Bei den Verspätungszuschlägen i. S. d. §152 AO handelt es sich um ein Druckmittel eigener Art, das den Zweck verfolgt, den Steuerpflichtigen zu einer rechtzeitigen Abgabe der Steuererklärung anzuhalten und den Zinsvorteil, der dem Steuerpflichtigen durch die verspätete Abgabe der Steuererklärung entstanden ist, auszugleichen. Der Verspätungszuschlag stellt insoweit kein Zwangsgeld dar. Das gleiche gilt für den Säumniszuschlag i. S. d. §240 AO, der ebenfalls ein Druckmittel eigener Art und kein Zwangsgeld ist.

1244 Das insolvenzrechtliche Erfordernis des Begründetseins der Steuerforderung nach §38 InsO gilt für alle Steuerforderungen. Bei den einzelnen Steueransprüchen gelten dabei folgende Besonderheiten:

1. Einkommensteuer- und Körperschaftsteuervorauszahlungen

1245 Die Einkommensteuer- bzw. Körperschaftsteuervorauszahlungen entstehen mit Beginn des jeweiligen Kalendervierteljahres, in dem die Vorauszahlungen zu entrichten sind (§37 Abs. 1 EStG, §48b KStG). Die vorinsolvenzliche Steuerschuld ist dabei auflösend bedingt durch die Jahressteuerschuld. Sie wird im Insolvenzverfahren wie eine bedingte Forderung i. S. d. §42 InsO geltend gemacht. In der Praxis ist es unzweckmäßig, bereits Einkommensteuer- oder Körperschaftsteuervorauszahlungen zur Insolvenztabelle anzumelden, soweit sich ein dagegen richtender Widerspruch im Wege der Jahresveranlagung erledigen kann.

2. Einkommensteuer- und Körperschaftsteuerjahresschuld

1246 Die Eröffnung des Insolvenzverfahrens führt nicht zu einer getrennten Einkommensbesteuerung der Insolvenzmasse und des insolvenzfreien Vermögens. Alle aus diesen Vermögensmassen erzielten Einkünfte sind während der Dauer des Insolvenzverfahrens für den jeweiligen Veranlagungszeitraum zusammenzufassen; es entsteht mit Ablauf des jeweiligen Veranlagungszeitraums eine Einkommensteuer als Jahressteuer (Weiss, FR 1992, 259).

Die einheitlich ermittelte Einkommensteuer- oder Körperschaftsteuerjahresschuld ist eine **Insolvenzforderung**, soweit sie auf den Zeitraum vor der Eröffnung des Insolvenzverfahrens entfällt und eine **Masseverbindlichkeit** für die Steuer, die auf die durch den Insolvenzverwalter nach Verfahrenseröffnung erzielten Gewinne entfällt. 1247

Soweit sie sich auf steuerpflichtige Tatbestände in Zusammenhang mit dem insolvenzfreien Vermögen des Schuldners bezieht, liegt demgegenüber eine **gegen den Schuldner persönlich gerichtete Steuerforderung** vor (so auch Hess, KO, Anh. V Rz. 120 und 456; Kuhn/Uhlenbruck, KO, Vorbem. 27 ff. und §3 Rz. 346, 34c; Jaeger/Henckel, KO, §3 Rz. 71 ff.). 1248

Die Jahressteuerschuld ist entsprechend aufzuteilen (vgl. im einzelnen auch Jaeger/Henckel, KO, §3 Rz. 68 ff., insbesondere zu den damit verbundenen Berechnungsschwierigkeiten). 1249

Die Einkommensteuer auf einen Veräußerungsgewinn gehört nach einem Vorbescheid des BFH (vom 28. 3. 1984 – IV E 271/83 – ZIP 1984, 853) nur insoweit zu den Masseverbindlichkeiten, als sie auf dem endgültig zur Insolvenzmasse gelangten Betrag lastet (a. A. Jaeger/Henckel, KO, §3 Rz. 74; Kilger/K. Schmitt, KO/VglO/GesO, §3 KO, 4 h, wonach es sich um eine Insolvenzforderung handeln soll). 1250

Stellt sich bei der Jahresveranlagung heraus, daß die Einkommensteuer- bzw. Körperschaftsteuerjahresschuld geringer ist als die entrichteten Vorauszahlungen und Abzugsbeträge, so fällt der danach vom Finanzamt zu erstattende Betrag in die Insolvenzmasse (BFH vom 22. 5. 1979 – VIII R 58/77 – BFHE 128, 146). 1251

3. Lohnsteuerforderungen

Lohnsteuerforderungen im Insolvenzverfahren über das Vermögen des Arbeitgebers entstehen mit dem Zeitpunkt, in dem der **Lohn** dem Arbeitnehmer **zufließt** (§38 Abs. 2 S. 2 EStG). Der Zufluß des Lohnes ist dann anzunehmen, wenn der Arbeitnehmer die wirtschaftliche Verfügungsmacht darüber erhält. Zu den Lohnzahlungen gehören auch vorläufige Zahlungen, 1252

Vorschüsse auf erst später fällige oder später abzurechnende Arbeitslöhne sowie Abschlagszahlungen (vgl. jedoch §30 Abs. 1 S. 1 LStDV).

1253 Der Lohnsteueranspruch des Finanzamtes ist für die Zeit **vor** Verfahrenseröffnung, wenn der Arbeitgeber die einbehaltene Lohnsteuer nicht abgeführt und nur die Nettolöhne ausgezahlt hat, Insolvenzforderung (BFH vom 24. 4. 1975 – VI R 210/74 – DB 1975, 2308).

1254 Zahlt der Insolvenzverwalter nach der Verfahrenseröffnung rückständige Löhne aus, so entsteht der Lohnsteueranspruch erst mit dem Lohnzufluß mit der Folge, daß der Lohnsteueranspruch den Rang des Lohnanspruchs teilt (BFH vom 16. 5. 1975 – VI R 101/71 – BB 1975, 1047; Jaeger/Henckel, KO, §3 Rz. 81, 82; Kilger/K. Schmidt, KO/VglO/GesO, §3 KO, 4k; **a. A.** Kuhn/Uhlenbruck, KO, §59 Rz. 12 y; LAG Baden- Württemberg vom 10. 4. 1986 – 4 Sa 2/85 – ZIP 1986, 793; siehe dazu im einzelnen unten).

1255 Die Lohnsteueransprüche aus der Zeit vor Verfahrenseröffnung stellen damit regelmäßig einfache Insolvenzforderungen dar, es sei denn, die Lohnansprüche der Arbeitnehmer wurden durch einen **vorläufigen Insolvenzverwalter mit Verwaltungs- und Verfügungsbefugnis** im Rahmen des §55 Abs. 2 InsO als Masseverbindlichkeiten begründet. In diesem Fall stellen auch die Lohnsteueransprüche Masseverbindlichkeiten dar. Der hier maßgebliche §55 Abs. 2 S. 2 InsO setzt jedoch voraus, daß der vorläufige Insolvenzverwalter mit Verwaltungs- und Verfügungsbefugnis die Arbeitnehmer **weiterbeschäftigt**, d. h. nicht freigestellt hat. Die Lohnsteuer teilt in diesem Fall den Rang der Arbeitnehmerforderungen als Masseverbindlichkeit. Im Fall der Freistellung werden dagegen die Arbeitnehmer- und die Fiskalansprüche nur als einfache Insolvenzforderungen begründet.

1256 Besonderheiten gelten hinsichtlich des **Insolvenzgeldes**, das der Arbeitnehmer bei Zahlungsunfähigkeit des Arbeitgebers (§183 SGB III) auf entsprechendem Antrag (§327 SGB III) vom zuständigen Arbeitamt in Höhe des vollen Nettoverdienstes für die letzten drei Monate des Arbeitsverhältnisses einschließlich der Pflichtbeiträge zur Sozialversicherung und zur Bundesanstalt für Arbeit erhält.

1257 Mit Stellung des Antrages auf Insolvenzgeld geht gemäß §187 SGB III der Anspruch auf das Nettoarbeitsentgelt auf die Bundesanstalt für Arbeit über.

1258 Steuerlich unterliegt die Auszahlung des Insolvenzgeldes durch das Arbeitsamt an die Arbeitnehmer als übrige Leistung nach dem SGB III gemäß §3 Nr. 2 EStG weder der Einkommen- noch der Lohnsteuer. Spätere Erstattungen des Insolvenzgeldes durch den Insolvenzverwalter an das Arbeitsamt berühren nicht mehr das Arbeitsverhältnis. Da es sich insoweit nicht um Auszahlung von Arbeitslohn handelt, sind sie steuerfrei (vgl. insoweit auch Hess, KO, Anh. II § 141d Rz. 4, 7 ff.; Jaeger/Henckel, KO, § 3 Rz. 83).

4. Gewerbesteuer

1259 Bei der Gewerbesteuer wird für das **Jahr der Verfahrenseröffnung** ein einheitlicher Meßbetrag ermittelt. Die aufgrund dessen erhobene Gewerbesteuer ist aufzuteilen als **Insolvenzforderung** für den Zeitraum vor der Verfahrenseröffnung und als **Masseforderung** für den Zeitraum nach der Verfahrenseröffnung (Hess, KO, Anh. V Rz. 135).

5. Umsatzsteuer

5.1 Allgemeines

1260 Umsatzsteuerforderungen sind im Zeitpunkt der Verfahrenseröffnung begründet, soweit die Umsätze vor Verfahrenseröffnung **vereinnahmt** oder **vereinbart** worden sind.

1261 Nicht entscheidend ist der Zeitpunkt des Entstehens der Umsatzsteuerforderung. Die Umsatzsteuer entsteht gemäß § 13 Abs. 1 UStG mit Ablauf des Voranmeldungszeitraums, in dem, soweit die Besteuerung nach vereinbarten Entgelten erfolgt, die Lieferung und sonstigen Leistungen (auch Teilleistungen) ausgeführt worden sind.

1262 Erfolgt die Besteuerung nach vereinnahmten Entgelten, so entsteht die Umsatzsteuer mit Ablauf des Voranmeldungszeitraumes, in dem die Entgelte vereinnahmt worden sind, beim Eigenverbrauch mit Ablauf des Voranmeldungszeitraumes, in dem der Unternehmer Gegenstände für die in § 1 Abs. 1 Nr. 1a und b UStG bezeichneten Zwecke entnommen, für Zwecke außerhalb des Unternehmens verwendet oder Aufwendungen gemacht hat, die nach § 4 Abs. 5 Nr. 1–7 EStG bei der Gewinnermittlung ausscheiden.

1263 Umsatzsteuerforderungen sind vielfach jedoch schon i. S. d. § 38 InsO begründet, bevor die Steuerschuld voll entstanden ist. Dies ist dann der Fall, wenn sie Umsätze betreffen, bei denen bei der Ist-Besteuerung bis zur Verfahrenseröffnung die Entgelte vereinnahmt oder bei der Soll-Besteuerung die Lieferungen oder sonstigen Leistungen ausgeführt worden sind oder die Entnahmen, Verwendungen und die Aufwendungen getätigt worden sind.

1264 Durch die Eröffnung des Insolvenzverfahrens wird der laufende Veranlagungszeitraum nicht unterbrochen (BFH vom 16. 7. 1987 – V R 80/82 – UR 1987, 291, 293 m. Anm. Weiss; **a. A.** Weiss, a. a. O., S. 294; Probst, UR 1988, 39, 41; vgl. Fischer, BB 1989, 1, 2 m. w. N.).

1265 Soweit der umsatzsteuerauslösende Tatbestand **vor** Verfahrenseröffnung verwirklicht worden ist, ist zwar umsatzsteuerrechtlich im Zeitpunkt der Verfahrenseröffnung noch keine Umsatzsteuerforderung entstanden. Dennoch ist die Umsatzsteuerforderung insolvenzrechtlich gemäß § 38 InsO begründet und insoweit als **Insolvenzforderung** geltend zu machen, unabhängig davon, ob die Umsätze nach vereinbarten oder nach vereinnahmten Entgelten zu versteuern sind.

1266 Wenn die Verfahrenseröffnung in einen **laufenden Voranmeldungszeitraum** fällt, empfiehlt es sich für den Insolvenzverwalter aus Gründen der Zweckmäßigkeit und Vereinfachung **zwei Umsatzsteuervoranmeldungen** abzugeben, eine für den Zeitraum vom Beginn des Voranmeldungszeitraumes bis zur Eröffnung des Insolvenzverfahrens und die andere für den sich daran anschließenden Zeitraum vom Tag der Eröffnung des Insolvenzverfahrens bis zum Ende des Voranmeldungszeitraumes. Auf die Abgabe von zwei Voranmeldungen in diesem Fall hat das Finanzamt jedoch keinen Anspruch.

1267 Hinsichtlich des **Abzuges von Vorsteuerbeträgen nach § 15 Abs. 1 UStG** hat der Unternehmer ein Wahlrecht, zu welchem Zeitpunkt er die in den Veranlagungszeitraum fallenden Vorsteuerbeträge abzieht, verrechnet oder deren Erstattung verlangt (§ 16 Abs. 2 S. 1 UStG). Grundsätzlich kann der Unternehmer die Vorsteuerbeträge so verrechnen wie sie bei ihm in seinem Unternehmen anfallen. Er muß die Vorsteuern insbesondere nicht ausschließlich mit den Steuern verrechnen, die auf die sachlich dazu gehörenden Umsätze entfallen.

1268 Werden die Vorsteuern mit Umsatzsteuern aus vorinsolvenzlichen Umsätzen verrechnet, so mindert sich dadurch die zur Insolvenztabelle anzumeldende Umsatzsteuer. Übersteigen die in den Voranmeldungszeitraum der Verfahrenseröffnung fallenden Vorsteuerabzugsbeträge die Umsatzsteuer, die auf vom Schuldner vor Verfahrenseröffnung getätigte Umsätze entfällt, so handelt es sich bei dem dabei entstehenden Guthaben um einen Masseanspruch (vgl. FG Münster vom 9. 4. 1986 – III 300/85 AO – UR 1987, 178, 180), den der Insolvenzverwalter zugunsten der Masse geltend zu machen hat. Macht der Insolvenzverwalter die abziehbaren Vorsteuerbeträge dagegen erst im Rahmen der Jahresveranlagung geltend, so stellt die Umsatzsteuer, die auf bis zur Verfahrenseröffnung getätigte Umsätze entfällt, in voller Höhe eine Insolvenzforderung dar. Dies gilt unabhängig von dem später noch möglichen oder zulässigen Vorsteuerabzug.

1269 Im Einzelfall kann es sich für den Insolvenzverwalter empfehlen das Finanzamt zu veranlassen, den Veranlagungszeitraum abzukürzen. Hierdurch kann erreicht werden, daß die in den einzelnen Veranlagungszeiträumen noch nicht verrechneten Vorsteuerguthaben für die Masse frei werden (vgl. Geist, Insolvenzen und Steuern, 3. Aufl. 1980, Rz. 41).

1270 Ändert sich die Bemessungsgrundlage für die Umsatzsteuer, so führt dies beim Leistungsempfänger gemäß § 17 UStG zu einer **Berichtigung des Vorsteuerbetrages**. Im Fall der Verfahrenseröffnung ändert sich die Bemessungsgrundlage, insbesondere bei der Uneinbringlichkeit des Entgeltes. Die Uneinbringlichkeit des Entgeltes führt gemäß § 17 Abs. 1 UStG zu einer Berichtigung der Umsatzsteuer beim Leistenden sowie der Vorsteuer beim Schuldner als Leistungsempfänger. Die Berichtigungen sind gemäß § 17 Abs. 1 S. 2 UStG für den Voranmeldungs- oder Veranlagungszeitraum vorzunehmen, in dem die Änderung des Entgelts eingetreten oder die Forderung uneinbringlich geworden ist (vgl. Weiss, a. a. O., S. 72 ff.).

1271 Bei Eröffnung eines Insolvenzverfahrens können die Gläubiger grundsätzlich mit einem (Teil-) Ausfall ihrer Forderungen gegen den Schuldner rechnen. Die Ausfallhöhe stellt sich in der Regel erst im Verlauf oder nach Abschluß des Insolvenzverfahrens heraus. Soweit die Gläubiger mit einer Befriedigung ihrer Forderungen nicht mehr rechnen können, sind sie berechtigt, die Entgelte und die darauf bereits entrichtete Umsatzsteuer zu mindern.

1272 In gleicher Höhe wie bei der Minderung des Entgeltes ist der Insolvenzverwalter verpflichtet, den vom Schuldner noch vorgenommenen **Vorsteuerabzug zu berichtigen**. Unterläßt der Insolvenzverwalter dies, so wird das Finanzamt in der Regel nach Vornahme einer Umsatzsteuersonderprüfung die Voranmeldung für den Verfahrenseröffnungszeitraum berichtigen und gemäß § 18 Abs. 3 S. 3 UStG die zutreffende Vorauszahlung vornehmen.

1273 In der Praxis läßt sich die genaue Höhe des Forderungsausfalls innerhalb der Anmeldefrist nicht feststellen. Insoweit ist das Finanzamt vielfach gezwungen die Höhe des Forderungsausfalles anhand der bis zur Verfahrenseröffnung unbezahlten Rechnungen zu schätzen und den sich danach ergebenden Umsatzsteueranspruch mit dem Hinweis zur Insolvenztabelle anzumelden, daß die endgültige Höhe der Umsatzsteuerforderung von dem endgültigen Ausfall der Forderungen der übrigen Gläubiger abhänge (so Geist a. a. O.).

1274 Der Berichtigungsanspruch entsteht gemäß § 17 Abs. 1 S. 2 UStG und § 18 Abs. 2 UStG mit Ablauf des Voranmeldungszeitraums, in dem die Uneinbringlichkeit eingetreten ist (BGH vom 8. 10. 1997 – XI ZR 25/97 – DZWir 1998, 150). Dies ist spätestens der Zeitpunkt, in dem über den Insolvenzantrag entschieden worden ist – zu diesem Zeitpunkt, der vor der Verfahrenseröffnung liegt, ist der Berichtigungsanspruch i. S. d. § 38 InsO begründet und damit als Insolvenzforderung geltend zu machen.

5.2 Begründung durch den vorläufigen Insolvenzverwalter

1275 Bei der während des Eröffnungsverfahrens durch die Handlungen des **vorläufigen Insolvenzverwalters** begründeten Umsatzsteuerforderungen des Finanzamtes ist danach zu differenzieren, ob dem vorläufigen Insolvenzverwalter die Verwaltungs- und Verfügungsbefugnis über das schuldnerische Vermögen übertragen wurde oder nicht.

1276 Bei der Veräußerung von Massegegenständen während der vorläufigen Insolvenzverwaltung ohne Verwaltungs- und Verfügungsbefugnis stellen die daraus resultierenden Umsatzsteuerforderungen keine Masseverbindlichkeiten dar wie beim vorläufigen Insolvenzverwalter mit Verwaltungs- und Verfügungsbefugnis (§ 55 Abs. 2 InsO), sondern sind vielmehr einfache Insolvenzforderungen.

1277 Zum Zweck der Masseanreicherung kann der vorläufige Insolvenzverwalter ohne Verwaltungs- und Verfügungsbefugnis daher – wie bisher der Sequester – die Zustimmung zur umsatzsteuerpflichtigen Veräußerung von Massegegenständen durch den Schuldner erteilen mit der Folge, daß die Umsatzsteuer vor der Verfahrenseröffnung entstanden und als Insolvenzforderung zu bedienen ist.

1278 Der vorläufige Insolvenzverwalter ohne Verwaltungs- und Verfügungsbefugnis haftet nicht für Umsatzsteuer, die durch seine im Rahmen der Anordnungen des Gerichts getroffenen Maßnahmen entsteht (BFH vom 29. 4. 1986 – VII R 184/83 – NJW 1986, 2074).

1279 Er verletzt seine Pflichten gegenüber dem Steuerfiskus nicht dadurch, daß er vom Schuldner geplante Veräußerungen von Betriebsvermögen genehmigt mit der Folge, daß die daraus entstehenden Umsatzsteuerforderungen in einem nachfolgenden Insolvenzverfahren nur **einfache Insolvenzforderungen** sind (BGH vom 12. 11. 1992 – IX ZR 68/92 – ZIP 1993, 48).

1280 Der BGH hat mit Urteil vom 25. 3. 1993 (IX ZR 164/92 – ZIP 1993, 687 m. w. N. = EWiR 1993, 479 (Smid); siehe hierzu auch eingehend Pape, NJW 1994, 89; LG Bonn vom 23. 6. 1992 – 15 0 124/92 – ZIP 1992, 1011) ausgeführt, daß ein **Umsatzsteuerausfall** aus Veräußerungsgeschäften des späteren Schuldners im Insolvenzeröffnungsverfahren, denen der vorläufige Verwalter ohne Verwaltungs- und Verfügungsbefugnis zustimmt, **nicht in den Schutzbereich der §§ 60, 22 InsO** fällt.

1281 Der vorläufige Insolvenzverwalters ohne Verwaltungs- und Verfügungsbefugnis ist daher bei der Zustimmung zu Veräußerungsgeschäften des Schuldners über einzelne Vermögensgegenstände vor der Verfahrenseröffnung nicht verpflichtet, auf die Belange des Finanzamtes Rücksicht nehmen zu müssen, dessen Umsatzsteueranspruch in diesem Fall nur eine Insolvenzforderung darstellt.

1282 In diesem Zusammenhang weist Uhlenbruck (WuB VI C. § 106 KO, 1.93) zu Recht darauf hin, daß es haftungsmäßig keine Rolle spielt, ob der vorläufige Verwalter ohne Verwaltungs- und Verfügungsbefugnis planmäßig Gestaltungsmöglichkeiten zu Lasten des Fiskus ausgespielt hat. Der vorläufige Verwalter hätte selbst dann nicht wegen vorsätzlicher Schädigung des Fiskus haften müssen, wenn er die Verwertung planmäßig in das Vorverfahren verlagert hätte. Allerdings stellt sich hier die Frage, wo im Einzelfall die Grenzen liegen.

1283 Eine völlige Verlagerung der insolvenzmäßigen Verwertung in den Bereich der vorläufigen Insolvenzverwaltung wäre nicht mehr durch den Verfahrenszweck gedeckt. Dies bedeutet aber keineswegs, daß der vorläufige Verwalter ohne Verwaltungs- und Verfügungsbefugnis einzelnen Gläubigern gegenüber deswegen nach § 826 BGB einzustehen hätte. Wann und wie verwertet werden muß, entscheidet der vorläufige Verwalter nach pflichtgemäßem Ermessen im Interesse aller verfahrensbeteiligten Gläubiger.

6. Grunderwerbsteuer

1284 Die Grunderwerbsteuer ist insolvenzrechtlich i. S. d. § 38 InsO begründet, soweit grunderwerbsteuerlich relevante Erwerbsvorgänge vor Verfahrenseröffnung verwirklicht worden sind.

1285 Dies gilt auch für die Nachversteuerungsfälle nach altem Recht. Dabei handelt es sich um Erwerbsfälle, die unter bestimmten Voraussetzungen vorläufig von der Grunderwerbsteuer befreit waren und deshalb nachversteuert wurden, weil ein zur Grunderwerbsteuerbefreiung führender Zweck nicht oder nicht mehr fristgemäß erfüllt werden konnte. Dabei entsteht die damals wegen der Steuerbefreiung nicht erhobene Steuer zwar erst mit der Verwirklichung des Nachversteuerungstatbestandes. Da der Rechtsgrund für ihre Entstehung aber schon vor der Verfahrenseröffnung gelegt war, gilt sie insolvenzrechtlich bereits in diesem Zeitpunkt als gemäß § 38 InsO begründet und ist insoweit als Insolvenzforderung zur Insolvenztabelle anzumelden (BFH vom 27. 8. 1975 – II R 93/70 – BFHE 117, 176; BGH vom 3. 6. 1981 – II ZR 78/80 – DB 1982, 1094).

1286 Die Eröffnung des Insolvenzverfahrens führt jedoch bei einem vorerst von der Grunderwerbsteuer freigestellten Erwerbsvorgang nicht allein zur Entstehung der endgültigen Steuerschuld (BFH vom 29. 9. 1970 – II B 22/70 – KTS 1971, 111).

7. Kraftfahrzeugsteuer

1287 Die Kraftfahrzeugsteuer ist insolvenzrechtlich i. S. d. § 38 InsO begründet mit dem Beginn des Haltens eines Kraftfahrzeuges oder eines Anhängers zum Verkehr auf öffentlichen Straßen (§ 1 KraftStG).

1288 Die Kraftfahrzeugsteuerforderung ist gemäß §§ 4, 13 KraftStG grundsätzlich auf den Zeitraum eines Jahres begrenzt. Liegen gemäß § 13 Abs. 2 KraftStG die Voraussetzungen für ein Entrichten der Kraftfahrzeugsteuer für ein halbes Jahr, ein Vierteljahr oder für einen Monat vor, so wird die Steuerforderung nur für diesen verkürzten Zeitraum begründet.

1289 Die Steuerpflicht endet bei der endgültigen Außerbetriebsetzung des Kraftfahrzeuges oder bei einer Betriebsuntersagung durch die Verwaltungsbehörde (§§ 5–7 KraftStG).

1290 Setzt der Schuldner, nachdem seine Steuerpflicht zu einem bestimmten Zeitpunkt nach Eröffnung des Insolvenzverfahrens beendet war, das Halten des Fahrzeuges fort, so entsteht ab diesem Zeitpunkt eine neue Kraftfahrzeugsteuerforderung des Finanzamtes.

8. Investitionszulage

1291 Die Investitionszulage wird in der Regel unter der Voraussetzung gewährt, daß die begünstigten Wirtschaftsgüter in bestimmter Weise verwendet werden und einen bestimmten Zeitraum, zumeist 3 Jahre nach ihrer Herstellung oder Anschaffung, in einer Betriebsstätte verbleiben. Das Finanzamt kann die Investitionszulage zurückfordern, wenn diese Voraussetzungen vom Zulageempfänger nicht erfüllt werden.

1292 Eine Rückzahlung der Investitionszulage gilt auch für Wirtschaftsgüter, die im Rahmen eines Insolvenzverfahrens innerhalb des schädlichen Zeitraumes veräußert worden sind. Die Investitionszulage wird damit gleichsam unter dem Vorbehalt gewährt, daß sie bei Nichterfüllen der begünstigten Verwendung der Wirtschaftsgüter und/oder bei Nichteinhaltung des Begünstigungszeitraumes zurückzuzahlen ist.

1293 Damit ist der **Rechtsgrund** für das Entstehen des Rückzahlungsanspruches bereits **vor Eröffnung des Insolvenzverfahrens** vollständig gelegt worden. Der Anspruch auf Rückzahlung zu Unrecht gewährter Investitionszulagen ist insoweit insolvenzrechtlich i. S. d. § 38 InsO schon vor Eröffnung des Insolvenzverfahrens begründet.

9. Erstattungsanspruch

1294 Ein Erstattungsanspruch bezieht sich gemäß § 37 Abs. 2 AO auf eine Steuer, eine Steuervergütung, einen Haftungsbetrag oder eine steuerliche Nebenleistung, die ohne rechtlichen Grund gezahlt oder zurückgezahlt worden ist und vom Zahlungsempfänger zu erstatten ist. Durch einen derartigen Erstattungsanspruch werden ohne rechtlichen Grund bewirkte unmittelbare Vermögensverschiebungen wieder ausgeglichen.

1295 Ein Erstattungsanspruch des Finanzamtes ist insolvenzrechtlich gemäß § 38 InsO begründet mit Rückzahlung der Beträge ohne rechtlichen Grund. Ist die Zahlung vor der Eröffnung des Insolvenzverfahrens geleistet worden, so ist der Erstattungsanspruch selbst dann als Insolvenzforderung zur Insolvenztabelle anzumelden, wenn der Anspruch vor diesem Zeitpunkt noch nicht festgesetzt war oder wenn der ursprüngliche Steuerbescheid weder geändert noch aufgehoben worden ist (vgl. BFH vom 7. 3. 1968 – IV R 278/66 – BStBl II 1968, 496 = BB 1972, 1258).

1296 Der dem Schuldner zustehende Steuererstattungsanspruch (vgl. dazu Baumbach/Lauterbach/Albers/Hartmann, ZPO, § 829, 1 Ab) aus zuviel gezahlter Lohn-, Einkommen-, Umsatz-, Gewerbesteuer und sonstigen Steuerarten ist pfändbar und gehört zur Insolvenzmasse (Hess, KO, § 1 Rz. 77; zur dogmatischen Einordnung siehe Jaeger/Henckel, KO, § 1 Rz. 135; Kuhn/Uhlenbruck, KO, § 1 Rz. 73b).

1297 Dies gilt auch für nach der Eröffnung des Insolvenzverfahrens entstandene Ansprüche auf Erstattung von Kraftfahrzeugsteuer und Vermögensteuer, wenn der Rechtsgrund für die Erstattung auf Steuer(-voraus-)zahlungen zurückzuführen ist, die der Schuldner vor der Eröffnung des Insolvenzverfahrens geleistet hat (BFH vom 9. 2. 1993 – VII R 12/92 – ZIP 1993, 934 = HFR 1993, 496).

1298 Maßgeblich für die Frage, ob der Steuererstattungsanspruch zur Masse oder zum Neuerwerb zählt, ist der Zeitpunkt, in dem nach insolvenzrechtlichen Grundsätzen der Rechtsgrund für den Anspruch gelegt wurde (BFH vom 9. 2. 1993 – VII R 12/92 – ZIP 1993, 934).

10. Haftungsansprüche

1299 Haftungsansprüche sind gemäß § 38 InsO insolvenzrechtlich begründet, wenn der ihnen zugrunde liegende Anspruch aus dem Steuerschuldverhältnis gemäß § 37 AO begründet ist.

1300 Voraussetzung für die Geltendmachung und das Begründetsein des Haftungsanspruches ist das Vorliegen eines wirksamen Haftungsbescheides gemäß § 191 AO. Liegt im Zeitpunkt der Verfahrenseröffnung noch kein Haftungsbescheid vor, so kann ein möglicher Haftungsanspruch dennoch dem Grunde und der Höhe nach durch Anmeldung zur Insolvenztabelle geltend gemacht werden.

11. Betagte und befristete Steuerforderungen

1301 Eine betagte Steuerforderung ist eine Forderung, die vor Verfahrenseröffnung nach § 38 AO bereits entstanden, jedoch noch nicht fällig ist. Betagte Steuerforderungen gelten nach § 41 InsO als fällig und sind deshalb zur Insolvenztabelle anzumelden. Gemäß § 41 Abs. 2 InsO ist die Forderung nur mit einem abgezinsten Betrag anzusetzen, soweit sie unverzinslich ist. Steht nicht fest, wann die Forderung ohne die Eröffnung des Insolvenzverfahrens fällig geworden wäre, so ist bei Unverzinslichkeit der abgezinste Betrag zu schätzen (§ 45 InsO).

1302 Als fällig zur Insolvenztabelle anzumelden sind auch Steuerforderungen, deren Vollziehung gemäß § 361 AO ausgesetzt ist. Da bei einer ausgesetzten Steuerforderung gemäß § 237 AO Aussetzungszinsen zu zahlen sind, entfällt bei einer Anmeldung der Forderung zur Insolvenztabelle die Abzinsung.

Das gleiche gilt für gestundete oder nicht fällige, hinterzogene Steuern, soweit diese als fällig zur Insolvenztabelle anzumelden sind. Auch in diesen Fällen ergibt sich die Verzinsung unmittelbar aus der AO (§ 234 AO für Stundungszinsen und § 235 AO für Hinterziehungszinsen).

1303 In der Regel sind Steuerforderungen unverzinslich. Eine Ausnahme gilt für die Grunderwerbsteuer (§ 3 Abs. 2 GrEStG (alt), § 19 Abs. 9 BerlinFG, § 5 Abs. 7 InZulG), wo eine Verzinsung ausdrücklich gesetzlich vorgesehen ist. Säumniszuschläge sind ein Druckmittel eigener Art und insoweit nicht als Verzinsung anzusehen. Die Möglichkeit der Entrichtung von Säumniszuschlägen macht die Steuerforderung nicht zu einer verzinslichen Forderung. Soweit die Steuerforderung unverzinslich ist, ist sie mit dem gesetzlichen Zinsfuß von 4 % (§ 246 BGB) abzuzinsen.

1304 Ist eine Steuer im Zeitpunkt der Eröffnung des Insolvenzverfahrens zwar entstanden, aber noch nicht festgesetzt worden, so entfällt wegen der Verfahrenseröffnung die Steuerfestsetzung und damit auch die Fälligkeit der Steuerforderung. In diesem Fall ist gemäß § 45 InsO der Abzinsungsbetrag der unverzinslichen Steuerforderung unter Zugrundelegung eines Zinssatzes von 4 % zu schätzen. Grundlage hierfür ist der Zeitraum, in dem die Steuerforderung nach dem gewöhnlichen Lauf der Dinge und dem Fortgang der Veranlagungsarbeiten in dem zuständigen Finanzamt festgesetzt worden wäre.

1305 Befristete Forderungen sind Forderungen, die bereits im Sinne des § 38 InsO begründet, aber steuerrechtlich noch nicht entstanden sind weil die Steuerschuld erst nach Ablauf eines hierfür maßgebenden Besteuerungszeitraumes entsteht. Dies gilt insbesondere für die Einkommensteuer gemäß § 26 Abs. 1 EStG, die Körperschaftsteuer nach § 48c KStG und die Gewerbesteuer nach § 18 GewStG. Bei diesen Steuerarten ist der Teil der erst nach Verfahrenseröffnung entstandenen Steuerforderung befristet, da das Entstehen von einem zukünftigen gewissen Ereignis, dem Ablauf des jeweiligen Besteuerungszeitraums, abhängig ist.

1306 Befristete Steuerforderungen sind analog § 163 BGB wie eine aufschiebend bedingte Steuerforderung zu behandeln. Da sie gemäß § 38 InsO als im Zeitpunkt der Verfahrenseröffnung begründet gelten, sind sie als Insolvenzforderungen geltend zu machen.

1307 Betagte und befristete Forderungen schließen sich gegenseitig aus. Eine betagte Forderung liegt dann vor, wenn im Zeitpunkt der Eröffnung des Insolvenzverfahrens die Forderung bereits entstanden, aber noch nicht fällig war. Demgegenüber sind befristete Steuerforderungen im Zeitpunkt der Verfahrenseröffnung zwar insolvenzrechtlich begründet, aber noch nicht entstanden.

II. Die Wirkungen des Insolvenzverfahrens auf das Besteuerungsverfahren

1. Steuerermittlungs- und Steueraufsichtsverfahren

1308 Durch die Eröffnung des Insolvenzverfahrens werden gemäß §240 ZPO Streitverfahren unterbrochen. Nicht betroffen durch die Verfahrenseröffnung sind damit Steuerermittlungs- und Steueraufsichtsverfahren, da es sich nicht um Streitverfahren handelt. Insoweit kann das Finanzamt ohne Rücksicht auf die Verfahrenseröffnung Steuerermittlungs- und Steueraufsichtsverfahren einleiten, sowie bereits laufende Verfahren fortsetzen oder abschließen (Boochs, StWK 1992, 73). Dabei treffen die steuerlichen Mitwirkungspflichten ab der Verfahrenseröffnung grundsätzlich den Insolvenzverwalter.

2. Steuerfestsetzungs- und Steuerfeststellungsverfahren

1309 Die AO enthält keine Vorschriften über den Einfluß der Verfahrenseröffnung auf die Geltendmachung vorher entstandener Steuerschulden des Schuldners. Dem Steuergläubiger kommt hiernach gegenüber anderen Insolvenzgläubigern keine Sonderstellung im Insolvenzverfahren zu. Nach §38 InsO ist das Finanzamt als Steuergläubiger einer der Insolvenzgläubiger, zu deren gemeinschaftlicher Befriedigung die Insolvenzmasse bestimmt ist.

1310 Ein zur Zeit der Verfahrenseröffnung laufendes Steuerfestsetzungsverfahren (§§155 ff., 148 AO) wird unterbrochen, soweit es die insolvenzmäßige Befriedigung zum Ziel hat (RFH vom 22. 1. 1926 – II A 610/25 – RFHE 18, 143; RFH vom 23. 3. 1927 – IV A 46/26 – RFHE 21, 12). Es kann erst wieder fortgesetzt werden, wenn das Insolvenzverfahren eingestellt ist

1311 Aus insolvenzrechtlichen Gründen dürfen alle Steuerverfahren, die auf individuelle Befriedigung des Steuergläubigers gerichtet sind, nicht fortgesetzt werden. Das bedeutet, daß nach Eröffnung des Insolvenzverfahrens gegen den Insolvenzverwalter ein **Steuerbescheid wegen einer vorinsolvenzli-**

chen Steuerforderung nicht erlassen werden darf, auch nicht, soweit der Bescheid nur die Steuerforderung nach Grund und Betrag festsetzt, ohne gleichzeitig deren Zahlung zur Insolvenzmasse zu verlangen (BFH vom 26. 9. 1965 – VI 13/64 S – BStBl III 1965, 492).

Somit sind die vorinsolvenzlichen Steuerforderungen ausschließlich **zur Insolvenztabelle anzumelden** (sofern es sich nicht ausnahmsweise um Verbindlichkeiten handelt, die nach §55 Abs. 2 InsO durch einen vorläufigen Insolvenzverwalter mit Verwaltungs- und Verfügungsbefugnis begründet wurden). Das betrifft auch nicht fällige bzw. noch nicht festgesetzte oder nicht angemeldete Steuern (vgl. Weiss, a. a. O. S. 56).

1312 Auch gegen den Schuldner darf während des anhängigen Insolvenzverfahrens kein Steuerbescheid wegen vorinsolvenzlicher Steuerforderungen erfolgen (Boochs, StWK 1992, 74).

1313 In der Praxis erläßt das Finanzamt keinen Steuerbescheid, sondern gibt lediglich dem Insolvenzverwalter eine Ausfertigung des Steuerbescheides unter Weglassung der Rechtsbehelfsbelehrung informatorisch zur Kenntnis und meldet die sich nach diesem **informatorischen Bescheid** ergebenden Steuerschulden des Schuldners zur Insolvenztabelle an. Diese informatorischen Bescheide stellen keine Steuerbescheide dar, sondern sind lediglich Berechnungen der angemeldeten Steuerschulden. Diese brauchen auch nicht unter Vorbehalt der Nachprüfung gemäß §164 Abs. 1 AO oder vorläufig gemäß §165 AO zu ergehen.

1314 Ergeht nach Eröffnung des Insolvenzverfahrens trotzdem ein Steuerbescheid, so ist dieser als **nichtig** anzusehen (RFH vom 25. 10. 1926 – GrS 1/26 – RStBl. 1926, 337; BFH vom 29. 6. 1965 – VI 13/64 S – BStBl III 1965, 491; BFH vom 10. 6. 1970 – VIII R 128/67 – BStBl III 1970, 665; BFH vom 17. 11. 1977 – IV R 131 – 134/77 – DB 1978, 823; Geist, Insolvenzen und Steuern., Rz. 9; Hess, KO, Anh. V Rz. 37; Tipke/Kruse, AO, §251 Rz. 16; a. A. FG Hamburg vom 28. 1. 1982 – III 136/79 – EFG 1982, 395; BSG vom 15. 2. 1989 – 12 RK 3/88 – NJW 1990, 2708). Gegen diesen nichtigen Bescheid kann ein Rechtsbehelf eingelegt werden, um den von diesem ausgehenden Rechtsschein zu beseitigen.

1315 **Zulässig** ist dagegen der Erlaß eines Steuerbescheides, wenn er zur Befriedigung außerhalb des Insolvenzverfahrens notwendig ist, z. B. in den Fällen, wo der **Steuergläubiger absonderungsberechtigt** und deshalb befugt ist, sich außerhalb des Insolvenzverfahrens zu befriedigen (Tipke/Kruse, AO, §251 Rz. 16; Jaeger/Lent/Weber, KO, §47 Anm. 10).

1316 Gegen den Ehegatten des Schuldners kann auch während des anhängigen Insolvenzverfahrens ein Einkommensteuerbescheid erlassen werden, wenn die Zusammenveranlagung gewählt wurde. Hierbei ist darauf zu achten, daß der Steuerbescheid an den Ehegatten als Gesamtschuldner adressiert ist und nicht an die Eheleute. Macht der Ehegatte von der Möglichkeit Gebrauch, eine Aufteilung der Gesamtschuld gemäß §§268–280 AO zu beantragen, so ist die Steuerschuld aufzuteilen in die Steuerschuld des Ehegatten (Steuerbescheid) und die Steuerschuld des Schuldners (Anmeldung zur Tabelle).

1317 Ein **Steuerfeststellungsverfahren** kann nach Verfahrenseröffnung fortgesetzt werden, wenn die Feststellung Steueransprüche betrifft, die keine Insolvenzforderungen sind.

3. Rechtsbehelfsverfahren, Aussetzung der Vollziehung

1318 Zur Zeit der Verfahrenseröffnung laufende Rechtsbehelfsverfahren sowie Fristen werden durch die Eröffnung des Insolvenzverfahrens nach §155 FGO i. V. m. §240 ZPO unterbrochen (RFH vom 25. 10. 1926 – GrS 1/26 – RFHE 19, 355; FG Münster vom 30. 10. 1974 – V 1550/73 U – EFG 1975, 228; FG Rheinland-Pfalz vom 20. 4. 1978 – II 171 – 175/77 – EFG 1978, 471; Geist, a. a. O. Rz. 9f., Hess, KO, Anh. V Rz. 37). Das bedeutet, daß Rechtsbehelfe und Rechtsmittel nach Eröffnung des Insolvenzverfahrens weder eingelegt noch weiterverfolgt werden dürfen. Eine Weiterverfolgung ist erst im Rahmen des Feststellungsrechtsstreites möglich, wenn die angemeldete Forderung im Prüfungstermin bestritten wird (§§179, 184f. InsO).

1319 Die Unterbrechung der Rechtsbehelfs- und Rechtsmittelverfahren gilt sowohl gegenüber dem Insolvenzverwalter, den Insolvenzgläubigern als auch gegenüber dem Schuldner (vgl. Geist a. a. O., Rz. 11 unter Hinweis auf §144 Abs. 2 KO).

1320 Das Finanzamt kann den unterbrochenen Rechtsstreit auch dann wieder aufnehmen, wenn es darauf verzichtet, mit dem streitbefangenen Steueranspruch an dem Insolvenzverfahren (weiter) teilzunehmen (BGH vom 24. 10. 1978 – VI ZR 67/77 – WM 1978, 1319). Aus dem so erstrittenen Titel kann das Finanzamt erst nach Beendigung des Insolvenzverfahrens vollstrecken (§89 InsO).

Aktivrechtsstreite des Schuldners, die einen Erstattungsanspruch zum Gegenstand haben, kann der Insolvenzverwalter jederzeit nach § 85 InsO wieder aufnehmen (Hess, KO, Anh. V Rz. 68) sofern der Anspruch während des Insolvenzverfahrens nicht durch Aufrechnung erloschen ist. Nimmt der Insolvenzverwalter das Verfahren nicht auf, so kann das Finanzamt gemäß § 85 Abs. 1 S. 2 InsO i. V. m. § 239 Abs. 2–4 ZPO die Aufnahme des Verfahrens verlangen. 1321

Lehnt der Insolvenzverwalter die Aufnahme des Rechtsstreites ab, so gilt der Anspruch als **freigegeben** und scheidet damit aus der Insolvenzmasse aus (Hess, KO, Anh. V Rz. 68; Geist, a. a. O., Rz. 12). In diesem Fall kann der Schuldner selbst den Rechtsstreit aufnehmen und Zahlung an sich verlangen. 1322

Wie die Rechtsbehelfs- und Rechtsmittelverfahren werden auch **gerichtliche Verfahren unterbrochen** (§ 155 FGO, § 240 ZPO; Jaeger/Henckel, KO, § 10 Rz. 44; Kuhn/Uhlenbruck, KO, 10. Aufl. 1986, Vorbem. §§ 10–12, Rz. 8, 8a, 14a m. w. N.). Eine Unterbrechung des gerichtlichen Verfahrens hat selbst dann zu erfolgen, wenn das Insolvenzverfahren nach Verkündung, aber vor Zustellung des Urteils eröffnet worden ist (BFH vom 10. 6. 1970 – III R 128/67 – BStBl II 1970, 665). 1323

Eine Unterbrechung nach §§ 240 ZPO i. V. m. 155 FGO erfolgt aber nach Ansicht des FG Baden-Württemberg dann nicht, wenn die Eröffnung des Insolvenzverfahrens zum Wegfall des Rechtsschutzinteresses und damit zur Unzulässigkeit der Klage geführt hat (FG Baden-Württemberg vom 12. 3. 1994 – 9 K 50/93 – EFG 1994, 711). Das FG Baden-Württemberg hat seine Entscheidung damit begründet, daß bei Fehlen einer Sachurteilsvoraussetzung keine Entscheidung über die materielle Rechtslage ergehen dürfe und somit ein Urteil keinen Einfluß auf das Verfahrenseröffnungsverfahren haben könne. Auch die Prozeßvollmacht des Rechtsanwalts von dem insolvent gewordenen Kläger erlösche nicht nach § 116 InsO, da sich der zugrundeliegende Geschäftsbesorgungsvertrag „nicht auf das zur Insolvenzmasse gehörige Verfahren beziehe“. 1324

Da das Finanzamt seine Ansprüche nur noch innerhalb des Insolvenzverfahrens verfolgen kann, ist eine Aussetzung der Vollziehung eines vor Verfahrenseröffnung ergangenen Steuerbescheides während des Insolvenzverfahrens nicht mehr möglich (§ 361 AO, § 69 FGO). Hiermit fehlt einem Antrag an das Finanzamt oder das Gericht, die Vollziehung eines vor Verfahrenseröffnung erlassenen Steuerbescheides auszusetzen, das Rechts- 1325 schutzbedürfnis. Das gleiche gilt entsprechend für Rechtsbehelfe und Rechtsmittel (BFH vom 27. 11. 1974 – 1 R 185/73 – BStBl II 1975, 208 = DB 1975, 2307).

4. Vollstreckungsverfahren

1326 Dem Finanzamt ist es wie allen anderen Gläubigern verboten, Vollstrekkungsmaßnahmen wegen Insolvenzforderungen in die Insolvenzmasse oder in das sonstige insolvenzfreie Vermögen des Schuldners durchzuführen (§89 InsO). Ein Verwaltungszwangsverfahren (§§328 ff. AO) gegen den Schuldner ist sofort einzustellen (Boochs, StWK 1992, 77).

1327 Wird der Vollstreckungsstelle des Finanzamtes bekannt, daß ein Insolvenzverfahren eröffnet ist, so haben alle weiteren Vollstreckungsmaßnahmen gegen den Schuldner wegen §89 InsO zu unterbleiben. Pfändungen nach Verfahrenseröffnung sind aufzuheben und die Beauftragung des Vollziehungsbeamten zur Vollstreckung in das bewegliche Vermögen hat zu unterbleiben.

1328 Maßnahmen im Verwaltungszwangsverfahren, die zwischen dem Eintritt der Zahlungsunfähigkeit und der Verfahrenseröffnung vorgenommen worden sind, können u. U. der Anfechtung nach Maßgabe der §§129 ff. InsO unterliegen, wenn der Beamte, der die Vollstreckungsmaßnahmen angeordnet hat, Kenntnis von der Zahlungsunfähigkeit oder dem Eröffnungsantrag hatte (Boochs, StWK 1992, 77).

5. Erlaß und Bekanntgabe von Steuerverwaltungsakten

1329 Das Finanzamt darf nach Verfahrenseröffnung keinen Steuerbescheid mehr wegen einer vorinsolvenzlichen Steuerforderung erlassen, auch nicht soweit der Bescheid die Steuerforderung nur nach Grund und Betrag festsetzt, ohne gleichzeitig deren Zahlung aus der Insolvenzmasse zu verlangen. Vorinsolvenzliche Steuerforderungen, nicht fällige, noch nicht festgesetzte oder nicht angemeldete Steuern sind ausschließlich zur Insolvenztabelle anzumelden.

1330 Gegen den Ehegatten des Schuldners kann auch während eines anhängigen Insolvenzverfahrens ein Einkommensteuerbescheid erlassen werden, soweit die Zusammenveranlagung gewählt wurde (Boochs, StWK 1992, 77).

1331 Nach Verfahrenseröffnung können Steuerverwaltungsakte, welche die Insolvenzmasse betreffen, nicht mehr durch Bekanntgabe an den Schuldner wirksam werden.

1332 Gehört ein Steuererstattungsanspruch zur Insolvenzmasse, so gelten die Grundsätze für Steuerforderungen entsprechend. Auch insoweit dürfen für die Zeit vor Eröffnung des Insolvenzverfahrens keine Leistungsbescheide ergehen, insbesondere keine Steuerbescheide, selbst wenn sie infolge der Erstattung für den Schuldner günstig wären.

1333 Anstelle eines Steuerbescheids kann ein Abrechnungsbescheid nach §218 Abs. 2 AO erlassen werden, in dem dem Steueranspruch und den vom Schuldner geleisteten Zahlungen der Erstattungsanspruch gegenübergestellt wird. Diesen Abrechnungsbescheid kann der Insolvenzverwalter anfechten.

1334 Im Rahmen seiner Verwaltungs- und Verfügungstätigkeit hat der Insolvenzverwalter die steuerlichen Pflichten des Schuldners zu erfüllen (§34 Abs. 3 AO).

1335 Mit der Verfahrenseröffnung **enden** die vom Schuldner erteilten Vollmachten, auch **Zustellungsvollmachten**. Statt dessen ist der Insolvenzverwalter Adressat für:

- Steuerbescheide wegen Steueransprüchen, die nach der Verfahrenseröffnung entstanden sind und damit Massekosten oder -schulden sind,
- Steuermeßbescheide (§184 AO),
- Zerlegungsbescheide (§188 AO) und
- Prüfungsanordnungen.

1336 In der Adressierung an den Insolvenzverwalter ist klarzustellen, daß sich der Verwaltungsakt an den Insolvenzverwalter in dieser Eigenschaft für einen bestimmten Insolvenzschuldner richtet (Boochs, StWK 1992, 78). Ein Steuerbescheid, der sich an den Schuldner „zu Händen Herrn …" ohne Bezeichnung als Insolvenzverwalter richtet, ist dem Insolvenzverwalter daher nicht wirksam bekanntgegeben worden (BFH vom 15. 3. 1994 – XI R 45/93 – BStBl II 1994, 600 = BB 1994, 2335).

1337 Die Bekanntgabe von Feststellungsbescheiden bei einer in Insolvenz gefallenen Personengesellschaft kann weiterhin an die Personengesellschaft (§183 AO), d. h. an deren Geschäftsführer oder Liquidator, nicht an den Insolvenzverwalter erfolgen (BFH vom 13. 7. 1967 – IV 191/63 – BStBl III 1967, 790; BFH vom 12. 12. 1978 – VIII R 10/76 – BStBl II 1979, 440, BFH vom 21. 6. 1979 – IV R 131/74 – BStBl II 1979, 790 = BB 1979, 1756). Da die Insolvenzmasse nicht betroffen ist, hat der Insolvenzverwalter insoweit auch kein Anfechtungs- oder Klagerecht. Dies gilt nicht, wenn auch über das Vermögen eines Gesellschafters das Insolvenzverfahren eröffnet worden ist. In diesem Fall muß der für den betroffenen Gesellschafter bestimmte Bescheid dessen Insolvenzverwalter bekanntgegeben werden.

1338 Verwaltungsakte, die das insolvenzfreie Vermögen des Schuldners betreffen, sind an diesen zu richten.

6. Widerspruch gegen Steuerforderungen

1339 Wird im Prüfungstermin weder vom Insolvenzverwalter noch von einem Insolvenzgläubiger ausdrücklich Widerspruch gegen die angemeldete Forderung erhoben oder wird ein erhobener Widerspruch beseitigt, so gilt sie gemäß §178 Abs. 1 InsO als festgestellt. Die Feststellung wird gemäß §178 Abs. 2 und 3 InsO in die Insolvenztabelle eingetragen. Sie bewirkt, daß das Finanzamt unter den Voraussetzungen der §§201, 202 InsO nach Verfahrensaufhebung wegen seiner Forderungen im Verwaltungswege vollstrecken kann (§251 Abs. 2 S. 2 AO), soweit das Nachforderungsrecht der Gläubiger nicht wegen eines Restschuldbefreiungsverfahrens oder eines Insolvenzplans ausgeschlossen ist.

1340 Wird dagegen im Prüfungstermin vom Insolvenzverwalter oder von einem Insolvenzgläubiger Widerspruch erhoben oder vorläufig bestritten, so hat das Finanzamt die Feststellung seiner Forderung zu betreiben (§179 InsO i. V. m. §251 Abs. 3 AO). Zu diesem Zweck beantragt die Vollstreckungsstelle des Finanzamtes zunächst die Erteilung eines beglaubigten Auszuges aus der Insolvenztabelle (§179 Abs. 3 InsO).

1341 Das vorläufige Bestreiten steht dem allgemeinen Bestreiten gleich, soweit nicht ein unabweisbares Bedürfnis besteht, dem Bestreitenden die Prüfung der angemeldeten Forderung und des Vorrechtes über den Prüfungstermin hinaus offenzuhalten (OLG Hamm vom 6. 2. 1974 – 20 W 22/73 – KTS 1974, 178). Bei vorläufigem Bestreiten wird der Bestreitende von der Vollstreckungsstelle des Finanzamtes aufgefordert, die vorläufig bestrittene Forderung anzuerkennen oder endgültig zu bestreiten. Nach ergebnislosem Fristablauf unterstellt das Finanzamt, daß die angemeldete Forderung endgültig bestritten ist.

1342 Nach Eingang des beglaubigten Tabellenauszuges mit den bestrittenen Forderungen wird von der Festsetzungsstelle des Finanzamtes das Feststellungsverfahren i. S. d. §251 Abs. 3 AO, §§179 ff. InsO betrieben. Zulässigkeitsvoraussetzungen für das Feststellungsverfahren nach §251 AO ist die Anmeldung und Prüfung der Forderung. Eine Feststellung ist deshalb nur hinsichtlich solcher Forderungen möglich, gegen die im Prüfungstermin Widerspruch erhoben wurde (für den Fall einer nachgemeldeten Forderung, FG Niedersachsen vom 7. 7. 1980 – V 347/80 – UR 1981, 31).

1343 Im Rahmen des Feststellungsverfahrens prüft die Festsetzungsstelle zunächst, ob über die bestrittene Forderung ein titulierter Steuerbescheid vorliegt oder nicht. Hinsichtlich der angemeldeten Steuerforderungen bedeutet dies, daß es für die Fortsetzung des Verfahrens darauf ankommt, ob ein Steuerbescheid mit Leistungsgebot im Zeitpunkt der Eröffnung des Insolvenzverfahrens ergangen ist (titulierte Forderung) oder nicht (nicht titulierte Forderung).

1344 Ist vor Verfahrenseröffnung noch kein Steuerbescheid über die Insolvenzforderung erlassen worden, hat die Festsetzungsstelle das Bestehen der Steuerforderung und ihre Fälligkeit mittels Feststellungsbescheides gemäß § 251 Abs. 3 AO festzustellen (BFH vom 2. 7. 1997 – I R 11/97 – ZIP 1997, 2160). Wäre der Steuerbescheid von einem gesonderten Feststellungsbescheid im Sinne der §§ 179 ff. AO abhängig, ist im Rahmen des Feststellungsverfahrens nach § 251 Abs. 3 AO auch hierüber eine Entscheidung zu treffen.

1345 Adressat des Feststellungsbescheides ist der Widersprechende. Der Bescheid kann mit dem Einspruch nach § 346 Abs. 1 Nr. 11 AO und anschließender Klage vor dem Finanzgericht angegriffen werden. Mit Bestands- oder Rechtskraft der Entscheidung über den Feststellungsbescheid steht nach § 183 InsO endgültig fest, ob die Steuerforderung besteht oder nicht besteht.

1346 Der Regelungsinhalt des Feststellungsbescheides nach § 251 Abs. 3 AO geht vielmehr dahin, daß dem Steuergläubiger eine bestimmte Steuerforderung als Insolvenzforderung zustehe (BFH vom 26. 11. 1987 – V R 133/81 – BStBl II 1988, 199). Der Feststellungsbescheid darf sich seinem Inhalt nach weder in Form noch in der Begründung von einem Feststellungsurteil der ordentlichen Gerichte (§ 180 InsO) unterscheiden (RFH vom 4. 7. 1930 – V A 1014/29 – RFHE 27, 40).

1347 Eine vorläufige Feststellung der zur Insolvenztabelle angemeldeten Forderung in analoger Anwendung des § 165 AO ist durch Feststellungsbescheid unzulässig (BFH vom 31. 5. 1978 – II R 53/76 – DB 1978, 1963).

1348 Der Bescheid wird durch § 181 InsO, § 251 Abs. 3 AO auf den Entstehungsgrund und die Höhe der angemeldeten Forderung für jede beantragte einzelne Forderung begrenzt (BFH vom 26. 11. 1987 – V R 130/82 – UR 1988, 53). In dem Bescheid darf folglich weder ein anderer Entstehungsgrund, noch eine andere Höhe und Fälligkeit für die angemeldete Forderung angegeben werden. Die festgestellte Forderung muß vielmehr identisch mit der angemeldeten sein (BFH vom 17. 5. 1984 – V R 80/77 – BStBl II 1984, 545; Fischer BB 1989, 1, 3; Hess, KO, Anh. V Rz. 27). Ein abweichender Bescheid wäre im Rechtsbehelfsverfahren aufzuheben.

1349 Der Tenor des Bescheides enthält die Feststellung, ob und mit welchem Betrag der Steueranspruch besteht. In der Begründung ist die Höhe der angemeldeten Forderung unter Angabe der Rechtsgrundlagen zu berechnen. Dabei ist, sofern der Widersprechende sein Bestreiten begründet, dessen Vorbringen zu würdigen.

1350 Sofern die nach der Insolvenzordnung zur Tabelle angemeldete Steuerforderung bestritten wird, kann das Finanzamt das Einspruchs- bzw. Beschwerdeverfahren wieder aufrufen, da § 180 Abs. 2 InsO gemäß § 185 S. 2 InsO im Steuerfeststellungsverfahren entsprechend gilt.

1351 Auch wenn bereits vor Verfahrenseröffnung eine bestandskräftige Steuerfestsetzung vorlag, muß im Fall des Bestreitens gemäß §§ 179 ff. InsO ein neuer Feststellungsbescheid ergehen. Die Bestandskraft wirkt nicht gegen den bestreitenden Insolvenzverwalter oder -gläubiger. Entgegen der in der überwiegenden Literatur vertretenen Auffassung (Geist, a. a. O. Rz. 92 ff.; Tipke/Kruse, AO, § 251 Rz. 18 m. w. N.; Kilger/K. Schmidt, KO/VglO/GesO, § 146 KO, 3; Kuhn/Uhlenbruck, KO, § 146, Rz. 30) ist der vor Verfahrenseröffnung erlassene bestandskräftige Steuerbescheid einem Titel i. S. d. § 179 Abs. 2 InsO nicht gleichzustellen (Hess, KO, Anh. V, Rz. 57; Mattern, DStZ 1959, 358).

1352 Tituliert i. S. d. § 179 Abs. 2 InsO sind Forderungen, über die eine vollstreckbare Urkunde i. S. d. ZPO besteht: Urteil, Teilurteil, Endurteil, vorläufig vollstreckbares Urteil (§§ 708–710 ZPO), Vorbehaltsurteil (§§ 302, 599 ZPO), Versäumnisurteil, gerichtliche Vergleiche (§ 794 Nr. 1 ZPO), notarielle Urkunden (§ 794 Nr. 5 ZPO), Kostenfestsetzungsbeschlüsse (§ 794 Nr. 2 ZPO). Steuerbescheide sind zwar vollstreckbar, jedoch keine Vollstrekkungstitel i. S. d. ZPO (§ 251 Abs. 1 AO; BGH vom 14. 7. 1951 – V ZB 4/51 – BGHZ 3, 140 m. w. N.; BFH vom 19. 11. 1963 – VII 18/61 U – BStBl II 1964, 22), so daß eine direkte Anwendung von § 179 Abs. 2 InsO ausscheidet.

1353 Wesensmerkmal eines Titels i. S. d. ZPO ist, daß in einem neutralen gerichtsförmigen Verfahren oder durch förmliche richtige Unterwerfung des Schuldners selbst das Bestehen der Forderung festgestellt wird und der Gläubiger nur unter den strengen Voraussetzungen der ZPO in den Besitz der Vollstreckungsklausel gelangen kann (Hess, KO, Anh. V, Rz. 57). Hingegen entscheidet im Steuerfestsetzungsverfahren der Steuergläubiger über die Höhe der Forderung selbst und schafft sich ebenfalls ohne neutrale Überprüfung und unter schwächeren formellen Voraussetzungen den Vollstreckungstitel. Weiteres Wesensmerkmal des nach der ZPO vollstreckbaren Titels (mit Ausnahme des für vorläufig vollstreckbar erklärten Titels) ist die Rechtskraftwirkung, d. h. der Titel ist nur noch über die besonders strengen Voraussetzungen der Vollstreckungsgegenklage (§ 767 ZPO), der Restitutions- und der Nichtigkeitsklage aufhebbar. Dagegen ist die Bestandskraftwirkung eines Steuerbescheides wesentlich schwächer. Auch bei formeller und materieller Bestandskraft können die Bescheide nach Maßgabe der §§ 129, 172 ff. AO im Verwaltungsverfahren abgeändert werden. Für eine analoge Anwendung des § 179 Abs. 2 InsO fehlen die Analogievoraussetzungen (Hess, KO, Anh. V, Rz. 58). Die im Prüfungstermin bestrittene Forderung muß daher vom Steuergläubiger immer durch Feststellungsbescheid (§ 185 InsO) verfolgt werden (Hess, KO, Anh. V, Rz. 57).

1354 Ein der angemeldeten Steuerforderung Widersprechender kann einen Abrechnungsbescheid i. S. d. § 218 Abs. 2 AO beantragen, wenn er seinen Widerspruch damit begründet, daß der Steueranspruch ganz oder teilweise erloschen sei.

1355 Ein Widerspruch des Schuldners gegen die Forderung hindert die Feststellung der angemeldeten Forderung nicht. Er hat nur die Wirkung, daß das Finanzamt nach Aufhebung des Insolvenzverfahrens nicht aus dem Tabelleneintrag gegen den Schuldner vollstrecken kann (§ 251 Abs. 2 S. 2 AO, § 201 Abs. 2 InsO; abweichendes gilt allerdings im Fall der Eigenverwaltung unter der Aufsicht eines Sachwalters, § 283 InsO). Um die Wirksamkeit einer festgestellten, nicht titulierten Steuerforderung auch gegen den Schuldner herbeizuführen, kann die Feststellungsstelle nach dem Prüfungstermin dem Schuldner einen Steuerbescheid erteilen (vgl. §§ 184, 185 InsO); § 171 Abs. 13 AO ist zu beachten, wenn ein Steuerbescheid erst nach Beendigung des Insolvenzverfahrens erlassen wird. Ein bei der Verfahrenseröffnung anhängiger Rechtsstreit über eine titulierte Forderung kann nach dem Prüfungstermin gegen den Schuldner aufgenommen werden (§ 184 InsO).

III. Die während des Insolvenzverfahrens entstehenden Steuerforderungen

1356 Durch Handlungen des Insolvenzverwalters sowie unter Umständen auch des Schuldners (im Fall der Eigenverwertung unter der Aufsicht eines Sachwalters §§270 ff. InsO), die im Zusammenhang mit der Verwaltung der Insolvenzmasse, deren Verwertung und Verteilung stehen, können Steuerforderungen entstehen.

1. Einkommensteuer

1357 **Einkommensteuerpflichtig** sind alle Einkünfte, die der Insolvenzverwalter aus den Mitteln und Gegenständen der Insolvenzmasse erzielt.

1358 **Schuldner der Einkommensteuer** bleibt auch nach Verfahrenseröffnung der Schuldner.

1359 Die nach der Verfahrenseröffnung von dem Insolvenzverwalter erzielten Veräußerungsgewinne sind von dem Schuldner im Rahmen der **Einkommensteuererklärung** zu versteuern, so daß die Eröffnung des Insolvenzverfahrens in steuerrechtlicher Hinsicht keine Trennung des Vermögens des Schuldners von der Insolvenzmasse bewirkt (Kuhn/Uhlenbruck, KO, §58 Rz. 9 m. w. N.; Kilger/K. Schmidt, KO/VglO/GesO, §58 KO, 3f; a. A. FG Niedersachsen vom 29. 6. 1992 – XIII (XI) 38/89 – FR 1993, 305 = EWiR 1992, 1117 (Braun), das die Geltendmachung von Einkommensteuer gegen den Insolvenzverwalter ablehnt, da es für die Aufteilung des dem Schuldner im Veranlagungszeitraum zuzurechnenden zu versteuernden Einkommens bzw. der danach festzusetzenden Einkommensteuer in eine vorinsolvenzliche, zur Insolvenztabelle anzumeldende, eine gegen den Insolvenzverwalter als Masseverbindlichkeiten geltend zu machende und eine nachinsolvenzliche, gegen den Schuldner festzusetzende Einkommensteuer an einem gesetzlichen Maßstab und damit an einer gesetzlichen Grundlage fehle).

1360 Die **durch die Tätigkeit des Insolvenzverwalters** entstehenden Steuerforderungen stellen **Masseverbindlichkeiten i. S. d. §55 Abs. 1 Nr. 1 InsO** dar (vgl. zur KO: RFH vom 22. 6. 1938 – VI 687/37 – RFHE 44, 162; BFH vom 7. 11. 1963 – IV 210/62 S – NJW 1964, 613; vom 11. 11. 1993 – XI R 73/92 – ZIP 1994, 1286), wobei jedoch bei der Einkommensteuerveranlagung für das Jahr der Verfahrenseröffnung die **Verluste** des Schuldners aus der Zeit vor Verfahrenseröffnung zu berücksichtigen sind.

Die Verfahrenseröffnung hat grundsätzlich weder eine Betriebsaufgabe noch eine Betriebsveräußerung i. S. d. § 16 EStG zur Folge (Niedersächsisches FG vom 11. 8. 1992 – XV (V) 89 – EFG 1993, 159). Eine **Betriebsaufgabe** ist nur dann anzunehmen, wenn der Betrieb nach Eröffnung des Insolvenzverfahrens tatsächlich eingestellt wird und damit die selbständige und nachhaltige Beteiligung des Schuldners am allgemeinen wirtschaftlichen Verkehr endet. Die bei der Auflösung des Betriebes erzielten Gewinne sind einkommensteuerpflichtig und unterliegen unter den Voraussetzungen des § 16 EStG dem ermäßigten Steuersatz nach § 34 EStG. 1361

Nicht begünstigt sind Veräußerungsgewinne, die sich aus der allmählichen Verwertung der einzelnen Gegenstände des Betriebsvermögens im Rahmen des Insolvenzverfahrens ergeben. Diese Gewinne gehören nach § 15 EStG zu den laufenden Einkünften aus Gewerbebetrieb. Die dabei verwirklichte Einkommensteuer gehört zu den **Masseverbindlichkeiten** nach § 55 Abs. 1 Nr. 1 InsO (zur KO: BFH vom 7. 11. 1963 – IV 210/62 S – NJW 1964, 613; a. A. FG Niedersachsen vom 29. 6. 1992 – XIII (XI) 38/89 – HFR 1993, 351), soweit der Erlös der Insolvenzmasse zugeflossen ist (BFH vom 29. 3. 1984 – IV R 271/89 – ZIP 1984, 853; Weiss, FR 1990, 539, 544; Hess, KO, Anh. V, Rz. 125, 456 ff.). 1362

Allerdings stellt die Einkommensteuer auf den Veräußerungsgewinn nur insoweit eine Masseverbindlichkeit dar, als dieser der Insolvenzmasse **zugeflossen** ist (vgl. BFH Vorbescheid vom 29. 3. 1984 – IV R 271/83 – NJW 1985, 511). Dies ergibt sich aus den Erfordernissen des Insolvenzverfahrens. 1363

1.1 Die Ermittlung des Einkommens in der Insolvenz

Um die Einkommensteuer zu ermitteln, gelten die allgemeinen Regeln, d. h. für die Bestimmung der Einkommensteuer müssen alle relevanten Besteuerungsgrundlagen herangezogen werden. Dabei ist es gleichgültig, ob die Einkünfte, die dem Schuldner zuzurechnen sind, vor oder nach Verfahrenseröffnung erzielt worden sind, ob sich Verlustvorträge gemäß § 10d EStG auswirken, ob die Einkünfte insolvenzbehaftet sind oder nicht. Ermittlungs-, Bemessungs- und Veranlagungszeitraum bleibt das Wirtschafts- bzw. Kalenderjahr. Eine Aufteilung auf Zeiträume vor und nach Verfahrenseröffnung findet nicht statt. 1364

Ermittlungszeitraum für die Einkommensteuer ist nach § 2 Abs. 7 S. 2 EStG das Kalenderjahr. Die Einkommensteuer wird aufgrund des im Kalenderjahr 1365 bezogenen Einkommens berechnet und vom Finanzamt durch Veranlagung für das Kalenderjahr festgesetzt.

1366 Die Verfahrenseröffnung hat demgegenüber zur Folge, daß das Gesamtvermögen des Schuldners in insolvenzrechtlicher Sicht in die Insolvenzmasse, nach § 38 InsO das gesamte pfändbare Vermögen, das dem Schuldner im Zeitpunkt der Verfahrenseröffnung gehört bzw. das er während des Verfahrens erwirbt, und das insolvenzfreie Vermögen, d. h. freigegebenes Vermögen oder pfändungsfreies Vermögen aufzuteilen ist.

1367 Einkommensteuerrechtlich ist die Verfahrenseröffnung für die Ermittlung des steuerpflichtigen Einkommens ohne Bedeutung. Dies folgt aus den unterschiedlichen Funktionen vom insolvenzrechtlichen und einkommensteuerrechtlichen Vermögensbegriff.

1368 Der einkommensteuerrechtliche Vermögensbegriff dient allein der Ermittlung des einkommensteuerpflichtigen Gewinnes durch einen Vermögensvergleich. Gewinn ist nach § 4 Abs. 1 EStG der Unterschiedsbetrag zwischen dem Betriebsvermögen am Schluß des Wirtschaftsjahres und dem Betriebsvermögen am Schluß des vorangegangenen Wirtschaftsjahres vermehrt um den Wert der Entnahmen und vermindert um den Wert der Einlagen.

1369 Dieser Gewinnermittlungszeitraum wird durch die Verfahrenseröffnung nicht unterbrochen. Das steuerpflichtige Einkommen ist deshalb unabhängig von der Verfahrenseröffnung zu ermitteln und der Steuerberechnung zugrundezulegen. Insoweit ist im Insolvenzfall Ermittlungs-, Bemessungs- und Veranlagungszeitraum weiterhin das Kalenderjahr (so schon RFH vom 22. 6. 1938 – VI 687/37 – RStBl. 1938, 669 , mit der die bis dahin vertretene Separationstheorie aufgegeben wurde; Frotscher, a. a. O., S. 93; Onusseit/ Kunz, a. a. O., S. 154).

1370 Die einheitlich ermittelte Einkommens-Jahressteuerschuld ist in eine **Insolvenzforderung** für den auf die Zeit **vor** der Verfahrenseröffnung entfallenden Teil der Einkommensteuerschuld einschließlich der auf die vor Verfahrenseröffnung erzielten Veräußerungsgewinne entfallenden Steuern und in eine **Masseverbindlichkeit** für die Steuern, die auf durch den vom Insolvenzverwalter erzielten Gewinnen beruhen, sowie in eine gegen den Schuldner persönlich gerichtete Forderung, die aus steuerpflichtigen Tatbeständen bezüglich des Neuerwerbs herrührt, aufzuteilen (vgl. auch BFH vom 11. 11. 1993 – XI R 73/92 – ZIP 1994, 1286; vgl. hierzu Kuhn/Uhlenbruck, KO,

Vorbem. 27 ff. m. w. N. und § 3 Rz. 34 b, 34 c; Jaeger/Henckel, KO, § 3 Rz. 71 ff.).

Grundsätzlich sind alle im Verfahrenseröffnungsjahr erzielten Einkünfte dem Schuldner zuzurechnen. Dies gilt auch für die nach Verfahrenseröffnung aus der Insolvenzmasse erzielten Einkünfte. Nach dem **Prinzip der einheitlichen Jahresbesteuerung** sind dabei die im Kalenderjahr erzielten Gewinne mit den Verlusten auszugleichen. Zum einheitlichen Jahreseinkommen im Insolvenzjahr sind die vom Schuldner bis zur Verfahrenseröffnung sowie die vom Insolvenzverwalter nach Verfahrenseröffnung bei der Verwertung der Insolvenzmasse erzielten Gewinne sowie die insolvenzfreien Einkünfte zusammenzufassen und der Einkommensteuer zu unterwerfen. 1371

1.2 Einkommensteuer-Vorauszahlungen

Einkommensteuer-Vorauszahlungen sind jeweils am 10. 3., 10. 6., 10. 9. und 10. 12. zu entrichten (§ 37 Abs. 1 EStG). Die Vorauszahlungsschuld entsteht mit Beginn des Vierteljahres, in dem die Vorauszahlungen zu entrichten sind, also am 1. 1., 1. 4., 1. 7. und 1. 10. Die Art der Durchsetzung der Einkommensteuer-Vorauszahlungen richtet sich nach dem Zeitpunkt einer Entstehung. 1372

Als Insolvenzforderung sind die Einkommensteuer-Vorauszahlungen anzumelden, die im Zeitpunkt der Verfahrenseröffnung bereits entstanden sind (BFH vom 29. 3. 1984 – IV R 271/83 – BStBl II 1984, 602). Die danach entstehenden Vorauszahlungen gehören zu den Masseverbindlichkeiten (zur KO: Boochs, StWK 1992, 84). Sind die Vorauszahlungen im Zeitpunkt der Verfahrenseröffnung noch nicht fällig, handelt es sich um betagte nach § 41 InsO als fällig geltende Forderungen. 1373

Die vorinsolvenzliche Vorauszahlungsschuld wird im Insolvenzverfahren wie eine durch die Jahressteuerschuld auflösend bedingte Forderung angesehen (§ 42 InsO). Nur für den Betrag der Abschlußzahlung, der die festgesetzten Vorauszahlungen und die durch Steuerabzug einbehaltenden Beträge übersteigt, ist eine spätere Fälligkeit gegeben. Ist dagegen die Jahressteuerschuld geringer als die entrichteten Vorauszahlungen und Abzugsbeträge, fällt der übersteigende Betrag in die Insolvenzmasse. 1374

Im einzelnen bedeutet dies, daß ein Verlust, der aus der Insolvenzmasse entstanden ist, zunächst die vom Insolvenzverwalter erzielten Einkünfte, dann 1375 die vor Verfahrenseröffnung erzielten Einkünfte und zuletzt die außerordentlichen Einkünfte mindert.

1376 Ist der Verlust aus einer außerinsolvenzlichen Tätigkeit des Schuldners entstanden, so ist der in ein Vorjahr zurückzutragende Verlust zunächst mit außerinsolvenzlichen Einkünften dieses Jahres und erst dann mit den vom Insolvenzverwalter erzielten Masseeinkünften bzw. mit vor der Verfahrenseröffnung erzielten Einkünften zu verrechnen. Bei einem Verlustrücktrag in das Jahr der Verfahrenseröffnung ist dieser anteilig zu verteilen.

1377 Im Nachlaßinsolvenzverfahren können im Todesjahr des Erblassers die von diesem erwirtschafteten Verluste im Wege des Verlustausgleiches von den Einkünften des Erben abgezogen werden. Der Erbe tritt rechtlich insoweit in die Rechtsstellung des Erblassers ein. Soweit der Erbe die Verluste des Erblassers im Todesjahr nicht mit eigenen Einkünften ausgleichen kann, kann er den verbleibenden Verlust nach § 10d EStG vortragen. Die nach dem Tode des Erblassers erzielten Einkünfte sind dem Erben zuzurechnen. Dies gilt auch dann, wenn über den Nachlaß das Insolvenzverfahren eröffnet worden ist.

1378 Vorauszahlungen und Steuerabzugsbeträge sind ebenfalls den entsprechenden Einkünften, d. h. den vor Eröffnung des Insolvenzverfahrens oder den nach Eröffnung des Insolvenzverfahrens erzielten Einkünften bzw. den insolvenzfreien Einkünften zuzuordnen. So mindern z. B. Lohnsteuerabzugsbeträge bei einer außerinsolvenzlichen Betätigung des Schuldners ausschließlich außerinsolvenzrechtliche Forderungen des Steuergläubigers.

1379 Neben der Aufteilung unter entsprechender Anwendung der §§ 268 ff. AO findet sich in der Literatur die Aufteilung nach der Jahressteuerschuld (Fricke, DStR 1966, 22; Stier, StWa 1965, 78; Rosenau, KTS 1972, 130 f.). Nach dieser Aufteilungsmethode verhält sich der anteilige Einkommensteuerbetrag, der als Insolvenzforderung anzumelden ist, zu dem Jahressteuerbetrag wie die vorinsolvenzlichen Einkünfte des Schuldners (Teileinkünfte) zu dem Gesamtbetrag der Einkünfte.

1380 Der anteilige Einkommensteuerbetrag errechnet sich nach der folgenden Formel:

$$\frac{\text{Teileinkünfte} \times \text{Einkommenssteuerjahresbetrag}}{\text{Geamtbetrag der Einkünfte}}$$

1381 Der Nachteil dieser Aufteilungsmethode ist, daß sie die Steuerprogression unberücksichtigt läßt. Erzielt der Insolvenzverwalter aus der Verwertung der

Masse einen hohen Gewinn und bleibt die Progression bei der Aufteilung unberücksichtigt, so ergeben sich Nachteile für das Finanzamt daraus, daß die als Masseverbindlichkeitenkosten geltend zu machenden Steuern zu niedrig sind. Ein weiterer Nachteil dieser Aufteilungsmethode besteht darin, daß Sonderausgaben, außergewöhnliche Belastungen nicht danach geordnet werden, ob sie aus dem vorinsolvenzlichen, dem insolvenzfreien Vermögen des Schuldners oder aus der Insolvenzmasse gezahlt worden sind. Deshalb wird diese Aufteilungsmethode vielfach abgelehnt (vgl. Frotscher a. a. O. 126 f.; Hübschmann/Hepp/Spitaler, AO, § 251 Anm. 152).

1.3 Versteuerung der stillen Reserven

1382 Veräußert der Insolvenzverwalter im Rahmen der Verwertung der Masse Wirtschaftsgüter, so werden dadurch vielfach stille Reserven realisiert. Da diese Aufdeckung der stillen Reserven durch eine Handlung des Insolvenzverwalters nach der Eröffnung des Insolvenzverfahrens erfolgt ist, spricht dies zunächst dafür, die aufgrund der Aufdeckung der stillen Reserven entstehende Steuerschuld den Masseverbindlichkeiten zuzurechnen. Andererseits waren die aufgedeckten stillen Reserven bei Eröffnung des Insolvenzverfahrens bereits vorhanden und der Steueranspruch damit bereits begründet.

1383 Die Frage der Zuordnung der Steuern bei der Aufdeckung von stillen Reserven hat der BFH (vom 7. 11. 1963 – IV 210/62 S – BStBl III 1964, 70 = BB 1964, 544; BFH vom 14. 2. 1978 – VIII R 28/73 – BStBl II 1978, 356; BFH vom 29. 3. 1984 -IV R 271/83 – BStBl II 1984, 602 = BB 1984, 1471; BFH vom 11. 11. 1993 – XI R 73/92 – ZIP 1994, 1286) dahingehend entschieden, daß er die auf der Auflösung der stillen Reserven beruhende Steuer den **Masseverbindlichkeiten im Sinne des § 55 Abs. 1 Nr. 1 InsO** zurechnet (im Geltungsbereich der KO, als Massekosten für die Verwaltung, Verwertung und Verteilung; diese Ausgaben werden nunmehr von § 55 Abs. 1 Nr. 1 InsO miterfaßt; vgl. auch: Hübschmann/Hepp/Spitaler, AO, § 251 Anm. 153; Geist a. a. O. Rn. 115; Tipke/Kruse, AO § 251 Rz. 23; Hess, KO, Anh. V, Rz. 127; Classen, BB 1985, 50). Nach Ansicht des BFH kommt es nicht auf Wertsteigerungen durch vorinsolvenzliche Handlungen des Schuldners, sondern auf die Handlung des Insolvenzverwalters an, der den Gewinn durch die Veräußerungshandlung tatsächlich realisiert hat.

1384 Der BFH hält es nach dem **Gewinnrealisierungsprinzip** insoweit für entscheidend, in welchem Zeitpunkt der Gewinn nach steuerbilanzlichen

Grundsätzen realisiert worden ist. Da dieser Zeitpunkt nach Eröffnung des Insolvenzverfahrens liegt, sind die Steuern Masseverbindlichkeiten.

1385 Der Begriff der stillen Reserven steht nicht eindeutig fest (vgl. BFH vom 9. 12. 1982 – IV R 54/80 – DB 1983, 918, der die stillen Reserven als die Differenz zwischen dem Buchwert eines Wirtschaftsgutes und einem anderen höheren Wert bezeichnet). Allein das Halten von stillen Reserven erfüllt danach noch kein Besteuerungsmerkmal. Deshalb können die erst in einem auf die Verfahrenseröffnung folgenden Veranlagungszeitraum erzielten Veräußerungsgewinne, mit denen stille Reserven realisiert wurden, nicht die Einkommensteuerschuld des Jahres vor Verfahrenseröffnung erhöhen und als vorinsolvenzlich begründet angesehen werden.

1386 Die BFH-Rechtsprechung wird insbesondere von Frotscher (a. a. O. S. 142 f.; ebenso Jaeger/Henckel, KO, § 3 Rz. 74; Kuhn/Uhlenbruck, KO, § 58 Rz. 9 d; Kilger/K. Schmidt, KO/VglO/GesO, §§ 3 KO, 4 k; Onusseit/Kunz, a. a. O., S. 163 ff.) abgelehnt. Frotscher (a. a. O.) weist darauf hin, daß es entgegen der Ansicht des BFH nicht auf das steuerrechtliche Prinzip der Gewinnrealisierung ankommt, sondern darauf, wann der Gewinn insolvenzrechtlich realisiert ist. Nach insolvenzrechtlichen Prinzipien bestimmt sich vor allem die Einordnung der Steuerschuld als Insolvenz- oder Masseforderung. Stellt man die insolvenzrechtlichen Prinzipien in den Vordergrund, so kommt es nach Frotscher nur darauf an, ob die stillen Reserven im Zeitpunkt der Eröffnung des Insolvenzverfahrens bereits, wenn auch unaufgedeckt, vorhanden waren. Insoweit handle es sich bei den auf der Aufdeckung von stillen Reserven beruhenden Gewinnen um solche die bei Verfahrenseröffnung bereits erzielt, jedoch noch nicht realisiert seien. Nach Verfahrenseröffnung trete nur das Aufdecken der stillen Reserven durch eine Verwertungshandlung des Insolvenzverwalters hinzu, ohne daß sich hierdurch die Insolvenzmasse oder die Höhe der bei Verfahrenseröffnung vorhandenen stillen Reserven ändere. Eine Ausnahme gilt nach Frotscher (a. a. O., S. 145) nur für die stillen Reserven, die nach Verfahrenseröffnung, z. B. bei längerdauernden Insolvenzverfahren durch entsprechende Wertsteigerungen nach Verfahrenseröffnung entstanden sind. Die darauf entfallenden Steuerbeträge sind auch nach Frotschers Auffassung (a. a. O., S. 145) Masseverbindlichkeiten. In diesem Fall ist z. B. anhand der vom Insolvenzverwalter gemäß § 153 InsO aufzustellenden Insolvenzeröffnungsbilanz festzustellen, welche stillen Reserven auf die Zeit vor und nach Verfahrenseröffnung entfallen. In der Insolvenzeröffnungsbilanz werden vom Insolvenzverwalter die Verkehrswerte der Wirtschaftsgüter im Zeitpunkt der Verfahrenseröffnung angesetzt.

1387 Die Insolvenzeröffnungsbilanz kann jedoch nur ein Anhaltspunkt sein, weil sie nicht nach steuerlichen Gesichtspunkten aufgestellt wird. In Zweifelsfällen ist die Aufteilung vom Finanzamt im Wege der Schätzung vorzunehmen trotz der sich hierbei ergebenden Schwierigkeiten.

1388 Soweit man entgegen der BFH-Rechtsprechung die auf stillen Reserven beruhenden Steuerforderungen den Insolvenzforderungen zurechnet, gelten sie gemäß §38 InsO als im Zeitpunkt der Verfahrenseröffnung als begründet, obwohl sie steuerlich erst mit der Veräußerung der Wirtschaftsgüter durch den Insolvenzverwalter entstehen. Diese Insolvenzforderung wird das Finanzamt in der Regel nur mit einem geschätzten Betrag anmelden können. Dabei ergeben sich im Einzelfall Schwierigkeiten hinsichtlich der Feststellung, ob nach Verfahrenseröffnung überhaupt stille Reserven realisiert werden.

1.4 Zusammenveranlagung mit dem Ehegatten des Schuldners

1389 Will der Schuldner mit seinem Ehegatten zusammenveranlagt werden, steht das Wahlrecht gemäß §26 Abs. 2 EStG, §80 InsO als vermögensmäßiges Recht dem Insolvenzverwalter zu (BFH vom 15. 10. 1964 – VI 175/63 U – BStBl III 1965, 86; Fichtelmann, BB 1984, 1293; Frotscher a. a. O., 172, ders. in Schwarz, AO zu §251 Anm. 52), es sei denn, die Eigenverwaltung unter der Aufsicht eines Sachwalters wurde angeordnet.

1390 Der Schuldner behält zwar im Regelfall der Bestellung eines Insolvenzverwalters hinsichtlich des insolvenzfreien Vermögens das Verwaltungsrecht und insoweit das Recht, die Form der Veranlagung zu wählen. Da es jedoch hinsichtlich der gesamten Einkünfte des Schuldners nur zu einer Veranlagungsform – Zusammenveranlagung oder getrennte Veranlagung – kommen kann, ist letztlich die Wahl der Veranlagungsform durch den Insolvenzverwalter entscheidend.

1391 Bei der Zusammenveranlagung sind die Einkünfte der Ehegatten gemäß §26b EStG zusammenzurechnen und ein durch einen Ehegatten erlittener Verlust ist trotz Verfahrenseröffnung auszugleichen (Frotscher, a. a. O., S. 174). Bei der Zusammenveranlagung ist auch ein Verlustabzug gemäß §10d EStG möglich. Insoweit kommt bei der Zusammenveranlagung ein Verlustvortrag des einen Ehegatten auch dem anderen zugute (Frotscher, a. a. O., S. 175; Schwarz, AO, §268 Anm. 1 ff.). Da die zusammenveranlagten Ehegatten gemäß §44 Abs. 1 AO als Gesamtschuldner haften, kann der Steuergläubiger eine Steuerforderung gegen die Insolvenzmasse oder gegen den anderen Ehegatten, über dessen Vermögen kein Insolvenzverfahren eröffnet worden ist, geltend machen. Diese nachteiligen Folgen kann der andere Ehegatte dadurch vermeiden, daß er bei einer Inanspruchnahme durch das Finanzamt die Aufteilung der Steuerschuld in entsprechender Anwendung des § 268 AO beantragt.

1392 Bei der Wahl der getrennten Veranlagung werden jedem Ehegatten die von ihm erzielten Einkünfte zugerechnet. Dies hat zur Folge, daß ein Verlustausgleich zwischen den Einkünften der Ehegatten und ein Verlustabzug nach § 10d EStG entfallen. Nach § 62d Abs. 1 EStDV kann nur derjenige Ehegatte den Verlust geltend machen, der ihn erlitten hat. Der Insolvenzverwalter kann insoweit nur einen im Vorjahr durch den Schuldner erlittenen vortragsfähigen Verlust von den Einkünften der Masse abziehen.

1393 Die Aufteilung von Sonderausgaben und außergewöhnlichen Belastungen bei der getrennten Veranlagung nach § 26a Abs. 2 und 3 EStG bedarf hinsichtlich des Schuldners der Zustimmung durch den Insolvenzverwalter. Kommt es zu keiner Einigung werden die Sonderausgaben und außergewöhnlichen Belastungen bei jedem der Ehegatten je zur Hälfte berücksichtigt.

1.5 Einkommensteuer bei abgesonderter Befriedigung

1394 Der absonderungsberechtigte Gläubiger hat das Recht, sich aus dem mit einem Absonderungsrecht belasteten Gegenstand zu befriedigen. Dieser gehört zur Insolvenzmasse. Die abgesonderte Befriedigung erfolgt dadurch, daß der Insolvenzverwalter den mit dem Absonderungsrecht belasteten Gegenstand verwertet und den dabei erzielten Erlös abzüglich der hierbei angefallenen Umsatzsteuer (§ 171 Abs. 2 InsO) an den absonderungsberechtigten Gläubiger abführt.

1395 Soweit bei der Verwertung des Gegenstandes durch die Realisierung von stillen Reserven steuerpflichtige Gewinne anfallen, wendet der BFH (vom 14. 2. 1978 – VIII R 28/73 – BStBl II 1978, 356 = BB 1979, 509; BFH vom 29. 3. 1984 – IV R 271/83 – BStBl II 1984, 602 = BB 1984, 1471) seine Rechtsprechung zur Auflösung von stillen Reserven durch Verwertungshandlungen des Insolvenzverwalters auch dann an, wenn – im Geltungsbereich der InsO der Ausnahmefall – der Absonderungsberechtigte selbst verwertet. Danach gehört die bei der Verwertung eines mit einem Absonderungsrecht belasteten Gegenstandes entstehende Einkommensteuer zu den Masseverbindlichkeiten i. S. d. § 55 Abs. 1 Nr. 1 InsO, soweit die stillen Reserven nach Verfahrenseröffnung aufgedeckt werden und der Erlös zur Insolvenzmasse fließt (so auch Tipke/Kruse, AO, §251 Anm. 23; Hübschmann/Hepp/Spitaler, AO, §251 Anm. 153; Kuhn/Uhlenbruck, KO, §58 Anm. 9; a. M. Frotscher a. a. O.).

1396 Die Einschränkung der BFH-Rechtsprechung, daß die bei der Verwertung entstehenden Einkommensteuern nur insoweit Masseverbindlichkeiten sind, als der Verwertungserlös in die Insolvenzmasse fließt, ergibt sich aus den Erfordernissen des Insolvenzverfahrens. Müßte die den Veräußerungsgewinn belastende Einkommensteuer ungeachtet der Verwendung des Erlöses zugunsten absonderungsberechtigter Gläubiger als vorrangiger Masseanspruch befriedigt werden, so könnte sich ergeben, daß die Vorwegbelastung der Masse größer ist als der Zuwachs aus dem Veräußerungsgeschäft.

1397 Dafür spricht auch, daß bei einer Verwertung durch die Absonderungsberechtigten, z. B. bei Sicherungseigentum, die Einkommensteuerschuld nicht zu den Masseverbindlichkeiten gehört (BFH vom 14. 2. 1978 – VIII R 28/73 – BStBl II 1978, 356 = BB 1979, 509). Auch aus der Eigenart der Abgabe folgt, daß die Einkommensteuer nur insoweit die Qualität eines Masseanspruches erlangt, als das Objekt der Besteuerung – der Veräußerungserlös – zur Insolvenzmasse gelangt. Nur soweit Mehrerlöse von dem Absonderungsberechtigten an die Insolvenzmasse abgeführt werden, sind diese mit der auf sie entfallenden Einkommensteuer als der Masse zugehörig anzusehen. Dabei ist unerheblich, ob der Mehrerlös auf eine Betätigung des Absonderungsberechtigten oder des Insolvenzverwalters zurückgeht (a. A. BFH vom 14. 2. 1979 – VIII R 28/73 – BStBl II 1978, 356 = BB 1979, 509).

1398 Betreibt im Insolvenzverfahren ein Absonderungsberechtigter die vor Eröffnung des Insolvenzverfahrens eingeleitete Zwangsversteigerung eines Grundstückes des Schuldners, so gehört die durch die Veräußerung entstehende Einkommensteuer, die durch die Aufdeckung stiller Reserven entstanden ist, nicht zu den Masseverbindlichkeiten (BFH vom 14. 2. 1978 – VIII R 28/73 – BStBl II 1978, 356 = BB 1979, 509), selbst dann nicht, wenn ein Teil des Erlöses der Insolvenzmasse zugeflossen ist. Sie ist vielmehr eine aufschiebend bedingte Insolvenzforderung i. S. d. §191 InsO (Kuhn/Uhlenbruck, KO, §58 Rz. 98).

1399 Die vom BFH (vom 14. 2. 1978 – VIII R 28/73 – BStBl II 1978, 356 = BB 1979, 509; BFH vom 29. 3. 1984 – IV R 271/83 – BStBl II 1984, 602 = BB 1984, 1471) entwickelten Grundsätze über die Aufteilung der Steuerschuld infolge einer Veräußerung von Sicherungsgut gelten auch insoweit, als die

Inhaber von besitzlosen Mobiliarsicherheiten durch die InsO in das Insolvenzverfahren einbezogen werden. Entscheidend ist danach der Zeitpunkt der formellen Gewinnrealisierung.

1400 Sofern der Insolvenzverwalter bewegliche Sicherungsgegenstände selbst verwertet, enthält § 171 InsO insofern eine Neuregelung, als er aus dem Sicherungserlös, neben dem Feststellungs- und Verwertungskostenbeitrag auch die anfallende Umsatzsteuer zu entnehmen hat.

2. Körperschaftsteuer

1401 Die Eröffnung des Insolvenzverfahrens hat nur die Auflösung der Kapitalgesellschaft zur Folge (§ 262 AktG, § 60 GmbHG, § 101 GenG). Steuerrechtlich enden damit aber nicht jegliche Pflichten, denn selbst eine im Handlungsregister bereits gelöschte juristische Person wird solange als fortbestehend angesehen, als sie noch steuerrechtliche Pflichten zu erfüllen hat (Hundt-Eßwein, BB 1987, 1718, 1720). Die Körperschaftsteuerpflicht endet mit der Verfahrenseröffnung nicht. Die Körperschaft ist nach insolvenzrechtlichen Grundsätzen abzuwickeln.

1402 Grundsätzlich gelten für die Besteuerung von Körperschaften die Vorschriften des EStG hinsichtlich der Einkommensermittlung, Veranlagung und Steuerentrichtung (§ 8 KStG). Insoweit ist auch im Insolvenzverfahren über das Vermögen einer Körperschaft zwischen Vorauszahlungen und Abschlußzahlung, begründeten, entstandenen, fälligen, betagten und aufschiebend bedingten Steuerforderungen zu unterscheiden.

1403 Grundsätzlich wird bei der Besteuerung von Körperschaften wie bei der Einkommensteuer ein einjähriger Besteuerungszeitraum zugrunde gelegt. Dies gilt insbesondere, wenn der Insolvenzverwalter den Gewerbebetrieb fortführt.

1404 Für die Besteuerung der Liquidation einer aufgelösten Körperschaft gilt mit § 11 KStG eine Sondervorschrift. Diese ist auch auf Körperschaften anzuwenden, die durch die Eröffnung eines Insolvenzverfahrens aufgelöst worden sind (§ 11 Abs. 7 KStG). Durch § 11 KStG ist ein längerer, in der Regel dreijähriger Bemessungszeitraum zugelassen, innerhalb dem ein einheitliches Einkommen ermittelt wird. Dieser Zeitraum endet spätestens mit der Beendigung der Liquidation.

1405 Grundsätzlich beginnt der letzte Veranlagungszeitraum gemäß § 11 Abs. 4 KStG mit dem Schluß des vorhergehenden Veranlagungszeitraumes, auf den der Beginn der Liquidation durch Eröffnung des Insolvenzverfahrens folgt. Da handelsrechtlich auf den Tag der Auflösung, d. h. der Eröffnung des Insolvenzverfahrens, abzustellen ist, entsteht zwischen dem Ende des letzten Wirtschaftsjahres und der Eröffnung des Insolvenzverfahrens ein Rumpfwirtschaftsjahr, dessen Ergebnis nicht in die Liquidationsbesteuerung einzubeziehen ist (BFH vom 17. 7. 1974 – I R 233/71 – BStBl II 1974, 692 = BB 1974, 1285).

1406 Nach Abschn. 46 KStR hat die Körperschaft ein Wahlrecht, ein Rumpfwirtschaftsjahr zu bilden.

Beispiel: Verfahrenseröffnung 1. 8. 1999 (Wirtschaftsjahr = Kalenderjahr). Die Körperschaft kann das Rumpfwirtschaftsjahr 1. 1. 1999 – 31. 7. 1999 bilden. Der Besteuerungszeitraum nach § 11 KStG beginnt am 1. 8. 1999.

1407 In den Fällen des Insolvenzverfahrens unterbleibt eine Abwicklung (§ 264 Abs. 1 AktG, § 66 Abs. 1 GenG). Die Rechtsprechung hat jedoch schon in der Vergangenheit die Fälle des Insolvenzverfahrens den Fällen der Abwicklung gleichgestellt (RFH vom 16. 3. 1940 – I 316/39 – RStBl. 1940, 422). Eine entsprechende Regelung, die den Fortbestand dieser Rechtslage sichert, ist nunmehr in § 11 Abs. 7 KStG enthalten.

1408 Der Gewinn entspricht dem Unterschiedsbetrag zwischen den Buchwerten des Vermögens zu Beginn der Auflösung und den dabei erzielten Erlösen abzüglich der abziehbaren Aufwendungen.

1409 Durch § 11 Abs. 7 KStG wird die Anwendung des § 16 EStG in den Insolvenzfällen der in der Vorschrift bezeichneten Körperschaften ausgeschlossen. Ansonsten liegt die materiellrechtliche Bedeutung des § 11 Abs. 7 KStG in der Anordnung eines einheitlichen Gewinnermittlungs- und Veranlagungszeitraums. Dieser beginnt mit der Eröffnung des Insolvenzverfahrens und läuft mit seinem Ende oder mit dem Abschluß der anschließenden Abwicklung ab.

1410 Da im Rahmen des Insolvenzverfahrens das vorhandene Vermögen regelmäßig aufgebraucht wird, bleibt in diesen Fällen für eine Abwicklung nach Beendigung des Insolvenzverfahrens kein Raum. § 11 Abs. 7 KStG setzt das Flüssigmachen des Vermögens und seine Verteilung an die Gläubiger der Abwicklung gleich.

1411 Erfolgt nach Abschluß des Insolvenzverfahrens eine Abwicklung, endet der Besteuerungszeitraum mit dem Abschluß der Abwicklung.

3. Lohnsteuer

1412 Beschäftigt der Insolvenzverwalter nach der Eröffnung des Insolvenzverfahrens Arbeitnehmer weiter oder stellt er neue ein, so hat er bei den an diese gezahlten Löhnen oder Gehältern Lohnsteuer einzubehalten und an das Finanzamt abzuführen. Die Lohnsteuer stellt eine Masseverbindlichkeit i. S. d. §55 Abs. 1 Nr. 1 InsO dar.

1413 Führt der Insolvenzverwalter unter Verletzung seiner Arbeitgeberverpflichtungen die entstandenen Lohnsteuern nicht ordnungsgemäß ab, so besteht ein **Lohnsteuerhaftungsanspruch** des Fiskus, der sowohl gegenüber dem Insolvenzverwalter persönlich als auch gegenüber der Insolvenzmasse geltend gemacht werden kann. Da der Lohnsteuerhaftungsanspruch aus einer Verwaltungshandlung des Insolvenzverwalters entstanden ist, und zwar aus der Verletzung der öffentlich-rechtlichen Verpflichtung zur Abführung des Lohnsteueranteils, handelt es sich um eine Masseverbindlichkeit nach §55 Abs. 1 Nr. 1 InsO.

1414 Da die Lohnsteuer nach §38 EStG nur eine besondere Erhebungsform der Einkommensteuer ist, gelten die Ausführungen zur Einkommensteuer entsprechend.

1415 Die Lohnsteuer ist für den Arbeitnehmer vom Arbeitgeber einzubehalten und an das Finanzamt abzuführen. Bei der Lohnsteuer im Insolvenzverfahren ist zu unterscheiden, ob sich der Arbeitnehmer oder der Arbeitgeber im Insolvenzverfahren befindet.

3.1 Insolvenzverfahren des Arbeitnehmers

1416 Hat der Arbeitgeber gegen seine Verpflichtung, die Lohnsteuer einzubehalten und abzuführen, verstoßen, so kann das Finanzamt nach §38 Abs. 4 EStG den Arbeitnehmer in Anspruch nehmen. Grundsätzlich entsteht die Lohnsteuerschuld in dem Zeitpunkt, in dem der Arbeitslohn dem Arbeitnehmer zufließt. Für die Behandlung der Lohnsteuer als Insolvenzforderung ist jedoch nicht der Zeitpunkt des Entstehens der Lohnsteuerschuld, sondern der Zeitpunkt des Begründetseins der Lohnsteuerforderung gemäß §38 InsO entscheidend.

1417 Begründet i. S. d. §38 InsO ist die Lohnsteuer mit der Arbeitsleistung, für die dem Arbeitnehmer der Lohn versprochen worden ist. Auf den Zufluß des Lohnes kommt es insoweit nicht an. War zum Zeitpunkt der Erbringung der Arbeitsleistung durch den Arbeitnehmer das Insolvenzverfahren noch nicht eröffnet, so stellt die Lohnsteuerforderung eine Insolvenzforderung dar. War das Insolvenzverfahren bei Erbringung der Arbeitsleistung bereits eröffnet, so stellt die Lohnsteuerforderung eine Masseverbindlichkeit dar, da sie auf das insolvenzbefangene Arbeitseinkommen nach Verfahrenseröffnung entfällt.

1418 Dabei hat der Arbeitnehmer nach § 39a EStG die Möglichkeit, sich bestimmte Freibeträge auf seiner Lohnsteuerkarte eintragen zu lassen.

1419 Leistet der Schuldner nach Eröffnung des Insolvenzverfahrens weiterhin Dienste im Rahmen der Verwaltung und Verwertung der Masse, so ist der Schuldner nicht als Arbeitnehmer der Insolvenzmasse anzusehen, weil er selbst Träger der Einkünfte der Masse ist. Deshalb hat der Insolvenzverwalter von den an den Schuldner vorzunehmenden Zahlungen auch keine Lohnsteuer einzubehalten. Bei der Zahlung handelt es sich nicht um eine Lohnzahlung, sondern um eine steuerlich unerhebliche Einkommensverwendung durch den Schuldner (Fichtelmann, FR 1977, 439; Frotscher, a. a. O., S. 182).

1420 Das gleiche gilt, wenn ein Gesellschafter weiterhin in der Insolvenz der Personengesellschaft tätig wird. Zahlungen sind als nicht lohnsteuerpflichtige Vorwegvergütungen i. S. d. § 15 Abs. 1 Nr. 2 EStG anzusehen.

3.2 Insolvenzverfahren des Arbeitgebers

1421 Der Insolvenzverwalter hat das Recht und die Pflicht zur Verwaltung der Masse (§ 34 Abs. 3 AO). Damit trifft ihn auch die Verpflichtung, bei Auszahlung von Löhnen Lohnsteuer einzubehalten und an das Finanzamt abzuführen. Dies gilt auch für Lohnzahlungszeiträume, die vor der Eröffnung des Insolvenzverfahrens liegen. Insoweit ist er verpflichtet, auch für die vor Verfahrenseröffnung ausgezahlten Löhne Lohnsteueranmeldungen abzugeben, soweit der Schuldner dies unterlassen hat (BFH vom 10. 10. 1951 – IV 144/51 U – BStBl III 1951, 212). Unterläßt er dies, so haftet er persönlich für die Lohnsteuerforderungen des Finanzamtes gemäß §§ 34, 69 AO.

1422 Hinsichtlich der Einbehaltung und Abführung der Lohnsteuer gilt grundsätzlich folgendes:

1423 Das Finanzamt hat einen Anspruch auf Zahlung der Lohnsteuer in Form einer Vorauszahlung auf die Einkommensteuer gegen den Arbeitnehmer. Gegen den Arbeitgeber hat das Finanzamt dagegen keinen unmittelbar auf Zahlung gerichteten Anspruch, sondern einen Anspruch auf eine Dienstleistung, die Abführung der Lohnsteuer an das Finanzamt für den Arbeitnehmer. Insoweit stellt die Abführung der Lohnsteuer durch den Arbeitgeber die Zahlung des Arbeitnehmers auf seine Einkommensteuerschuld dar. Diese erfolgt für Rechnung des Arbeitnehmers.

1424 Dieser Anspruch auf eine Dienstleistung, d. h. die Abführung der Lohnsteuer für den Arbeitnehmer, wandelt sich erst dann in einen unmittelbaren Zahlungsanspruch um, wenn der Arbeitgeber die Lohnsteuer nicht einbehält und an das Finanzamt abführt.

1425 Der Zahlungsanspruch des Finanzamtes gegen den Arbeitgeber gemäß §42d EStG ist ein Haftungsanspruch, der neben den primären Zahlungsanspruch des Finanzamtes gegen den Arbeitnehmer tritt. Hinsichtlich der Haftung im Insolvenzverfahren des Arbeitgebers lassen sich folgende Fallgestaltungen unterscheiden:

Fall 1: Vor Verfahrenseröffnung hat der Schuldner als Arbeitgeber den Nettolohn ausgezahlt, ohne die Lohnsteuer an das Finanzamt abzuführen.

1426 Der Arbeitgeber hat damit den Haftungstatbestand des §42d EStG erfüllt. Da das eine Haftung begründende Verhalten des Arbeitgebers vor der Verfahrenseröffnung liegt, ist die Haftungsschuld bereits vor Eröffnung des Insolvenzverfahrens entstanden. Der Lohnsteuerhaftungsanspruch stellt damit eine Insolvenzforderung dar. Ist der Haftungsanspruch vor Eröffnung des Insolvenzverfahrens entstanden, aber noch nicht durch Haftungsbescheid festgesetzt worden, so gilt die Haftungsforderung als betagte Forderung i. S. d. §41 InsO als fällig und ist mit dem abgezinsten Betrag zur Insolvenztabelle anzumelden. Da ein Haftungsbescheid nach Verfahrenseröffnung nicht mehr gegen den Schuldner ergehen kann, ist der Abzinsungsbetrag zu schätzen, wobei zu berücksichtigen ist, zu welchem Zeitpunkt die Haftungsschuld ohne Eröffnung des Insolvenzverfahrens bei einem normalen Lauf des Verfahrens fällig gewesen wäre.

Fall 2: Der Insolvenzverwalter zahlt erst nach der Verfahrenseröffnung rückständige Löhne aus.

1427 In diesem Fall entsteht der Lohnsteueranspruch mit dem Rang der zugrundeliegenden Lohnforderung. Der Arbeitnehmer hat gegen den Arbeitgeber als Schuldner eine Insolvenzforderung oder eine Masseverbindlichkeit nach §55 Abs. 2 InsO auf Auszahlung des Bruttoarbeitslohnes, d. h. des Nettoarbeitslohnes an ihn und der darauf entfallenden Lohnsteuer an das Finanzamt.

1428 Reicht die Insolvenzmasse nicht aus, hat der Insolvenzverwalter einen Teil des Bruttoarbeitslohnes aus der Masse zu zahlen. Erst wenn der Insolvenzverwalter bei der Entrichtung des Bruttoarbeitslohnes die Lohnsteuer nicht einbehält und an das Finanzamt abführt, entsteht zugunsten des Finanzamtes gegen die Masse ein Lohnsteuerhaftungsanspruch.

Fall 3: Der Insolvenzverwalter setzt ein Arbeitsverhältnis nach Verfahrenseröffnung fort oder begründet zu Lasten der Insolvenzmasse ein neues Arbeitsverhältnis.

1429 Der Arbeitnehmer hat hier eine Masseverbindlichkeit nach §55 Abs. 1 Nr. 1 InsO auf Auszahlung des Bruttoarbeitsentgeltes, d. h. auf Zahlung des Nettolohnes an ihn und der Lohnsteuer an das Finanzamt. Erst wenn der Insolvenzverwalter die Lohnsteuer pflichtwidrig nicht einbehält und an das Finanzamt abführt, entsteht ein Lohnsteuerhaftungsanspruch des Finanzamtes gegen die Insolvenzmasse. Dabei handelt es sich ebenfalls um eine Masseverbindlichkeit i. S. d. §55 Abs. 1 Nr. 1 InsO.

Fall 4: Die Voraussetzungen für eine pauschale Erhebung der Lohnsteuer nach §40 Abs. 3, §40a Abs. 4, §40b Abs. 3 EStG liegen vor.

1430 Der Insolvenzverwalter kann sich hier für eine Pauschalierung entscheiden. Dies gilt unabhängig davon, ob der Arbeitslohn vor oder nach der Verfahrenseröffnung gezahlt worden ist. Wählt der Insolvenzverwalter die Pauschalregelung, wird durch diese Entscheidung die pauschale Lohnsteuer begründet.

1431 Dabei ist die pauschalierte Lohnsteuer eine Insolvenzforderung, soweit die Arbeitsleistung vor Eröffnung des Insolvenzverfahrens erbracht worden ist. Dies gilt auch dann, wenn der Lohn nach Verfahrenseröffnung durch den Insolvenzverwalter ausgezahlt worden ist. Unerheblich ist, daß die Lohnsteuerforderung erst mit der Auszahlung entsteht. Soweit die pauschalierte Lohnsteuer auf einer Tätigkeit des Arbeitnehmers beruht, die er unter Fortsetzung des Arbeitsverhältnisses nach Verfahrenseröffnung erbracht hat, handelt es sich um eine Masseverbindlichkeit i. S. d. §55 Abs. 1 Nr. 1 InsO, d. h. um Ausgaben für die Verwaltung und Verwertung der Masse. Dies gilt unabhängig davon, daß die Lohnforderungen selbst Masseschulden i. S. d. §55 Abs. 1 Nr. 2 InsO sind, da bei der Lohnsteuerpauschalierung die Lohnsteuer von der Lohnforderung unabhängig ist

3.3 Besteuerung von Arbeitslosengeld und Insolvenzgeld

1432 Das Insolvenzgeld (§183 SGB III) ist steuerfrei (Abschn. 4 Abs. 2 LStR). Erhält der Arbeitnehmer im Insolvenzverfahren seines Arbeitgebers Arbeitslosengeld oder Insolvenzgeld, so gehen die Nettolohnansprüche gemäß

§115 Abs. 1 SGB XI, §§117, 187 SGB III auf die Bundesanstalt für Arbeit über.

1433 Bezahlt der Insolvenzverwalter die nach §187 SGB III auf die Bundesanstalt für Arbeit übergegangene Lohnforderung, so hat er nach Ansicht der Finanzverwaltung Lohn- und Kirchensteuer einzubehalten und abzuführen (so auch LAG Baden-Württemberg vom 10. 4. 1986 – 4 Sa 2/85 – ZIP 1986, 793). Dies ergibt sich aus Abschn. 4 Abs. 2 LStR 1990. Damit hat die Finanzverwaltung der grundlegenden Entscheidung des BAG vom 17. 4. 1985 – 5 AZR 74/84 – KTS 1985, 713 Rechnung getragen, wonach die Rechtsnatur der Lohnsteueransprüche des Arbeitnehmers durch ihren Übergang auf die Bundesanstalt für Arbeit unverändert bleibt. Danach hat der Insolvenzverwalter grundsätzlich etwaige Zahlungen an die Bundesanstalt für Arbeit dem Lohnsteuerabzug zu unterwerfen und auch die Lohnsteuer an das Finanzamt abzuführen. Wenn auf die Lohnforderung nur eine Insolvenzquote entfällt, ist die Lohnsteuer nur aus dieser Quote zu berechnen. Maßgebend für die Berechnung von Lohnsteuer ist der vom Insolvenzverwalter tatsächlich zu befriedigende Arbeitslohnanspruch. Zu beachten ist, daß die Lohnsteuer erst dann entsteht, wenn der Arbeitslohn vom Insolvenzverwalter gezahlt wird (§38 Abs. 2 S. 2 EStG). Solange ein Anspruch nicht erfüllt ist, entsteht weder eine Lohnsteuerschuld noch die Verpflichtung des Insolvenzverwalters, Lohnsteuer abzuführen.

1434 Die vom Insolvenzverwalter an die Bundesanstalt für Arbeit zu zahlenden Beträge stellen lohnsteuerrechtlich Bruttobeträge dar. Der Insolvenzverwalter hat von diesen Beträgen die Lohnsteuer nach den Besteuerungsmerkmalen des Arbeitnehmers im Zeitpunkt der Zahlung an die Bundesanstalt für Arbeit einzubehalten und hierüber eine Lohnsteuerbescheinigung zu erteilen. Eine sogenannte Hochrechnung der von der Bundesanstalt für Arbeit zur Insolvenztabelle angemeldeten Forderung nach Abschn. 122 LStR 1990 kommt grundsätzlich nicht in Betracht, es sei denn, zwischen Arbeitgeber und Arbeitnehmer hat ausnahmsweise eine Nettolohnvereinbarung vorgelegen (a. M. Frotscher a. a. O. 193).

1435 Nach §187 SGB III gehen die Ansprüche auf Arbeitsentgelt, die den Anspruch auf Insolvenzgeld begründen, in dem Zeitpunkt auf die Bundesanstalt für Arbeit über, in dem der Arbeitnehmer den Antrag auf Insolvenzgeld stellt. Der Anspruch auf Arbeitsentgelt, der den Anspruch auf Insolvenzgeld begründet, ist der Bruttoarbeitslohn; denn gemäß §185 SGB III ist das Insolvenzgeld so hoch wie der Nettoarbeitslohn, d. h. der Bruttoarbeitslohn vermindert sich um die gesetzlichen Abzüge wie Lohnsteuer, Kirchensteuer und die Pflichtbeiträge zur Sozialversicherung.

Hat der Arbeitnehmer nur eine Lohnforderung in Höhe des Nettolohnes geltend gemacht und wird diese Lohnforderung befriedigt, so unterliegt auch nur dieser Betrag dem Steuerabzug. Dem Arbeitnehmer kann nur der nach Abzug der Steuerabzugsbeträge verbleibende Betrag ausgezahlt werden. Entsprechend ist bei der Befriedigung von Ansprüchen des Arbeitsamtes wegen Zahlung von Insolvenzgeld zu verfahren. Auch hier ist dem Arbeitsamt nur der nach Abzug der Steuerabzugsbeträge verbleibende Betrag auszuzahlen. Das gilt auch dann, wenn das Arbeitsamt nicht die Bruttolohnforderung, sondern nur den als Insolvenzgeld gezahlten Nettoarbeitslohn geltend macht. 1436

Der Steuerabzug ist im Zeitpunkt der Auszahlung (Zufluß) vorzunehmen. Der Arbeitnehmer hat dem Insolvenzverwalter dazu eine Lohnsteuerkarte für das Jahr der Auszahlung vorzulegen. Die Steuer ist nach der auf der Lohnsteuerkarte eingetragenen Steuerklasse zu berechnen. Steht der Arbeitnehmer im Zeitpunkt der Auszahlung bereits in einem anderen Arbeitsverhältnis, hat er eine zweite oder weitere Lohnsteuerkarte mit der Steuerklasse VI vorzulegen. Legt der Arbeitnehmer keine Lohnsteuerkarte vor, sind die Steuerabzugsbeträge ebenfalls nach der Lohnsteuerkarte VI zu berechnen (§ 39c Abs. 1 EStG). 1437

Erfolgt die Befriedigung der Lohnforderung für Zeiträume, die ausschließlich das Jahr der Zahlung betreffen, handelt es sich um laufenden Arbeitslohn (Abschn. 115 Abs. 1 Nr. 6 LStR). Für die Versteuerung ist die befriedigte Lohnforderung jeweils dem Lohnzahlungszeitraum (in der Regel dem Monat) zuzurechnen, für die sie geleistet wird und entsprechend zu versteuern (Abschn. 118 Abs. 4 LStR). 1438

Betrifft die befriedigte Lohnforderung dagegen Lohnzahlungszeiträume, die in einem anderen als dem Jahr der Zahlung enden, handelte es sich um sonstige Bezüge (Abschn. 115 Abs. 2 Nr. 8 LStR). Die Versteuerung ist dann nach § 39b Abs. 3 EStG i. V. m. Abschn. 119 Abs. 6 LStR vorzunehmen. 1439

4. Umsatzsteuer

Die umsatzsteuerliche Unternehmereigenschaft (§ 2 UStG) endet nicht mit der Verfahrenseröffnung. Insoweit unterliegt die Veräußerung von Gegenständen des Betriebsvermögens im Verlauf des Insolvenzverfahrens weiter 1440 der Umsatzsteuer. Die Umsatzsteuerforderung ist in dem Voranmeldungszeitraum anzumelden, in den die jeweilige Veräußerung fällt. Soweit die Umsatzsteuer vor der Eröffnung des Insolvenzverfahrens begründet war, handelt es sich um Insolvenzforderungen, nach der Verfahrenseröffnung begründete Umsatzsteuern sind Masseverbindlichkeiten. Das gleiche gilt für die Umsatzsteuer, die auf Lieferungen und sonstige Leistungen bzw. den Eigenverbrauch entfällt, wenn der Insolvenzverwalter den Betrieb des Schuldners zunächst weiterführt.

1441 Während des Insolvenzverfahrens sind drei Tätigkeitsbereiche des schuldnerischen Unternehmens zu unterscheiden (BFH vom 23. 6. 1988 – V R 203/83 – BStBl II 1988, 920);

- die vorinsolvenzliche Tätigkeit des Schuldners (Insolvenzkonto),
- die Tätigkeit des Insolvenzverwalters (Insolvenzverwalterkonto),
- die insolvenzfreie Tätigkeit des Schuldners (insolvenzfreies Steuerkonto).

1442 Für das Verfahren der Umsatzbesteuerung ist jeder Bereich gesondert zu betrachten. Die Steuern aus der vorinsolvenzlichen Tätigkeit werden nach der InsO zur Tabelle geltend gemacht. An den Schuldner sind Umsatzsteuerbescheide mit Zahlungsanforderungen oder Erstattungen nur zu richten, soweit die insolvenzfreie Tätigkeit betroffen ist. Dieser Bereich ist in der Praxis nicht von großer Bedeutung.

1443 Bei der Berechnung der Umsatzsteuer ist zu beachten, daß alle drei Tätigkeitsbereiche ein Unternehmen bilden (Onusseit/Kunz, a. a. O. S. 3).

4.1 Umsatzsteuer-Abschlußzahlung und -Voranmeldung

1444 Da die Eröffnung des Insolvenzverfahrens auf die Unternehmereigenschaft des Schuldners keinen Einfluß hat, sind dem unternehmerischen Bereich des Schuldners auch die Umsätze zuzurechnen, die nach Eröffnung des Insolvenzverfahrens durch den Insolvenzverwalter bewirkt werden (so auch Onusseit/Kunz, a. a. O. S. 2 ff.).

1445 Die Umsatzsteuer ist eine Insolvenzforderung, wenn sie vor Eröffnung des Insolvenzverfahrens begründet ist. Dabei ist nach der Rechtsprechung des BFH erforderlich, daß der Tatbestand, aus dem sich der Anspruch ergibt, vollständig abgeschlossen ist (BFH vom 4. 6. 1987 – V R 57/79 – BStBl II 1987, 741). Eine Umsatzsteuerforderung ist nur dann gemäß § 38 InsO begründet, wenn die steuerschuldrechtliche Beziehung, aus der der Anspruch entsteht, vor Eröffnung des Insolvenzverfahrens von dem Schuldner geschaffen wurde. Auf den Zeitpunkt der Erfüllung der umsatzsteuerlichen Tatbestandsmerkmale kommt es insoweit nicht an.

1446 Die Umsatzsteuer entsteht in den meisten Fällen gemäß § 13 Abs. 1 UStG mit dem Ablauf des jeweiligen Voranmeldungszeitraumes. Wird das Insolvenzverfahren während eines Voranmeldungszeitraumes eröffnet, so entsteht die Umsatzsteuerschuld erst nach Eröffnung des Insolvenzverfahrens. Begründet i. S. d. § 38 InsO ist die Umsatzsteuerforderung jedoch schon dann, wenn der Rechtsgrund für ihre Entstehung gelegt ist. Dabei ist jeder einzelne Umsatz selbständig zu besteuern. Die Zusammenfassung der Umsätze in einem Voranmeldungszeitraum gemäß § 13 Abs. 1 UStG erfolgt dagegen als technisches Mittel der Veranlagung (vgl. dazu Weiss, Anm. zu BFH vom 16. 10. 1986 – VII R 159/83 – UR 1987, 47, 49; Onusseit/Kunz, a. a. O. S. 97 f.). Ist ein einzelner Umsatz vor Eröffnung des Insolvenzverfahrens ausgeführt worden, so ist er in diesem Zeitpunkt nach § 38 InsO begründet und ist insoweit zur Tabelle anzumelden, unabhängig davon, ob der für das Entstehen der Umsatzsteuer entscheidende Voranmeldungszeitraum erst nach Eröffnung des Insolvenzverfahrens abläuft.

1447 Entscheidend für das **Begründetsein der Umsatzsteuerforderung** i. S. d. § 38 InsO ist allein die Ausführung der Leistung (vgl. Frotscher, a. a. O., S. 206; Rau/Dürrwächter/Flick/Geist, UStG, § 18 Anm. 296; Frotscher in Schwarz, AO, § 251 Anm. 62; Hübschmann/Hepp/Spitaler, AO, § 251 Anm. 165). Wird ein Entgelt gezahlt, bevor die Leistung erbracht worden ist, so entsteht die Umsatzsteuer nach § 13 Abs. 1 Nr. 1a UStG mit Ablauf des Voranmeldungszeitraums, in dem die Vorauszahlung vereinnahmt wird. Dabei ist die Umsatzsteuer auflösend bedingt durch die spätere Ausführung der Leistung. Insolvenzrechtlich begründet i. S. d. § 38 InsO ist die Umsatzsteuer jedoch erst mit Ausführung der Leistung, nicht mit der vorherigen Entstehung durch die Zahlung des Entgelts.

1448 Vereinnahmt der Schuldner vor Eröffnung des Insolvenzverfahrens eine Vorauszahlung, so ist die darauf beruhende Umsatzsteuer nur dann Insolvenzforderung, wenn auch die Leistung noch vor Eröffnung des Insolvenzverfahrens erbracht wird. Wird die Leistung dagegen erst nach Eröffnung des Insolvenzverfahrens erbracht, so ist die Umsatzsteuer trotz Vereinnahmung des Entgeltes vor Eröffnung des Insolvenzverfahrens den Masseverbindlichkeiten zuzurechnen (Frotscher, a. a. O., S. 207; ders. in Schwarz, AO, § 251 Anm. 63; a. A. Rau/Dürrwächter/Flick/Geist, UStG, § 18 Anm.

296, für den die Verwirklichung des steuerlichen Tatbestandes entscheidend ist).

1449 Bei den sonstigen umsatzsteuerlichen Ansprüchen ist für die Zuordnung der Umsatzsteuer entscheidend, wer die maßgebliche Handlung vornimmt. Dies gilt z. B. für den **Eigenverbrauch**. Die Umsatzsteuer ist Insolvenzforderung; wenn der Schuldner, vor Eröffnung des Insolvenzverfahrens gemäß §1 Abs. 1 Nr. 2a UStG Gegenstände zu unternehmensfremden Zwecken entnimmt, nach §1 Abs. 1 Nr. 2b UStG sonstige Leistungen für unternehmensfremde Zwecke ausführt oder Aufwendungen nach §4 Abs. 5 UStG macht.

1450 Nimmt der Insolvenzverwalter diese Handlungen nach Eröffnung des Insolvenzverfahrens vor, sind die darauf entfallenden Umsatzsteuern als Masseverbindlichkeiten nach §55 Abs. 1 Nr. 1 InsO, bei Vornahme der Handlungen durch den Schuldner nach Eröffnung des Insolvenzverfahrens (soweit sein insolvenzfreies Vermögen betroffen ist) als insolvenzfreie Forderung anzusehen.

4.2 Unternehmereigenschaft des Insolvenzverwalters

1451 Da der Insolvenzverwalter berufsmäßig Insolvenzverwaltungen durchführt, ist er umsatzsteuerrechtlich Unternehmer und erzielt mit seiner Tätigkeit Einkünfte aus Vermögensverwaltung i. S. d. §18 Abs. 1 Nr. 3 EStG (BFH vom 5. 7. 1973 – IV R 127/69 – BStBl II 1973, 730). Mit der Eröffnung des Insolvenzverfahrens wird das Verwaltungs- und Verfügungsrecht über das zur Insolvenzmasse gehörende Vermögen durch den Insolvenzverwalter ausgeübt. Dieser hat gemäß §§159, 148 InsO das zur Insolvenzmasse gehörende Vermögen zu verwerten. Die Wirkungen seines Handelns treffen dabei unmittelbar den Schuldner als den Rechtsträger des die Masse bildenden Vermögens. Unerheblich für die Beurteilung der Tätigkeit des Insolvenzverwalters als unternehmerische Tätigkeit ist der Umstand, daß diese Tätigkeit als Ausübung eines Amtes aufgefaßt wird (BFH vom 20. 2. 1986 – V R 16/81 – BStBl II 1986, 579).

1452 Der Insolvenzverwalter hat für seine Geschäftsführung Anspruch auf eine Vergütung (§§63 ff. InsO), die aus der Masse zu entrichten ist (§54 Nr. 2 InsO). Insoweit erbringt er seine Leistung gegen Entgelt (BFH vom 20. 2. 1986 – V R 16/81 – BStBl II 1986, 579 = BB 1986, 1070). Der Insolvenzverwalter erbringt daher mit seiner Geschäftsführung eine sonstige Leistung zugunsten der Masse und damit für das Unternehmen des Schuldners. Die

Qualifizierung der Tätigkeit des Insolvenzverwalters als Leistung für die Masse steht seiner Ernennung durch das Gericht (§56 InsO) nicht entgegen.

1453 Der Insolvenzverwalter ist berechtigt, über die von ihm für das Unternehmen des Schuldners erbrachte Leistung eine **Rechnung mit gesondertem Steuerausweis** zu erteilen. Die Berechtigung des Insolvenzverwalter ergibt sich aus §14 Abs. 1 UStG (BFH vom 20. 2. 1986 – V R 16/81 – BStBl II 1986, 579 = BB 1986, 1070).

1454 Daraufhin kann der Schuldner die in der Vergütung enthaltene Umsatzsteuer als Vorsteuer abziehen, wenn der Insolvenzverwalter eine Rechnung mit gesondert ausgewiesener Steuer erteilt hat. Hat der Insolvenzverwalter für die Masse keine Rechnung mit gesondert ausgewiesener Umsatzsteuer ausgestellt, so entfällt der Vorsteuerabzug beim Schuldner, da die Rechnungsausstellung nach §15 Abs. 1 Nr. 1 UStG Voraussetzung für den Vorsteuerabzug ist.

1455 Die Umsätze, die der Insolvenzverwalter im Rahmen der Verwaltung und Verwertung der Masse ausführt, unterliegen der Umsatzsteuer. Dabei handelt es sich um Masseverbindlichkeiten i. S. d. §55 Abs. 1 Nr. 1 InsO (zur KO: BFH vom 21. 12. 1988 – V R 29/86 – BStBl II 1989, 434; Frotscher, a. a. O., S. 211; ders. in Schwarz, AO, §251 Anm. 65; Kuhn/Uhlenbruck, KO, §59 Anm 1, 2). Dies gilt unabhängig davon, wie die Forderung des Geschäftspartners zu behandeln ist (Frotscher, a. a. O., S. 211, ders. in Schwarz, AO, §251 Anm. 65; Hübschmann/Hepp/Spitaler, AO, §251 Anm. 172).

4.3 Vorsteuer im Insolvenzverfahren

1456 Da die Eröffnung des Insolvenzverfahrens auf die Unternehmereigenschaft des Schuldners keinen Einfluß hat, bleibt er grundsätzlich gemäß §15 UStG zum Vorsteuerabzug berechtigt und kann die ihm von anderen Unternehmern in Rechnung gestellte Vorsteuer grundsätzlich von seiner Umsatzsteuerschuld abziehen (BFH vom 20. 2. 1986 – V R 16/81 – BStBl II 1986, 579).

1457 Handelt es sich um Vorsteuern auf Leistungen, die vor Eröffnung des Insolvenzverfahrens an den Schuldner erbracht worden sind, so mindern diese die als Insolvenzforderung anzumeldenden Umsätze. Der Anspruch auf Abzug von Vorsteuern ist kein selbständiger Vergütungsanpruch i. S. d. Abgabenordnung, sondern ebenso wie die Umsatzsteuer i. S. d. §1 Abs. 1 UStG Besteuerungsgrundlage (Schwakenberg, UR 1993, 295, 300).

Bei einem Überschuß der Vorsteuer führen sie zu einer Entlastung der Masse (Frotscher, a. a. O., S. 215; Hübschmann/Hepp/Spitaler, AO, § 251 Anm. 170).

1458 Handelt es sich um eine Leistung, die gegenüber der Insolvenzmasse erbracht worden ist, so mindert sich zunächst die als Masseverbindlichkeiten anzusetzende Umsatzsteuer, dann die Insolvenzforderung des gleichen Veranlagungszeitraumes.

1459 Ein Rückforderungsanspruch des Finanzamtes als Insolvenzforderung besteht hinsichtlich von Vorsteuerabzugsbeträgen, die der Schuldner in dem Jahr vor Verfahrenseröffnung durch Vortäuschung von Leistungsbezügen erschlichen hat (BFH vom 20. 8. 1992 – V R 98/90 – m. Anm. Schwakenberg UR 1993, 67).

4.4 Berichtigung des Vorsteuerabzuges

1460 Eine Berichtigung des Vorsteuerabzuges ist gemäß § 17 Abs. 2 UStG vorzunehmen (vgl. hierzu auch Weiss, UR 1985, 25):

- wenn das vereinbarte Entgelt für eine steuerpflichtige Leistung oder sonstige Leistung uneinbringlich geworden ist (Nr. 1)
- wenn für eine vereinbarte Lieferung oder Leistung ein Entgelt entrichtet, die Lieferung oder sonstige Leistung jedoch nicht ausgeführt worden ist (Nr. 2)
- wenn eine steuerpflichtige Lieferung oder sonstige Leistung rückgängig gemacht worden ist (Nr. 3).

1461 Im Einzelfall ist eine derartige Berichtigung bei Vorliegen folgender Tatbestände erforderlich:

- im Fall der **Entgeltminderung:**
  Gläubiger haben Leistungen erbracht und in Rechnung gestellt. Diese sind vom Schuldner nicht oder nicht in voller Höhe bezahlt worden, so daß die Gläubiger mit ihren Forderungen ganz oder teilweise ausfallen.
- Fall der **Änderung der Bemessungsgrundlage**:
  Eine Sache ist dem Schuldner vor Eröffnung des Insolvenzverfahrens unter Eigentumsvorbehalt geliefert worden. Nach der Eröffnung des Insolvenzverfahrens fordert der Vorbehaltseigentümer die Sache wegen Nichtzahlung des Kaufpreises vom Schuldner zurück.
- Fall der **Berichtigung des Vorsteuerabzuges nach § 15a UStG:**
  Der Schuldner hat für eine Sache, z. B. für ein Grundstück mit Gebäude,

den Vorsteuerabzug in Anspruch genommen. Nach Eröffnung des Insolvenzverfahrens wird diese Sache von dem Insolvenzverwalter unter Umständen veräußert, die zum Ausschluß des Vorsteuerabzuges führen.

Die Rechnungshöfe beanstanden immer wieder, daß Finanzämter die Vorsteuer, die der Schuldner in Anspruch genommen hat, obwohl er die entsprechenden Verbindlichkeiten gegenüber den Lieferanten oder sonst Leistenden nicht beglichen hat, nicht zur Insolvenztabelle angemeldet haben.

4.5 Insolvenzbedingte Besonderheiten bei halbfertigen Arbeiten und nicht vollständig erfüllten Verträgen

1462 Ist ein gegenseitiger Vertrag im Zeitpunkt der Eröffnung des Insolvenzverfahrens von beiden Seiten noch nicht oder nicht vollständig erfüllt worden, so kann der Vertragspartner nach Verfahrenseröffnung seinen Erfüllungsanspruch gegen den Schuldner nicht mehr durchsetzen. Der Vertrag wird nach Eröffnung des Insolvenzverfahrens damit zu einem nicht erfüllbaren Vertrag, der ursprüngliche Erfüllungsanspruch wird zur Insolvenzforderung. Wählt der Insolvenzverwalter nach § 103 InsO keine Erfüllung des Vertrages, so verbleibt das bis dahin Geleistete beim Empfänger, ohne daß es rückabgewickelt werden muß.

1463 Dies bedeutet, daß sich in der Insolvenz des Unternehmers die vertragliche Erfüllungsverpflichtung kraft Gesetzes auf die bis dahin erbrachte Leistung beschränkt (BFH vom 2. 2. 1978 – V R 128/76 – BStBl II 1978, 483 = BB 1978, 1249; BFH vom 24. 4. 1980 – V S 14/79 – BStBl II 1980, 541; Frotscher, a. a. O., S. 234; Rau/Dürrwächter/Flick/Geist, UStG, § 3 Anm. 436).

1464 Die negative Ausübung des Wahlrechts nach § 103 InsO ist in vollem Umfang eine auf ein Unterlassen gerichtete Willensbetätigung. In ihr kann auch nach umsatzsteuerrechtlicher Betrachtung keine Handlung gesehen werden, durch die die neu bestimmte Werklieferung erst zum Zeitpunkt des Wirksamwerdens der Erklärung des Insolvenzverwalters ausgeführt wurde. Die Bedeutung der Erklärung des Insolvenzverwalters erschöpft sich vielmehr in der Ablehnung und im Ausschluß jeglicher Erfüllungsansprüche sowie in der Klarstellung, daß der Insolvenzverwalter die Vertragspflichten und Vertragsrechte zu keinem Zeitpunkt als Gegenstand des Insolvenzverfahrens an sich gezogen hat.

1465 In umsatzsteuerrechtlicher Sicht bedeutet dies, daß der Insolvenzverwalter mit seiner Erklärung nach § 103 InsO nicht nur den Gegenstand der Werklieferung neu bestimmt, sondern daß er zugleich für den Schuldner die Erklärung abgeben will, am tatsächlich erbrachten Teil der Werklieferung sei bereits mit der Verfahrenseröffnung Verfügungsmacht verschafft worden. Diese zeitliche Fixierung der Werklieferung auf den Zeitpunkt der Verfahrenseröffnung ist eine logische Folge des Gesichtspunkts, daß der Schuldner den Liefervorgang tatsächlich bewirkt und der Insolvenzverwalter einen Eintritt in den Leistungsaustausch ausdrücklich abgelehnt hat. Damit sind die auf die Leistungen entfallenden Umsatzsteuern wegen der gegebenen Besteuerungsart nach vereinbarten Entgelten mit Ablauf des nach Verfahrenseröffnung endenden Voranmeldungszeitraums entstanden (§13 Abs. 1 Nr. 1a UStG).

1466 Der sich aus der Steuerberechnung ergebende Steueranspruch des Finanzamtes ist eine **Insolvenzforderung** (BFH vom 4. 2. 1978 – VIII R 28/73 – BStBl II 1978, 483 = BB 1979, 509; so auch Onusseit/Kunz a. a. O. S. 129). Ihre Begründetheit folgt aus der Erwägung, daß der Schuldner die Werklieferungen **mit, also nicht nach Verfahrenseröffnung** ausgeführt und damit von seiner Seite her alles getan hat, was zur Begründung erforderlich war (nach Ansicht von Frotscher, a. a. O., S. 234 ist die Leistung erfolgt in Höhe des anteiligen Vergütungsanspruches, der als unechter Schadensersatz und damit als umsatzsteuerpflichtige Gegenleistung anzusehen ist.

1467 Übt der Insolvenzverwalter sein Wahlrecht nicht aus und unterläßt es der Besteller eine Erklärung gemäß §103 Abs. 2 InsO zu fordern, so bleibt der Vertrag von der Insolvenz unberührt. Der Besteller kann während des Insolvenzverfahrens weder aus der Masse noch von dem von der Verfügung über sein Vermögen ausgeschlossenen Schuldner die vertragsmäßige Werklieferung verlangen. Diese unterbleibt daher während der Insolvenz (BFH vom 2. 2. 1978 – V R 128/76 – UR 1978, 170, 171).

1468 Der Schuldner bleibt an den Werkvertrag über die Verfahrenseröffnung hinaus gebunden. Die umsatzsteuerrechtliche Erfassung der von ihm übernommenen Werklieferung ist erst nach Abschluß des Insolvenzverfahrens möglich, sofern und soweit nicht der Besteller Vorauszahlungen geleistet hat und die Besteuerung nach vereinnahmten Entgelten stattfindet. Infolge der Verfahrenseröffnung war nämlich der Erfüllungsanspruch aus dem ursprünglichen Vertrag erloschen und an seine Stelle der Schadensersatzanspruch wegen Nichterfüllung getreten (BGH vom 21. 11. 1991 – IX ZR 290/90 – ZIP 1992, 48 m. w. N.). Durch das Erfüllungsverlangen des Insolvenzverwalters wird der Anspruch aus dem bisherigen Schuldverhältnis sodann neu begründet (BGH a. a. O.).

1469 Wählt der Insolvenzverwalter also gemäß § 103 InsO die Erfüllung des Vertrages, so wandelt sich das ursprüngliche Rechtsverhältnis in ein Rechtsverhältnis um, das nach Eröffnung des Insolvenzverfahrens begründet ist. Der Umsatzsteuer unterliegt die vollständige Leistung, nicht die einzelnen Teilleistungen vor und nach Eröffnung des Insolvenzverfahrens. Damit ist die Umsatzsteuer erst **nach** Erbringung der vollständigen Leistung und damit nach Eröffnung des Insolvenzverfahrens i. S. d. § 38 InsO begründet. Sie gehört insoweit zu den Masseverbindlichkeiten nach § 55 Abs. 1 Nr. 2 InsO (BFH vom 2. 2. 1978 – V R 128/76 – BStBl II 1978, 483 = BB 1978, 1249; FG Münster vom 23. 11. 1993 – 15 K 3543/90 – EFG 1994, 502; Rau/Dürrwächter/Flick/Geist, UStG, § 3 Anm. 436 sowie BdF Schreiben vom 17. 10. 1979, BStBl I 1979, 624; a. A. Onusseit /Kunz, a. a. O., S. 133, die demgegenüber die Auffassung vertreten, daß die auf das halbfertige Werk entfallende Umsatzsteuer bereits vor Verfahrenseröffnung begründet gewesen sei. Diese einmal eingetretene Begründung der Umsatzsteuerforderung könne durch die spätere Erfüllungswahl des Insolvenzverwalters nicht mehr rückgängig gemacht werden, so daß nur eine nach dem Erfüllungsbegehren erfolgte Lieferung Massekosten begründen könne. Daran ändere auch die neue BGH-Rechtsprechung, wonach eine Neubegründung des Schuldverhältnisses erfolge, nichts, da dies ohne Einfluß auf das Steuerverhältnis sei).

1470 Lehnt der Insolvenzverwalter die Erfüllung des Werkvertrages ab und schließt er mit dem bisherigen Besteller einen neuen Vertrag zur Fertigstellung des Werkes, so ist nur der auf die Fertigstellung des Werkteils entfallende Anteil an Umsatzsteuer als Masseverbindlichkeit zu behandeln (Kuhn/Uhlenbruck, KO, Vorbem. 36 b; a. M. die Finanzverwaltung, die einen Rechtsmißbrauch unterstellt, da es dem Insolvenzverwalter verwehrt sei, vermeidbare Masseschulden zu begründen und damit die Finanzbehörden vor anderen Gläubigern zu begünstigen: OFD Düsseldorf vom 13. 2. 1984 – S 7333/S 7100/S 7300 A – St 142 – DB 1984, 960; OFD Köln vom 24. 1. 1984 – S 7100 – 47 – St 141; 7300 – 85; S 7333 – 2 – KTS 1985, 36).

4.6 Verwertung von Sicherungsgut

1471 Rechtsgeschäftlich bestellte Pfandrechte i. S. d. § 50 InsO sowie Rechte, die wie Pfandrechte wirken, z. B. Sicherungsübereignung und Sicherungsabtretung (nicht jedoch Eigentumsvorbehalt), gewähren gemäß § 50 InsO ein Recht zur abgesonderten Befriedigung. Ein derartiges Absonderungsrecht nach § 50 InsO gibt dem Gläubiger das Recht, den Erlös aus der Verwertung des Gegenstandes zur Befriedigung seiner Forderung zu verwenden.

1472 Die abgesonderte Befriedigung erfolgt nach § 166 InsO. Danach ist der Insolvenzverwalter berechtigt, die Verwertung eines zur Masse gehörenden beweglichen Gegenstandes, an welchem ein Gläubiger ein Absonderungsrecht hat, zu betreiben. Ist der Gläubiger gemäß § 173 InsO befugt sich aus dem Gegenstand ohne gerichtliches Verfahren zu befriedigen, so kann das Insolvenzgericht auf Antrag dem Gläubiger nach dessen Anhörung eine Frist bestimmen, innerhalb welcher er den Gegenstand zu verwerten hat. Nach Ablauf der Frist findet § 166 InsO Anwendung.

1473 In Betracht kommt daher eine Verwertung

- durch den Insolvenzverwalter selbst (§ 166 InsO)
- durch den Sicherungsnehmer (§ 173 InsO)
- durch den Schuldner nach Freigabe des Sicherungsgutes durch den Insolvenzverwalter.

Im einzelnen gilt folgendes:

4.6.1 Verwertung des Sicherungsgutes durch den Insolvenzverwalter

1474 Der Insolvenzverwalter kann gemäß §§ 166 ff. InsO das Sicherungsgut selbst verwerten. In diesem Fall ist die Verwertungshandlung umsatzsteuerrechtlich eine unmittelbare an den Abnehmer erbrachte entgeltliche Lieferung (§ 1 Abs. 1 Nr. 1 UStG).

1475 Dem Sicherungsnehmer gebührt dabei der Bruttoerlös aus der Veräußerung einschließlich der vom Erwerber gezahlten Umsatzsteuer (BGH vom 12. 5. 1980 – VIII ZR 167/79 – NJW 1980, 2473; kritisch Crezelius, NJW 1981, 383).

1476 Der Insolvenzverwalter muß seinerseits jedoch Umsatzsteuer an das Finanzamt abführen. Diese Umsatzsteuer gehört zu den Masseverbindlichkeiten (BFH vom 20. 7. 1978 – V R 2/75 – UR 1979, 7 m. Anm. Weiss; Onusseit, ZIP 1990, 345, 356; Heidner, DStR 1988, 488, 490).

1477 Gemäß § 171 Abs. 2 InsO ist der Insolvenzverwalter berechtigt, die anfallende Umsatzsteuer von dem Erlös vorweg zu entnehmen.

4.6.2 Verwertung des Sicherungsgutes durch den Sicherungsnehmer

1478 Mit der Ausübung des aus dem Sicherungseigentum erwachsenen Absonderungsrechtes des Sicherungsnehmers vollzieht sich eine entgeltliche Lieferung des Sicherungsgebers an den Sicherungsnehmer (vgl. BFH vom 17. 7. 1980 – V R 124/75 – BStBl II 1980, 673; vgl. auch OFD Koblenz vom 30. 12. 1987 – S 7527 A – St 51.1/ St 51.2/St 51.3 – UR 1988, 66).

Die Sicherungsübereignung auf den Sicherungsnehmer aufgrund der Sicherungsabrede stellt noch keine Lieferung i. S. d. §§1 Abs. 1 Nr. 1 und 3 Abs. 1 UStG dar (BFH vom 20. 7. 1978 – V R 2/75 – UR 1979, 7; BFH vom 21. 7. 1994 – V R 114/91; so auch FG Düsseldorf vom 12. 8. 1993 – 5 V 631/93 A (U) – EFG 1994, 501; Onusseit, KTS 1994, 3, 5). Denn der Erwerb des Sicherungseigentums hat keine andere wirtschaftliche Bedeutung als den Erhalt eines Pfandrechtes, d. h. zum Zeitpunkt der Sicherungsübereignung soll nach dem Willen des Beteiligten eine Zuwendung des wirtschaftlichen Wertes des Sicherungsgutes vom Sicherungsgeber an den Sicherungsnehmer noch nicht erfolgen (FG Münster vom 23. 11. 1993 – 15 K 3543/90 U – EFG 1994, 502 m. w. N.; vom 14. 12. 1993 – 15 K 3189/93 U – EFG 1994, 639; dazu auch Onusseit/Kunz, a. a. O., S. 99 ff.). 1479

Umsatzsteuerlich erheblich ist erst die Übertragung der Verfügungsmacht auf den Sicherungsnehmer und die Verwertung des Sicherungsgutes durch diesen (BFH vom 31. 5. 1972 – V R 121/71 – BStBl II 1972, 809). Die Verwertungshandlung des Sicherungsnehmers stellt insoweit zwei steuerbare Umsätze dar: 1480

Überläßt der Insolvenzverwalter einem Sicherungsnehmer das Sicherungsgut zur Verwertung, so finden also sowohl zwischen dem Insolvenzverwalter und dem Sicherungsnehmer als auch zwischen dem Sicherungsnehmer und dem Erwerber steuerbare Umsätze statt (BFH vom 12. 5. 1993 – XI R 49/90 – ZIP 1993, 1247). 1481

Durch die Freigabe des Sicherungsgutes durch den Insolvenzverwalter an den Sicherungsnehmer erhält dieser vom Sicherungsgeber das Recht im eigenen Namen über das Sicherungsgut zu verfügen. Hierin liegt umsatzsteuerrechtlich eine Lieferung des Sicherungsgutes vom Sicherungsgeber an den Sicherungsnehmer (st. Rspr. vgl. z. B. BFH vom 20. 7. 1978 – V R 2/75 – UR 1979, 7; a. A. Knobbe-Keuk, BB 1977, 757, 765; Onusseit/Kunz, a. a. O. S. 101 f., 103 m. w. N.). 1482

Die zweite steuerbare Lieferung liegt in der eigentlichen Verwertung des Sicherungsgutes, also dessen Veräußerung an den Erwerber (sog. **Theorie des Doppelumsatzes** vgl. BFH vom 4. 6. 1987 – V R 57/79 – BStBl II 1987, 741 = ZIP 1987, 1134). Diese Lieferung hat der Sicherungsnehmer zu versteuern. 1483

Die dabei anfallende Umsatzsteuer kann der Sicherungsnehmer mit der Vorsteuer verrechnen, die bei der ersten Lieferung des Sicherungsgebers (Insolvenzverwalter) an den Sicherungsnehmer bei der Freigabe des Sicherungs- 1484 gutes zur Verwertung angefallen ist (BFH vom 16. 4. 1975 – V R 2/71 – BStBl II 1975, 622; Plückebaum/Malitzky, UStG, §§1–3 Anm. 863/1; Rau/Dürrwächter/Flick/Geist, UStG, §1 Anm. 356, 363; Crezelius, NJW 1981, 383). Bei der Beurteilung, ob ein Doppelumsatz vorliegt, kommt es nicht darauf an, ob zugunsten des Insolvenzgläubigers ein Absonderungsrecht gemäß §49 InsO bestand oder nicht (FG Baden-Württemberg vom 3. 2. 1993 – 2 K 123/88 – EFG 1993, 746).

1485 Die Umsatzsteuer, die auf die Lieferung des Sicherungsgebers an den Sicherungsnehmer nach Eröffnung des Insolvenzverfahrens entsteht, gehört zu den Masseverbindlichkeiten i. S. d. §55 Abs. 1 Nr. 1 InsO (zur KO: BFH vom 4. 6. 1987 – V R 57/79 – ZIP 1987, 1134 = BStBl II 1987, 741; BFH vom 24. 9. 1987 – V R 196/83 – BStBl II 1987, 873; BFH vom 12. 5. 1993 – XI R 49/90 – ZIP 1993, 1247; BdF vom 26. 10. 1987, DB 1987, 2439, Abschn. 2 Abs. 6 UStR 1988 für die Verwertung von Grundstückszubehör; Plückebaum/Malitzky, UStG, §§1–3 Anm. 865; Rau/Dürrwächter/Flick/Geist, UStG, §3 Anm. 153, zu §18 Anm. 311; Hübschmann/Hepp/Spitaler, AO, §251 Anm. 23; Tipke/Kruse, AO, §251 Anm. 23; Heidner, DStR 1988, 488, 491; Kuhn/Uhlenbruck, KO, Vorbem. Anm. 43a; BFH vom 28. 7. 1983 – V S 8/81 – UR 1983, 192; a. M. Frotscher, a. a. O., S. 263; vgl. auch Weiß, UR 1987, 290; Maus/Uhlenbruck, DB 1983, 793; Frotscher in Schwarz, AO, §251 Anm. 75; Enders, UR 1988, 333, 336). Sie ist vom Sicherungsnehmer vorweg aus dem Erlös zu entnehmen und an die Masse abzuführen (§170 Abs. 2 InsO).

4.6.3 Freigabe von Massegegenständen durch den Insolvenzverwalter

1486 Im Rahmen seiner Verpflichtung zur ordnungsgemäßen Verwaltung der Insolvenzmasse kann der Insolvenzverwalter Vermögensgegenstände dem Schuldner gegenüber freigeben. Dies geschieht in der Praxis häufig dann, wenn der Gegenstand nach Ansicht des Insolvenzverwalters unverwertbar ist oder ein Überschuß des Erlöses über die Verwertungskosten nicht zu erwarten ist.

1487 Da der Insolvenzverwalter nämlich gehalten ist, Masseminderungen zu vermeiden, liegt es nahe, in Fällen, in denen das Sicherungsgut so hoch belastet ist, daß ein Übererlös aus der Verwertung nicht zu erwarten ist, das Sicherungsgut endgültig an den Schuldner zur Verwertung freizugeben, weil eine Verwertung durch den Insolvenzverwalter eine massebelastende Umsatzsteuerforderung des Finanzamtes auslösen würde (Onusseit, KTS 1994, 3, 10).

Durch die Freigabeerklärung wird die Massezugehörigkeit des Gegenstandes aufgegeben und dieser aus der Insolvenzbeschlagnahme gelöst. Der Gegenstand wird damit insolvenzfreies Vermögen des Schuldners. Bei der Freigabe ist zu unterscheiden zwischen der uneingeschränkten und der eingeschränkten modifizierten Freigabe. 1488

Bei der **uneingeschränkten Freigabe** verzichtet der Insolvenzverwalter nicht nur auf den Gegenstand, sondern auch auf einen etwaigen Erlös aus der Verwertung des freigegebenen Gegenstandes durch den Schuldner. Der Erlös fließt nicht in die Insolvenzmasse, sondern wird insolvenzfreies Vermögen des Schuldners. 1489

Bei einer **modifizierten Freigabe** überläßt der Insolvenzverwalter dem Schuldner den Gegenstand zur Verwertung mit der Maßgabe, daß der Erlös an die Insolvenzmasse abzuführen ist. Bei der modifizierten Freigabe scheidet der Gegenstand dementsprechend nicht aus der Insolvenzmasse aus und wird nicht insolvenzfreies Vermögen des Schuldners. 1490

Die **uneingeschränkte Freigabe** eines Gegenstandes aus dem Insolvenzbeschlag unterliegt **nicht** der Umsatzsteuer, weil umsatzsteuerrechtlich keine Übertragung der Verfügungsmacht an dem Gegenstand auf einen anderen Rechtsträger stattfindet (vgl. Onusseit/Kunz, a. a. O., S. 111). Im Insolvenzverfahren bleibt der Schuldner Unternehmer bezüglich der Insolvenzmasse mit der Folge, daß Handlungen des Insolvenzverwalters ihm zuzurechnen sind (BFH vom 24. 9. 1987 – V R 196/83 – BStBl II 1987, 873 = ZIP 1988, 42; FG Düsseldorf vom 7. 8. 1986 – XIV/XV 278/82 U – UR 1987, 51; Fischer, BB 1989, 1, 7). Durch die uneingeschränkte Freigabe verläßt der Gegenstand nicht den unternehmerischen Bereich des Schuldners. Insoweit liegt auch kein Eigenverbrauchstatbestand i. S. d. §1 Abs. 1 Nr. 2 UStG vor (FG Düsseldorf vom 7. 8. 1986 – XIV/XV 278/82 U – ZIP 1986, 1480). 1491

Die Veräußerung des freigegebenen Gegenstandes durch den Schuldner unterliegt der Umsatzsteuer. Sie entsteht im insolvenzfreien Bereich und ist insoweit insolvenzfreie Forderung (BFH vom 24. 9. 1987 – V R 196/83 – BStBl II 1987, 873; Onusseit, ZIP 1990, 345, 356 und KTS 1994, 3, 11). 1492

Überläßt der Schuldner nach einer modifizierten Freigabe das Sicherungsgut dem Sicherungsnehmer zur Verwertung, so entsteht Umsatzsteuer als Masseverbindlichkeit gemäß §55 Abs. 1 Nr. 1 InsO (zur KO: BFH vom 24. 9. 1987 – V R 196/83 – BStBl II 1987, 873 = ZIP 1988, 42). In seiner Begründung führt der BFH (a. a. O.) aus, daß die Umsatzsteuer zu Lasten der Insolvenzmasse nicht bereits mit der Freigabe an den Schuldner entstehe, 1493 sondern erst mit der Herausgabe des Sicherungsgutes an den Sicherungsnehmer, da erst zu diesem Zeitpunkt die volle Verfügungsmacht auf diesen übergegangen ist (vgl. auch BFH vom 20. 7. 1978 – V R 2/75 – UR 1979, 7, 8 m. Anm. Weiss; FG Niedersachsen vom 27. 8. 1991 – V 270/90 – UR 1992, 237 m. Anm. Weiss).

1494 Das gleiche gilt, wenn der Insolvenzverwalter sich bei der Verwertung ohne eine modifizierte Freigabe der Hilfe des Schuldners bedient. Auch insoweit zählt die bei der Verwertung anfallende Umsatzsteuer zu den Massekosten nach §55 Abs. 1 Nr. 1 InsO.

5. Gewerbesteuer

1495 Bei einer Weiterführung des Betriebes gehört auch die **Gewerbesteuer** zu den Masseverbindlichkeiten (vgl. zur KO: Kuhn/Uhlenbruck, KO, §58 Rz. 9o m. w. N.; Kilger/K. Schmidt, KO/VglO/GesO §58 KO, 3f m. w. N.), da das gewerbliche Unternehmen in der Regel über die Verfahrenseröffnung hinaus weiterbesteht. Als Unternehmer ist der Schuldner weiterhin gewerbesteuerpflichtig (§4 Abs. 2 GewStDV).

1496 Die Gewerbesteuerpflicht endet erst mit der Einstellung des Unternehmens, d. h. mit der tatsächlichen Aufgabe jeglicher werbenden Tätigkeit (vgl. Hess, KO, Anh. V Rz. 135; Kuhn/Uhlenbruck, KO, §6 Rz. 48; Hundt-Eßwein, BB 1987, 1718, 1721).

1497 Nur soweit Verfahrenseröffnung und Betriebseinstellung zusammenfallen, erlischt die Gewerbesteuerpflicht mit der Eröffnung des Insolvenzverfahrens. Der Gewerbebetrieb einer Personengesellschaft wird i. d. R. aber nicht schon mit Eröffnung des Insolvenzverfahrens über das Gesellschaftsvermögen aufgegeben (BFH vom 19. 1. 1993 – VIII R 128/84 – BStBl II 1993, 594 = BB 1993, 1926).

1498 Da bei Einzelgewerbetreibenden und Personengesellschaften die Gewerbesteuerpflicht erst mit der Aufgabe der werbenden Tätigkeit endet, besteht sie solange fort, als der Insolvenzverwalter den Gewerbebetrieb fortführt, indem er die vorhandenen Warenvorräte verkauft. Keine werbende Tätigkeit ist jedoch die Veräußerung des vorhandenen Anlagevermögens. Veräußert der Insolvenzverwalter nur Anlagevermögen, so endet bereits mit der Eröffnung des Insolvenzverfahrens die Gewerbesteuerpflicht.

1499 Bei Kapitalgesellschaften und den anderen Unternehmen i. S. d. §2 Abs. 2 GewStG ist die Abwicklungstätigkeit nach Verfahrenseröffnung als gewerblich anzusehen. Die Gewerbesteuerpflicht endet erst dann, wenn das gesamte Betriebsvermögen verteilt ist.

1500 Durch die Eröffnung des Insolvenzverfahrens wird der Veranlagungszeitraum nicht unterbrochen, so daß insoweit eine gemeinsame Veranlagung für die Zeit vor und nach der Verfahrenseröffnung zu erfolgen hat.

1501 Gewerbe**ertrag** und Gewerbe**kapital** sind nach den allgemeinen Regeln zu ermitteln. Dabei sind Dauerschulden hinzuzurechnen, da sie wegen der insolvenzrechtlichen Beschränkungen nicht zurückgezahlt werden können. Dies führt zu einer systemwidrigen Erhöhung der Gewerbesteuerbelastung während des Insolvenzverfahren, der nur durch einen Billigkeitserlaß nach §§ 163, 227 AO entgangen werden kann (vgl. dazu Frotscher, Steuern im Konkurs, 4. Aufl. 1997, S. 183).

1502 Für den Abwicklungszeitraum wird der Gewerbeertrag gemäß § 16 Abs. 2 GewStDV ermittelt. Dabei ist der Ertrag des Abwicklungszeitraumes, d. h. der Ertrag, der in dem Zeitraum vom Beginn der Abwicklung bis zu deren Beendigung erzielt wird, auf die einzelnen Jahre des Abwicklungszeitraumes zu verteilen nach dem Verhältnis, in dem die Zahl der Kalendermonate, für die in dem jeweiligen Jahr die Steuerpflicht bestanden hat, zu der Gesamtzahl der Kalendermonate des Zeitraumes steht, in dem die Gewerbesteuerpflicht während des Insolvenzverfahrens bestanden hat.

1503 Wird der Betrieb einer Kapitalgesellschaft zunächst weitergeführt, so beginnt der Abwicklungszeitraum nach § 16 Abs. 2 GewStDV mit dem Jahr, auf dessen Anfang oder in dessen Ablauf der Beginn der Insolvenzabwicklung fällt. In der Regel fällt im Abwicklungszeitraum nur dann Gewerbesteuer an, wenn erhebliche Veräußerungsgewinne erzielt worden sind.

1504 Wird im Laufe eines Kalenderjahres das Insolvenzverfahren eröffnet, ist der einheitliche Gewerbesteuermeßbetrag für das ganze Jahr zu ermitteln. Die Gewerbesteuerschuld entsteht nach Ablauf des Erhebungszeitraumes (§ 18 GewStG), also nach Verfahrenseröffnung. Im Zeitpunkt der Verfahrenseröffnung ist die Gewerbesteuerschuld noch nicht entstanden. Insoweit handelt es sich um eine befristete Forderung, die als aufschiebend bedingte Forderung gemäß § 191 InsO nur zur Sicherung berechtigt.

1505 Betrifft die Gewerbesteuerabschlußzahlung einen Veranlagungszeitraum, der vor der Eröffnung des Insolvenzverfahrens liegt, so ist die Gewerbesteuerforderung, soweit sie im Zeitpunkt der Verfahrenseröffnung noch nicht fällig war, eine betagte Forderung i. S. d. § 41 InsO, die mit dem abgezinsten Betrag zur Insolvenztabelle anzumelden ist.

1506 Entfällt die Gewerbesteuer auf Erhebungszeiträume nach der Verfahrenseröffnung, gehört sie zu den Masseverbindlichkeiten.

6. Grunderwerbsteuer

1507 Grunderwerbsteuern können Masseverbindlichkeiten im Sinne des § 55 Abs. 1 Nr. 1 InsO sein, wenn der Insolvenzverwalter im Rahmen des Insolvenzverfahrens Grundstücke veräußert oder erwirbt (vgl. Weiss, UR 1989, 202; BFH vom 29. 9. 1970 – II B 22/70 – KTS 1971, 111, 114; Kuhn/Uhlenbruck, KO, § 58 Rz. 11; Kilger/K. Schmidt, KO/VglO/GesO, § 58 KO, 3e). Bei der Veräußerung von Grundstücken übernimmt jedoch in der Regel der Erwerber die Grunderwerbsteuer.

1508 Die Grunderwerbsteuer ist dagegen als Insolvenzforderung i. S. d. § 38 InsO begründet, wenn ein der Grunderwerbsteuer unterliegender Erwerbsvorgang vor Verfahrenseröffnung verwirklicht worden ist.

1509 Das gleiche gilt, wenn der Insolvenzverwalter nach § 103 InsO sich für die Erfüllung eines vom Schuldner im letzten Jahr vor Verfahrenseröffnung abgeschlossenen Grundstückskauf- oder -Verkaufsvertrages entscheidet. In diesem Fall ist die Grunderwerbsteuer bereits vor Verfahrenseröffnung begründet (BFH vom 14. 10. 1977 – III R 111/75 – BStBl II 1978, 204 = BB 1978, 186; Boruttau/Egly/Sigloch, GrErwStG,Vorbem. vor § 1 Anm. 935). Lehnt der Insolvenzverwalter dagegen die Erfüllung des vor Verfahrenseröffnung abgeschlossenen Kaufvertrages nach § 103 InsO ab, so ist der Erstattungsanspruch vor Verfahrenseröffnung begründet, jedoch noch nicht entstanden. Da der spätere Schuldner die Grunderwerbsteuer aus seinem vorinsolvenzlichen Vermögen gezahlt hat, ist die Grunderwerbsteuer an die Masse zu erstatten (Frotscher a. a. O., 280; Boruttau/Egly/Sigloch, GrErwStG, Vorbem. vor § 1 Anm. 936; § 17 Anm. 298; BFH vom 22. 5. 1979 – VIII R 58/77 – BStBl II 1979, 639).

1510 Zu beachten ist, daß im Fall der Verwertung eines Grundstücks durch den Insolvenzverwalter zugunsten eines absonderungsberechtigten Grundpfandgläubigers das Zubehör zwar gemäß §§ 1120, 1192 BGB mithaftet; steuerrechtlich fällt jedoch bezüglich des Grundstücks in der Regel Grunderwerbsteuer an, während die Veräußerung des Zubehörs Umsatzsteuer auslöst. Eine andere Beurteilung ergibt sich jedoch, wenn der Insolvenzverwalter gemäß §9 UStG auch hinsichtlich der Grundstücksverwertung zur Umsatzsteuer optiert (vgl. Weiss, Insolvenz und Steuern, a. a. O. S. 141).

1511 Bei Verschmelzungen und übertragenden Umwandlungen, die im Rahmen eines Reorganisationsverfahrens durchgeführt werden, sieht das Insolvenzrecht eine Befreiung von der Grunderwerbsteuer vor, soweit die wirtschaftliche Identität der Eigentümer im wesentlichen gewahrt bleibt.

1512 Keine **Grunderwerbsteuer** entsteht für die Rückübertragung des Eigentums an einem Grundstück aufgrund einer Insolvenzanfechtung (§§129 ff. InsO).

7. Grundsteuer

1513 Bei Grundstücken sind die laufenden öffentlichen Abgaben wie **Grundsteuer**, Kanalisationsgebühren, Brandversicherungsbeiträge, soweit es sich um öffentliche Zwangsversicherungen handelt, Schornsteinfegergebühren und dgl. mehr Aufwendungen der Verwaltung und somit Masseverbindlichkeiten nach §55 Abs. 1 Nr. 1 InsO (Kuhn/Uhlenbruck, KO, §58 Rz. 8c, 8s; Kilger/K. Schmidt, KO/VglO/GesO, §58 KO, 3c).

1514 Grundsteuern sind Masseverbindlichkeiten, wenn land- oder forstwirtschaftliche Betriebe i. S. d. §§33–67, 31 BewG, Betriebsgrundstücke nach §99 BewG oder Grundstücke (§§68 ff. BewG) zur Insolvenzmasse gehören und die Steuerforderung nach Verfahrenseröffnung entstanden ist (RFH vom 27. 8. 1929 – II A 422/29 – RFHE 25, 328; 332; RG vom 9. 2. 1927 – V 394/26 – RGZ 116, 111; Hess, KO, Anh. V Rz. 219).

1515 Nach §38 AO, §§9 Abs. 2, 27 Abs. 1 GrStG entsteht die Grundsteuer zum Jahresbeginn für das ganze Jahr und wird dann auch fällig, so daß die Grundsteuer für das Verfahrenseröffnungsjahr als Insolvenzforderung zur Insolvenztabelle anzumelden ist. Unerheblich ist, daß das Finanzamt erst zu einem späteren Zeitpunkt einen geänderten Steuermeßbescheid erläßt.

1516 Grundsteueransprüche für die der Verfahrenseröffnung folgenden Jahre hinsichtlich eines zur Insolvenzmasse gehörenden Grundstückes, die nach Verfahrenseröffnung begründet worden sind, sind Masseverbindlichkeiten i. S. d. §55 Abs. 1 Nr. 1 InsO. Sie sind durch Steuerbescheid gegen den Insolvenzverwalter festzusetzen.

1517 Wird neben dem Insolvenzverfahren auch die Zwangsversteigerung und die Zwangsverwaltung angeordnet, so kann für die Grundsteuer nicht die Insolvenzmasse in Anspruch genommen werden (VG Düsseldorf vom 21. 2.

1985 -11 K 2805/82 – EWiR 1986, 389). Durch die Anordnung der Zwangsverwaltung nach §§ 146 ff. ZVG wird das Grundstück der Verwaltung des Schuldners gemäß § 148 Abs. 2 ZVG entzogen und dem Zwangsverwalter wird gemäß § 150 Abs. 2 ZVG die Möglichkeit eingeräumt, sich selbst den Besitz an dem Grundstück zu verschaffen. Auch wenn das Grundstück dann weiterhin der Insolvenzmasse angehört, weil der Insolvenzverwalter es nicht gemäß § 114 ZVG aus der Insolvenzmasse freigegeben hat und es allein durch die Anordnung der Zwangsverwaltung und die Beschlagnahme zugunsten des absonderungsberechtigten Gläubigers nicht aus der Insolvenzmasse ausscheidet, ist dem Insolvenzverwalter gemäß § 148 Abs. 2 ZVG durch die Beschlagnahme die Nutzung und Verwaltung des Grundstücks entzogen. Ist der Insolvenzverwalter jedoch nicht mehr zur Verwaltung des Massegrundstücks befugt, so kann die Grundsteuerforderung auch nicht der Insolvenzmasse zugerechnet werden. Die Grundsteuer gehört insoweit nicht zu den Masseverbindlichkeiten gemäß § 55 Abs. 1 Nr. 1 InsO.

1518 Durch die Zwangsverwaltung des Grundstücks entsteht neben der Insolvenzmasse auch eine Zwangsverwaltungsmasse, die alle der Beschlagnahme unterliegenden Nutzungen des Objektes, wie z. B. den Mietzins (Zeller/Stöber, ZVG, § 155 Rz. 2), umfaßt. Wie bei der Zwangsversteigerung, die der Insolvenzverwalter gemäß §§ 172 ff. ZVG selbst während des Insolvenzverfahrens betreiben kann (Zeller/Stöber, ZVG, § 172 Rz. 3), so sind auch hier die Massen der beiden Verfahren (Insolvenzverfahren und Zwangsversteigerung/-verwaltung) völlig getrennt. Dabei haftet der Zwangsverwalter mit der Zwangsversteigerungsmasse soweit seine Verwaltung reicht; dazu gehören auch alle auf dem Grundstück ruhenden öffentlichen Lasten, wie auch die Grundsteuer (Zeller/Stöber, ZVG, § 152 Rz. 12). Das folgt auch aus § 23 ZVG. Durch die Beschlagnahme wird dem Insolvenzverwalter die Verwertungsbefugnis hinsichtlich des Grundstücks entzogen; er ist nicht mehr berechtigt, das Grundstück selbst durch freihändige Veräußerung oder Zwangsversteigerung zu verwerten. Dem Insolvenzverwalter steht lediglich noch ein Verwertungs- bzw. Verteilungsrecht hinsichtlich eines etwa verbleibenden Mehrerlöses, welcher in die Insolvenzmasse fällt, zu. Auch die Möglichkeit des Insolvenzverwalters, gemäß § 173 Abs. 2 InsO dem die Zwangsvollstreckung betreibenden Gläubiger eine Frist zur Verwertung setzen zu lassen und gemäß § 30c ZVG die einstweilige Einstellung des Zwangsversteigerungsverfahrens zu beantragen, ändert nichts an dem entscheidenden Gesichtspunkt, daß der Insolvenzverwalter grundsätzlich nicht in der Lage ist, die Verwertung durch einen absonderungsberechtigten Gläubiger zu verhindern bzw. durch eine eigene Verwertungshandlung zu ersetzen (BFH vom 14. 2. 1978 – VIII R 28/73 – NJW 1978, 1824).

8. Kraftfahrzeugsteuer

1519 Für die Entstehung der Kraftfahrzeugsteuer ist entscheidend, ob der Schuldner zu Beginn des Entrichtungszeitraumes Halter des Fahrzeugs ist. Dabei gilt die unwiderlegbare Rechtsvermutung, daß das Fahrzeug bis zu einer Außerbetriebsetzung oder bis zum Eingang der Änderungsanzeige bei der Zulassungsbehörde von demjenigen gehalten wird, für den es zugelassen ist (§§ 1, 5 KraftStG).

1520 Masseverbindlichkeiten i. S. d. § 55 Abs. 1 Nr. 1 InsO sind die Kraftfahrzeugsteuern für Kraftfahrzeuge, die der Insolvenzverwalter noch nicht stillgelegt bzw. nicht veräußert hat (BFH vom 18. 12. 1953 – II 190/52 U – DB 1954, 144).

1521 Veräußert der Insolvenzverwalter im Rahmen der Verwertung der Insolvenzmasse ein Kraftfahrzeug, so bleibt der Schuldner so lange kraftfahrzeugsteuerpflichtig, bis der Insolvenzverwalter den Übergang des Eigentums der Zulassungsbehörde angezeigt hat. Die Kraftfahrzeugsteuer ist **Masseforderung**, soweit sie für einen Zeitraum zu entrichten ist, der nach der Eröffnung des Insolvenzverfahrens neu zu laufen beginnt.

9. Investitionszulage

1522 Die Berechtigung zur Inanspruchnahme der Investitionszulage bleibt bei der Verfahrenseröffnung bestehen. Die Gewährung einer Investitionszulage setzt in der Regel voraus, daß das begünstigte Wirtschaftsgut mindestens 3 Jahre im Betriebsvermögen verbleibt (vgl. § 19 Abs. 2 BerlFG; § 1 Abs. 3 Nr. 1, 2; 4 Abs. 2 Nr. 1, 2 InvZulG). Wird im Rahmen des Insolvenzverfahrens das begünstigte Wirtschaftsgut durch den Insolvenzverwalter vor Ablauf der 3 Jahresfrist veräußert, so fordert das Finanzamt die gezahlte Investitionszulage zurück.

1523 Der Rückforderungsanspruch des Finanzamtes ist Insolvenzforderung nach § 38 InsO, weil die begünstigte Investition vom Schuldner vor Verfahrenseröffnung vorgenommen worden ist und der Rückforderungsanspruch damit vor Verfahrenseröffnung begründet war. Unerheblich ist, daß er erst aufgrund einer Verwertungshandlung des Insolvenzverwalters entstanden ist. Da der Anspruch auf die Investitionszulage rückwirkend erlischt (§ 5 Abs. 6

InvZulG; § 19 BerlFG) entsteht der Rückforderungsanspruch rückwirkend im Zeitpunkt der Eröffnung des Insolvenzverfahrens als betagte Forderung i. S. d. § 41 InsO. Der Rückforderungsanspruch ist daher in voller Höhe ohne Abzinsung zur Insolvenztabelle anzumelden (BFH vom 14. 10. 1977 – III R 111/75 – BStBl II 1978, 204).

IV. Vollstreckung des Finanzamtes wegen Masseforderungen

1. Grundsatz

1524 Masseforderungen des Finanzamtes werden durch dem Insolvenzverwalter bekanntzugebende Steuerbescheide festgesetzt, soweit dieser die Steuern nicht selbst zu errechnen und anzumelden hat (z. B. Lohn- und Umsatzsteuer).

1525 Werden die Masseforderungen nicht entrichtet, so fordert die Vollstreckungsstelle des Finanzamtes den Insolvenzverwalter zur unverzüglichen Zahlung auf und teilt ihm zugleich mit, daß er sich durch die Nichtanmeldung und Nichtentrichtung der Fälligkeitssteuern haftbar nach § 69 AO, schadensersatzpflichtig nach § 60 InsO und gegebenenfalls verantwortlich nach §§ 370, 378 und 380 AO machen kann. Beachtet der Insolvenzverwalter die Hinweise des Finanzamtes nicht, so wird es durch die Festsetzungsstelle unverzüglich die Haftungsfrage prüfen lassen.

1526 Die Vollstreckung wegen steuerrechtlicher Masseansprüche erfolgt außerhalb des Insolvenzverfahrens. Als Gegenstand der Vollstreckung eignet sich für das Finanzamt insbesondere das vom Insolvenzverwalter bei einem Geldinstitut geführte Anderkonto, weil es der Sammlung der geldwerten Insolvenzmasse dient. Das Finanzamt kann eine Forderungspfändung nach § 309 AO anbringen. Darüber hinaus kann es eine Sicherungshypothek auf ein zur Insolvenzmasse gehörendes Grundstück eintragen lassen, wobei es dem Grundbuchamt in einem Begleitschreiben zum Eintragungsantrag mitteilt, daß die dem Eintragungsantrag zugrunde liegenden Abgabenrückstände als Masseansprüche geltend gemacht werden. Der im Grundbuch gemäß §§ 23, 32 InsO eingetragene Insolvenzvermerk hindert insoweit nicht.

1527 Unstatthaft ist die Vollstreckung in das persönliche Vermögen des Insolvenzverwalters, es sei denn, er ist durch Haftungsbescheid in Anspruch genommen.

2. Vollstreckungsmoratorium (§ 90 InsO)

1528 § 90 InsO erweitert das in § 89 InsO geregelte Vollstreckungsverbot zeitlich begrenzt auf oktroyierte Masseforderungen. Sinn und Zweck dieser Regelung ist es, durch ein zeitweiliges Vollstreckungsmoratorium dem Insolvenzverwalter in den ersten Monaten nach Verfahrenseröffnung hinreichende Masse zur Verfügung zu stellen und ihm damit weitgehende Sanierungsmöglichkeiten zu eröffnen. Die Massegläubiger haben für diesen Zeitraum einen Anspruch auf die seit Verfahrenseröffnung laufenden Zinsen. Allerdings laufen sie Gefahr, daß innerhalb des Moratoriums Masseunzulänglichkeit eintritt.

1529 Gemäß § 90 Abs. 1 InsO fallen nur solche Masseverbindlichkeiten unter das Moratorium, die **nicht** aus Rechtshandlungen des Insolvenzverwalters begründet sind, und nimmt damit Bezug auf die in § 55 Abs. 1 Nr. 1, 2. Alt, Nr. 3 InsO. Unter das Vollstreckungsmoratorium fallen auch die Masseverbindlichkeiten mit Ausnahme der Lohnsteueransprüche für Arbeitnehmer, denen nicht zum ersten möglichen Termin gekündigt wurde oder die vom Insolvenzverwalter weiterbeschäftigt worden sind.

1530 § 90 Abs. 2 InsO stellt klar, daß die dort genannten Verbindlichkeiten nicht unter das Moratorium fallen, nämlich

- die Ansprüche hinsichtlich der gegenseitigen Verträge, deren Erfüllung der Verwalter gemäß § 103 InsO gewählt hat,
- Erfüllungsansprüche aus Dauerschuldverhältnissen, die der Insolvenzverwalter nicht gekündigt hat, für die Zeit nach dem ersten Termin, zu dem gekündigt werden kann; Dauerschuldverhältnisse sind z. B. Dienstverhältnisse, Mietverträge etc., soweit der Insolvenzverwalter die Gegenleistung in Anspruch genommen hat, z. B. bei Weiterbeschäftigung der Arbeitnehmer während der Kündigungsfrist, nicht aber bei Freistellung; hierunter fallen auch die Lohnsteueransprüche für die fragliche Zeit der Weiterbeschäftigung.

1531 Das Vollstreckungsmoratorium ist zeitlich auf die ersten sechs Monate ab der Verfahrenseröffnung begrenzt. Die Fristberechnung erfolgt in entsprechender Anwendung der §§ 188, 189 BGB. Der Tag der Insolvenzeröffnung wird bei Bestimmung des Fristbeginns daher nicht mitgerechnet (§ 188 Abs. 1 BGB), so daß die Frist erst am darauffolgenden Tag zu laufen beginnt. Der Tag an dem die Frist endet entspricht seiner Zahl nach grundsätzlich dem Tag der Insolvenzeröffnung. Sofern in dem letzten Monat dieser Tag fehlt, endet die Frist am Monatsletzten.

3. Nebenforderungen, Säumniszuschläge, Verspätungszuschläge, Zinsen

1532 Die Nebenforderungen sind mit der Steuerforderung anzumelden.

3.1 Säumniszuschläge

1533 Ob steuerartige Abgaben vorliegen, richtet sich danach, ob die wesentlichen Merkmale einer Steuer nach § 3 Abs. 1 AO erfüllt sind.

1534 Säumniszuschläge sind ein Druckmittel eigener Art, das den Steuerpflichtigen zur rechtzeitigen Zahlung anhalten soll. Sie dienen der Abgeltung der durch die nicht fristgerechte Zahlung entstehenden Verwaltungsaufwendungen. Sie sind einfache Insolvenzforderungen i. S. d. § 38 InsO (zur KO: BFH vom 22. 4. 1983 – VI R 268/80 – WM 1983, 1218).

1535 Führt ein Insolvenzverwalter von ihm einbehaltene Lohnsteuer deshalb verspätet an das Finanzamt ab, weil er zur Frage seiner Lohnsteuer-Abführungsverpflichtung zunächst nicht der höchstrichterlichen BFH-Rechtsprechung, sondern davon abweichenden Literaturmeinungen gefolgt ist, so rechtfertigt dieser Rechtsirrtum allein keinen Billigkeitserlaß der verwirkten Säumniszuschläge. Ein Erlaß kommt auch nicht deshalb in Betracht, weil im Zeitpunkt der Einbehaltung und Fälligkeit der abzuführenden Lohnsteuer Masseunzulänglichkeit nach § 209 InsO bestanden hat (FG Düsseldorf vom 21. 7. 1982 – XIII/V 140/77 AO – EFG 1983, 304).

1536 Nicht anzumelden sind Säumniszuschläge, die nach Überschuldung und Zahlungsunfähigkeit angefallen sind. Das den Finanzbehörden bei der Frage des Erlasses von Säumniszuschlägen zur Umsatzsteuer gemäß § 227 AO eingeräumte Ermessen kann im Falle der Zahlungsunfähigkeit und Überschuldung des Steuerschuldners nur in der Weise ermessensfehlerfrei ausgeübt werden, daß die Säumniszuschläge erlassen werden. Dabei sind die Begriffe Zahlungsunfähigkeit und Überschuldung im insolvenzrechtlichen Sinne zu verstehen.

1537 Säumniszuschläge sind ferner dann aus Billigkeitsgründen zu erlassen, wenn die nach der Sachlage gebotene zinslose Stundung der in vollem Umfang gesicherten Umsatzsteuerforderungen unterlassen worden ist (FG Baden-Württemberg vom 14. 12. 1982 – XI (II) 28/78 – ZIP 1983, 990).

3.2 Verspätungszuschläge

Der Verspätungszuschlag ist wie der Säumniszuschlag weder Steuer noch steuerartige Abgabe (Frotscher a. a. O. S. 70; Tipke/Kruse, AO, §251 Anm. 26; Hübschmann/Hepp/Spitaler, AO, §251 Anm. 70). Verspätungszuschläge sind danach wie Säumniszuschläge zur Insolvenztabelle anzumelden. 1538

3.3 Zinsen

Die bis zur Verfahrenseröffnung entstandenen Zinsen (§§233 ff. AO) sowie die Kosten der bisherigen Vollstreckungsmaßnahmen (§§337 ff. AO) sind mit dem Rang der Hauptforderung anzumelden. 1539

Nachrangige Insolvenzforderungen im Sinne des §39 InsO stellen Zwangsgelder sowie Geldbußen und Geldstrafen dar. 1540

Die nachrangigen Insolvenzforderungen sind nur anzumelden, wenn das Insolvenzgericht ausdrücklich dazu auffordert (§174 Abs. 3 InsO). 1541

V. Konsequenzen für den Fiskalgläubiger

Durch den Wegfall des Konkursvorrechts des Finanzamtes sind die Befriedigungschancen des Steuergläubigers gegenüber dem bisherigen Recht in erheblichem Umfang eingeschränkt. Die Finanzämter müssen sich daher Alternativen einfallen lassen, um den Forderungsausfall überschaubar zu machen. Hierbei bieten sich prinzipiell zwei Möglichkeiten an: 1542

- die Beschaffung von Sicherheiten
- die frühere Insolvenzantragstellung durch den Steuergläubiger.

1. Sicherheiten des Finanzamtes

1.1 Sicherheitenbestellung

Als mögliche Sicherheiten kommen vor allem die besitzlosen Sicherungsrechte, nämlich die Sicherungsübereignung und die Sicherungsabtretung in Betracht, da dem Schuldner der Besitz an den Betriebsmitteln möglichst erhalten bleiben sollen. 1543

Grundsätzlich ist das Finanzamt auch nicht gehindert, sich z. B. im Fall einer Stundung der rückständigen Steuern, bestimmte Sicherheiten übertragen zu lassen. Problematisch stellt sich in diesem Zusammenhang in der Praxis allerdings der Umstand dar, daß die Mehrzahl der potentiellen Sicherungsgegenstände bereits an die Kreditgläubiger und Lieferanten des Schuldners 1544 übertragen sein werden. Wegen des sachenrechtlichen Prioritätsgrundsatzes scheidet ein Eigentumserwerb des Finanzamtes deshalb in den meisten Fällen aus (es sei denn eine vorangegangene Zession ist z. B. unwirksam oder an den Schuldner nach Erfüllung des Anspruchs zurückübertragen).

1545 Sinnvoller dürfte daher in den meisten Fällen die Bestellung einer Sicherungshypothek sein.

1.2 Anfechtung der Sicherheitenbestellung

1546 Sofern gleichzeitig mit dem Abschluß eines Kreditvertrages die sofortige Besicherung vereinbart wird, ist die Anfechtung ausgeschlossen, weil der Schuldner bei derartigen Bargeschäften im Gegenzug eine gleichwertige Gegenleistung erhält und damit eine Gläubigerbenachteiligung nicht gegeben ist (§ 142 InsO).

1547 Voraussetzung hierfür ist allerdings ein enger zeitlicher Zusammenhang zwischen dem Abschluß des Kreditvertrages und der Bestellung der Sicherheit, wobei im Geltungsbereich der InsO bei der Bestellung von Grundpfandrechten auf den Eintragungsantrag abgestellt wird (Obermüller/Hess, InsO, Rz. 747), so daß auch bei wesentlich späterer Eintragung des Grundpfandrechts noch ein enger zeitlicher Zusammenhang vorliegen kann.

1548 Voraussetzung ist aber auch beim Bargeschäft, daß der Wert der Sicherheiten den Kreditbetrag nicht wesentlich übersteigt.

2. Anfechtung nachträglicher Besicherung

2.1 Sicherheitenbestellung vor dem Eröffnungsantrag

1549 Im Fall der Sicherheitenbestellung durch das Finanzamt kann im Fall der nachfolgenden Insolvenzeröffnung das Problem der Insolvenzanfechtung durch den Insolvenzverwalter auftreten. Der Insolvenzverwalter kann nach Maßgabe der §§ 129 ff. InsO Sicherungen oder Befriedigungen, die innerhalb eines sog. kritischen Zeitraums erlangt wurden, durch Erhebung einer Anfechtungsklage in ihrer Wirkung rückgängig machen, wenn einer der in §§ 129 ff. InsO genannten Anfechtungsgründe eingreift.

1550 Der Anfechtungsgegner, d. h. derjenige, der aufgrund der anfechtbaren Rechtshandlung etwas erlangt hat, wird in diesem Fall zur Rückgewähr des Erlangten in die Insolvenzmasse verpflichtet.

1551 Im einzelnen gilt für die Anfechtung von Sicherheiten folgende zeitliche Abstufung: Sicherheitsbestellungen, die in den letzten 10 Jahren vor dem

Eröffnungsantrag erfolgt sind, können möglicherweise wegen vorsätzlicher Benachteiligung nach §133 InsO anfechtbar sein, sofern der Schuldner mit Benachteiligungsvorsatz handelte und der Anfechtungsgegner diesen Vorsatz kannte oder wußte, daß die Zahlungsunfähigkeit des Schuldners drohte und die Handlung die Gläubiger benachteiligt. Diese Variante dürfte beim Steuergläubiger nicht praxisrelevant sein.

1552 Nicht maßgeblich ist auch die Vorschrift des §133 Abs. 2 InsO, wonach eine Sicherheit, die weniger als 2 Jahre vor dem Eröffnungsantrag bestellt wurde, u. U. nach Maßgabe des §133 Abs. 2 InsO anfechtbar sein kann. §133 Abs. 2 InsO erfaßt nur entgeltliche Verträge mit nahestehenden Personen, durch die die Gläubiger unmittelbar benachteiligt werden. Das FA ist nämlich regelmäßig nicht als dem Schuldner nahestehende Person anzusehen.

1553 Sofern die Sicherheit weniger als 3 Monate vor dem Eröffnungsantrag gestellt wurde und eine inkongruente Deckung darstellt, setzt die Anfechtbarkeit nach §131 InsO ein, wenn der Schuldner zahlungsunfähig ist oder das Finanzamt Kenntnis von der Gläubigerbenachteiligung bzw. den hierauf zwingend hindeutenden Umständen hatte (§131 Abs. 1 Nr. 2, 3 Abs. 2 InsO).

1554 Inkongruent ist eine Deckung dann, wenn die bewirkte Leistung bei objektiver Betrachtung von dem abweicht, was der Gläubiger als Insolvenzgläubiger (BGH vom 10. 12. 1980 – VIII ZR 327/79 – WM 1981, 194) nach Maßgabe des Schuldverhältnisses im Leistungszeitpunkt tatsächlich zu beanspruchen hatte (vgl. Kuhn/Uhlenbruck, KO, §30 Rz. 45).

1555 Eine Befriedigung, die der Gläubiger **nicht** zu beanspruchen hatte, kann etwa hinsichtlich einer verjährten oder aufgrund anfechtbaren Rechtsgeschäfts (Jaeger/Lent, KO, §30 Rz. 50) geschuldeten Leistung vorliegen.

1556 **„Nicht in der Art“** im Sinne des §131 InsO kann eine Befriedigung beansprucht werden, wenn **Leistungen an Erfüllungs Statt oder erfüllungshalber** hingegeben werden, z. B. Rückgabe von Waren, ohne vorherige Vereinbarung eines Eigentumsvorbehaltes (Kilger/K. Schmidt, KO/VglO/GesO, §30 KO, 19b), Zession einer Forderung, Schuldübernahme durch einen Schuldner des Schuldners (Kuhn/Uhlenbruck, KO, §30 Rz. 47), Hergabe eines Kundenwechsels statt Barzahlung, Hingabe von Waren statt Barzahlung (BGH vom 26. 5. 1971 – VIII ZR 61/70 – WM 1971, 908, 909; KG vom 28. 5. 1926 – 9 AW 109/26 – JW 1927, 1106; s. auch OLG Stuttgart vom 8. 7. 1980 – 11 U 43/80 – ZIP 1980, 860).

1557 Übliche oder vereinbarte Zahlungen durch **Scheck** oder **Überweisung** stellen aber keine inkongruente Deckung dar (Kuhn/Uhlenbruck, KO, § 30 Rz. 48; siehe auch zur inkongruenten Kreditmittelverwendung BGH vom 15. 2. 1990 – IX ZR 149/88 – ZIP 1990, 459).

1558 Eine i. S. d. § 131 InsO anfechtbare inkongruente Deckung liegt aber dann vor, wenn der spätere Schuldner seinen Gläubigern kurz vor der Zahlungseinstellung statt der geschuldeten Zahlung eine Forderung gegen einen Dritten abtritt (OLG Schleswig vom 24. 11. 1981 – 3 U 43/81 – ZIP 1982, 82).

1559 **Kongruente Deckungen,** d. h. Befriedigungen oder Sicherheitenbestellungen, auf die der Gläubiger eigentlich ohne die Insolvenz Anspruch gehabt hätte, können nach § 130 InsO innerhalb der letzten 3 Monate vor Eröffnungsantrag nur dann angefochten werden, wenn die Bank Kenntnis von der Zahlungsunfähigkeit bzw. der darauf hindeutender Umstände hatte.

1560 Im letzten Monat vor dem Eröffnungsantrag ist die Anfechtbarkeit inkongruenter Deckungen erheblich dahingehend verschärft, daß eine Anfechtung auch dann möglich ist, wenn die Bank keine Kenntnis von dem Insolvenzereignis hat (§ 131 Abs. 1 Nr. 1 InsO).

1561 **Nicht der Anfechtung** unterliegen dagegen Sicherheiten, die aus dem Vermögen eines Dritten zur Verfügung gestellt werden, da hierdurch die Insolvenzgläubiger nicht benachteiligt werden.

1562 Auf diesem Wege könnte sich daher auch das FA insolvenzfeste Sicherheiten beschaffen.

2.2 Bestellung von Sicherheiten nach dem Eröffnungsantrag

1563 Liegt eine kongruente Deckung vor, so ist die Bestellung der Sicherheit nur dann anfechtbar, wenn der Gläubiger Kenntnis von dem Eröffnungsantrag oder der Zahlungsunfähigkeit hatte bzw. die darauf hindeutenden Umstände kannte.

1564 Sofern die Sicherheit nach Anordnung eines allgemeinen Veräußerungsverbotes erwirkt wurde, ist sie nach §§ 24 Abs. 1, 81 InsO unwirksam.

2.3 Erwerb von Sicherheiten durch Zwangsvollstreckung

1565 Laufende Zwangsvollstreckungsmaßnahmen kann das Insolvenzgericht während des Eröffnungsverfahrens nach Maßgabe des § 21 Abs. 2 Nr. 3 untersagen oder einstweilen einstellen.

1566 Sofern die Sicherung im Wege der Zwangsvollstreckung im letzten Monat vor der Verfahrenseröffnung von einem Insolvenzgläubiger erlangt wurde, wird sie bei Eröffnung des Verfahrens gem. § 88 InsO unwirksam.

3. Frühere Insolvenzantragstellung

Als künftiger Insolvenzgläubiger ist das Finanzamt berechtigt, einen Antrag auf Eröffnung des Insolvenzverfahrens zu stellen. 1567

Da ein solcher Antrag eine besonders einschneidende Maßnahme für den Schuldner ist, bedarf er grundsätzlich der vorherigen Genehmigung durch die Oberfinanzdirektion. Allerdings macht die fehlende Zustimmung den Antrag nicht unwirksam (vgl. Nr. 60 Abs. 3 Vollstr. A), da es sich hierbei um eine verwaltungsinterne Weisung ohne direkte Außenwirkung handelt (Onusseit/Kunz, a. a. O., S. 73). 1568

Wegen der in Zukunft schlechteren Befriedigungsaussichten des Steuergläubigers empfiehlt sich eine frühere Insolvenzantragstellung, als dies bisher im Geltungsbereich der KO der Fall war. 1569

Bevor das Finanzamt einen Antrag auf Eröffnung des Insolvenzverfahrens stellt, wird es den Schuldner in der Regel darauf hinweisen, daß es die Eröffnung des Insolvenzverfahrens beantragen müsse, wenn er sich nicht ernsthaft um die Bereinigung seiner Steuerschulden, z. B. durch Leistung von angemessenen Abschlagszahlungen und pünktliche Entrichtung der laufend fällig werdenden Steuerzahlungen, bemühe. 1570

Gegebenenfalls wird das Finanzamt vor Antragstellung ein Gutachten der zuständigen Industrie- und Handelskammer darüber einholen, ob ein volkswirtschaftliches Interesse an der Fortführung des Unternehmens besteht und ob die Weiterführung des Betriebes gesichert ist. 1571

Die Frage, ob ein Insolvenzantrag gerechtfertigt ist, hat das Finanzamt nach pflichtgemäßem Ermessen zu prüfen. Dabei hat es die wirtschaftliche und soziale Bedeutung des betreffenden Unternehmens, so z. B. die Zahl der Arbeitnehmer und die Bedeutung des Wirtschaftszweiges, und sonstige öffentliche Belange, z. B. die Höhe einer staatlichen Finanzierungshilfe, mit zu berücksichtigen. Wegen der einschneidenden Folgen des Insolvenzantrages muß das Finanzamt vorrangig alle möglich erscheinenden Einzelzwangsvollstreckungsmaßnahmen ausschöpfen (FG Düsseldorf vom 1. 2. 1993 – 17 V 7392/92 – AE (KV). 1572

Als ermessensfehlerfrei wird das Finanzamt einen Insolvenzantrag in der Regel dann ansehen, wenn neben dem Insolvenzgrund die folgenden Tatbestände erfüllt sind: 1573

- der Betrieb ist nicht mehr lebensfähig, d. h. mit einer wirtschaftlichen Gesundung ist auf Dauer nicht zu rechnen,

- die Einzelvollstreckungsmaßnahmen sind ausgeschöpft oder nicht erfolgversprechend,
- die Rückstände erhöhen sich laufend, der Schuldner lebt von den nicht entrichteten Steuern,
- das Finanzamt hat keine Sicherheiten, aus denen es sich gemäß § 327 AO befriedigen kann,
- die Abgabenforderungen, derentwegen Insolvenzantrag gestellt werden soll, sind zumindest teilweise bestandskräftig festgesetzt.

1574 Solange sämtliche Forderungen durch Rechtsbehelf angefochten sind, ist die Stellung eines Antrages auf Eröffnung des Insolvenzverfahrens grundsätzlich ermessensfehlerhaft (FG Baden-Württemberg vom 17. 5. 1978 -VII 453/77 – EFG 1979, 4). Etwas anderes gilt nur dann, wenn ein Einspruch trotz angemessener Fristsetzung nicht begründet wird, offensichtlich unbegründet ist oder der Verschleppung des Besteuerungsverfahrens dient.

VI. Der Schulderlaß im Insolvenzplan und Restschuldbefreiung

1575 In einem Insolvenzplan können die Gläubiger abweichend vom gesetzlichen Regelverfahren abweichende Regelungen zur Verfahrensabwicklung beschließen (s. o. Rz. 642 ff.).

1576 Im Sinne einer Deregulierung der Insolvenzabwicklung soll den Beteiligten nach Maßgabe der Begründung des Regierungsentwurfs zur InsO ein Höchstmaß an Flexibilität für die einvernehmliche Bewältigung des Insolvenzverfahrens gewährt werden. In privatautonomen Verhandlungen und Austauschvorgängen soll das wirtschaftliche Optimum durch eine Lösung erzielt werden, die mindestens einen Beteiligten besser und die anderen nicht schlechter stellt (vgl. die Begr. RegE in Balz/Landfermann, Die neuen Insolvenzgesetze, 1995, S. 12). Ziel des Insolvenzplanes ist es, eine Sanierung zu ermöglichen, bei der die Gläubiger mehr in das Verfahren eingebunden werden und zum anderen die Rechtsstellung des Schuldners gestärkt wird. Er soll z. B. in Gestalt der Restschuldbefreiung die Möglichkeit bekommen, sich nach der Insolvenz eine neue wirtschaftliche Existenz aufzubauen.

1577 Im gestaltenden Teil des Insolvenzplans (§ 221 InsO) können unter Beachtung des Gleichbehandlungsgrundsatzes Regelungen jeder Art getroffen werden, z. B.

- Verzicht des absonderungsberechtigten Gläubigers auf die Zinsen (§ 169 InsO),
- Zahlung höherer als der gesetzlich vorgesehenen Verwertungskosten (§ 171 InsO) durch den Absonderungsberechtigten gegen Besserungsschein,
- Forderungserlaß in Höhe von 50–90% durch die Insolvenzgläubiger,
- Stundung des nichterlassenen Teils auf 3 Jahre,
- Beteiligung von Insolvenzgläubigern an dem schuldnerischen Unternehmern,
- Durchführung des Insolvenzplanes soll durch den Insolvenzverwalter überwacht werden.

Hierbei ergeben sich für das schuldnerische Unternehmen Probleme, wenn aus Sanierungsgründen Forderungen (teilweise) erlassen wurden, da die bisherige Regelung des § 3 Nr. 66 EStG, wonach Sanierungsgewinne steuerfrei waren, nur noch auf die Übergangsfälle Anwendung findet, in denen das Wirtschaftsjahr, in dem der Sanierungsgewinn erzielt wurde, bis zum 31. 12. 1997 endet. 1578

Für Sanierungsgewinne, die in Wirtschaftsjahren erzielt werden, die nach dem 31. 12. 1997 enden, entfällt die Steuerfreiheit (vgl. die ursprüngliche Regelung im Gesetz zur Fortsetzung der Unternehmenssteuerreform vom 29. 10. 1997, BGBl. I S. 2590, § 52 Abs. 2h EStG, die den Übergangszeitraum auf den 1. 1. 1997 festsetzte und die nunmehrige Regelung durch das Gesetz zur Finanzierung eines zusätzlichen Bundeszuschusses zur gesetzlichen Rentenversicherung vom 19. 12. 1997, BGbl. 1997 I S. 3121, § 52 Abs. 2i EStG). 1579

Durch den Wegfall des § 3 Nr. 66 EStG ist eine wichtige Sanierungshilfe im Insolvenzverfahren weggefallen, da nunmehr der durch den **Schulderlaß der Gläubiger** bei dem sanierungsbedürftigen Unternehmen **entstandene Buchgewinn versteuert werden muß.** Dies steht im Widerspruch zum Zweck der Sanierung, da dem notleidenden Unternehmen dadurch dringend benötigte Mittel entzogen werden. 1580

Dieses Problem tritt nicht nur im Bereich des Insolvenzplans auf, sondern auch im Restschuldbefreiungsverfahren über das Vermögen eines Kaufmanns, wenn diesem im Wege der Restschuldbefreiung die noch nicht befriedigten Verbindlichkeiten seiner Gläubiger nach § 301 InsO erlassen werden. 1581

Entscheidungsregister

I. Bundesverfassungsgericht (BVerfG)

18. 09. 1952	1 BvR 612/52	BVerfGE 1, 418; NJW 1953, 177
25. 05. 1956	1 BvR 53/54	AP Nr. 1 zu Art. 103 GG; BVerfGE 5, 9; MDR 1956, 461; NJW 1956, 985
26. 10. 1989	1 BvR 1130/89	KTS 1990, 57; NJW 1990, 1902
26. 04. 1995	1 BvL 19/94	ZIP 1995, 923
26. 04. 1995	1 BvL 1454/94	ZIP 1995, 923
24. 04. 1996	1 BvR 712/86	AP Nr. 2 zu § 57a HRG

II. Reichsgericht (RG)

04. 03. 1885	Rep I 497/84	RGZ 13, 152
24. 05. 1895	Rep III 58/95	RGZ 35, 81
19. 10. 1900	Rep VII 176/00	RGZ 47, 374
17. 12. 1901	Rep. VIII 386/01	RGZ 50, 39
06. 06. 1902	Rep. VI 111/02	RGZ 51, 412
15. 11. 1911	Rep V 1905/11	RGZ 77, 403
21. 10. 1913	Rep II 275/13	RGZ 83, 189
20. 04. 1915	Rep VII 11/15	RGZ 86, 365
01. 05. 1918	Rep I 422/17	RGZ 93, 14
28. 09. 1920	VI 93/20	RGZ 100, 62
09. 02. 1927	V 394/26	RGZ 116, 111
10. 01. 1928	II 442/27	RGZ 119, 391, 395
28. 09. 1929	I 115/29	RGZ 125, 408, 410
21. 03. 1930	VII 340/30	RGZ 127, 372, 375
06. 11. 1933	VI 231/33	RGZ 142, 184

III. Bundesgerichtshof (BGH)

09. 02. 1951	I ARZ 29/51	NJW 1951, 312
14. 05. 1951	V ZB 4/51	BGHZ 3, 140
21. 11. 1953	VI ZR 203/52	LM Nr. 4 zu § 146 KO
13. 01. 1956	V ZB 49/55	BGHZ 19, 355, 359; BVBI 1956, 69-70; LM Nr. 4 zu § 79 GBO; NJW 1956, 463-464
27. 09. 1956	II ZR 213/54	BB 1957, 136; WM 1956, 1473

05. 11. 1956	III ZR 139/55	BB 1957, 8; KTS 1957, 12; LM Nr. 4 zu § 839 (Fi) BGB; WM 1957, 67
19. 06. 1957	II ZR 1/56	WM 1957, 1334
25. 06. 1957	VIII ZR 251/56	WM 1957, 1225
04. 12. 1957	V ZR 251/56	WM 1958, 430
10. 06. 1959	V ZR 204/57	BGHZ 30, 173, 176
14. 12. 1959	II ZR 187/57	BGHZ 31, 258, 272; WM 1960, 41
30. 01. 1961	II ZR 98/59	BB 1961, 426; LM Nr. 7 zu § 240 ZPO; MDR 1961, 485; NJW 1961, 1066; WM 1961, 427
08. 11. 1961	VIII ZR 149/60	KTS 1962, 45; LM Nr. 8 zu § 146 KO; MDR 1962, 211; NJW 1962, 153
08. 01. 1962	VII ZR 65/61	BB 1962, 614; BGHZ 36, 258; LM Nr. 4 zu § 250 ZPO; MDR 1962, 297; NJW 1962, 589
15. 01. 1962	VIII ZR 189/60	KTS 1962, 51; LM Nr. 9 zu § 240 ZPO; MDR 1962, 400; NJW 1962, 591
31. 10. 1962	VIII ZR 133/61	BB 1962, 1394; LM Nr. 8 zu § 3 AnfG; MDR 1963, 214; WM 1962, 1369, 1371
02. 07. 1963	VI ZR 299/62	NJW 1963, 2019
21. 10. 1965	Ia ZR 144/63	JZ 1966, 30; MDR 1966, 39; NJW 1966, 51
26. 05. 1971	VIII ZR 61/70	BB 1971, 849; MDR 1971, 837-838; WM 1971, 908, 909
29. 11. 1971	II ZR 121/69	BB 1972, 111
22. 02. 1973	VI ZR 165/71	DB 1973, 2038; LM Nr. 7 zu § 82 KO; MDR 1973, 664; NJW 1973, 1198; WM 1973, 642
22. 03. 1973	VI ZR 165/71	NJW 1973, 1198
30. 10. 1974	VIII ZR 81/73	BB 1975, 583; JuS 1975, 123; KTS 1975, 117; LM Nr. 4 zu § 15 KO; NJW 1975, 122; WM 1974, 1218
13. 01. 1975	VII ZR 220/73	BGHZ 64, 1; DB 1975, 1650
15. 10. 1975	VIII ZR 62/74	DB 1976, 673; KTS 1976, 132; LM Nr. 18 zu § 3 AnfG; MDR 1976, 221; WM 1975, 1182
27. 09. 1976	II ZR 162/75	BB 1976, 1528; BGHZ 67, 171; LM Nr. 6 zu § 30 GmbHG; LM Nr. 4 zu § 31 GmbHG; NJW 1977, 104; WM 1976, 1223
24. 10. 1978	VI ZR 67/77	BB 1978, 1689; BGHZ 72, 234; DB 1979, 251; LM Nr. 1 zu § 60 ZVG; LM Nr. 17 zu § 240 ZPO; MDR 1979, 217; NJW 1979, 162; VersR 1979, 132; WM 1978, 1319

29. 05. 1979	VI ZR 104/78	BB 1979, 1006; BGHZ 74, 316; DB 1979, 1599; JuS 1980, 16; LM Nr. 10 zu § 82 KO; MDR 1979, 927; NJW 1979, 2212; Rpfleger 1979, 298; ZIP 1980, 25; WM 1979, 775
25. 06. 1979	II ZR 219/78	BB 1980, 66; BGHZ 75, 209; DB 1980, 151; GmbHR 1980, 27; MDR 1980, 288; NJW 1980, 595; WM 1983, 120; ZIP 1980, 46
09. 07. 1979	II ZR 118/77	BB 1979, 1625; BGHZ 75, 96; DB 1979, 1549; LM Nr. 10 zu § 826 (Ge) BGB; LM Nr. 23 zu § 823 (Be) BGB; LM Nr. 3 zu § 116 AktG 1965; MDR 1979, 1000; NJW 1979, 1823; WM 1979, 878
26. 11. 1979	II ZR 104/77	BB 1980, 222; BGHZ 75, 334; DB 1980, 297; GmbHR 1980, 28; JZ 1980, 197; LM Nr. 9 zu § 30 GmbHG; MDR 1980, 287; NJW 1980, 592; WM 1980, 78; ZIP 1980, 115
24. 03. 1980	II ZR 213/77	BB 1980, 797; BGHZ 76, 326; DB 1980, 1159; GmbHR 1980, 178; LM Nr. 11 zu § 30 GmbHG; LM Nr. 6 zu § 31 GmbHG; LM Nr. 63 zu § 161 HGB; LM Nr. 8 zu § 43 GmbHG; MDR 1980, 649; NJW 1980, 1524; WM 1980, 589; ZIP 1980, 361
12. 05. 1980	VIII ZR 167/79	BB 1980, 1013; BGHZ 77, 139; DB 1980, 1790; KTS 1980, 365; LM Nr. 1 zu § 385 BGB; LM Nr. 2 zu § 58 KO; LM Nr. 70 zu § 242 (D) BGB; MDR 1980, 931; NJW 1980, 2473; WM 1980, 776; ZIP 1980, 520 m. Anm. Henckel; ZIP 1980, 524
02. 06. 1980	III ZR 122/78	DB 1980, 2031; LM Nr. 1 zu § 64 VerglO; MDR 1981, 121; Rpfleger 1980, 426; WM 1980, 1152; ZIP 1980, 744
10. 12. 1980	VIII ZR 327/79	WM 1981, 194
29. 01. 1981	II ZR 92/80	BB 1981, 752; BGHZ 79, 291; DB 1981, 982; LM Nr. 2 zu § 624 BGB; MDR 1981, 647; NJW 1981, 1270; WM 1981, 377; ZIP 1981, 367
21. 09. 1981	II ZR 104/80	BB 1981, 2026; BGHZ 81, 311; DB 1981, 2373; LM Nr. 12 zu § 30 GmbHG; LM Nr. 14a zu § 30 GmbHG; MDR 1982, 120; NJW 1982, 383; WM 1981, 1200; ZIP 1981, 1200
23. 09. 1981	VIII ZR 245/80	KTS 1982, 222; WM 1981, 1206; ZIP 1981, 1229

28. 09. 1981	II ZR 223/80	BB 1981, 2088; BGHZ 81, 365; DB 1981, 2485; GmbHR 1982, 181; JZ 1982, 114; LM Nr. 13 zu § 30 GmbHG; MDR 1982, 120; NJW 1982, 386; WM 1981, 1270; ZIP 1981, 1332
22. 09. 1982	3 StR 287/82	ZIP 1983, 173
05. 10. 1982	VI ZR 261/80	BB 1983, 1948; BGHZ 85, 75; DB 1983, 335; LM Nr. 12 zu § 82 KO; MDR 1983, 221; NJW 1983, 1799; VersR 1983, 35; WM 1982, 1352; ZIP 1982, 1458
01. 12. 1982	VIII ZR 206/81	BB 1983, 146; DB 1983, 762; JuS 1983, 307; JZ 1983, 258; LM Nr. 12 zu § 421 BGB; LM Nr. 19 zu § 404 BGB; LM Nr. 39 zu § 705 BGB; MDR 1983, 481; NJW 1983, 749; WM 1983, 30; ZIP 1983, 51
15. 02. 1984	VIII ZR 213/82	BGHZ 90, 145; DB 1984, 1464; JZ 1984, 623; KTS 1984, 462; LM Nr. 14 zu § 557 BGB; LM Nr. 14 zu § 59 KO; MDR 1984, 662; NJW 1984, 1527; Rpfleger 1984, 327; WM 1984, 568; ZIP 1984, 612
17. 05. 1984	VII ZR 333/83	BB 1984, 1706; BGHZ 91, 198; DB 1984, 2556; JuS 1984, 973; JZ 1984, 1025; MDR 1984, 834; NJW 1984, 2154; Rpfleger 1985, 37; WM 1984, 1011; ZIP 1984, 980
25. 07. 1984	3 StR 192/84	BB 1984, 1786; BGHSt 33, 21; DB 1984, 2239; LM Nr. 1 zu § 130a HGB; MDR 1984, 958; NJW 1984, 2958; Rpfleger 1984, 420; ZIP 1984, 1244
10. 01. 1985	IX ZR 4/84	BB 1985, 1295; DB 1985, 1468; EWiR 1985, 195 (Merz); JuS 1985, 646; JZ 1985, 352; LM Nr. 46 zu § 30 KO; MDR 1985, 932; NJW 1985, 1785; WM 1985, 396; WuB VI B § 30 KO 2.85; ZIP 1985, 363
17. 01. 1985	IX ZR 59/84	BGHZ 93, 278; DB 1985, 966; JZ 1985, 580; LM Nr. 14 zu § 82 KO; LM Nr. 80 zu § 852 BGB; MDR 1985, 576; NJW 1985, 1161; VersR 1985, 475; WM 1985, 470; WuB VI B § 82 KO 2.85 (Uhlenbruck); ZIP 1985, 359
22. 01. 1985	VI ZR 131/83	BB 1985, 684; DB 1985, 1582; EWiR 1985, 313 (Kübler); KTS 1985, 520; LM Nr. 15 zu § 82 KO; MDR 1985, 566; Rpfleger 1985, 250; VersR 1985, 495; WM 1985, 423; WuB VI B § 82 KO 1.85 (Uhlenbruck); ZIP 1985, 423
16. 04. 1986	IVb ZB 14/86	NJW-RR 1986, 1263

09. 10. 1986	II ZR 58/86	BB 1987, 80; LM Nr. 21 zu § 30 GmbHG; NJW 1987, 1080; WM 1986, 1554; WuB II C § 30 GmbHG 1.87 (Rümker); EWiR 1986, 1209 (v. Gerkan); DB 1987, 159
04. 12. 1986	IX ZR 47/86	BB 1987, 574; BGHZ 99, 151; DB 1987, 826; EWiR 1986, 1229 (Merz); LM Nr. 17 zu § 82 KO; LM Nr. 3 zu § 58 KO; MDR 1987, 403; NJW 1987, 844; WM 1987, 144; ZIP 1987, 115; WuB VI B § 117 KO 2.87 (Obermüller)
03. 02. 1987	VI ZR 268/85	BB 1987, 994, 1006; BGHZ 100, 19; DB 1987, 1243; EWiR 1987, 483 (Klaas); GmbHR 1987, 260; KTS 1987, 479; LM Nr. 94 zu § 823 BGB; MDR 1987, 657; NJW 1987, 2433; WM 1987, 556; WuB II C § 64 GmbHG 1.87 (Johlke); ZIP 1987, 509
14. 04. 1987	IX ZR 260/86	AnwBl. 1987, 503; BB 1987, 1484; BGHZ 100, 346; DB 1987, 1580; EWiR 1987, 609 (BArbuR); JuS 1988, 316; JZ 1987, 163; KTS 1987, 494; LM Nr. 18 zu § 82 KO; MDR 1987, 667; NJW 1987, 3133; Rpfleger 1987, 382; VersR 1987, 986; WM 1987, 695; WuB VI B § 82 KO 1.87 (Johlke); ZIP 1987, 650
17. 09. 1987	ZR 156/86	BB 1987, 2331; DB 1988, 331; EWiR 1987, 1127 (Eckert); KTS 1988, 131; LM Nr. 17 zu § 59 KO; MDR 1988, 139; NJW 1988, 712; Rpfleger 1987, 516; VersR 1988, 249; WM 1987, 1404; WuB VI B § 82 KO 1.88 (Johlke); ZIP 1987, 1398
07. 11. 1988	II ZR 46/88	BB 1989, 100; BGHZ 106, 7; DB 1989, 218; EWiR 1989, 587 (Koch); GmbHR 1989, 152; LM Nr. 24 zu § 30 GmbHG; MDR 1989, 332; NJW 1989, 982; WM 1989, 14; WuB II C § 30 GmbHG 3.89 (Westermann); ZIP 1989, 95
22. 03. 1989	I ZB 14/89	NJW-RR 1990, 893
05. 10. 1989	IX ZR 233/87	AP Nr. 6 zu § 6 SozplKonkG; DB 1989, 2375; EWiR 1990, 595 (Balz); KTS 1990, 85; LM Nr. 24 zu § 82 KO; MDR 1990, 239; NJW 1989, 1407; WM 1989, 1781; WuB VI B § 82 KO 1.90 (Uhlenbruck); ZIP 1989, 1407
12. 10. 1989	IX ZR 245/88	EWiR 1990, 275; KTS 1990, 99; LM Nr. 25 zu § 82 KO; MDR 1990, 333; VersR 1990,

		161; WM 1989, 1904; WuB VI B § 82 KO 2.90 (Uhlenbruck); ZIP 1989, 1584
19. 10. 1989	I ZR 193/87	AnwBl. 1990, 165; BB 1989, 2349; DB 1990, 36; LM Nr. 36 zu SteuerberatungsG; MDR 1990, 413; Rpfleger 1990, 75; WM 1990, 66
19. 12. 1989	XI ZR 121/88	DB 1990, 476; LM Nr. 26 zu BörsG; MDR 1990, 545; WM 1990, 95; WuB I G 5 - 5.90 (Preusche/Polt); ZIP 1990, 84
15. 02. 1990	IX ZR 149/88	BB 1990, 731; DB 1990, 1080; EWiR 1990, 591 (Hess); KTS 1990, 477; LM Nr. 1 zu § 26 SGB IV; MDR 1990, 915; NJW 1990, 2687; WM 1990, 649; WuB VI B § 30 Nr. 2 KO 1.90 (Hess); ZIP 1990, 459
19. 02. 1990	II ZR 268/88	BB 1990, 802-807; BGHR BetrAVG § 9 Abs. 2 Forderungsübergang 1; BGHR GmbHG § 30 Schutzgesetz 1; BGHR GmbHG § 31 Abs. 5 Erstattungsanspruch 2; BGHR GmbHG § 64 Abs. 1 Konkursantragspflicht 5; BGHR HGB § 161 Abs. 1 Kommanditeinlage 1; BGHR HGB § 177a Konkursantragspflicht 2; BGHZ 110, 342-362; DB 1990, 980-982; EWiR 1990, 479 (Bergmann); GmbHR 1990, 251-257; KTS 1990, 480-492; LM Nr. 108 zu § 161 HGB; MDR 1990, 601-602; NJW 1990, 1725-1730; NJW-RR 1990, 1057; WM IV 1990, 548-556; WuB II G § 30 GmbHG 3.91 (Werner); WuB IV A § 823 BGB 2.91; ZAP EN-Nr. 341/90; ZAP F. 15, 23-24; ZIP 1990, 578-585
28. 03. 1990	VIII ZR 17/89	BB 1990, 1017; BGHZ 111, 84; DB 1990, 1228; EWiR 1990, 559 (H.G. Eckert); JuS 1990, 845; LM Nr. 6 zu § 163 BGB; MDR 1990, 911; NJW 1990, 1785; WM 1990, 935; WuB I J 2. - 10.90 (Ulrich/Irmen); ZIP 1990, 646
16. 10. 1990	II ZR 307/88	GmbHR 1990, 118
22. 10. 1990	II ZR 238/89	BB 1991, 14; DB 1990, 2587; EWiR 1991, 67 (v. Gerkan); GmbHR 1991, 99; KTS 1991, 144; LM Nr. 7 zu § 32a GmbHG; LM Nr. 15 zu § 41 KO; MDR 1991, 414; NJW 1991, 1057; WM 1990, 2112; WuB VI B § 41 KO 1.91 (Hess); ZIP 1990, 1593
15. 11. 1990	IX ZR 92/90	WM 1991, 150 (Uhlenbruck); WuB VI B § 30 Nr. 2 KO 2.91 (Uhlenbruck)

18. 11. 1991	II ZR 258/90	BB 1992, 593; DB 1992, 366; EWiR 1992, 363 (v. Gerkan); GmbHR 1992, 168; LM Nr. 10 zu § 32a GmbHG; MDR 1992, 357; NJW 1992, 1169; WM 1992, 187; WuB II C § 32a GmbHG 1.92 (Meyer-Landrut); ZIP 1992, 177
21. 11. 1991	IX ZR 290/90	BB 1992, 172; BGHZ 116, 156; EWiR 1992, 71 (Marotzke); JuS 1992, 613; JZ 1992, 424; KTS 1992, 234; LM Nr. 29 zu § 17 KO; MDR 1992, 150; NJW 1992, 507; WM 1992, 75; ZIP 1992, 48; WuB VI B § 17 KO 1.92 (Smid)
14. 12. 1992	II ZR 298/91	DB 1993, 318; BB 1993, 240; WM 1993, 144; BGHZ 121, 31; WuB II C § 32a GmbHG 3.93 (v. Gerkan); ZIP 1993, 189; EWiR 1993, 155 (Fleck)
25. 03. 1993	IX ZR 164/92	MDR 1993, 636; EWiR 1993, 479 (Smid); ZIP 1993, 687
31. 07. 1993	II ZR 269/91	BGHZ 106, 201
11. 07. 1994	II ZR 146/92	AiB 1994, 683; BB 1994, 2020-2023; BGHR GmbHG § 32a Abs. 3 Gebrauchsüberlassung 5; BGHR GmbHG § 32a Abs. 3 Gebrauchsüberlassung 6; BGHR GmbHG § 32a Abs. 3 Gebrauchsüberlassung 7; BGHR ZPO § 304 Abs. 1 Einschränkung 1; BGHZ 127, 1-17; DB 1994, 1715-1718; DNotZ 1995, 464-471; DStR 1994, 1353-1356; EWiR 1994, 1201; GmbHR. 1994, 612-618; LM Nr. 2 zu § 177a HGB; MDR 1994, 1098-1099; MittBayNot 1994, 552; NJW 1994, 2349-2354; NJW-RR 1995, 28; WiB 1994, 680-681; WM IV 1994, 1530-1536; WuB II C § 32a GmbHG 1.95; ZAP EN-Nr. 747/94; ZAP F. 14, 177-180; ZIP 1994, 1261-1267
11. 07. 1994	II ZR 162/92	ZIP 1994, 1441
19. 12. 1994	II ZR 10/94	BB 1995, 377-378; BGHR GmbHG § 32a Abs. 1 Aufrechnung 1; BGHR GmbHG § 32a Abs. 3 Gebrauchsüberlassung 9; BDB 1995, 569-570; DNotZ 1995, 486-489; DStR 1995, 814-815; EWiR 1995, 261; GmbHR 1995, 219-220; LM Nr. 48 zu § 30 GmbHG; MDR 1995, 590-591; MittBayNot 1995, 155-156; NJW 1995, 658-659; NJW-RR 1995, 865; WiB 1995, 250; WM IV 1995, 293-295; WuB II C § 32a GmbHG

		1.96; ZAP EN-Nr. 250/95; ZIP 1995, 280-282
19. 09. 1996	IX ZR 277/95	ZIP 1996, 1909; BGHR BGB § 883 Abs. 2 S 2 Erwerb, gutgläubiger 1; BGHR DDR-GesO § 2 Abs. 3 Verfügungsverbot 1; BGHR DDR-ZGB § 190 Werklohnforderung 1; BGHR InsO § 23 Abs. 1 Verfügungsbeschränkung 1; BGHZ 133, 307-315; DB 1997, 162-163; DtZ 1996, 25-26; EBE/BGH 1996, 358-360; EWiR 1996, 1077; GmbH-Stpr. 1997, 208-209; InVo 1997, 15-17; JR 1997, 332-335; LM Nr. 19 zu § 2 GesO; MDR 1997, 156-157; NJ 1997, 221; NJW 1997, 528; Rpfleger 1997, 123-125; VersR 1997, 719-721; WiB 1996, 1169-1171; WM IV 1996, 2078-2080; WuB VI G § 2 GesO 1.97; ZAP-Ost EN-Nr. 447/96; ZIP 1996, 1909-1912

IV. Oberlandesgerichte (OLG)

OLG Celle

13. 03. 1973	8 W 67/73	KTS 1973, 200
04. 11. 1981	3 U 18/81	WM 1982, 306; ZIP 1982, 84, 1435
20. 11. 1984	16 U 14/84	KTS 1985, 721; NdsRpfl. 1985, 74
24. 11. 1987	16 U 99/87	WM 1988, 131
05. 05. 1992	8 U 127/71	KTS 1972, 265

OLG Düsseldorf

08. 12. 1983	8 U 234/82	ZIP 1984, 86
02. 03. 1989	12 U 74/88	WM 1989, 1168

OLG Hamburg

04. 04. 1984	11 W 21/84	WM 1984, 1088; ZIP 1984, 584
24. 07. 1987	11 U 182/86	BB 1987, 1555; DB 1987, 1778; EWiR 1987, 989 (Karsten Schmidt); WM 1987, 1163; WuB II C § 32a GmbHG 4.87 (Rümker); ZIP 1987, 977; NJW-RR 1988, 50
25. 05. 1990	11 U 77/90	DB 1990, 2012; WM 1991, 15

OLG Hamm

06. 02. 1974	20 W 22/73	KTS 1974, 178
02. 06. 1986	8 U 298/85	EWiR 1987, 271 (Groß); GmbHR 1987, 307; ZIP 1987, 121, 122

27. 01. 1992	8 U 200/91	DB 1992, 1040; EWiR 1992, 487 (Groß); GmbHR 1992, 378; WM 1992, 914; ZIP 1992, 418

OLG Karlsruhe

13. 02. 1992	14 W 52/91	EWiR 1992, 497 (Kunkel); ZIP 1992, 417

OLG Koblenz

07. 02. 1992	2 U 3/90	DStR 1993, 251

OLG Köln

20. 12. 1979	12 U 170/78	ZIP 1980, 94 (Niemann)
14. 05. 1982	6 U 221/81	ZIP 1982, 977
14. 07. 1982	2 U 20/82	ZIP 1982, 1107

OLG München

30. 04. 1981	1 U 4248/80	ZIP 1981, 887
23. 10. 1986	22 Ar 109/86	BB 1987, 156; MDR 1987, 146; Rpfleger 1987, 78

OLG Schleswig

06. 03. 1984	3 U 150/82	ZIP 1984, 619

OLG Stuttgart

08. 07. 1980	11 U 43/80	ZIP 1980, 860

V. Landgerichte (LG)

LG Bonn

23. 06. 1992	15 O 124/92	EWiR 1992, 811 (Gerhardt); ZIP 1992, 1011

LG Düsseldorf

26. 03. 1969	15 T 74/69	KTS 1970, 56 (Pape)
27. 05. 1981	12 0 318/80	KTS 1981, 321; ZIP 1981, 601

LG Frankenthal

25. 01. 1996	2 HK O 24/95	EWiR 1996, 607; GmbHR 1996, 356-360; GmbH-Stpr 1996, 267-269; KTS 1996, 384; WM IV 1996, 726-730; WuB II C § 32a GmbHG 3.96; WuB II C § 56a GmbHG 1.96

LG Frankfurt/M.

08. 03. 1983	2/9 T 222/83	ZIP 1983, 344

LG München I

27. 01. 1969	13 T 624, 625/68	KTS 1969, 185
15. 01. 1997	17 H KO 759/97	NZA 1997, 943

LG Oldenburg

06. 08. 1981	5 T 217/81	ZIP 1981, 1011

VI. Amtsgerichte (AG)

AG Ahrensberg

05. 10. 1991	7 N 98/86	Rpfleger 1992, 34

VII. Bundesarbeitsgericht (BAG)

08. 10. 1962	2 AZR 550/61	AP Nr. 18 zu § 611 BGB Direktionsrecht; AR-Blattei Direktionsrecht und Gehorsamspflicht Entsch. 3; ArbuR 1963, 58; ArbuR 1963, 59; DB 1962, 1704; RiA 1963, 25; WA 1963, 23
25. 06. 1964	2 AZR 382/63	AP Nr. 14 zu § 1 KSchG Betriebsbedingte Kündigung; ArbuR 1965, 124; BAGE 16, 134; BlStSozArbR 1964, 302; DB 1964, 1303; NJW 1964, 1921
22. 08. 1964	1 AZR 64/64	AP Nr. 1 zu § 620 BGB
12. 12. 1968	1 AZR 102/68	AP Nr. 20 zu § 1 KSchG Betriebsbedingte Kündigung; ARST 1969, 121; BAGE 21, 248; DB 1969, 1110
10. 12. 1971	3 AZR 190/71	AP Nr. 154 zu § 242 BGB Ruhegehalt; ARST 1972, 72; BAGE 24, 63; BB 1972, 317; DB 1972, 491; EzA § 242 BGB Ruhegeld Nr. 10; JuS 1972, 289; NJW 1972, 733; WM 1972, 693
16. 03. 1972	3 AZR 191/71	AP Nr. 9 zu § 61 KO; BAGE 24, 204; BB 1972, 1504; DB 1972, 2116 ff.; EzA § 242 BGB Ruhegeld Nr. 13; KTS 1973, 133; MDR 1973, 83; WM 1972, 1436
08. 07. 1972	3 AZR 481/71	AP Nr. 157 zu § 242 BGB Ruhegehalt; BB 1972, 1409; DB 1972, 2069; EzA § 242 BGB Ruhegeld Nr. 15; WM 1973, 501
30. 11. 1972	2 AZR 79/72	BB 1973, 428

06. 12. 1973	2 AZR 10/73	AP Nr. 1 zu § 17 KSchG; ARST 1974, 87; BAGE 25, 430; BB 1974, 603; DB 1974, 119; EzA § 17 KSchG Nr. 1; NJW 1974, 1263
13. 03. 1975	3 AZR 446/74	AP Nr. 167 zu § 242 BGB Ruhegehalt; ARST 1976, 11; BB 1975, 1114; DB 1975, 1563; EzA § 242 BGB Ruhegehalt Nr. 41; KTS 1976, 53
01. 07. 1976	2 AZR 322/75	AP Nr. 2 zu § 1 KSchG 1969 Betriebsbedingte Kündigung; ARST 1977, 120; BAGE 28, 131; BB 1976, 1416; DB 1976, 2213; EzA § 1 KSchG Betriebsbedingte Kündigung Nr. 4; NJW 1977, 124
05. 08. 1976	3 AZR 110/75	AP Nr. 1 zu § 1 KSchG 1969 Krankheit; ARST 1977, 43; BB 1976, 1516; DB 1976, 2307; EzA § 1 KSchG Krankheit Nr. 2
18. 05. 1977	3 AZR 371/76	AP Nr. 175 zu § 242 BGB Ruhegehalt; ARST 1978, 43; BB 1977, 1353; DB 1977, 1655; EzA § 242 BGB Ruhegeld Nr. 65; JuS 1977, 840; NJW 1977, 1982; VersR 1977, 944; WM 1977, 1287
31. 08. 1978	3 AZR 989/77	AP Nr. 1 zu § 102 BetrVG 1972 Weiterbeschäftigung; ARST 1979, 84; BB 1979, 523; BlStSozArbR 1979, 234; DB 1979, 652; EzA § 102 BetrVG 1972 Beschäftigungspflicht Nr. 7
21. 05. 1980	5 AZR 337/78	AP Nr. 9 zu § 59 KO; ARST 1980, 166; BAGE 33, 113; DB 1980, 1897; EzA § 59 KO Nr. 8; KTS 1981, 94; MDR 1980, 964; NJW 1981, 77; ZIP 1980, 666
13. 08. 1980	5 AZR 588/78	AP Nr. 11 zu § 59 KO; ARST 1981, 22; BAGE 34, 101; BlStSozArbR 1981, 85; DB 1981, 117; EzA § 59 KO Nr. 10; KTS 1981, 245; MDR 1981, 171; NJW 1981, 885; WM 1981, 256; ZIP 1980, 1067
14. 08. 1980	3 AZR 437/79	AP Nr. 12 zu § 242 BGB Ruhegehalt-Unterstützungskasse; BB 1981, 979; BlStSoz ArbR 1981, 183; DB 1981, 750; EzA § 242 BGB Ruhegehalt Nr. 95; ZIP 1981, 424
10. 11. 1981	3 AZR 1134/78	AP Nr. 1 zu § 7 BetrAVG Widerruf; BB 1982, 994; BlStSozArbR 1982, 330; DB 1982, 1330; NJW 1982, 1829; VersR 1982, 862; WM 1982, 801; ZIP 1982, 733
29. 07. 1982	6 ABR 51/79	AP Nr. 5 zu § 83 ArbGG 1979; AR-Blattei Arbeitsgerichtsbarkeit XII Entsch. 113; BAGE 39, 259-268; DB 1983, 666-667;

		EzA § 81 ArbGG 1979 Nr. 2; SAE 1983, 343-346
16. 09. 1982	2 AZR 271/80	AP Nr. 4 zu § 22 KO; ARST 1983, 55; BB 1983, 314; BlStSozArbR 1983, 135; DB 1983, 504; EzA § 1 KSchG Betriebsbedingte Kündigung Nr. 18; KTS 1983, 134; NJW 1983, 1341; WM 1983, 276; ZIP 1983, 205
22. 02. 1983	1 AZR 260/81	AP Nr. 7 zu § 13 BetrVG 1972; ARST 1983, 130; BAGE 42, 1; BB 1984, 61; BlStSoz ArbR 1983, 280; DB 1983, 1447; EzA § 4 TVG Ausschlußfristen Nr. 54; NJW 1984, 323; ZIP 1983, 848
01. 12. 1983	6 AZR 299/80	NZA 1984, 194
20. 03. 1984	3 AZR 124/82	NZA 1985, 121
07. 06. 1984	2 AZR 602/82	AP Nr. 5 zu § 22 KO; BAGE 46, 206; BB 1985, 591; BlStSozArbR 1985, 132; DB 1985, 235; EWiR 1985, 193 (Hanau); EzA § 22 KO Nr. 4; KTS 1985, 103; MDR 1985, 258; NJW 1985, 1238; NZA 1985, 121; ZIP 1984, 1517
15. 08. 1984	7 AZR 536/82	AP Nr. 16 zu § 1 KSchG 1969 Krankheit; AR-Blattei ES 1000 Nr. 171; AR-Blattei Krankheit des Arbeitnehmers Entsch. 17; ARST 1986, 7-8; BB 1985, 800-802; DB 1985, 976-977; EzA § 1 KSchG Krankheit Nr. 16; EzBAT § 53 Krankheit Nr. 11; JuS 1985, 649-650; NJW 1985, 2783-2784; NZA 1985, 357-359; SAE 1986, 70-74; ZfA 1985, 610
12. 09. 1984	1 AZR 342/83	NZA 1985, 393
18. 12. 1984	1 AZR 176/82	AP Nr. 11 zu § 113 BetrVG 1972; ARST 1986, 4; BAGE 47, 329; BB 1985, 1394; BlStSozArbR 1985, 243; DB 1985, 1293; EzA § 113 BetrVG 1972 Nr. 12; NZA 1985, 400; ZIP 1985, 633; EWiR 1985, 449 (Stege)
27. 02. 1985	GS 1/84	AP Nr. 14 zu § 611 BGB; ArbuR 1986, 159; BAGE 48, 122; BB 1985, 1978; BlStSozArbR 1985, 326; DB 1985, 2197; EzA § 611 BGB Beschäftigungspflicht Nr. 9; EWiR 1985, 751 (Schwerdtner); JuS 1986, 240; MDR 1986, 80; NJW 1985, 2968; NZA 1985, 702; ZIP 1985, 1214
28. 03. 1985	2 AZR 113/84	AP Nr. 86 zu § 626 BGB; ARST 1986, 73; BAGE 48, 220; BB 1985, 1915; BlStSoz

		ArbR 1985, 263; DB 1985, 1743; EzA § 626 n. F. BGB Nr. 96; MDR 1985, 875; NJW 1985, 2606; NZA 1985, 559; ZIP 1985, 1351; EWiR 1985, 569
17. 04. 1985	5 AZR 74/84	AP Nr. 15 zu § 611 BGB Lohnanspruch; AP Nr. 4 zu § 1 BetrAVG Unterstützungskasse; ARST 1986, 105; BAGE 48, 229; BlStSoz-ArbR 1985, 328; DB 1985, 2251; EWiR 1985, 823 (Theobald); EzA § 611 BGB Nettolohn, Lohnsteuer Nr. 6; KTS 1985, 713; NZA 1986, 191; SGb 1986, 523; ZIP 1985, 1405
09. 05. 1985	2 AZR 372/84	AP Nr. 4 zu § 620 BGB
09. 07. 1985	1 AZR 323/83	AP Nr. 13 zu § 113 BetrVG 1972; BAGE 49, 160; DB 1986, 279; EWiR 1986, 19 (Balz); EzA § 113 BetrVG 1972 Nr. 13; NJW 1986, 2454; NZA 1986, 100; WM 1986, 299; ZIP 1986, 45
30. 10. 1985	5 AZR 484/84	KTS 1986, 485
07. 11. 1985	2 AZR 657/84	AP Nr. 17 zu § 1 KSchG 1969 Krankheit; ArbuR 1987, 419-420; ARST 1986, 135-136; BB 1986, 595-596; BehindR 1987, 19-21; DB 1986, 863-864; EzA § 1 KSchG Krankheit Nr. 17; NJW 1986, 2392-2393; NZA 1986, 359-360; SAR 1988, 301-302
26. 08. 1986	3 AZR 98/85	AP Nr. 20 zu § 59 KO; BB 1987, 1039; DB 1987, 1305; EzA § 59 KO Nr. 15; KTS 1987, 499; NZA 1987, 450; ZIP 1987, 587
13. 11. 1986	2 AZR 771/85	AP Nr. 57 zu § 613a BGB; BB 1987, 761; DB 1987, 990; EzA § 613a BGB Nr. 55; KTS 1987, 510; NZA 1987, 458; ZIP 1987, 525; EWiR 1987, 357 (Grunsky)
18. 12. 1986	8 AZR 481/84	NZA 1987, 633
28. 01. 1987	4 AZR 150/86	AP Nr. 14 zu § 4 TVG Geltungsbereich; BAGE 55, 38; BB 1987, 1388; DB 1987, 1361; EzA § 3 TVG Nr. 5; KTS 1987, 516; NZA 1987, 455; ZIP 1987, 727
24. 09. 1987	2 AZR 26/87	AP Nr. 19 zu § 1 KSchG 1969 Verhaltensbedingte Kündigung; AR-Blattei ES 1020 Nr. 292; AR-Blattei Kündigungsschutz Entsch. 292; ARST 1988, 132-133; DB 1988, 1757; EWiR 1988, 1233; EzA § 1 KSchG 1969 Verhaltensbedingte Kündigung Nr. 18; JR 1988, 440; NJW 1988, 2261-2262; StB 1988, 425

25. 01. 1989	2 AZR 140/81	DB 1983, 1042
06. 02. 1989	2 AZR 118/89	NZA 1990, 307
16. 02. 1989	2 AZR 299/88	AP Nr. 20 zu § 1 KSchG 1969 Krankheit; AR-Blattei ES 1000. 3.1 Nr. 149; AR-Blattei Krankheit IIIA Entsch. 149; ARST 1989, 222-223; ASP 1989, 335; BAGE 61, 131-151; BB 1990, 422-425; DB 1989, 2075-2079; DOK 1990, 339; EBE/BAG 1989, 154-158; EWiR 1989, 1225; EzA § 1 KSchG Krankheit Nr. 25; NJW 1989, 3299-3303; NZA 1989, 923-927; StB 1990, 57; USK 8938; WzS 1990, 181; ZAP EN-Nr. 24/90
31. 08. 1989	2 AZR 13/89	AiB 1990, 361-362; AP Nr. 23 zu § 1 KSchG Verhaltensbedingte Kündigung; Arbeitgeber 1990, 967; ARST 1990, 65-66; AuA 1991, 25-26; BB 1990, 559-560; DB 1990, 790; EWiR 1990, 399; EzA § 1 KSchG Verhaltensbedingte Kündigung Nr. 27; EzBAT § 53 BAT Verhaltensbedingte Kündigung Nr. 21; NZA 1990, 433-434; StB 1990, 310-311; USK 8974; WzS 1992, 757; ZAP EN-Nr. 345/90; ZTR 1990, 213-214
06. 09. 1989	2 AZR 19/89	AP Nr. 21 zu § 1 KSchG 1969 Krankheit; ASP 1990, 99; BB 1990, 553-55; DB 1990, 429-431; DOK 1990, 492; EzA § 1 KSchG Krankheit Nr. 26; EzBAT § 53 BAT Krankheit Nr. 19; NJW 1990, 2340-2341; NZA 1990, 307-308; USK 8991; ZAP EN-Nr. 267/90; ZTR 1990, 118-120
06. 09. 1989	2 AZR 224/89	AP Nr. 23 zu § 1 KSchG 1969 Krankheit; Arbeitgeber 1990, 967-968; BB 1990, 558-559; DOK 1990, 493; EzA § 1 KSchG Krankheit Nr. 28; EzBAT § 53 BAT Krankheit Nr. 21; NJW 1990, 2338-2340; NZA 1990, 434-437; USK 8993; ZAP EN-Nr. 461/90
06. 09. 1989	2 AZR 118/89	AP Nr. 22 zu § 1 KSchG 1969 Krankheit; ASP 1990, 99; BB 1990, 556-557; DB 1990, 431-433; DOK 1990, 493; EzA § 1 KSchG Krankheit Nr. 27; EzBAT § 53 BAT Krankheit Nr. 20; NJW 1990, 2342-2343; NZA 1990, 305-307; USK 8984; WzS 1992, 760; ZAP EN-Nr. 179/90
28. 02. 1990	2 AZR 402/89	NZA 1990, 727

19. 04. 1990	2 AZR 591/89	EzA § 23 KSchG Nr. 8
05. 07. 1990	2 AZR 154/90	AP Nr. 26 zu § 1 KSchG 1969 Krankheit; BB 1990, 2265-2266; DB 1990, 2274; DOK 1991, 453; EzA § 1 KSchG Krankheit Nr. 32; NZA 1991, 185-188; USK 9029; WzS 1991, 124
25. 01. 1991	6 Sa 829/90	NZA 1991, 600
31. 01. 1991	2 AZR 356/90	EzA § 23 KSchG Nr. 11
13. 03. 1991	7 ABR 5/90	AP Nr. 20 zu § 19 BetrVG 1972; AR-Blattei ES 530.6 1 Nr. 22; BAGE 67, 316-320; BB 1991, 2452; DB 1991, 2495; EzA § 19 BetrVG 1972 Nr. 29; EzB BetrVG § 19 Nr. 4; JR 1992, 132; NZA 1991, 946-947
27. 03. 1991	5 AZR 194/90	NZA 1991, 933
16. 08. 1991	2 AZR 604/90	AiB 1992, 655-657; AP Nr. 27 zu § 1 KSchG 1969 Verhaltensbedingte Kündigung; AR-Blattei ES 1000 Nr. 187; ARST 1992, 151-155; AuA 1993, 90-91; BB 1992, 2076-2079; BuW 1992, 472; DB 1992, 1479-1481; DStR 1992, 1373; EzA § 1 KSchG Verhaltensbedingte Kündigung Nr. 41; NZA 1993, 17-20; WzS 1992, 757
30. 10. 1991	7 ABR 19/91	NZA 1992, 407
13. 11. 1991	7 AZR 31/91	AP Nr. 60 zu § 611 BGB Abhängigkeit; BAGE 69, 62
29. 01. 1992	7 ABR 25/91	EzA § 5 BetrVG 1972 Nr. 51; NZA 1992, 835
29. 01. 1992	7 ABR 27/91	EzA § 7 BetrVG 1972 Nr. 1; EWiR 1992, 741 (Hamann); DB 1992, 1429; BB 1992, 1486; NZA 1992, 894
13. 05. 1992	5 AZR 344/91	GmbHR 1993, 35; ZIP 1992, 1496; EWiR 1992, 973 (Zeuner)
21. 05. 1992	2 AZR 399/91	NZA 1993, 497
21. 05. 1992	2 AZR 10/92	DB 1992, 2446
24. 06. 1992	5 AZR 384/91	AP Nr. 61 zu § 611 BGB Abhängigkeit; DB 1993, 236; EzA § 611 BGB Arbeitnehmerbegriff Nr. 46
14. 01. 1993	2 AZR 343/92	EzA § 1 KSchG Krankheit Nr. 39; NZA 1994, 309-311
27. 05. 1993	2 AZR 601/92	NZA 1993, 845; DB 1993, 2082; ZIP 1993, 1316; EWiR 1993, 909 (Hegmanns)
29. 07. 1993	2 AZR 155/93	AP Nr. 27 zu § 1 KSchG 1969 Krankheit; AR-Blattei ES 100 Nr. 189; BB 1994, 719-

		721; DB 1993, 2439-2440; DOK 1995, 61; DStR 1994, 472; EzA § 1 KSchG Krankheit Nr. 40; NZA 1994, 67-70; USK 9328; WzS 1995, 90; ZAP EN-Nr. 1061/93
20. 10. 1993	7 AZR 135/93	AP Nr. 3 zu §41 SGB IV; NZA 1994, 128; BB 1994, 66; DB 1994, 46; EWiR 1994, 179 (Ackmann)
16. 03. 1994	5 AZR 447/92	AP Nr. 68 zu § 611 BGB Abhängigkeit; AR-Blattei ES 110 Nr. 39; EzA § 611 BGB Arbeitnehmerbegriff Nr. 53; SAE 1995, 122-127; USK 9439; WzS 1995, 345
30. 11. 1994	5 AZR 704/93	AP Nr. 18 zu § 611 BGB Rundfunk; AP Nr. 74 zu § 611 BGB Abhängigkeit; AR-Blattei ES 110 Nr. 42; BAGE 78, 343-356; DB 1995, 1767-1769; DOK 1996, 143; EzA § 611 BGB Arbeitnehmerbegriff Nr. 55; NZA 1995, 622-625; Personal 1996, 444; SAR 1996, 262; USK 9456; WzS 1996, 30-31
26. 01. 1995	2 AZR 649/94	AP Nr. 34 zu § 1 KSchG 1969 Verhaltensbedingte Kündigung; AR-Blattei ES 1010.9 Nr. 83; ArbuR 1995, 231-233; ARST 1995, 200-203; AuA 1996, 69; BAGE 79, 176-193; BB 1995, 1089-1092; DB 1995, 1028-1030; DSB 1995, Nr. 3, 16; DStR 1996, 1297; EzA § 1 KSchG Verhaltensbedingte Kündigung Nr. 46; JR 1996, 44; MDR 1995, 1042; NJW 1995, 1851-1854; NZA 1995, 517-521; RDV 1995, 127-128; SAE 1996, 368; WiB 1995, 554; ZAP EN-Nr. 294/95; ZfPR 1995, 54; ZTR 1995, 417-420
22. 03. 1995	5 AZB 21/94	NZA 1995, 823
26. 07. 1995	5 AZR 22/94	NZA 1996, 477
12. 06. 1996	5 AZR 960/94	NZA 1997, 191
12. 09. 1996	5 AZR 104/95	DB 1997, 1037
17. 06. 1997	9 AZR 753/95	NZA 1998, 446
16. 07. 1997	5 AZB 29/96	BB 1997, 2220; DB 1997, 2127
09. 10. 1997	2 AZR 64/97	NZA 1998, 141

VIII. Landesarbeitsgerichte (LAG)

LAG Baden-Württemberg

28. 08. 1985	2 TaBV 8/85	DB 1986, 805

10. 04. 1986	4 Sa 2/85	ZIP 1986, 793
LAG Berlin		
15. 09. 1980	12 Sa 42/80	DB 1980, 2449
06. 06. 1988	9 Sa 26/88	ARST 1988, 158-159; BB 1988, 1531-1531; DB 1988, 1908; EzA § 1 KSchG Verhaltensbedingte Kündigung Nr. 24; EzBAT § 53 BAT Verhaltensbedingte Kündigung Nr. 17; LAGE § 1 KSchG 1969 Verhaltensbedingte Kündigung Nr. 18; Personal 1988, 425; RDV 1989, 33-34
LAG Düsseldorf		
14. 11. 1983	12 TaBV 88/83	DB 1984, 511
21. 05. 1996	8 Sa 366/96	BB 1996, 2411
LAG Frankfurt		
21. 09. 1982	4 TaBV Ga 94/82	DB 1983, 613
22. 12. 1983	12 Sa 542/83	DB 1984, 1355
LAG Hamburg		
13. 11. 1981	6 TaBV 9/81	ArbuR 1982, 389-390; ArbuR 1983, 28; DB 1982, 1522-1523
08. 06. 1983	6 TaBV 9/83	ArbuR 1984, 91; DB 1983, 2369
05. 02. 1986	4 TaBV 12/85	DB 1986, 598; EzA § 23 BetrVG 1972 Nr. 13; LAGE § 23 BetrVG 1972 Nr. 5
LAG Hamm		
25. 06. 1985	6 Sa 287/85	ARST 1987, 126; DB 1985, 2516; LAGE § 1 KSchG Verhaltensbedingte Kündigung Nr. 5
05. 04. 1989	2 (13) Sa 1280/88	LAGE § 23 KSchG Nr. 4
LAG Hessen		
12. 08. 1997	16 Ta 231/97	NZA 1998, 221
LAG Köln		
06. 05. 1987	9 Sa 1288/86	EWiR 1988, 85; KTS 1988, 113; NZA 1987, 668; ZIP 1987, 1467
13. 06. 1989	4 Sa 157/89	EWiR 1990, 35 (Hanau); VersR 1989, 72; ZIP 1989, 1139
27. 05. 1994	4 Sa 1212/93	LAGE § 23 KSchG Nr. 10
01. 06. 1995	5 Sa 250/95	ARST 1996, 19; LAGE § 611 BGB Abmahnung Nr. 42; EzBAT § 53 BAT Verhaltens-

		bedingte Kündigung Nr. 34; NZA 1996, 596; ZTR 1996, 131
22. 11. 1996	11 Sa 560/96	LAGE § 23 KSchG Nr. 12; NZA-RR 1997, 429

LAG München

05. 10. 1988	8 Sa 272/88	ARST 1989, 66; BB 1989, 71; LAGE § 1 KSchG Verhaltensbedingte Kündigung Nr. 16; DB 1989, 283-284; NZA 1989, 278; Personal 1989, 433; Personal 1990, 40; ZTR 1989, 79

LAG Rheinland-Pfalz

25. 01. 1991	6 Sa 829/90	ArbuR 1991, 347; ARST 1991, 114-116; BB 1991, 1050; LAGE § 7 BUrlG Nr. 27; NZA 1991, 600

IX. Arbeitsgerichte (ArbG)

ArbG Bochum

16. 08. 1985	1 Ca 115/85	EWiR 1986, 89 (Hegmanns); ZIP 1985, 1515

ArbG Braunschweig

15. 06. 1982	5 BV Ga 5/82	DB 1983, 239

ArbG Frankfurt

02. 09. 1982	4 BV Ga 28/82	DB 1983, 239

ArbG Hannover

04. 02. 1997	10 BV Ga 1/97	ZIP 1997, 474

ArbG Kaiserslautern

19. 12. 1996	7 BV Ga 2493/96	AiB 1997, 1997

ArbG Limburg

02. 07. 1997	1 Ca 174/97	BB 1998, 220

ArbG Oldenburg

01. 02. 1985	2 Ca 575/84	EWiR 1985, 501 (Grunsky); ZIP 1985, 952

ArbG Stuttgart

04. 08. 1997	18 Ca 1752, 1758/97	ZIP 1997, 2013

X. Bundessozialgericht (BSG)

15. 02. 1989	12 RK 3/88	BSGE 64, 289; KTS 1990, 340; NJW 1990, 2708; SGb 1990, 420; SozR 1300 § 44 Nr. 36; USK 8970
12. 12. 1990	11 RAr 73/90	NZA 1991, 907
21. 04. 1993	11 RAr 67/92	NJW 1994, 341

XI. Landessozialgerichte (LSG)

LSG Baden-Württemberg

20. 07. 1984	L 4 Kr 2368/81	KTS 1985, 566

XII. Reichsfinanzhof (RFH)

22. 01. 1926	II A 610/25	RFHE 18, 143
25. 10. 1926	Gr S 1/26	RFHE 19, 355; RStBl. 1926, 337
23. 03. 1927	IV A 46/26	RFHE 21, 12
27. 08. 1929	II A 422/29	RFHE 25, 328, 332
04. 07. 1930	V A 1014/29	RFHE 27, 40
04. 12. 1933	Gr. S D 7/33	RFHE 35, 41
22. 06. 1938	VI 687/37	RFHE 44, 162; RStBl. 1938, 669
16. 03. 1940	I 316/39	RStBl 1940, 422

XIII. Bundesfinanzhof (BFH)

10. 10. 1951	IV 144/51 U	BStBl. III 1951, 212
18. 12. 1953	II 190/52 U	BB 1954, 187; BFHE 58, 358; BStBl. III 1954, 49; DB 1954, 144; FR 1954, 211; StRK KraftfStG § 1 R. 4
15. 06. 1961	VII 126/59	DB 1963, Beilage 4 Heft 10 Nr. 634; HFR 1961, 277; KTS 1962, 130; StRK AO § 104 R. 4
07. 11. 1963	IV 210/62 S	BB 1964, 544; BFHE 78, 172; BStBl. III 1964, 70; DB 1964, 245; DStR 1964, 115 Nr. 93; DStZ 1964, 126; NJW 1964, 613; StRK EinkStG § 15 R. 440
19. 11. 1963	VII 18/61 U	BStBl. III 1964, 22
15. 10. 1964	VI 175/63 U	BB 1964, 1293; BStBl. III 1965, 86
29. 06. 1965	VI 13/64 S	BStBl. III 1965, 491
07. 03. 1968	IV R 278/66	BB 1972, 1258; BFHE 92, 153; BStBl. II 1968, 496; DStR 1968, 471 Nr. 351; DStZ

		1968, 280; HFR 1968, 411; KTS 1969, 54; StRK FGO § 33 R. 3
13. 07. 1967	IV 191/63	BStBl. III 1967, 790; DB 1968, 382
10. 06. 1970	VIII R 128/67	BStBl. III 1970, 665
29. 09. 1970	II B 22/70	BFHE 100, 140; BStBl. II 1970, 830; DB 1970, 2416; DStR 1970, 703 Nr. 478; DStZ 1971, 70; KTS 1971, 111; HFR 1970, 592
31. 05. 1972	V R 121/71	BB 1972, 1263; BFHE 106, 383; BStBl. II 1972, 809; DStR 1970, 574 Nr. 451; DStZ 1973, 68; HFR 1972, 603; KTS 1972, 147; NJW 1972, 1967; StRK UStG 1967 § 3 Abs. 1 R. 2; UStR 1972, 362
08. 06. 1972	IV R 129/66	BB 1972, 1258; BFHE 106, 305; BStBl. II 1972, 784; DB 1972, 1852; DStZ 1972, 374; FR 1972, 538; HFR 1972, 605; StRK EStG § 5 Buchf. R. 11
05. 07. 1973	IV R 127/69	BStBl. II 1973, 730
26. 11. 1973	GrS 5/71	BB 1974, 304; BFHE 111, 242; BStBl. II 1974, 132; DB 1974, 561; DStR 1974, 215, 749; DStZ 1974, 150; FR 1974, 170; HFR 1974, 156; NJW 1974, 1118; StRK EStG § 7 R. 209
17. 07. 1974	I R 233/71	BB 1974, 1285; BFHE 113, 112; BStBl. II 1974, 692; DB 1974, 1990; DStR 1974, 768; DStZ 1975, 21; FR 1974, 512; StRK KStG § 14 R. 10
27. 11. 1974	1 R 185/73	BFHE 114, 164; BStBl. II 1975, 208; DB 1975, 2307
16. 04. 1975	V R 2/71	BStBl. II 1975, 622
24. 04. 1975	VI R 210/74	BFHE 115, 423; BStBl. II 1975, 672; DB 1975, 2308
16. 05. 1975	VI R 101/71	BB 1975, 1047; BFHE 116, 20; BStBl. II 1976, 621
27. 08. 1975	II R 93/70	BFHE 117, 176; BStBl. II 1976, 77
14. 10. 1977	III R 111/75	BB 1978, 186; BFHE 124, 122; BStBl. II 1978, 204; DB 1978, 772; DStR 1978, 205; DStZ/B 1978, 112; HFR 1978, Nr. 127; KTS 1978, 104; NJW 1978, 559
17. 11. 1977	IV R 131-134/77	BB 1978, 292; BFHE 124, 6; BStBl. II 1978, 165; DB 1978, 823; DStZ/B 1978, 101; HFR 1978, Nr. 177
02. 02. 1978	V R 128/76	BB 1978, 1249; BFHE 125, 314; BStBl. II 1978, 483; DB 1978, 1865; DStZ/B 1978,

		336; HFR 1978, Nr. 447; KTS 1978, 239; NJW 1978, 2264; UR 1978, 170
14. 02. 1978	VIII R 28/73	BB 1979, 509; BFHE 124, 411; BStBl. II 1978, 356; DB 1978, 1429; DStR 1978, 382; DStZ/B 1978, 156; HFR 1978, Nr. 382; KTS 1978, 241; NJW 1978, 1824
31. 05. 1978	II R 53/76	BFHE 125, 390; BStBl. II 1978, 577; DB 1978, 1963; DStR 1978, 623; DStZ/B 1978, 343
20. 07. 1978	V R 2/75	BB 1979, 509; BFHE 126, 84; BStBl. II 1978, 684; DB 1978, 2460; DStR 1979, 46; DStZ/B 1979, 7; HFR 1979, Nr. 178; NJW 1979, 336; UR 1979, 7; WM 1979, 290
12. 12. 1978	VIII R 10/76	BStBl. II 1979, 440
22. 05. 1979	VIII R 58/77	BB 1979, 1442; BFHE 128, 146; BStBl. II 1979, 639; DStZ/B 1979, 303; HFR 1979, Nr. 531; NJW 1980, 87; Rpfleger 1979, 453
21. 06. 1979	IV R 131/74	BB 1979, 1756; BFHE 128, 322; BStBl. II 1979, 780; DStR 1980, 45; DStZ 1980, 119; DStZ/B 1979, 318; HFR 1979, Nr. 556; ZIP 1980, 53
24. 04. 1980	V S 14/79	BB 1980, 1311; BFHE 130, 470; BStBl. II 1980, 541; DB 1980, 1875, 2322; DStZ/E 1980, 280; DVRdsch. 1981, 13; HFR 1980, Nr. 479; UR 1980, 223; ZIP 1980, 796
17. 07. 1980	V R 124/75	BB 1980, 1731; BFHE 131, 120; BStBl. II 1980, 673; DStR 1980, 691; DStZ/E 1980, 311; DVRdsch. 1981, 32; HFR 1980, Nr. 591; NJW 1980, 2728; UR 1980, 225; ZIP 1980, 791
03. 06. 1981	II R 78/80	BB 1981, 1937; BFHE 134, 57; BStBl. II 1981, 758; DB 1982, 1094; DStR 1981, 631; DStZ/E 1981, 359; DVRdsch. 1982, 56; HFR 1982, 20; KTS 1982, 289; ZIP 1981, 1261
09. 12. 1982	IV R 54/80	BB 1983, 750; BFHE 137, 453; BStBl. II 1983, 371; DB 1983, 918; DStR 1983, 302; DStZ/E 1983, 183; FR 1983, 253; HFR 1983, 201; VersR 1983, 768
22. 04. 1983	VI R 268/80	BB 1983, 1462; BFHE 138, 169; BStBl. II 1983, 489; DB 1983, 1799; DStR 1983, 519; DStZ/E 1983, 231; FR 1983, 415; HFR 1983, 405; KTS 1983, 444; NJW 1984, 511; Rpfleger 1984, 31; WM 1983, 1218; ZIP 1983, 840

28. 07. 1983	V S 8/81	BStBl. II 1983, 694; BB 1983, 1652; KTS 1983, 596; WM 1983, 1113; ZIP 1983, 1120
29. 03. 1984	IV R 271/83	BB 1984, 1471; BFHE 141, 2; BStBl. II 1984, 602; DB 1984, 2123; DStR 1984, 759; DStZ/E 1984, 255; FR 1984, 449; HFR 1984, 472; KTS 1984, 693; NJW 1985, 511; ZIP 1984, 853
17. 05. 1984	V R 80/77	BB 1984, 1477; BFHE 141, 7; BStBl. II 1984, 545; DB 1984, 1811; DStR 1984, 530; DStZ/E 1984, 254; DVRdsch. 1984, 186; HFR 1984, 410; KTS 1984, 696; UR 1984, 184; ZIP 1984, 1004
20. 02. 1986	V R 16/81	BB 1986, 1070; BFHE 146, 287; BStBl. II 1986, 579; DB 1986, 1374; DVRdsch. 1986, 160, 1987, 45; HFR 1986, 531; NJW 1986, 2970; UR 1986, 153; ZIP 1986, 517
16. 10. 1986	VII R 159/83	UR 1987, 47, 49
04. 06. 1987	V R 57/79	BB 1987, 2010; BFHE 150, 379; BStBl. II 1987, 741; DB 1987, 2234; DStR 1989, 214; DStZ/E 1987, 312; DVRdsch. 1987, 192; EWiR 1987, 915 (Weiß); HFR 1987, 624; WM IV 1987, 1181; WuB VI B § 58 KO 1.87 (Johlke); ZIP 1987, 1134
16. 07. 1987	V R 80/82	BB 1987, 1725, 1795; BFHE 150, 211; BStBl. II 1987, 691; DB 1987, 2501; DStZ/E 1987, 296; DVRdsch. 1987, 176; EWiR 1987, 911 (Weiß); HFR 1987, 535; UR 1987, 291; ZIP 1987, 1130
24. 09. 1987	V R 196/83	BFHE 151, 99; BStBl. II 1987, 873; DStR 1989, 215; KTS 1988, 365; Wpg. 1988, 109; EWiR 1988, 291 (Weiß); ZIP 1988, 42; BB 1988, 253
26. 11. 1987	V R 133/81	BStBl. II 1988, 199, BFHE 151, 345
26. 11. 1987	V R 130/82	BFHE 151, 349; BStBl. II 1988, 124; DStR 1988, 458; DVRdsch. 1988, 174; WPg 1988, 210; ZIP 1988, 181; EWiR 1988, 181 (Weiß)
23. 06. 1988	V R 203/83	BStBl. II 1988, 920
21. 12. 1988	V R 29/86	BB 1989, 768, 826; BFHE 155, 475; BStBl. II 1989, 434; DB 1989, 961; DStR 1989, 289; DStZ/E 1989, 152; EWiR 1989, 385 (Frotscher); HFR 1989, 392; KTS 1989, 708; StRK KO § 3 R. 12; UR 1989, 209; WPg 1989, 395; ZIP 1989, 384

20. 08. 1992	V R 98/90	UR 1993, 67
12. 11. 1992	IV B 83/91	BFHE 169, 490; EWiR 1993, 219 (App); ZIP 1993, 374
19. 01. 1993	VIII R 128/84	BB 1993, 1926; BStBl. II 1993, 594
09. 02. 1993	VII R 12/92	BB 1993, 1865-1866; BFHE 170, 300; BStBl. II 1994, 207; BuW 1993, 619; DStR 1993, 1626; EWiR 1993, 793 (Frotscher); HFR 1993, 496; KTS 1993, 629; NJW 1994, 1680; StRK KO §1 R. 6; UStR 1994, 230-232; UVR 1993, 249; WPg 1994, 322; ZIP 1993, 933-936; ZKF 1994, 16
12. 05. 1993	XI R 49/90	EWiR 1993, 795 (Braun); ZIP 1993, 1247
11. 11. 1993	XI R 73/92	EWiR 1994, 699 (Onusseit); ZIP 1994, 1286
15. 03. 1994	XI R 45/93	BB 1994, 2335; BStBl. II 1994, 600
21. 07. 1994	V R 114/91	BB 1994, 2405-2406; BFHE 175, 164; BStBl. II 1994, 878; BuW 1994, 747; DB 1994, 2220; DStR 1994, 1577-1578; DStZ 1994, 753; EWiR 1994, 1119; HFR 1995, 30-31; KTS 1995, 62; StRK UStG 1980 §3 Abs. 1 R 15; UStR 1994, 427-429; UVR 1994, 367-368; WPg 1995, 25; ZIP 1994, 1705-1707
23. 08. 1994	VII R 143/92	BB 1995, 394-396; BFHE 175, 309; BStBl. II 1995, 194; BuW 1995, 20; DStR 1995, 18-19; DStZ 1995, 158-160; EWiR 1995, 165; GmbHR 1995, 143; HFR 1995, 62-63; KTS 1995, 251; NJW 1995, 1696; Stbg 1995, 125-129; StRK AO 1977 §34 R 29; WPg 1995, 343-344; ZIP 1994, 1969-1973
08. 08. 1995	VII ZR 25/94	ZIP 1996, 430
29. 04. 1996	VII R 184/83	NJW 1996, 2074
02. 07. 1997	I R 11/97	ZIP 1997, 2160
08. 10. 1997	XI ZR 25/97	BStBl II 1998, 69, DZWir 1998, 150

XIV. Finanzgerichte (FG)

FG Baden-Württemberg

17. 05. 1978	VII 453/77	EFG 1979, 4
14. 12. 1982	XI (II) 28/78	ZIP 1983, 990
03. 02. 1993	2 K 123/88	EFG 1993, 746
12. 03. 1994	9 K 50/93	EFG 1994, 711

FG Düsseldorf

21. 07. 1982	XIII/V 140/77 AO	DStZ/E 1983, 157; EFG 1983, 304
07. 08. 1986	XIV/XV 278/82 U	BB 1989, 1, 7; EWiR 1987, 69 (Reimer); UR 1987, 51; ZIP 1986, 1480
01. 02. 1993	17 V 7392/92 AE(KV)	EFG 1993, 592; KTS 1994, 82
12. 08. 1993	5 V 631/93 A (U)	EFG 1994, 501; KTS 1994, 3, 5

FG Hamburg

28. 01. 1982	III 136/79	EFG 1982, 418-419

FG Münster

30. 10. 1974	V 1550/73 U	EFG 1975, 228
23. 11. 1993	15 K 3543/90	EFG 1994, 502-504; UVR 1994, 184
14. 12. 1993	K 3189/93 U	EFG 1994, 639-640; UVR 1994, 246; WPg 1994, 545

FG Niedersachsen

07. 07. 1980	V 347/80	DStZ/E 1980, 327; DVRdsch. 1982, 13; EFG 1980, 622; UStR 1981, 31; ZIP 1980, 916
23. 10. 1980	V 375/79	EFG 1981, 369; ZIP 1981, 1266; ZIP 1985, 662
27. 08. 1991	V 270/90	UR 1992, 237
29. 06. 1992	XIII (XI) 38/89	EWiR 1992, 1117 (Braun); FR 1993, 305; HFR 1993, 351

FG Nürnberg

19. 02. 1980	V 45/80	ZIP 1980, 803

FG Rheinland-Pfalz

20. 04. 1978	II 171-175/77	EFG 1978, 471

XV. Verwaltungsgerichte (VG)

VG Düsseldorf

21. 02. 1985	11 K 2805/82	EWiR 1986, 389

XVI. Oberfinanzdirektion (OFD)

OFD Düsseldorf

13. 02. 1984	S 7333/ S 7100/ S 7300 A – St. 142	SB 1984, 960

OFD Koblenz

30. 12. 1987	S 7527 A St. 51. 1/St. 51.2/St. 51.3	UR 1988, 66

OFD Köln

24. 01. 1984	S 7100-47 St. 141; 7300-85; S. 7333-2	KTS 1985, 36

Stichwortverzeichnis